高级财务管理

Advanced Financial Management

陈运森 梁上坤 袁 淳 主编

图书在版编目(CIP)数据

高级财务管理/陈运森,梁上坤,袁淳主编. —北京:北京大学出版社,2023.6
21世纪经济与管理规划教材. 财务管理系列
ISBN 978-7-301-33971-8

Ⅰ.①高… Ⅱ.①陈… ②梁… ③袁… Ⅲ.①财务管理—高等学校—教材 Ⅳ.①F275

中国国家版本馆CIP数据核字(2023)第075567号

书　　　名	高级财务管理 GAOJI CAIWU GUANLI
著作责任者	陈运森　梁上坤　袁　淳　主编
责 任 编 辑	曹　月　贾米娜
标 准 书 号	ISBN 978-7-301-33971-8
出 版 发 行	北京大学出版社
地　　　址	北京市海淀区成府路205号　100871
网　　　址	http://www.pup.cn
微信公众号	北京大学经管书苑(pupembook)
电 子 信 箱	em@pup.cn
电　　　话	邮购部 010-62752015　发行部 010-62750672　编辑部 010-62752926
印 刷 者	河北文福旺印刷有限公司
经 销 者	新华书店
	787毫米×1092毫米　16开本　21.5印张　512千字 2023年6月第1版　2023年6月第1次印刷
定　　　价	58.00元

未经许可,不得以任何方式复制或抄袭本书之部分或全部内容。
版权所有,侵权必究
举报电话:010-62752024　电子信箱: fd@pup.pku.edu.cn
图书如有印装质量问题,请与出版部联系,电话:010-62756370

丛书出版说明

教材作为人才培养重要的一环,一直都是高等院校与大学出版社工作的重中之重。"21世纪经济与管理规划教材"是我社组织在经济与管理各领域颇具影响力的专家学者编写而成的,面向在校学生或有自学需求的社会读者;不仅涵盖经济与管理领域传统课程,还涵盖学科发展衍生的新兴课程;在吸收国内外同类最新教材优点的基础上,注重思想性、科学性、系统性,以及学生综合素质的培养,以帮助学生打下扎实的专业基础和掌握最新的学科前沿知识,满足高等院校培养高质量人才的需要。自出版以来,本系列教材被众多高等院校选用,得到了授课教师的广泛好评。

随着信息技术的飞速进步,在线学习、翻转课堂等新的教学/学习模式不断涌现并日渐流行,终身学习的理念深入人心;而在教材以外,学生们还能从各种渠道获取纷繁复杂的信息。如何引导他们树立正确的世界观、人生观、价值观,是新时代给高等教育带来的一个重大挑战。为了适应这些变化,我们特对"21世纪经济与管理规划教材"进行了改版升级。

首先,为深入贯彻落实习近平总书记关于教育的重要论述、全国教育大会精神以及中共中央办公厅、国务院办公厅《关于深化新时代学校思想政治理论课改革创新的若干意见》,我们按照国家教材委员会《全国大中小学教材建设规划(2019—2022年)》《习近平新时代中国特色社会主义思想进课程教材指南》《关于做好党的二十大精神进教材工作的通知》和教育部《普通高等学校教材管理办法》《高等学校课程思政建设指导纲要》等文件精神,将课程思政内容尤其是党的二十大精神融入教材,以坚持正确导向,强化价值引领,落实立德树人根本任务,立足中国实践,形成具有中国特色的教材体系。

其次,响应国家积极组织构建信息技术与教育教学深度融合、多种介质综合运用、表现力丰富的高质量数字化教材体系的要求,本系列教材在形式上将不再局限于传统纸质教材,而是会根据学科特点,添加讲解重点难点的视频音频、检测学习效果的在线测评、扩展学习内容的延伸阅读、展示运算过程及结果的软件应用等数字资源,以增强教材的表现力和吸引力,有效服务线上教学、混合式教学等新型教学模式。

为了使本系列教材具有持续的生命力,我们将积极与作者沟通,争取按学制周期对教材进行修订。您在使用本系列教材的过程中,如果发现任何问题或者有任何意见或建议，欢迎随时与我们联系（请发邮件至 em@pup.cn）。我们会将您的宝贵意见或建议及时反馈给作者，以便修订再版时进一步完善教材内容，更好地满足教师教学和学生学习的需要。

最后，感谢所有参与编写和为我们出谋划策提供帮助的专家学者，以及广大使用本系列教材的师生。希望本系列教材能够为我国高等院校经管专业教育贡献绵薄之力！

北京大学出版社

经济与管理图书事业部

前　言

党的二十大报告强调，要"全面提高人才自主培养质量，着力造就拔尖创新人才"。财务管理类教材建设就是实现财经类拔尖人才培养和财经知识传授的重要途径，是落实高校立德树人根本任务的关键举措。但与基础财务管理已形成成熟、稳定的教材框架体系不同，高级财务管理一直没有学界公认和推崇的教材，其相关理论与实务的内容体系、结构安排至今仍未统一。随着国家对财经类拔尖人才培养的需求日益迫切，编写高质量的高级财务管理教材成为教师义不容辞的责任。我们认为，一本好的高级财务管理教材要扎根中国大地，讲好中国故事，需要把课程思政与专业知识点相结合，所以本书的编写目标是建设一本融入课程思政特色、有统一框架体系、值得在全国推广、具有重要和持续影响力的精品教材。

本书是一本将课程思政、理论前沿、框架思维以及中国资本市场实践融为一体的高级财务管理教材。本书的新颖之处包括以下几个方面：首先，始终贯彻和强调课程思政。目前，课程思政的内容对新时代的教材建设尤为重要，所以本书在各部分都强调思政是我们的首要目标。党的二十大报告指出，"充分发挥市场在资源配置中的决定性作用""健全资本市场功能，提高直接融资比重"，所以本书以中国特色现代资本市场的改革和发展为主线，各章均配有对我国企业具体案例的分析，加深学生对高级财务管理知识的系统性理解，增强学生的商业嗅觉以及对中国道路、理论、制度和文化的自信。其次，知识的系统性和框架性兼得。本书分为基础篇、融资篇、投资篇、治理篇和估值篇五大部分十个有机统一的章节，每一部分又有自身系统性的知识点，把理论前沿、框架思维、资本市场实践融入教材，对"知识传授""科研引导"和"实践拓展"三方面进行不同方式的强化。最后，理论与实务并行，并体现新经济变革。本书每一章都有专门的案例分析以及理论和文献的延伸，同时强调中国实践，真正体现理论与实务的结合。另外，本书专设一节介绍新经济时代下财务管理的变革，并在不同章节强调和突出新经济时代下财务管理的重点变化。

本书共分为五篇10章。第一篇为基础篇,包含第1章导论,主要介绍高级财务管理的理论基础、中国资本市场改革与财务管理变革、新经济时代与财务管理变革。第二篇为融资篇,包含第2章私募股权投资、第3章首次公开发行(IPO)和第4章再融资,主要介绍私募股权投资的相关概念、作用、运作过程以及在我国的实践,IPO的相关概念、IPO前的准备工作、IPO申请过程中的要点、IPO定价制度以及IPO在我国的实践,再融资的相关概念、股权再融资、债权再融资、混合类再融资、可交换债券再融资以及再融资在我国的实践。第三篇为投资篇,包含第5章企业创新投资和第6章企业并购,主要介绍企业创新投资的相关概念、企业创新投资的策略与评估以及企业创新投资在我国的实践,企业并购的相关概念、企业并购的原因、企业并购中的价值评估、企业并购的具体运作过程以及企业并购在我国的实践。第四篇为治理篇,包括第7章公司治理基础、第8章经理人激励和第9章创始人与企业控制权,主要介绍公司治理相关理论和概念,股东大会、董事会和管理层等内部治理机制,法律环境、经理人市场等外部治理机制以及公司治理在我国的实践,经理人激励的相关概念和理论基础、激励种类以及经理人激励在我国的实践,创始人控制权相关概念、股权层面控制权、董事会层面控制权、日常经营层面控制权以及企业控制权在我国的实践。第五篇为估值篇,包括第10章会计信息与证券市场估值,主要介绍会计信息的作用、企业价值的相关概念和分类、企业价值评估的基本方法以及企业估值在我国的实践。

本书由中央财经大学会计学院老师合作编写。陈运森负责全书框架设计,并编写第1、2、9章;梁上坤和袁淳编写第5、6、8章;宋顺林编写第3章;郑登津编写第4章;朱冰编写第7章;上海财经大学金宇超(2018—2021年任教于中央财经大学)编写第10章。陈运森、梁上坤和袁淳对各章进行了统稿,全书由陈运森定稿。

本书适合作为会计学、财务管理、金融学、工商管理等专业的硕士研究生教材和高年级本科生教材,也可作为经济管理类其他领域的研究生和本科生的参考用书,还可作为证券、投资及其他金融领域从业人员的自我提升书目。本书的立项得到了中央财经大学研究生精品教材建设项目的资助,出版得到了北京大学出版社有关领导和经济与管理图书事业部李娟、曹月等的大力支持和帮助,在此一并致谢!

本书的撰写始于2020年年初,在三年多的撰写过程中,资本市场实践正发生着翻天覆地的变化,我们试图把最新的知识点和制度背景都纳入本书,但难免会出现纰漏。真诚欢迎广大读者批评指正,以便我们可以在再版中进行修改和完善。相关意见可反馈至邮箱 chenyunsen@vip.sina.com。

陈运森

2023年3月

目 录

第一篇 基础篇

第1章 导论 ... 3
1.1 高级财务管理的理论基础 ... 3
1.2 中国资本市场改革与财务管理变革 ... 5
1.3 新经济时代与财务管理变革 ... 12

第二篇 融资篇

第2章 私募股权投资 ... 23
2.1 私募股权投资概述 ... 23
2.2 私募股权投资的资金募集 ... 29
2.3 私募股权投资的项目投资 ... 32
2.4 私募股权投资的项目管理 ... 41
2.5 私募股权投资的项目退出 ... 47
2.6 私募股权投资：中国的实践 ... 52

第3章 首次公开发行 ... 65
3.1 首次公开发行概述 ... 65
3.2 首次公开发行过程 ... 69
3.3 首次公开发行定价 ... 75
3.4 首次公开发行：中国的实践 ... 80

第4章 再融资 ... 91
4.1 再融资概述 ... 91
4.2 股权再融资 ... 92

4.3 债权再融资 …………………………………………………………… 101
4.4 混合类再融资 ………………………………………………………… 105
4.5 可交换债券再融资 …………………………………………………… 109
4.6 再融资：中国的实践 ………………………………………………… 114

第三篇 投资篇

第5章 企业创新投资 ……………………………………………………… 129
5.1 企业投资决策概述 …………………………………………………… 129
5.2 企业创新投资概述 …………………………………………………… 135
5.3 企业创新投资的策略与评估 ………………………………………… 142
5.4 企业创新投资：中国的实践 ………………………………………… 148

第6章 企业并购 …………………………………………………………… 162
6.1 企业并购概述 ………………………………………………………… 162
6.2 企业并购的动因、效应和风险 ……………………………………… 166
6.3 企业并购中目标企业的选择和价值评估 …………………………… 174
6.4 企业并购的具体运作过程 …………………………………………… 177
6.5 特殊类型的企业并购 ………………………………………………… 183
6.6 企业并购：中国的实践 ……………………………………………… 187

第四篇 治理篇

第7章 公司治理基础 ……………………………………………………… 207
7.1 公司治理概述 ………………………………………………………… 207
7.2 内部治理机制 ………………………………………………………… 208
7.3 外部治理机制 ………………………………………………………… 211
7.4 数字经济时代下的公司治理 ………………………………………… 212
7.5 公司治理：中国的实践 ……………………………………………… 213

第8章 经理人激励 ………………………………………………………… 227
8.1 经理人激励概述 ……………………………………………………… 227
8.2 经理人激励的形式 …………………………………………………… 241
8.3 可行的激励指标选择 ………………………………………………… 244
8.4 经理人激励：中国的实践 …………………………………………… 248

第9章 创始人与企业控制权 ……………………………………………… 263
9.1 创始人控制权概述 …………………………………………………… 263

9.2 股权层面的控制权 … 269
9.3 董事会层面的控制权 … 277
9.4 日常经营层面的控制权 … 283
9.5 创始人与企业控制权：中国的实践 … 288

第五篇 估值篇

第10章 会计信息与证券市场估值 … 309
10.1 会计信息的功能——信息观和合约观 … 309
10.2 企业价值概述 … 312
10.3 企业价值评估的基本方法 … 316
10.4 企业估值实践 … 322
10.5 会计信息与证券市场估值：中国的实践 … 325

21世纪经济与管理规划教材
财务管理系列

第一篇

基 础 篇

第1章 导 论

第1章 导　论

[素养目标]
- ◆ 了解高级财务管理的知识体系
- ◆ 了解我国资本市场的发展变革
- ◆ 了解新经济时代的特点以及新经济时代下财务管理的变革

[学习目标]
- ◆ 了解我国多层次资本市场的发展方向
- ◆ 了解我国IPO审核制度与定价制度的发展
- ◆ 了解新经济时代下商业模式的创新
- ◆ 掌握新经济时代下企业价值评估的方法

1.1　高级财务管理的理论基础

1.1.1　财务管理与高级财务管理的逻辑差异

"财务管理是企业管理的中心"已然成为构建企业管理体系的基本理念。财务管理主要是以企业内部环境和内部信息为基础,研究获取及使用公司资源的管理科学,即通过分析相关的财务信息和非财务信息,运用一系列方法对公司的筹资、投资、资产管理以及股利分配等决策提供指导,以实现企业价值最大化或股东价值最大化。因此,财务管理教材主要阐述财务管理的基本理论与方法,以公司制企业尤其是上市公司为分析对象,重点从财务分析、资产管理、筹资、投资和股利分配等方面介绍企业财务管理的一般性问题。

然而,随着经济社会的发展,尤其是资本市场的日益成熟以及新经济时代的来临,企业与资本市场的关系越来越紧密。党的二十大强调要充分发挥市场在资源配置中的决定性作用,这就突出了资本市场在企业资源配置中的重要性。从成立初期的创新资本引入、成熟期的首次公开发行(Initial Public Offerings,IPO)、后期的再融资到经营过程中的并购交易、经理层的股权激励和价值评估,企业的经营发展都离不开资本市场。一般的财务管理活动已经无法满足企业经营管理的需要,财务管理需要被进一步完善以突显企业与经济社会之间的互动关系。因此,高级财务管理以新经济时代的来临和资本市场的高度发展为背景,探讨企业在与资本市场联动的过程中如何作出更佳的投资、融资与治理等决策,实现企业的不断发展和价值最大化。

1.1.2　企业融资与资本市场

企业融资是指以企业为主体融通资金,使企业及其内部各环节之间的资金供求由不平衡到平衡的运动过程。作为企业直接融资的主要渠道,资本市场对企业的生存与发展至关重要,尤其是随着我国私募股权投资的发展以及大量创新型中小企业的涌现,资本市场在企业发展过程中扮演着越来越重要的角色。

在初创期,企业可以通过引入创业风险投资筹集启动资金;在发展过程中,企业可以通过引入成长资本、夹层资本以及Pre-IPO资本(上市前股权资本)来获取进一步发展所需的资金,并获得投资者提供的管理服务和咨询服务,也可以在债券市场通过发行公司债、企业债、可转换债券等方式筹集资金;随着规模的逐渐壮大,企业可以通过IPO来筹集资金。与此同时,IPO能够提高企业的品牌价值,助推企业发展,为早期私募股权投资提供理想的退出方式,促进资金的有效流动。

随着债券市场、风险投资业及股票市场的发展,我国逐步建立起多层次的资本市场。经过不断完善,资本市场为企业提供了多种融资平台和融资渠道,推动了大量创新能力强、成长性好的中小企业发展为"专精特新"的"小巨人"企业,提升了金融服务实体经济的质量和水平。

1.1.3　企业投资与资本市场

企业投资是指企业通过综合研判,在未来一定时期内,将一定的资金或实物投入既定的投资领域和投资对象,以期获得经济效益或资本增值的经济行为。

从企业投资与资本市场的关系来看,一方面,企业可以通过资本市场参与投资。首先,企业可以通过证券市场购买并持有股票、债券、期权、期货和远期合约等金融资产,以获得投资收益或进行套期保值;其次,企业可以通过在股票市场上购买目标企业股票的方式并购目标企业,实现控制其资产及经营权的目标;最后,企业可以通过风险投资基金对创业企业进行股权投资,以期在后者处于成熟期时转让股权获得资本增值收益。另一方面,资本市场可以通过一系列的要素和机制影响企业的投资行为。第一,企业的投资行为需要大量的资金支持,企业能否从资本市场获取充足的资金,往往对其投资行为的成败有着重要影响。第二,资本市场参与者及资本市场的特性也会对企业投资行为产生影响。例如,由于具有较高的失败容忍度与对企业价值的关注度,风险投资公司可能推动企业的研发创新投资;作为资本市场重要的信息中介,分析师通过减少信息不对称改善企业的投资决策;资本市场的开放能够引入高质量的投资者,进而促使企业优化投资行为等。

1.1.4　公司治理与资本市场

公司治理是指通过正式或非正式制度、内部或外部制度协调公司与利益相关者之间的关系,保证公司决策的科学化,最终实现公司各方面利益相互协调的一种制度安排。作为公司外部治理的重要组成部分,资本市场在提高公司治理水平与治理效率的过程中扮演着重要角色。

首先,资本市场的法律法规对公司治理结构的建立与完善具有指导性作用。例如,《中华人民共和国公司法》是为保护公司、股东和债权人的合法权益而制定的法律,对公司组织机构设立以及公司行为作出了直接规定。政府对资本市场监管力度的加强以及监管方式的不断创新进一步推动了公司治理水平的提高,如证券交易所的一线监管以及中小投资者服务中心的组建均发挥了公司治理的作用。其次,公司控制权市场日益成熟,成为一种有效的公司治理机制,如业绩不佳的公司可能被收购和接管。与此同时,伴随资本市场发展产生的各种股权激励手段也对提高公司治理水平具有重要作用。最后,随着新经济时代到来以及资本市场进入分散股权时代,并购行为尤其是"外部野蛮人闯入"和控制权纷争更加频繁,创业团队的创新资本投资和人力资本投资面临被外部人接管的巨大威胁。因此,公司治理范式开始从股东中心主义转向经理人中心主义,公司治理的主要关注点也从防止经理人代理问题发生转化为保护创业团队的控制权。2020年10月,《国务院关于进一步提高上市公司质量的意见》发布,指出需要通过规范公司治理和内部控制、提升信息披露质量、加大执法力度和持续提升监管效能等手段,全面提升上市公司的公司治理水平和支持上市公司高质量发展。

1.1.5 企业估值与资本市场

评估主体基于所能获得的信息,客观、科学地评估企业的市场价值,以帮助其作出投资、业绩评估、企业管理和公司治理等决策。企业估值与资本市场相互促进。一方面,企业估值越准确,越能促进资本市场优化资源配置。资本通过市场流向能够创造更多价值的公司,在这一过程中资本市场发挥重要的资源配置功能。然而现实中资本市场的信息不对称会降低资本配置效率,上市公司的有效估值便有助于引导资本市场合理配置资源。另一方面,资本市场越发达、越有效,企业估值越准确。作为财务管理中常见的企业估值方法,现金流量折现法和相对估值法依赖于企业的财务信息,而资本市场的发展有助于企业提高信息披露质量,从而为企业估值提供更可靠的信息基础。此外,公司股票价格反映了资本市场对公司权益价值的预期,而其能否体现公司的内在价值取决于资本市场是否有效。

1.2 中国资本市场改革与财务管理变革

1.2.1 多层次资本市场的建立与发展

党的二十大报告指出,要坚持把发展经济的着力点放在实体经济上,健全资本市场功能,提高直接融资比重。这突显了中国资本市场的目标和重要作用。资本市场是重要的直接融资渠道,发展资本市场是中国的改革方向。经过四十多年的发展,场内交易市场和场外交易市场组成了我国多层次的资本市场体系,其中,上海证券交易所(下称"上交所")和深圳证券交易所(下称"深交所")主板、中小板、创业板、科创板市场和北京证券交易所(下称"北交所")市场构成了场内交易市场,新三板[①]和区域性股权交易市场等构成了场外交易市场。各层次市场相互促进、互为补充,优化了资源配置效率,为实体经济提供了多样化服务。

---

① 中关村代办股份转让系统(简称"新三板")作为场外交易市场于2006年开始试点,是非上市公众公司的主要挂牌市场,2013年转变为全国中小企业股份转让系统。

1. 资本市场的萌生(1978—1992年)

20世纪80年代初,部分小型国有企业和集体企业尝试采用股份制形式,国内出现了最初的股票。1981年,我国重新开始发行国债,并于1982年及1984年发行了最初的企业债和金融债。1990年,上交所成立。1991年,深交所正式开业。作为主板市场,上交所和深交所构成了我国资本市场的"塔尖"。这一阶段,我国资本市场处于自我演进、缺乏规范和监管的状态。

2. 资本市场的初步形成和发展(1993—1998年)

1992年10月,中国证券监督管理委员会(下称"证监会")成立,标志着中国证券市场统一监管体制的初步形成。1997年,我国金融体系进一步确定了银行业、证券业、保险业分业经营、分业管理的原则。随着我国资本市场的产品类型日益丰富,上市公司数量、市场价值、股票发行筹资额、投资者开户数等进入较快的扩张阶段,证券公司和证券营业部的数量也快速增长。这一阶段,我国初步建立了资本市场的法规体系,但也逐步积累了体制和机制缺陷带来的问题。

3. 资本市场的规范发展(1999—2009年)

在法律建设方面,《中华人民共和国证券法》于1999年7月开始实施,这是我国第一部规范证券发行与交易行为的法律。在执法体系方面,在建立集中统一的监管体制后,我国的资本市场执法体系逐步得到完善。证监会在各证监局设立稽查分支机构,于2002年增设专司机构以查处操纵市场和内幕交易的行为,又于2007年建立集中统一的稽查体制。在这一阶段,我国资本市场的法治化建设迈出了重要步伐。同时,深交所在2004年获准创设中小企业板,为主板市场中流通股份规模较小的公司提供了股权融资渠道。2005年4月,证监会启动股权分置改革,以解决长期困扰经济发展的股权分置问题,中国资本市场也出现了转折性变化。此外,2006年1月,新三板的设立进一步推动了场外市场交易;2009年10月,创业板的正式上市又对主板市场进行了重要补充,进一步完善了我国资本市场体系。

4. 多层次资本市场的初步构建(2010—2018年)

(1)发挥市场对资源配置的决定性作用

正确处理政府和市场的关系,把握两者之间的平衡点是经济体制改革的核心问题。基于此,十八届三中全会提出了"使市场在资源配置中起决定性作用和更好发挥政府作用"的要求。

(2)提高直接融资比重

一个国家的直接融资和间接融资的比例关系反映其金融市场结构。在我国,资金投资渠道少与中小企业融资难的问题并存。在美国风险投资机构投资于早期企业的资金比例平均为25%,而在我国该比例小于5%,这使得我国处于发展早期的创新型、创业型、成长型中小企业发展举步维艰。因此,拓展民间投资渠道,提高直接融资比重,加快建设多层次资本市场是推动中小企业发展的根本出路,也是防范和分散金融风险的有效途径。

(3) 建设结构合理、开放包容的多层次资本市场体系

2014年5月,《国务院关于进一步促进资本市场健康发展的若干意见》发布,提出"到2020年,基本形成结构合理、功能完善、规范透明、稳健高效、开放包容的多层次资本市场体系"的要求。

5. 注册制改革和多层次资本市场的持续推进(2019年至今)

在资本市场体系建设方面,2018年11月5日,国家主席习近平出席首届中国国际进口博览会开幕式并发表主旨演讲,宣布在上交所设立科创板并试点注册制。2019年6月13日,在第十一届陆家嘴论坛开幕式上,证监会和上海市人民政府联合举办了上交所科创板的开板仪式。2020年6月12日,《创业板首次公开发行股票注册管理办法(试行)》发布。同年8月24日,深交所创业板注册制首批企业上市。2021年9月2日,国家主席习近平在中国国际服务贸易交易会全球服务贸易峰会上的致辞中宣布"我们将继续支持中小企业创新发展,深化新三板改革,设立北京证券交易所,打造服务创新型中小企业主阵地"。2021年11月15日,北交所正式开市,我国多层次资本市场体系得到进一步完善。

在法律体系建设方面,2019年12月28日,第十三届全国人大常委会第十五次会议审议通过了修订后的证券法,并于2020年3月1日起施行。新证券法系统完善了我国资本市场的信息披露制度,加大了对证券违法行为的处罚力度,并对投资者保护制度作出了专门规定(如探索了适应我国国情的证券民事诉讼制度,规定投资者保护机构可以作为诉讼代表人等),为改善资本市场监管环境、提高上市公司质量提供了制度保证。

1.2.2 IPO发行审核改革

1. IPO发行审核制度概述

(1) IPO发行审核制度的含义

IPO发行制度是指公司首次公开发行股票时有关新股定价、承销和发售的制度安排,主要包括三个方面:发行审核制度、新股定价制度和新股配售制度。其中,发行审核制度是遴选公司上市融资、发挥资本市场投融资功能的基础性制度安排,也是IPO发行制度的核心。

具体而言,作为证券市场的准入制度,IPO发行审核制度是证券发行审核部门对拟公开发行股票公司的发行审核内容及审核程序作出规定,对符合标准和程序的申请公司准许上市发行的制度。

(2) IPO发行审核制度的分类

纵观全球股票发行市场,IPO发行审核制度主要包括审批制、核准制和注册制三种类型。

审批制是指在股票市场的发展初期,政府部门或行业主管部门根据上级下达的发行指标或额度,遴选推荐公司发行股票,并经股票发行管理机关批准后实施的一种股票发行审核制度。审批制最大的特点是股票发行实行额度管理或指标管理方式,由证券监管机构根据各地方、各行业企业的资金需求,结合国家经济发展规划布局下达年度股票发行额

度或指标。在额度制下,实行"总量(总额度)控制,额度分配,按额申报"的管理方式;在指标制下,实行"总量(总家数)控制,限报家数"的管理方式。因此,相关各方的关注点主要在于融资额度或发行指标,而对如盈利能力、经营规模等反映拟发行对象公司素质和公司价值的指标关注相对较少,证券监管机构能以商业模式、技术含量、行业地位、经营风险等各种因素为由否决 IPO 申请,因此审批制具有较强的主观性。

核准制是指证券监管机构依法对股票发行申请进行实质性审核,并对符合既定法律法规标准与条件的发行申请予以核准的一种股票发行审核制度。发行人在发行股票时,不需要各级政府批准,只要符合一定要求即可申请上市,但是证券监管机构有权否决不符合规定条件的发行申请。核准制介于审批制和注册制之间,取消了审批制所采用的额度管理和指标管理方式,并通过引入证券中介机构,加强了对股票发行质量和信息披露质量的管理。实质性审核是核准制的核心。一方面,针对 IPO 信息披露的合规性,证券监管机构重点审查 IPO 信息披露资料的真实性、准确性、完整性、及时性;另一方面,根据有关法律法规和证券监管机构规定的必备条件,证券监管机构针对公司质量、投资价值及投资风险,重点审查拟发行人的主体资格、经营年限、资产状况、主营业务、财务数据、关联交易、同业竞争、持续盈利能力、公司治理等内容,从而筛选出信息披露合规且公司质量优良、投资风险较小的 IPO 项目。

注册制也称登记制或申报制,是指股票拟发行人向证券监管机构申报公开发行股票的有关事项,依法将影响投资者决策的股票发行信息资料予以充分披露,由证券监管机构采用程序性审核或形式审核方式对信息披露资料进行审核的制度安排。如果证券监管机构在申报期内未提出修改补充意见或未下令终止发行注册,公司则可自动发行股票。在注册制下,股票发行人没有受到实质条件的限制,只需要披露全面、真实、准确的信息,而证券监管机构负责实施程序性审核或形式审核,重点审查信息披露的合规性。

2. 我国 IPO 发行审核制度沿革

自 1993 年我国证券市场建立全国统一的股票发行制度至今,我国新股发行制度改革大致经历了以下几个阶段:

(1) 审批制:额度管理阶段(1993—1995 年)

1993 年 4 月 25 日,我国确立审批制。经国务院批准,证券监管机构结合宏观经济需要,确定当年的股票发行总规模后下达国家计划委员会(简称"计委",现改组为国家发展和改革委员会),计委再根据各地区经济发展状况分配额度。证券监管机构对企业进行实质性审查,并对相关发行指标作出安排。

(2) 审批制:指标管理阶段(1996—2000 年)

1996 年,我国推行"总量控制,限报家数"的指标管理办法,由证券监管机构会同计委制定股票发行总额度,再由证券监管机构根据市场情况向各省级政府和行业管理部门下达指标,对符合条件的预选企业同意其上报发行股票正式申报材料并通过审核。

新发行股票总面值的限定导致上市资源稀缺,从而产生寻租,因此审批制容易造成不良影响。此外,地方政府更希望急需资金的国有企业上市以减轻财政负担,而经营业绩好的企业则可能因"暂无资金扶持需要"被拒绝上市。因此,地方政府的额度分配权力会使国有企业更具获得 IPO 资格的优势,民营企业反而面临上市困难的问题。

(3) 核准制:通道制阶段(2001—2003 年)

2001 年 3 月,证监会宣布实施核准制下的通道制,即由证监会确定每家证券公司的通道数量,每家证券公司一次只能推荐一定数量的企业申请发行股票,推荐的企业每核准一家才能再报一家。

相比审批制,通道制下的股票发行仍具有"名额有限"的特点,并且企业上市后,负责推荐的券商对企业质量不再负责,因此出现了不少企业上市后业绩马上"变脸"的情况。

(4) 核准制:保荐制阶段(2004—2023 年)

2004 年,《证券发行上市保荐制度暂行办法》正式施行。在保荐制下,有资格的保荐人对发行人进行辅导和推荐,核实发行文件中所载资料是否真实、准确、完整,并协助发行人建立严格的信息披露制度,对所推荐发行人的信息披露质量和所作承诺提供持续训示、督促、指导和信用担保,承担风险防范责任。

即使地方政府及中央企业主管部门退出了初审程序,企业发行股票也需提前征求省级政府与国家发展和改革委员会(下称"国家发展改革委")的意见,并且企业能否 IPO 成功主要取决于股票发行审核委员会。该阶段后期,核准制和注册制并行。

(5) 注册制:推进阶段(2013 年至今)

2013 年 11 月,十八届三中全会审议通过的《中共中央关于全面深化改革若干重大问题的决定》明确提出要推进股票发行注册制改革。随后证监会制定并发布《关于进一步推进新股发行体制改革的意见》。2018 年 11 月,国家主席习近平在首届进博会开幕式上表示,将在上交所设立科创板并试点注册制。2019 年 1 月,中央全面深化改革委员会第六次会议审议通过了《在上海证券交易所设立科创板并试点注册制总体实施方案》与《关于在上海证券交易所设立科创板并试点注册制的实施意见》。2019 年 7 月,科创板正式开市,注册制在我国开始试点执行。2019 年 12 月 28 日,第十三届全国人大常委会第十五次会议审议通过了修订后的《中华人民共和国证券法》,并于 2020 年 3 月 1 日起施行,全面推行证券发行注册制度。2020 年 6 月 12 日,证监会发布了《创业板首次公开发行股票注册管理办法(试行)》《创业板上市公司证券发行注册管理办法(试行)》等系列办法,并自发布起开始施行,创业板开始试点执行注册制。2021 年 11 月 15 日,北交所开市并试点执行注册制,我国注册制试点范围进一步扩大。2023 年 2 月 1 日,全面实行股票发行注册制改革正式启动。2023 年 2 月 17 日,证监会发布改革后的股票发行注册制相关制度规则,A 股资本市场正式实施全面注册制。

1.2.3 IPO 定价改革

1. IPO 定价制度概述

(1) IPO 定价制度的含义

IPO 定价制度是指获得新股发行资格的拟发行公司在上市前与其承销商确定股票发行价格并出售给投资者的一种制度安排。资本市场的基本职能是融通资金,实现资源的有效配置,而其引导资源配置的主要方式便是价格机制。因此,决定发行价格的 IPO 定价制度是关系到股票市场功能发挥的根本性制度。

(2) IPO 定价制度的类型

根据投资者在价格形成过程中的不同作用,可将 IPO 定价制度分为三种基本类型:固定价格制度、累计投标询价制度和拍卖发行定价制度(竞价发行)。

固定价格制度是指承销商根据 IPO 估值范围确定统一的发行价格,投资者只能按此价格进行申购,对价格确定没有发言权。累计投标询价制度的主要特点在于投资者有部分 IPO 定价的权利。主承销商在初步确定新股发行价格区间之后,通过发行公司的路演推介,向机构投资者征求需求量和需求价格信息并建立簿记,在此基础上对发行价格进行修正,最后确定发行价格。拍卖发行定价制度是指所有投资者先申报申购价格和数量,再由主承销商对所有有效申购按照价格从高到低的顺序进行累计,累计申购量达到新股发行量的价位就是有效价位,在其之上的所有申报中标,最后确定成交价格。

2. 我国 IPO 定价制度沿革

1992 年至今,中国 IPO 定价制度的发展一直处于不断摸索、不断进步的过程,大体上经历了以下四个阶段:

(1) 行政定价阶段(1992 年至 1999 年 7 月)

行政定价阶段是指 IPO 定价由证券监管机构根据固定公式(类似于固定市盈率公式)计算确定新股发行价格的阶段。公式为"新股发行价格=每股税后利润×市盈率",市盈率水平最终由证监会确定,实际中新股发行市盈率平均为 13~15 倍。在这种定价制度下,发行公司和承销商是价格的接受者,无权根据市场情况来确定发行价格,从而人为地扭曲了定价机制,可能导致发行价格过低,IPO 抑价程度过大,公司资产可能因未得到合理的定价而遭受损失。

(2) 放宽市盈率阶段(1999 年 7 月至 2001 年下半年)

1999 年 7 月,证券法的实施表明我国证券市场的定价机制向市场化迈进一大步。法律规定发行人和承销商要根据客观条件和市场状况合理协商确定股票发行的价格区间,并报证监会审核通过后,再根据对投资者路演、询价、预约配售的情况确定股票发行价格。在这一阶段,新股发行定价可以超出发行价格区间,且超出量没有明确的限制。

(3) 控制市盈率阶段(2001 年下半年至 2005 年年初)

由于 2001 年 6 月国务院颁布了《减持国有股筹集社会保障资金管理暂行办法》,国有股减持引发了股市大幅下挫,几乎所有按市场定价发行的新股都跌破了上市首日的收盘价,不少股票甚至跌破发行价,使投资者承担了高价发行的巨大风险,证监会不得不再次考量 IPO 定价制度。自 2001 年 11 月起,IPO 发行价格制定重新采用控制市盈率的做法。一方面,发行价格区间的上下幅度约为 10%;另一方面,发行市盈率不得超过 20 倍,发行公司与承销商只能在严格的市盈率区间内通过询价来决定股票的发行价格。这也意味着,经历了两年的市场化定价探索之后,中国 IPO 发行定价从高度市场化的放宽市盈率阶段又回到了由证监会主导的控制市盈率阶段。

(4) 询价制阶段(2005 年至今)

2004 年年底,证监会出台了《关于首次公开发行股票试行询价制度若干问题的通知》,并于 2005 年 1 月 1 日起开始实施,自此股票发行价格实行询价制。

在询价制下,主承销商先确定新股发行价格区间,然后召开路演推介会,根据需求量和需求价格信息再对发行价格反复修正,并最终确定发行价格。询价制的实质是累计投标询价制度,政府不对价格进行管制,是一种市场化的定价机制,有助于发现市场价格,降低新股发行抑价程度。

2014 年 1 月,证监会发布《关于加强新股发行监管的措施》,明确发行人应依据《上市公司行业分类指引》确定所属行业,并选取中证指数有限公司发布的最近一个月静态平均市盈率为参考依据,如果新股发行市盈率高于行业均值,发行人需在招股说明书及发行公告中补充说明其中的股票风险。这使得 IPO 的发行价格受到市盈率的隐性约束,市场化的定价机制再次受到政府管制。

1.2.4 北京证券交易所

1. 北交所成立概况

2021 年 9 月 2 日晚,国家主席习近平在中国国际服务贸易交易会全球服务贸易峰会上发表视频致辞表示,将继续支持中小企业创新发展,深化新三板改革,设立北交所,打造服务创新型中小企业主阵地。9 月 3 日,北交所随即注册,注册资本为 10 亿元人民币,成为我国第一家公司制证券交易所,这也意味着中国内地资本市场将形成上交所、深交所、北交所三大交易所并行的格局。2021 年 11 月 15 日,北交所正式开市。开市首日,有 81 只股票上市交易,其中 71 只股票是从新三板精选层平移至此,另外 10 只为开市直接上市的新股。

北交所实行试点证券公开发行注册制,由新三板中的精选层整体平移而来。北交所开市后,新三板的精选层被取消,只保留创新层和基础层。因此,成立北交所是新三板自 2013 年成立以来经历的最大的一次变革,彻底解决了新三板的市场定位和法律地位问题,将新三板升级为一个真正意义上的全国性证券交易所,从而进一步提升其服务中小企业和民营经济的能力,补齐资本市场服务实体经济的短板。

2. 北交所管理与规则

北交所的定位是服务创新型中小企业,为企业提供直接融资的场所。北交所规则体现了其针对性、精准性和包容性,切实考虑了中小企业的发展规律。

在上市准入方面,北交所上市规则对上市公司的加权平均净资产收益率、营业收入增长率作出要求,符合中小企业应追求高成长性的规律。北交所对预计市值、累计净利润、营业收入、研发投入占比的要求远远低于科创板、创业板,体现出其对中小企业的包容性。在退市规则方面,北交所上市规则规定交易类强制退市的考核周期为 60 个交易日(科创板及创业板的相关规定均为 120 个交易日),从而加速劣质公司的出清速度,有利于市场健康发展。在交易规则方面,北交所股票上市首日无涨跌幅限制,常规涨跌幅限制为 30%,而科创板、创业板的相关规定仅为 20%。这使北交所给予市场充分的价格博弈空间,保障价格发现的效率。在交易机制方面,北交所采用连续竞价交易、盘后固定价格交易与大宗交易,能够有效增加交易资产的流动性,提高定价与成交效率。在上市保荐方面,北交所上市规则规定保荐机构持续督导期限为股票上市当年剩余时间及其后2个完整会计年度,而科创板及创业板的相关规定均为股票上市当年剩余时间及其后3个完整会计年度。可见,北交所减轻了保荐机构在持续督导中的负担,突显了上市公司作为信息披露和规范运作的第一负责人地位。

1.3　新经济时代与财务管理变革

1.3.1　新经济时代

20世纪90年代,互联网和移动电话的广泛应用催生了新的工作方式和生活方式,人类也开启了经济发展的新篇章。进入21世纪以来,"大智移云"等信息通信技术集中爆发,数字经济、共享经济、知识经济等各种新经济生机勃发,技术密集、信息密集和智力密集的新经济新业态强势崛起,正逐渐取代劳动密集、资本密集的传统经济。

1. 新经济的含义

1996年12月30日,美国《商业周刊》发表的《新经济的胜利:全球化与信息革命的强大回报》一文中最早提到了"新经济"的概念,并指出新经济始于经济全球化和信息革命,是一种由科技创新驱动的经济发展模式。2016年,"加快发展新经济"首次被写入中国《政府工作报告》。

从学术界来看,新经济一般是指在经济全球化和信息化背景下,由信息技术及其应用产生的新型经济形态,具体涉及互联网+、物联网、云计算、智能制造、智慧物流、数字经济、大数据产业等领域。从实务界来看,新经济业界的领军人物马云在2016年将新经济概括为"新零售、新制造、新金融、新技术、新能源"。而从新经济在我国的发展来看,广义的新经济包含新制造、新基建与新消费三个核心领域。其中,新制造主要涉及节能环保、新一代信息技术、生物、高端装备制造、新材料和新能源等新兴产业;新基建主要包括互联网科技与通信技术、交通运输与能源基础设施两大领域,互联网科技与通信技术涉及5G、人工智能、云计算、物联网、数据中心等领域,交通运输与能源基础设施涉及城规交通、新能源汽车充电桩、特高压等领域;新消费强调新业态与新产品的结合,其中新业态主要包括新零售和新餐饮,新产品主要涉及智能家居、远程办公、教育培训、休闲娱乐和生活服务等领域。

2. 新经济的分类

相对于传统经济,凡是与信息技术及其应用相关的经济形式均可归入新经济范畴。具体而言,可以将新经济分为新技术、新产业、新业态与新模式。其中,新技术是指对已有主流技术产生替代性冲击效果的颠覆性技术;新产业是以新技术为基础、引发现有产业体系重大变革的新兴产业;新业态是指基于新技术、从现有经济运行中衍生出的新环节;新模式是以市场需求为中心、实现资源高效整合的商业模式。新经济的具体分类参见表1-1。

表 1-1 新经济的分类

分类	主要表现
新技术	人工智能(机器人技术、自动驾驶技术、虚拟现实与增强现实技术等),大数据,物联网,5G,电池储能技术等
新产业	新兴电子信息产业(互联网及移动互联网产业等),大数据产业,人工智能产业,基因产业,新材料产业,新能源产业等
新业态	互联网金融(网络借贷、众筹、虚拟货币、数字支付、大数据金融等),新能源汽车,数据挖掘,服务型制造业等
新模式	平台经济,共享经济,社区经济,微经济,跨境经济,C2B,智慧供应链,线上+线下,全渠道零售等

1.3.2 新经济时代与商业模式创新

20世纪90年代以来,随着互联网和电子商务的兴起,商业模式的重要性与日俱增,信息技术进步和商业模式创新成为企业提升其核心竞争力和进行价值创造的两大推动力。正如彼得·德鲁克(Peter Drucker)所言,"当今企业之间的竞争,不是产品和服务之间的竞争,而是商业模式之间的竞争"。即使拥有相同的技术、品牌与产品,企业按照不同的商业模式运作创造的价值也截然不同。例如,百度、阿里巴巴和腾讯均是通过商业模式创新取得经营成功的典范。在新经济时代,成功企业的商业模式创新主要体现在广告、交易平台、直接向用户收费以及免费增值等商业模式上。

1. 广告

新经济时代下,广告的创新模式包括广告联盟、电商广告、软文、虚拟产品换广告效果和用户行为数据等。其中,广告联盟是偏向于互联网形式的广告代理商,广告主在广告联盟上发布广告,广告联盟再把广告推送到各个网站或应用程序(Application,App)上,百度联盟和谷歌广告联盟(Google AdSense)就是最大的两个广告联盟;电商广告是一种全新的互联网广告,主要为网站广告的发布和购买提供平台,如阿里巴巴、京东、当当都有自身的电商广告,电商广告一般按销售额提成付费,很多导购网站的主要收入来源就是这种销售额提成;软文是指把广告内容和文章内容完美结合在一起,让用户在阅读文章时,既得到需要的内容,也了解广告的内容,很多微博、微信公众号便是依靠软文获取收入的;虚拟产品换广告效果是指为用户免费提供虚拟产品,但是用户必须接受一定条件,如看完一段广告、在某个网站注册、下载某个App等;用户行为数据是指通过分析用户在网站或App上的操作方式,分析用户的习惯和心理,从而帮助企业在产品设计和商业规划上作出正确决策,淘宝数据魔方就提供这种服务。

2. 交易平台

交易平台通过连接两个或多个群体,以建立双方或多方的互动机制来满足所有群体的需求并从中获利,其创造价值的逻辑是以连接再聚合的方式降低参与方的交易成本,促使网络效应发生作用。

交易平台商业模式可以具体分为实物交易平台模式、服务交易平台模式和沉淀资金模式。其中,实物交易平台模式是指用户在平台上进行商品交易,通过平台支付,平台从中收取佣金,例如,天猫是最大的实物交易平台之一,佣金是其主要的收入来源;服务交易平台模式是指用户在平台上提供和接受服务,通过平台支付,平台从中收取佣金,如滴滴的盈利模式就是收取司机车费的一部分作为佣金;沉淀资金模式是指用户在平台上留存资金,然后平台用这些沉淀资金赚取投资收益,如共享单车向用户收取押金。

3. 直接向用户收费

直接向用户收费商业模式主要包括定期付费模式、按需付费模式和打印机模式三种。定期付费模式是指用户定期支付一笔费用以获得一定期限内的服务。相对于一次性付费,定期付费的单笔付费金额较小,用户付费的门槛较低,如爱奇艺的月度 VIP 会员收费、得到 App 电子书年费等。按需付费模式是指用户实际购买服务时,根据自身的需要支付相应的费用,如向爱奇艺支付一定的费用来观看特定的电影。打印机模式是指先以较低的价格向用户销售基础性设备,但用户使用该设备时须以较高的价格继续购买其他配件。例如,剃须刀的刀架和家用游戏机的价格通常低于成本价,但是用户要为刀片和游戏光盘支付较高的费用。

4. 免费增值

免费增值是指服务商向用户提供免费的基础服务,而对增值服务模块收费的一种商业模式。该模式下,内容服务商通过免费服务版本吸引大量用户,同时推出增值服务版本,利用差异化服务吸引免费用户转变为付费用户,从而获得收益。用户从使用免费服务转移到使用增值服务的过程(free-to-fee)被称为服务升级。由于大部分免费用户通常不会转变为收费用户,收费用户的数量一般较少,而企业需要用收费用户支付的费用来补贴免费用户,因此,只有服务免费用户的边际成本极低,这种商业模式才能持续运行。

免费增值具体包括限定次数免费使用、限定人数免费使用、限定免费用户可使用功能、应用内购买、试用期免费、核心功能免费而其他功能收费、核心功能免费同时导流到其他付费服务以及组织活动等模式。其中,限定人数免费使用模式最常见的使用场景是企业邮箱服务。如果企业注册了某个域名作为企业邮箱,企业邮箱服务商可以要求 5 个以内邮箱地址免费,超过 5 个邮箱地址就要购买他们的服务。核心功能免费同时导流到其他付费服务模式比较常见的使用场景是微信,用户使用微信聊天是免费的,但是微信内置的很多其他服务(如游戏、微信支付等)可能是收费的。组织活动模式主要通过提供免费服务来聚集人气,然后通过组织各种线下活动获得广告或赞助,或者在活动中销售商品或服务来获取收入。

1.3.3 新经济时代与财务管理边界

财务活动产生于商品的生产与交换中,与资源的稀缺性相伴相生。财务管理的本质是在物资循环运动中提高稀缺性资本的配置效率,最终实现企业持续的价值创造。在新经济时代,价值创造的驱动因素发生嬗变,这就要求财务管理与时俱进、不断变革和创新。新技术、新模式、新业态等作为特征要素构成了新经济时代的主要内涵并驱动着财务管理的创新与拓展。一方面,在财务信息方面,信息技术的全面渗透促使会计信息系统重塑架构,融合财务、共享财务与智能财务,使财务管理更具战略意义;另一方面,从管理主体来看,商业模式创新使以供应链、价值链和生态网络为代表的"价值系统"成为财务管理的内生变量。

1. 财务管理信息边界

新经济时代的技术进步为重塑会计信息系统提供了契机,凭借海量的数据规模、快速的数据流转、动态的数据体系以及多样的数据类型,大数据技术使会计信息系统的数据来源从单一结构化财务数据扩展到多维非结构化数据,在提高会计信息相关性的同时也促进了业务信息与财务数据的融合,从而有助于财务与业务的协同价值创造。在此基础上形成的"融合财务"不仅为企业内外部利益相关者提供了翔实动态的决策信息,也为企业在财务预测、分析决策、控制反馈、评价考核、风险防控等财务管理流程中运用多维非结构化数据进行全方位考量提供了便利。

新技术不仅通过财务会计与管理会计的融合实现了财务数据与业务信息的整合,也为企业基于流程再造实现财务"集约化"提供了必要支撑。随着企业实体不断壮大,众多的分支机构、繁杂的管理层级使企业财务面临核算成本增加、管控难度加大、决策效率低下等种种弊端,会计信息的相关性、可靠性、及时性以及信息生成的经济性也面临考验,基于流程再造进行财务转型已成必然。而财务共享是新经济时代企业财务流程再造的创新性突破,标志着企业内部财务管理主体及财务组织体系的重大变革,其核心在于将分散在各业务单元的财务基本业务集中到共享服务中心处理再在集团内共享,在提高财务信息质量的同时实现企业财务的规模经济、范围经济与资源优化配置。通过标准化、集中化的财务核算流程,财务共享服务中心实现了企业业务单元或分支机构之间的信息沟通、财务集中和财务协同,从而有助于企业降低核算成本,提高决策效率,优化资源配置。

2. 财务管理主体边界

新经济时代是"资源整合定成败"的时代,外包、众包、联盟、平台等战略被广泛应用,生产制造商、材料供应商、技术开发商、品牌代理商和产品经销商结成了利益共同体。企业之间相互依存度的显著提高导致企业之间的边界日益模糊,企业管理和财务管理的边界也已经超越传统的边界。以单个企业或企业集团为边界的传统财务管理模式面临巨大的挑战,亟待变革。在新经济时代,财务管理的边界由单个企业或企业集团延伸到整个供应链、价值链和生态网。在只有业务关系而没有资本纽带的情况下,如何以资源整合为契机构建崭新的供应链财务管理、价值链财务管理和生态网财务管理,是新经济时代财务管理必须直面的重大创新问题。

1.3.4 新经济时代与企业价值评估

在新经济时代,企业的生产要素包括更多的智力资本或人力资本,信息、流量、用户等成为决定企业发展的重要资源,企业价值的内涵有了巨大的改变,明显不同于传统经济时代。一方面,由于新型互联网企业的未来现金流预测难度较高,因此传统的现金流折现模型难以使用;另一方面,由于互联网企业是轻资产企业且更迭速度快,可比企业较少,其重要资产是团队及用户,因此其财务报表上的资产无法反映企业的真实情况,难以使用相对估值法。因此,对于新经济时代下的新型企业,传统的估值方法几乎完全失灵,必须寻找新的思路。

1. 用户为王:梅特卡夫定律

梅特卡夫定律(Metcalfe's Law)是一种网络技术发展规律,具体是指互联网的价值在于将节点连接起来,而节点越多,潜在的连接数就越多。因此,网络的价值等于网络节点数的平方,网络的价值与联网的用户数的平方成正比,即 $V=K \cdot N^2$,其中,V 是互联网企业的价值,K 是变现因子,N 是网络的用户数。

由于信息资源的奇特性不仅在于它可以被无损耗地消费,而且它的消费过程很可能同时就是它的生产过程,它所包含的知识或感受在消费者那里会催生出更多的知识或感受,因此,消费它的人越多,它所包含的资源总量就越大。而互联网的威力不仅在于它能使信息的消费者数量增加到最大限度(全人类),更在于它是一种传播与反馈同时进行的交互性媒介。梅特卡夫定律基于每一个网络新用户都因他人的联网而获得更多的信息交流机会,指出网络具有极强的外部性和正反馈性:联网的用户越多,网络的价值越大,联网的需求也就越大。

2. 重新定义"距离":曾李青定律

2014年10月8日,腾讯创始人之一曾李青在深圳分享了自己对互联网价值的深度思考,并提出曾李青定律:网络的价值不仅与节点数有关,也与节点之间的"距离"有关,网络价值虽然与用户数量的平方成正比,但同时要除以网络节点之间的距离 R 的平方,即 $V=K \cdot N^2/R^2$。

对于网络节点之间的距离,如果需要更长的时间才能传达相同的信息,即可以认为节点之间的距离"长";如果相同时间内网络能传达数量更多或质量更高的信息,就可以认为节点之间的距离"短"。因此,网络中信息质量越高、数量越多,网络节点之间的距离越短,网络价值越大。高连通度节点可以有效地缩短网络距离,提高网络价值。例如,将腾讯和通信运营商进行对比,除变现能力外,两者网络节点之间的距离也是不同的。腾讯的QQ和微信等可以在更短时间内传达更为丰富的内容,其用户群等功能也能大幅提高节点之间的连通度,这种趋势还将随着移动互联网的渗透而继续加强,从而创造更大的网络价值。根据该定律,影响网络节点之间距离的因素如表1-2所示。

表1-2 网络节点间距离的影响因素

分类	影响因素	方向	案例
外生	网络速度提升	缩短距离	宽带网络普及、4G替代3G
外生	用户界面改善	缩短距离	iPhone等大屏触摸智能手机普及
内生	内容数量提升	缩短距离	多媒体技术应用
内生	网络连通度提升	缩短距离	网络核心节点加入

资料来源:国泰君安证券研究所。

3. 马太效应：领先者溢价

互联网的重要特征是赢者通吃，因此，投资者极为重视互联网企业的行业地位，愿意付出高溢价购买领先者的股权。如果投资者取得垄断地位，溢价将会更高。因此，简单的互联网估值模型可以表示如下：

$$V = K \cdot P \cdot \frac{N^2}{R^2}$$

其中，V 是互联网企业的价值，K 是变现因子，P 是溢价率系数（取决于企业在行业中的地位），N 是网络的用户数，R 是网络节点之间的距离。从 N 的角度看，企业可能有很多的用户数或潜在用户数，用户数是最大的影响因子；从 R 的角度看，网络上的信息质量较高或具有较多的高质量节点（名人、大型企业等）将缩短网络节点距离；从 P 的角度看，目前正处在行业细分领域前端的"独角兽"企业会获得极高的估值。

讨论题

1. 在新冠肺炎疫情的冲击下，实体经济复苏疲软，投资者纷纷涌向金融市场获取高额收益，金融市场与实体经济的脱节进一步拉大社会贫富差距。当前我国在打赢脱贫攻坚战、全面建成小康社会、实现第一个百年奋斗目标后，已经到了扎实推动共同富裕的历史阶段。作为共同富裕的重要抓手，中小企业亟需解决成本高、融资难问题。结合我国经济实践，请讨论北交所的成立对中小企业创新发展的重要意义。

2. 多层次资本市场的完善对企业财务管理活动有何影响？

案例分析

腾讯屹立之谜——免费增值商业模式

作为我国使用免费增值商业模式的典范企业之一，腾讯公司将以 QQ 和微信为代表的免费社交通信平台（一级平台）作为业务基础，吸引了庞大的活跃用户群体，再以此为基础建设了网络游戏、微信支付、QQ 空间和腾讯视频等内容平台（二级平台），并在这两级平台的基础上开展了一系列收费业务，如 QQ 会员、QQ 游戏中心和微粒贷等。

在一级平台方面，腾讯早期的即时通信软件 QQ 一直在该细分市场处于领先地位。据统计，2012—2017 年，在主要的社交通信软件（包括 QQ、阿里旺旺、中国移动飞信、微软 MSN、人人桌面、腾讯 TM 和百度 HI）中，QQ 的覆盖人数几乎等于其他社交通信软件的总覆盖人数。如图 1-1 所示，QQ 移动终端月活跃账户数在 2015—2018 年间一直平稳上升，2015 年为 6.4 亿，2018 年上升至 7 亿左右。2019 年，这一数量开始下降，但仍然保持着较高水平。相较于 QQ，微信则是腾讯近几年表现更为出色的社交通信平台。自 2011 年腾讯推出微信以来，微信的月活跃账户数就一直保持高速增长态势。2015 年，微信月活跃账户数已经超过 QQ 移动终端月活跃账户数，此后，微信的月活跃账户数继续高速增长，到 2020 年，该数量已经达到 12.25 亿，相较 2019 年同比增长 5.2%，同时,每天有超过1.2亿用户在朋友圈发表内容,3.6亿用户在公众号阅读文章,4亿用户使用微信小程序。而免费用户转化为收费用户是免费增值商业模式最关键的环节,QQ和微信庞大的用户群体为收费用户的转换提供了大量潜在的用户基础。2015年,腾讯的收费增值账户注册付费会员数已经接近1亿,并且在此后的几年一直保持稳定增长,到2020年这一数量增长到2.2亿,相较2019年同比增长21.9%。为了维持并扩大自己的用户基础,腾讯围绕一级平台的产品不断进行改进和创新。例如,2014年,腾讯在微信上丰富了支付场景并推出了微信红包等功能来提高微信支付的知名度并建立用户习惯。2017年微信推出小程序,以期在低频次使用场景中提供更广泛、更深入的服务,并将用户与众多的线上及线下服务(如零售、电子商务、生活服务和政务民生及游戏等)连接。因此,一级社交通信平台及其所聚集的用户资源是腾讯免费增值商业模式的重要基石,而腾讯围绕一级平台所作的改进和创新也一直以用户价值为依据,旨在提高用户黏性,扩大用户基础,从而为其收费业务奠定基础。

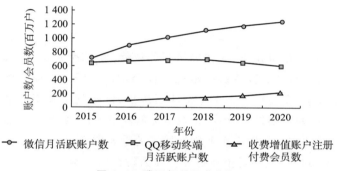

图1-1 腾讯相关运营指标

在二级平台方面,腾讯以QQ和微信为依托,构建了庞大的内容平台体系,并以此为基础建立了增值服务、网络广告以及金融科技与企业服务等三大增值业务板块。其中,增值服务包括社交网络和网络游戏:社交网络的收费项目主要包括数字内容的增值内容订阅费和特权订阅费,如视频和音乐的VIP特权订阅费、QQ超级会员费、QQ空间的特权订阅费等;网络游戏的收费项目包括QQ游戏中心、高级休闲游戏、大型多人在线游戏及手机游戏的特权订阅费或项目收费等。网络广告主要包括媒体广告和社交广告,其中媒体广告主要指视频流媒体服务中的广告,社交广告主要指微信及其他移动端应用中出现的广告。金融科技与企业服务的收费项目主要包括向商户收取的商业交易手续费、向用户收取的提现手续费、信用卡还款费用、向金融机构收取分销金融科技产品(如微粒贷、理财通)的服务费以及企业版腾讯会议的相关费用等。

如图1-2所示,在腾讯的所有业务板块中,网络游戏一直是腾讯最重要的收入来源,且一直保持增长态势。2015年,网络游戏收入为565.87亿元,占总营业收入的55%;2020年,网络游戏收入增长到1 561亿元,但随着金融科技与企业服务收入的快速增长,网络游戏收入占总营业收入的比重下降为32%。通过自主研发游戏以及与投资伙伴合作,腾讯网络游戏横跨各种游戏类型和各种平台,均处于领先地位。例如,王者荣耀在2019年和2020年连续两年荣登全球手机游戏畅销榜榜首,月活跃账户数在国内排名第一;

英雄联盟2020年全球总决赛同时观看人数最高超过4 000万,创下游戏电竞赛事的收视新高。这些都说明腾讯在中国游戏市场处于垄断地位。

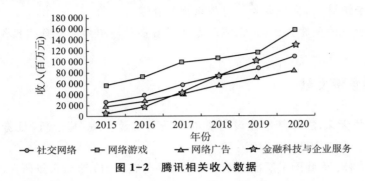

图1-2　腾讯相关收入数据

作为腾讯的第二大收入来源,社交网络长期以来一直保持稳步增长。2015年,社交网络收入为240.52亿元,占总营业收入的23%;2020年,社交网络收入增至1 081亿元,占总营业收入的22%。此外,腾讯在长视频领域具有领先地位,视频付费会员数在2020年达到1.23亿。与此同时,腾讯也在不断加强短视频社区的建设,随着微视上微剧的大量播出,腾讯的短视频播放量大幅增加。随着2020年腾讯合并虎牙直播服务,其音乐及视频会员服务收入也获得较大的增长。

腾讯的金融科技与企业服务作为后起之秀,也一直保持高速增长。2015年,金融科技与企业服务收入为47.26亿元,仅占总营业收入的4%。但该收入在2017年超过网络广告收入,2018年超过社交网络收入,在2020年达到1 280.86亿元,占总营业收入的比重达到26.57%,仅次于网络游戏收入。金融科技收入的快速增长得益于支付创新、支付应用场景的增加以及理财产品组合的扩大。长期以来,腾讯一直致力于加强对线下商户的渗透,巩固其在移动支付领域的领导地位。2019年第四季度,腾讯的商业支付日均交易笔数超过10亿,月活跃用户数超过8亿,月活跃商户数超过5 000万。此外,通过用通信产品为用户的日常生活提供更多便利,小程序的潜力也得到了进一步释放。例如,加强微信"搜一搜"和小程序直播功能有助于用户发现商户小程序,从而促进销售转化。2019年,小程序的交易总额超过了8 000亿元。而在云及企业服务方面,腾讯一直专注于开发定制化行业解决方案,帮助企业加强与用户的联系。2019年,云服务收入超过170亿元,增速持续高于市场。随着互联网对传统行业的不断渗透和改造,可以预计个人和企业将更加依赖金融科技和云服务,因此,金融科技与企业服务收入对腾讯整体营业收入的贡献将会越来越大。

综上来看,免费增值商业模式之所以在腾讯被运用得无比成功,原因在于腾讯对核心资源——一级平台和二级平台的建设和维护极为出色,以及其对两级平台产生的网络效应的有效利用。当然,在过去十年,腾讯的快速发展在一定程度上依赖于互联网网民规模剧增所释放的人口红利,在未来互联网用户规模增速放缓、市场竞争更加激烈的情况下,腾讯能否继续将庞大的用户群体锁定在其生态圈是其能否继续前行的关键因素。这需要腾讯运用更加有效的措施挖掘用户价值,同时在战略上精准把握互联网未来的发展潮流。

资料来源:编者根据相关资料整理。

思考题：

（1）在免费增值商业模式下，如何界定腾讯的财务管理边界？

（2）在新经济时代，投资者如何对腾讯进行合理的估值？

（3）作为优秀的民营企业，腾讯在助力共同富裕行动中如何发挥积极作用？

主要参考文献

陈运森,袁薇,兰天琪.法律基础建设与资本市场高质量发展：基于新《证券法》的事件研究[J].财经研究,2020,46(10):79-92.

陈泽,肖星,李诗林,等.我国多层次资本市场的发展与完善[J].金融市场研究,2018,78(11):37-51.

董秀良,高飞.股票发行定价制度及其对市场效率的影响[J].当代财经,2002(5):25-28.

冯华,陈亚琦.平台商业模式创新研究：基于互联网环境下的时空契合分析[J].中国工业经济,2016(3):99-113.

辜胜阻,庄芹芹,曹誉波.构建服务实体经济多层次资本市场的路径选择[J].管理世界,2016(4):1-9.

郭国庆,王玉玺,杨海龙.免费增值商业模式下用户参与度分析：基于在线游戏的实证研究[J].管理评论,2019,31(7):199-209.

何瑛,杨琳,张宇扬.新经济时代跨学科交叉融合与财务管理理论创新[J].会计研究,2020(3):19-33.

华民.新经济、新规则和新制度[J].世界经济,2001(3):3-8.

黄群慧."新经济"基本特征与企业管理变革方向[J].辽宁大学学报（哲学社会科学版）,2016,44(5):1-7.

黄世忠.当会计遇见新经济：基于商业模式创新的价值创造新思维[J].新会计,2017(12):6-8.

黄世忠.新经济对财务管理和管理会计的影响分析[J].中国管理会计,2020(2):17-25.

黄世忠,叶丰滢,陈朝琳,等.新经济 新模式 新会计[M].北京：中国财政经济出版社,2020.

蒋顺才,蒋永明,胡琦.不同发行制度下我国新股首日收益率研究[J].管理世界,2006(7):132-138.

李青原,李锡培.新股发行制度变迁与A股市场IPO抑价[J].珞珈管理评论,2020(3):66-85.

戚聿东,李颖.新经济与规制改革[J].中国工业经济,2018(3):5-23.

汤谷良,高晨,于彩珍.高级财务管理学的理论框架：管理过程的财务实现[J].会计研究,2001(6):40-44.

张晓燕.北交所新规如何助力"专精特新"中小企业发展[J].人民论坛,2021(29):72-75.

21世纪经济与管理规划教材

财务管理系列

第二篇

融 资 篇

第 2 章　私募股权投资
第 3 章　首次公开发行
第 4 章　再融资

第 2 章　私募股权投资

[素养目标]
- ◆ 了解私募股权投资对中国企业规范和成长的作用
- ◆ 了解私募股权投资对中国产业转型升级的促进作用
- ◆ 了解私募股权投资对中国资本市场改革发展的作用

[学习目标]
- ◆ 掌握私募股权投资的定义与内涵
- ◆ 了解私募股权投资的基本概念与分类
- ◆ 掌握私募股权投资的一般流程
- ◆ 熟悉中国制度背景下私募股权投资的发展

2.1　私募股权投资概述

2.1.1　私募股权投资的定义

1. 私募股权投资的含义

私募股权投资(Private Equity,PE),是指以非公开方式向少数机构投资者或者个人募集资金,并主要向未上市企业进行权益性投资,最终通过被投资企业上市、并购或者管理层回购等方式退出来获利的投资。私募股权投资由于通常以基金方式作为资金募集的载体,因此通常又被称为私募股权投资基金。

广义的私募股权投资涵盖企业 IPO 前各阶段的权益性投资,而狭义的私募股权投资主要指对已经形成一定规模并产生稳定现金流的企业进行股权投资。

2. 私募股权投资的特点

一般来说,私募股权投资具有以下特点:

第一,资金来源广泛。来源包括风险基金、杠杆收购基金、养老基金、保险公司、战略投资者、个人等。

第二,非公开性。私募股权投资在资金募集上主要通过非公开方式面向少数机构投资者或个人募集,其销售和赎回都是基金管理人私下与投资者协商进行;另外,在投资方式上也采用私募形式进行,较少涉及公开市场操作,一般无须披露交易细节。

第三,权益性。私募股权投资多采取权益性投资方式,较少涉及债权性投资。因此,私募股权投资机构也对被投资企业享有一定的表决权。权益性投资工具主要包括普通股、可转换优先股以及可转换债券。

第四,低流动性。私募股权投资属于中长期投资,持有期限较长,难以在短期内调整投资组合。此外,私募股权投资基金的基金份额流动性较差,在基金清算前,基金份额转让或投资者退出都有一定难度。

第五,高风险性。由于被投资企业的性质不同,因此投资项目的收益有较大的风险性和波动性。同时,我国相关法律法规还不健全,对私募股权投资的监管还不到位,尤其是退出机制的欠缺,极大地增加了投资者的风险。

第六,专业性。私募股权投资的投资决策与管理涉及资本市场、企业管理、财务、行业、法律等多个方面,对基金管理人的专业性要求较高,基金管理人必须对被投资企业所处行业有深入了解,还需具备企业经营管理经验。

第七,信息不对称性。高度的信息不对称贯穿于私募股权投资的项目选择和投资后监督管理等过程,由此产生了以逆向选择和道德风险为主要表现的运作风险。一方面,在投资项目选择过程中,基金管理人或被投资企业可能凭借信息优势夸大自身业绩或成长性,以获得投资者的认可;另一方面,在项目投资后,基金管理人或企业家也可能以最大化自身利益为导向损害投资者的利益。

第八,退出渠道多元化。私募股权投资最终以获得资本增值为退出目的,其退出渠道多元化,主要包括被投资企业IPO、出售、兼并收购、被投资企业管理层回购等。

3. 私募股权投资的主要参与者

私募股权投资的主要参与者是私募股权投资活动的主体,主要包括投资者、基金管理公司、被投资企业、中介服务机构。

(1) 投资者

私募股权投资的投资者也称基金份额持有人,是私募股权投资基金的出资人,按其所持有的基金份额享有权益和承担风险。对于私募股权投资基金,投资者应当为具备相应风险识别能力和风险承担能力的合格投资者,主要包括金融机构、社会保障基金、企业年金、社会公益基金、母基金、主权财富基金、政府引导基金、工商企业和个人投资者等。

(2) 基金管理公司

私募股权投资以基金方式作为资金的载体,通常由基金管理公司设立不同的基金并募集资金后,交由不同的管理人进行投资运作。基金管理人受托管理基金资产,其主要的职责是按照基金合同的约定,负责基金资产的投资运作,在有效控制风险的基础上为投资者争取最大的投资收益。

(3) 被投资企业

被投资企业是资金的需求者和使用者,其在不同的发展阶段需要不同规模和用途的资金:创业期企业需要启动资金;成长期企业需要筹措用于扩大规模及改善生产能力的资金;改制或重组企业需要并购、改制资金的注入;面临财务危机的企业需要相应的周转资金渡过难关;相对成熟的企业在上市前需要一定的资本注入以达到证券交易市场的相应要求等。

(4) 中介服务机构

中介服务机构负责帮助私募股权投资基金募集资金,为需要资金的企业和基金牵线搭桥,以及评估私募股权投资基金的表现。基金托管机构、基金销售机构、投资银行、律师事务所、会计师事务所等中介服务机构的存在降低了私募股权投资基金相关各方的信息成本。

2.1.2 私募股权投资的分类

1. 按照组织形式分类

私募股权投资按照组织形式可分为公司制、合伙制和信托制三种类型。不同的组织形式决定了不同的运作特点。

（1）公司制

公司制是指两个或两个以上的投资者（股东）共同出资成立具有独立主体资格、以投资为主营业务的私募股权投资基金或者公司，通过股东大会选举董事会、董事会任命管理层来管理基金资产的形式，如图2-1所示。

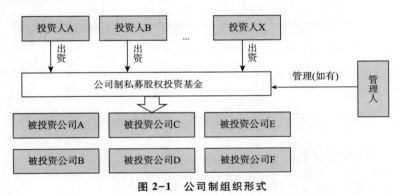

图2-1 公司制组织形式

公司制的优点在于：①模式清晰易懂，组织架构完整；②具备独立法人资格；③投资额可抵扣部分所得税。

公司制的缺点在于：①协调成本高，重大事项决策效率低；②双重税负。

（2）合伙制

合伙制采用有限合伙企业的组织形式，投资管理公司作为基金管理人以普通合伙人身份对基金债务承担无限连带责任，其他投资者作为有限合伙人不参与投资决策，只以认缴的出资额为限对基金债务承担有限责任，如图2-2所示。

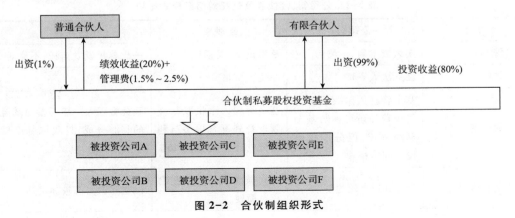

图2-2 合伙制组织形式

合伙制的优点在于:①普通合伙人和有限合伙人关系清晰,基金管理运作简洁高效;②采取灵活有效的"管理费+净收益"激励模式;③约束机制加强风险管理;④资金使用效率较高;⑤可以有效避免双重税负。

合伙制的缺点在于:①注册时存在审查障碍;②合伙人的诚信问题;③配套税收法规不齐全。

(3) 信托制

信托制是指由基金管理机构与信托公司合作成立基金,通过发起设立信托收益份额募集资金,进行投资运作的模式。基金由信托公司和基金管理机构形成决策委员会共同进行决策管理,如图2-3所示。

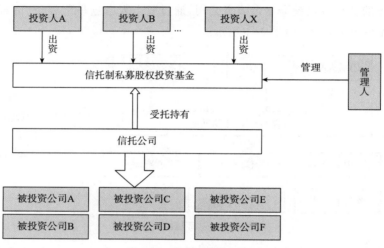

图 2-3 信托制组织形式

信托制的优点在于:①内部分工明确;②可以快速集中大量资金。

信托制的缺点在于:①可能出现资金闲置;②激励机制较差;③流动性不足。

(4) 三种组织形式的比较

为了深入分析私募股权投资基金的不同组织形式,现从出资方式、主体资格、激励机制等方面进行比较,具体如表2-1所示。

表 2-1 公司制、合伙制及信托制组织形式比较

因素	公司制	合伙制	信托制
出资方式	实缴资本制,不灵活	承诺出资,灵活性大	一次募集设立信托,不灵活
主体资格	独立法人资格	非法人资格	非法人资格
激励机制	基金管理人除收取基金管理费外还可参与基金利润分成,但分成比例没有固定模式	基金管理人除收取基金管理费外可直接参与利润分成,比例可高达20%	基金管理人一般不参与基金的利润分成,只收取基金管理费
设立及退出	设立和退出较为复杂	设立较为复杂,但退出相对简便	设立和退出都较为灵活

(续表)

因素	公司制	合伙制	信托制
资金使用效率	可能出现资金闲置	资金使用效率较高	可能出现资金闲置
决策方式	基金管理人的投资决策可能受到股东和董事会的影响	有限合伙人不参与投资决策,投资决策权由普通合伙人行使	由信托公司和基金管理机构形成决策委员会共同进行决策
税收成本	双重税负	只对合伙人征税,不对合伙企业征税	对信托投资取得的投资收益暂不征税
法律基础	法规比较齐全和完备	法律基础相对薄弱	法律基础相对薄弱

2. 按照投资策略分类

私募股权投资因投资策略的差异会选择在企业不同的发展阶段加入,具体可以分为以下六种类型:

(1) 创业风险资本

创业风险资本(Venture Capital)主要投资技术创新项目和科技型创业企业,通过在企业初创时期提供资金支持和咨询服务,使企业在研发阶段充分发展并得以壮大。由于创业企业在财务、市场、营运和技术等方面的发展存在诸多不确定性,因此创业风险投资具有很大的风险。这种投资能够持续的原因是一旦成功,投资利润丰厚,足以弥补其他项目的损失。

(2) 成长资本

成长资本(Development Capital)针对的是经过初创期而发展至成长期的企业,其经营项目已经从研发阶段过渡到市场推广阶段并产生了一定的收益。成长资本是中国私募股权投资中占比最大的部分。从投资方式来看,其通常采取参股型投资,较少采用控股型投资。

(3) 并购资本

并购资本(Buyout Capital)主要专注于并购目标企业,通过收购目标企业股权获得其控制权,然后对其进行一定的重组改造以提升企业价值,成功之后持有一段时间再出售。并购资本涉及的资金规模较大,通常采用杠杆收购方式。

(4) 夹层资本

夹层资本(Mezzanine Capital)的目标主要是已经完成初步股权融资的企业。它代表一种债权投资和股权投资兼有的投资方式,其实质是附有认股权证的无担保长期债权,投资人可依据事先约定的期限或触发条件,以事先约定的价格购买被投资公司的股权,或者将债权转为股权。

(5) Pre-IPO 资本

Pre-IPO 资本(Pre-IPO Capital)主要投资于企业上市前阶段,或者预期将上市的、规模与盈利已达到可上市水平的企业,其退出方式一般为上市后从公开资本市场出售股票,因此 Pre-IPO 具有风险小、回报快的优点。

一般而言,Pre-IPO 投资者主要有投行型投资基金和战略型投资基金两类。投行型投资基金具有双重身份,既是私募股权投资者又是投资银行家,能够为企业的IPO提供直接的帮助;战略型投资基金则致力于为企业提供管理、客户、技术等资源,协助企业在上市之前建立起规范的法人治理结构或为企业提供专业的咨询。

(6) 上市后私募投资

上市后私募投资(Private Investment in Public Equity,PIPE)是指投资于已上市公司的私募股权投资,其以市场价格的一定折价率购买上市公司股份以扩大公司资本。与普通再融资相比,上市后私募投资的融资成本较低,融资效率较高,监管机构的审查较少,而且不需要昂贵的路演成本。

3. 其他分类

(1) 按拟投资的行业分类

根据私募股权投资基金设立时确定的拟投资行业,私募股权投资基金可以分为综合性投资基金和行业专业基金。前者并无投资行业的限制,后者通常限定于特定的投资领域,如房地产基金、环保基金、能源基金等。

(2) 按资金性质分类

从资金性质来看,私募股权投资基金还可以分为人民币基金和外币基金。前者依据中国法律在中国境内设立,主要以人民币对中国境内非公开交易股权进行投资;后者依据中国境外的相关法律在中国境外设立,主要以外币对中国境内的企业进行投资。

2.1.3 私募股权投资的价值

随着中国金融市场日趋理性和规范的发展,私募股权投资作为一种重要的金融力量,无论是对企业、资本市场还是对宏观经济都起到了不可或缺的作用。

1. 对企业发展的作用

(1) 缓解融资难问题

一般来说,处于早中期发展阶段的中小微企业由于其自身的融资需求特征以及与传统融资渠道(包括商业银行和资本市场)对投资对象的要求不匹配,获取融资支持的难度相对较大。相对而言,私募股权投资基金能够更高效地应对中小微企业的融资需求特征,无须被投资企业提供担保,也能按照企业发展阶段进行分阶段投资,帮助企业改善资本结构。

(2) 改善公司治理

被投资企业通常处于发展的初创期,经营业绩的波动较大。私募股权投资基金为了控制风险,经常参与被投资企业的管理,协助企业不断提高治理水平以尽快走上稳健发展的正轨。

(3) 帮助公司规范运作

多数早期被投资企业通常在建立规范的公司治理制度和有效的企业管理架构方面存在缺陷,部分甚至不能建立真实有效的财务会计制度。私募股权投资机构能够通过丰富有效的投后管理和增值服务,利用专业优势和人脉资源帮助公司更好地应对创业过程中的各种问题,提升公司运作的规范性。

2. 对资本市场的作用

(1) 缓解信息不对称

私募股权投资活动中存在严重的信息不对称,而私募股权投资基金的管理人通常由在特定行业拥有专业知识和经验的产业界和金融界精英组成,具有较强的信息搜寻、处理、加工和分析能力,能最大限度地减少信息不对称,防范道德风险和逆向选择问题。

(2) 提高资本配置效率

长期以来,我国资本市场直接融资比例过低,金融风险集中于商业银行,存在着中小企业融资难的问题。私募股权投资作为直接融资的重要形式,在寻找投资信息、管理投资项目等方面具有信息优势和技术优势,可以引导资金流向,促进直接融资发展,改善资本市场结构,分散银行体系风险,改善企业尤其是中小企业融资情况。

3. 对宏观经济的作用

(1) 推动产业重组和升级

私募股权投资基金作为有效整合资金、技术、管理等市场要素的金融工具,可在产业重组、自主创新等方面发挥主导作用,通过推动优势资源的合理流动与整合以及劣势企业的淘汰与重整,促进我国经济发展质量的持续优化和经济发展结构的不断调整。

(2) 促进科技创新

当下互联网、大数据、人工智能、生物制药等领域的创新创业活动十分活跃,但由于初期技术研发投入成本很大,成长的不确定性大,对传统的间接融资支持方式难以适应。而私募股权投资基金通过投资于科技创新企业,为新技术找到产业化扩张路径并推动企业成长,成为促进科技创新的有效方式。

(3) 化解宏观调控的负面影响

当前,宏观调控对于抑制通货膨胀、保持经济平稳较快增长发挥了积极作用。但由于经济结构性差异,地区间、行业间、企业间面临的市场环境各不相同,宏观调控政策难免会对一些特定行业、企业造成负面影响。随着私募股权投资基金的不断发展,微观主体引导资金流动与宏观调控手段形成互补,一定程度上能够化解宏观调控的负面影响,降低经济硬着陆风险。

2.2 私募股权投资的资金募集

2.2.1 私募股权投资募集的概念

1. 私募股权投资的募集行为

私募股权投资基金的募集是指私募股权投资基金管理人或者受其委托的募集服务机构向投资者募集资金,用于设立私募股权投资基金的行为。

私募股权投资基金的募集包括推介基金、发售基金份额、办理投资者认/申购(认缴)、份额登记、赎回(退出)等阶段。资金募集完成后将由基金管理人负责管理使用,投向特定投资对象,承担风险,获取收益,并按约定进行利益分配。

2. 私募股权投资的募集机构

从募集主体角度来看，私募股权投资基金的募集可分为自行募集和委托募集，由此衍生出两种不同的募集机构，前者指基金管理人，后者指基金销售机构。

（1）基金管理人

采用自行募集方式募集时，私募股权投资基金管理机构需向证券投资基金业协会申请登记为基金管理人。基金管理人只可以募集自己发起设立的基金，不允许销售其他基金管理人的产品。

（2）基金销售机构

基金销售机构参与私募股权投资基金募集活动，需要满足以下三个条件：①在证监会注册，取得基金销售业务资格；②成为中国证券投资基金业协会会员；③接受基金管理人委托（签署销售协议）。

目前具有基金销售业务资格的主体包括商业银行、证券公司、期货公司、保险机构、证券投资咨询机构、独立基金销售机构等。

2.2.2 私募股权投资的募集对象

在欧美市场，私募股权投资基金主要向养老基金、捐赠及慈善基金、政府投资机构、金融机构、母基金等机构投资者募集资金，而中国市场与国际市场显著不同的一点是，个人投资者在基金投资中占据重要地位。

1. 养老基金

养老基金包括公司养老基金和公共养老基金，因其投资期限长，风险承受能力高，是资本市场稳定的机构投资者。在欧美市场，养老基金的规模很大，是私募股权投资基金最大的资金供给方。在中国，全国社保基金是最大的养老基金，根据财政部和人社部2008年的授权，它可以将总资产的10%（以成本计）投向私募股权投资基金，而地方社保基金则没有获得该投资权限。随着相关政策的进一步放松，预计未来社保基金投资于私募股权投资基金的资金量将有较大的增长空间。

2. 捐赠及慈善基金

捐赠基金一般指为了维持公益事业而专门设立的非营利基金，参与私募股权投资基金的捐赠基金一般为大学基金会，它起源于欧美，其中以美国的大学基金会最为典型。由于短期现金需求不高，捐赠基金可以进行相对长期的投资，是稳定的机构投资者。慈善基金的运作机制类似于捐赠基金，私募股权投资基金也属于其资产配置的一个大类。

3. 政府投资机构

主权财富基金等政府机构是私募股权投资基金重要的资金来源，其中最著名的就是中国投资有限责任公司（中投）和淡马锡（Temasek）。此外，在中国市场上，政府设立的引导基金是另一大资金来源。引导基金是由政府财政出资设立并按市场化方式运作的、在投资方向上具有一定导向性的政策性基金，通过投资于创业投资基金，引导社会资金流入早期创业投资领域，但其本身不直接从事股权投资业务。

4. 金融机构

参与私募股权投资基金的金融机构包括商业银行、投资银行、基金子公司、保险公司等。商业银行既可以将自有资金直接投资于私募股权投资基金,也可以作为基金管理人发起成立基金。投资银行通过私募股权投资基金投资于优质企业,并帮助其实现出售或上市进而退出投资。基金子公司主要通过资管计划投资于私募股权投资基金。保险公司方面,自2010年起,我国放开部分限制,允许保险公司将总资产的4%投资于私募股权投资基金。尽管目前仍处于起步阶段,但考虑到中国保险行业巨大的资产规模,保险资金未来也会是私募股权投资基金的重要筹资对象。

5. 母基金

母基金又称多管理人投资,是指以公募或私募形式向投资者募集投资基金,分散化投资于私募股权投资基金、对冲基金以及共同基金的集合投资形式。我国目前尚没有真正意义上的母基金,但银行、证券公司、信托投资公司发起的以投资私募股权投资信托、私募证券投资信托和共同基金为目的的信托产品可以归入母基金。

6. 个人投资者

国际私募股权投资基金的资金来源主要是机构投资者,但从中国市场的实践来看,个人投资者数量众多且参与热情较高。

2.2.3 私募股权投资的募集方式与流程

1. 私募股权投资的募集方式

私募股权投资基金的募集分为自行募集和委托募集两种方式。自行募集是指由发起人自行拟定资本募集说明材料、寻找投资人的募集方式。委托募集是指基金发起人委托第三方机构代为寻找投资人或借用第三方的融资渠道来完成资金募集工作,并支付相应服务费或"通道费"的募集方式。

2. 私募股权投资的募集流程

私募股权投资基金的募集流程包括以下步骤:

(1) 特定对象的确定

未经特定对象确定程序,募集机构不得向任何人宣传推介基金。在向投资者推介基金之前,募集机构应当采取问卷调查等方式履行特定对象确定程序,对投资者的风险识别能力和风险承担能力进行评估。若通过互联网媒介执行,则应当设置在线特定对象确定程序。无论以何种方式,投资者应承诺其符合合格投资者标准。

(2) 投资者适当性匹配

募集机构应当自行或者委托第三方机构对基金进行风险评级,并根据风险类型和评级结果向投资者推介与其风险识别能力和风险承担能力相匹配的基金。

(3) 基金风险揭示

在投资者签署基金合同之前,募集机构应当向投资者说明有关法律法规,包括投资冷静期、回访确认等程序性安排以及投资者的相关权利等,重点揭示基金风险,并与投资者签署风险揭示书。

(4) 合格投资者确认

在完成基金风险揭示后,募集机构应当要求投资者提供必要的资产证明文件或收入证明文件，合理审慎地审查投资者是否符合基金合格投资者标准，依法履行反洗钱义务，并确保单只基金的投资者人数累计不超过法律规定的特定人数。

（5）投资冷静期

基金合同应当约定为投资者设置不少于24小时的投资冷静期，募集机构在投资冷静期内不得主动联系投资者。

（6）回访确认

募集机构应当在投资冷静期满后，指令本机构从事基金销售推介业务以外的人员以录音电话、电邮、信函等适当方式进行投资回访。在回访时，回访人员应当确认投资者是否知悉投资冷静期的起算时间、期限以及享有的权利。在回访成功确认前，投资者可随时解除基金合同。

2.3 私募股权投资的项目投资

2.3.1 项目投资的一般流程

私募股权投资的一般流程围绕投资决策展开，通常包括项目开发与筛选、初步尽职调查、项目立项、签订投资框架协议、尽职调查、投资决策、签订投资协议、投资交割等主要环节。私募股权投资的一般流程如图2-4所示。

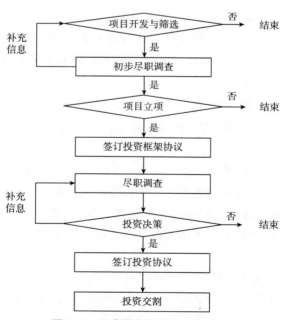

图2-4 私募股权投资的一般流程

1. 项目开发与筛选

项目开发主要解决私募股权投资的项目来源问题。一般来说，投资项目的来源渠道主要包括自有渠道、政府渠道、中介渠道以及品牌渠道。

私募股权投资基金管理人获得项目后，根据其在目标公司所处行业、地域、发展阶段等方面的投资偏好对项目进行筛选,选择符合其投资偏好的项目进入初步尽职调查阶段。

2. 初步尽职调查

初步尽职调查的核心是对拟投资项目进行价值判断,并非详尽调查或投资风险评估。初步尽职调查阶段主要从以下方面对目标公司进行初步价值判断:管理团队;行业进入壁垒、行业集中度、市场占有率和主要竞争对手;商业模式、发展及盈利预期、政策与监管环境等。

3. 项目立项

项目立项是指在对目标公司的初步尽职调查完成之后,如果需要进一步推进项目投资流程,则引入更高层级的投资管理团队成员或直接提交给投资决策成员对项目质量进行判断。

4. 签订投资框架协议

开始正式尽职调查之前,投资方通常会与目标公司签订投资框架协议,内容一般包括投资达成的条件、投资方建议的主要投资条款、保密条款以及排他性条款。

5. 尽职调查

在尽职调查阶段,投资方会对目标公司进行非常详尽且深入的调查与了解。尽职调查的内容主要包括业务、财务、法律三部分。

6. 投资决策

私募股权投资基金管理人通常设立投资决策委员会行使投资决策权。投资决策委员会委员由具备丰富投资管理经验与能力、有足够时间与精力履行相应职责的投资管理专业人士担任。

尽职调查完成后,投资经理或项目小组向投资决策委员会提交尽职调查报告、投资建议书和其他文件资料,由投资决策委员会进行最终投资决策。

7. 签订投资协议

在投资决策委员会审查通过投资项目后,投融资双方对投资协议条款进行谈判,最终签署投资协议,以此约定双方的权利义务关系。

8. 投资交割

投资协议正式生效后,进入投资交割程序。私募股权投资基金管理人按投资协议约定的金额和时间把投资款项划转至被投资企业或其股东的账户;被投资企业依据投资协议以及相关法律法规的要求进行股权的工商变更登记,并按投资协议约定变更公司章程。

2.3.2 项目来源

1. 项目来源渠道

拥有成熟且广泛的项目来源渠道是私募股权投资得以顺利进行的基础。一般来说,投资项目的来源渠道主要包括自有渠道、品牌渠道、中介渠道以及政府渠道等,具体如表2-2所示。

表 2-2 投资项目的主要来源渠道

渠道	描述	途径
自有渠道	主动进行渠道建设,通过公司自有人员的关系网络、各种风险投资论坛的会议和对公开信息的研究分析来收集信息	① 个人网络 ② 市场分析 ③ 战略合作伙伴 ④ 股东 ⑤ 投资洽谈会
品牌渠道	积极建设公司在创业投资方面的品牌形象和市场知名度,建立"拉动式"的信息渠道	① 公司网站 ② 客服中心 ③ 商业赞助
中介渠道	借助或联合相关业务伙伴(如银行、券商等)、专业机构(如律师事务所、会计师事务所等)以及其他创投公司获取交易信息	① 银行、投资银行 ② 证券公司 ③ 律师事务所 ④ 会计师事务所 ⑤ 咨询公司 ⑥ 广告公司
政府渠道	与政府合作可以多方面利用政府在当地的资源	① 引导基金平台推荐 ② 招商引资平台推荐

项目信息的质量对私募股权投资基金的初选工作量有重要影响。

2. 项目初步评估和筛选

项目初步评估是基金经理在收到创业项目的基础资料后,根据基金的投资风格和投资方向要求对创业项目进行初步评价。常见的项目初步筛选标准与内容如表 2-3 所示。

表 2-3 项目初步筛选标准与内容

标准	内容
投资规模	① 投资项目的数量 ② 最小和最大投资额
行业	① 是否属于基金募集说明书中载明的投资领域 ② 私募股权投资基金团队对该领域是否熟悉 ③ 私募股权投资基金团队是否有该行业的专业人才
发展阶段	① 种子期 ② 创业期 ③ 扩张期 ④ 成熟期
产品	① 是否具有良好的创新性、扩展性、可靠性、维护性 ② 是否拥有核心技术或核心竞争力 ③ 是否具备成为行业领先者、行业规范塑造者的潜力

（续表）

标准	内容
管理团队	① 团队人员的构成是否合理 ② 是否对行业有敏锐的洞察力 ③ 是否掌握市场前景并懂得如何开拓市场 ④ 是否能将技术设想变为现实
投资区域	① 是否位于私募股权投资基金附近城市 ② 是否位于主要大都市

由于项目初评只对项目的一些表面信息进行筛选，因此对于通过初步评估的项目，基金经理需要进一步对其进行全面的认证和评价。一般私募股权投资基金遵循的评价标准包括企业和产品的成长性、市场表现、管理团队能力以及财务状况等。

2.3.3 尽职调查

1. 尽职调查的含义及流程

尽职调查，又称审慎性调查，一般是指投资人在与目标公司达成初步合作意向后，经协商一致，投资人对目标公司与本次投资相关的一切事项进行资料分析、现场调查的一系列活动，以帮助投资人进行投资分析与决策。尽职调查的流程如图 2-5 所示。

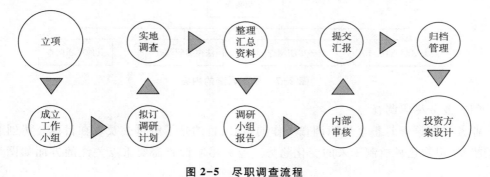

图 2-5 尽职调查流程

2. 尽职调查的目的和作用

尽职调查的目的是尽可能全面地获取目标公司的真实信息。

尽职调查具有以下四点作用：一是核实融资企业提供的信息；二是价值发现，即帮助投资方判断目标公司是否值得投资并获取项目估值所需信息；三是风险发现，通过获取目标公司的真实信息，识别和评估目标公司的主要风险；四是投资决策辅助，依据尽职调查中发现的目标公司的特点和风险，帮助投资方在投资条款谈判、投资后管理重点、项目退出方式选择等方面提供决策依据。尽职调查的作用如图 2-6 所示。

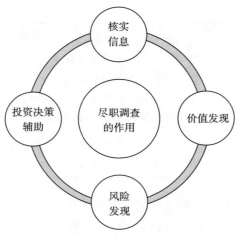

图 2-6　尽职调查的作用

3. 尽职调查的内容

如图 2-7 所示,尽职调查的内容可以分为业务尽职调查、财务尽职调查、法律尽职调查和其他尽职调查。虽然上述内容往往是单独评估的,但它们之间会不可避免地相互依赖、相互影响,因此只有将这四方面内容结合起来,才能让私募股权投资基金从整体上认识目标公司。

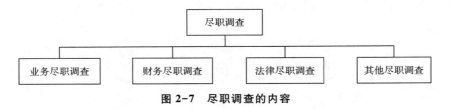

图 2-7　尽职调查的内容

（1）业务尽职调查

业务尽职调查是整个尽职调查工作的核心,目的是了解过去及现在目标公司创造价值的机制,以及这种机制未来的变化趋势。业务尽职调查需要重点关注的方面如图 2-8 所示。

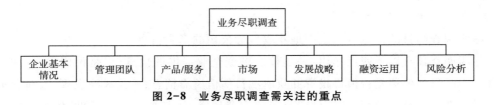

图 2-8　业务尽职调查需关注的重点

（2）财务尽职调查

财务尽职调查重点关注目标公司的历史财务业绩情况,并对其未来财务状况进行合理预测。

在私募股权投资基金运作流程中,财务尽职调查是投资方案设计、交易谈判、投资决策不可或缺的前提,对了解目标公司资产负债、内部控制、经营管理的真实情况,充分揭示其财务风险,分析其盈利能力、现金流,预测其未来前景起到重大作用。

财务尽职调查需要重点关注的方面如图2-9所示。

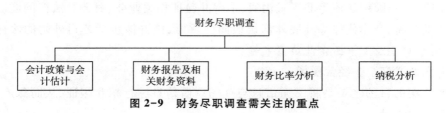

图2-9 财务尽职调查需关注的重点

（3）法律尽职调查

法律尽职调查的作用是帮助私募股权投资基金全面评估目标公司资产和业务的合法性以及潜在的法律风险。从功能角度来看,法律尽职调查更多定位于风险发现,而不是价值发现。

法律尽职调查的内容主要有:确认目标公司的合法成立和有效存续;核查目标公司提供的文件资料的合规性;确认目标公司产权、业务资质及控股结构的合法合规性;分析目标公司现有的法律问题和风险并提出解决方案;出具法律意见并将之作为准备交易文件的重要依据。

法律尽职调查需要重点关注的方面如图2-10所示。

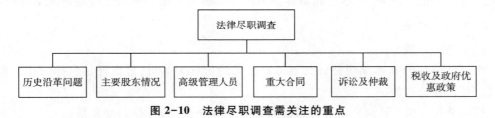

图2-10 法律尽职调查需关注的重点

（4）其他尽职调查

其他尽职调查包括环境尽职调查、人力资源尽职调查等。

环境尽职调查是私募股权投资基金团队委托独立的专业环境调查评估机构对可能存在环保问题的目标公司(如工业类或工程类企业)进行的调查。人力资源尽职调查是由私募股权投资基金团队专业人员主导,并由外聘顾问协助进行的对目标公司关键员工能力的全面审查。

4. 尽职调查的方法

尽职调查是一项比较复杂和专业的工作,其工作方法主要为以下几种:

（1）审阅文件资料

通过查看企业的工商登记、财务报告、董事会会议记录、业务文件及重大法律合同等资料,发现异常及重大问题。

（2）参考外部信息

通过网络、行业杂志、业内人士等信息渠道,了解企业及其所处行业的情况,收集企业竞争对手和上下游企业信息,尤其是上市公司的信息披露对评估企业及其所处行业的真实情况有很大帮助。

（3）相关人员访谈

对于高管、关键岗位人员要开展一对一访谈沟通，对于普通员工可以按照工作岗位类别开展小组座谈、随机访谈等非正式沟通，了解并验证相关业务、财务及法律问题。此外，与企业的供应商、合作伙伴等开展外部访谈同样重要，该群体包括公司外聘的法律顾问、审计师、竞争对手及上下游企业负责人等。

（4）实地考察企业经营现场

实地考察的目的主要是将书面信息与现场调研信息进行相互印证，从而深入了解企业的生产经营情况。

（5）小组内部沟通

不同背景及专业的小组成员相互沟通与交换意见。

2.3.4 项目估值

1. 常用的估值方法

股权投资行业主要用到的估值方法为相对估值法、折现现金流估值法和创业投资估值法。相对估值法在创业投资基金和并购基金中被大量使用；折现现金流估值法主要适用于目标公司现金流稳定、未来可预测性较高的情形；创业投资估值法主要用于对创业早期企业进行估值。此外，成本法和清算价值法作为辅助方法只在某些特定情况下使用。

2. 相对估值法

（1）基本原理

相对估值法的基本原理是以其他可比公司的价格为基础，进而评估目标公司的相应价值。其计算公式为：

目标公司价值＝目标公司某种指标×(可比公司价值/可比公司某种指标)

根据具体使用的指标，相对估值法又包括市盈率倍数法、市净率倍数法、市销率倍数法、企业价值/息税前利润倍数法以及企业价值/息税折旧摊销前利润倍数法。

（2）估值步骤

相对估值法的估值步骤为：①选取可比公司；②计算可比公司的估值倍数；③计算适用于目标公司的可比倍数；④计算目标公司的企业价值或者股权价值。

（3）优点和不足

相对估值法具有以下优点：第一，运用简单，易于理解；第二，主观因素相对较少；第三，可以及时反映市场看法的变化。

同时，相对估值法也有以下不足：第一，受可比公司企业价值偏差影响；第二，分析结果的可靠性受可比公司质量的影响，有时很难找到合适的可比公司。

3. 折现现金流估值法

（1）基本原理

折现现金流估值法的基本原理是将估值时点之后目标公司预测期内的未来现金流以及预测期之后目标公司的价值即终值 TV 以合适的折现率进行折现，加总得到相应的价值。其计算公式为：

$$V = \sum_{t=1}^{n} \frac{CF_t}{(1+r)^t} + \frac{TV}{(1+r)^n}$$

其中，V 为价值，t 为时期，CF_t 为第 t 期的现金流，r 为未来所有时期的平均折现率，n 为详细预测期数，TV 为终值。

根据使用的现金流，折现现金流估值法又包括股利折现法、股权自由现金流折现法以及企业自由现金流折现法。

（2）估值步骤

折现现金流估值法的估值步骤为：①选择适用的折现现金流估值法；②确定详细预测期数 n；③计算详细预测期内的每期现金流 CF_t；④计算折现率 r；⑤计算终值 TV；⑥对详细预测期现金流及终值进行折现并加总得到价值。

（3）优点和不足

折现现金流估值法具有以下优点：第一，评估得到的是内含价值，受市场短期变化和非经济因素的影响较小；第二，需要深入分析目标公司的财务数据和经营模式，有助于发现目标公司价值的核心驱动因素和提升公司价值的方法。

同时，折现现金流估值法也有以下不足：第一，计算比较复杂；第二，具有较多主观假设，不同假设前提下得到的结果差异较大。

4．创业投资估值法

（1）基本原理

创业投资估值法通过评估目标公司退出时的股权价值，再基于目标回报倍数或目标收益率倒推出目标公司的当前价值。

（2）估值步骤

创业投资估值法的估值步骤为：①估计目标公司在私募股权投资基金退出时的股权价值；②计算当前股权价值，当前股权价值＝退出时的股权价值/目标回报倍数＝退出时的股权价值/（1+目标收益率）；③估计私募股权投资基金在退出时的要求持股比例，要求持股比例＝投资额/当前股权价值；④估计股权稀释情况，计算投资时的持股比例。

5．其他估值方法

（1）成本法

成本法包括账面价值法和重置成本法，由于历史成本与未来价值并无必然联系且重置成本法的主观因素影响较大，因此成本法主要作为一种辅助方法。

账面价值法是指在对目标公司的资产负债进行评估后，投资双方针对这些项目逐项协商并确定其金额，然后用公司总资产减去总负债后的净值得出双方都接受的公司价值。

重置成本法是用待评估资产的完全重置成本（重置全价）减去其各种贬值后的差额作为该项资产价值的评估方法。

（2）清算价值法

清算价值法是指假设企业破产或公司解散时，将企业拆分为可出售的几个业务或资产包，并分别估算这些业务或资产包的变现价值，加总后作为公司价值的参考标准。

2.3.5 签订投资协议及交割

1. 设计投资协议

私募股权投资基金在完成初步尽职调查和项目立项后、启动正式尽职调查前,一般会要求和目标公司签署一份投资框架协议。

通常情况下,除保密条款和排他性条款外,投资框架协议的内容并不具有法律约束力。投资协议的达成需要依赖于具有法定效力的投资协议而非投资框架协议。投资协议的常见条款包括:

(1) 估值条款

在股权投资实践中,双方一般会在法律文本中列明目标公司的估值以及估值的前提假设。估值条款是投资协议中最重要的条款之一,因为它直接影响着投资者最为看重的控制权及收益权。此外,估值条款中通常会约定私募股权投资基金的投资方式。

(2) 估值调整条款

为了保护投资者利益,私募股权投资基金有时会在投资协议中约定估值调整条款,常见的一种是对赌安排,即在一定期限之后如果企业未能完成一定指标,就由目标公司创始股东或其他利益方按照协议约定的规则向私募股权投资基金以现金或股权方式提供补偿。

(3) 优先认购权条款

优先认购权是指目标公司未来发行新的股份或者可转换债券时,私募股权投资基金将按其持股比例获得同等条件下的优先认购权利。在未来公司增加发行股份时,优先认购权可以保护私募股权投资基金的股权比例不被稀释。

(4) 第一拒绝权条款

第一拒绝权是指目标公司的其他股东欲对外出售股权时,私募股权投资基金在同等条件下享有优先购买权。

(5) 随售权条款

随售权又称共同出售权,是指目标公司的其他股东欲对外出售股权时,私募股权投资基金有权以其持股比例为基础,以同等条件参与该出售交易。随售权条款通常与第一拒绝权条款同时出现。

(6) 反稀释条款

若目标公司进行再融资,私募股权投资基金在本轮投资中获得的股权将被稀释。特别是当企业经营不好而不得不以更低的作价进行融资时,私募股权投资基金在前期的投资便可能贬值。此时,私募股权投资基金会要求附加反稀释条款。

(7) 保护性条款

保护性条款是指私募股权投资基金为保护自身利益而设置的,要求目标公司在做出某些可能损害投资者利益或对投资者利益有重大影响的行为前,需取得投资者同意的条款。

(8) 董事会席位条款

董事会席位条款指的是在投资协议中私募股权投资基金和目标公司之间约定的董事

会席位构成和分配的条款。通常,董事会席位条款会约定董事会席位总数及其分配规则。

(9) 回售权条款

回售权是指满足协议约定的特定触发条件时,私募股权投资基金有权将其持有的全部或部分目标公司股权以约定的价格卖给目标公司创始股东或创始股东指定的其他相关利益方。

(10) 竞业禁止条款

竞业禁止条款是指在投资协议中,私募股权投资基金为了确保目标公司的良好发展和一定利益,要求目标公司通过保密协议或其他方式确保其董事或其他高管不得兼任与本公司业务有竞争的职务,同时在离职后一段时期内,不得加入与本公司有竞争关系的公司或从事与本公司有竞争关系的工作。

(11) 保密条款

保密条款是指除依照法律或监管机构要求的信息披露外,投融资双方对在私募股权投资交易中知悉的对方商业秘密承担保密义务,未经对方书面同意,不得向第三方泄露。

2. 投资交割

在确定投资协议后便进入最后的投资交割环节。交割机制由交易的收购协议设定,它确定了衡量净负债和目标营运资金的方式。收购中最重要的两种交割机制是锁定机制和交割账户机制。

(1) 锁定机制

锁定机制是指在签署股权收购协议之前,将债务净额和净营运资金价值锁定在特定日期(称为锁定日期)的价格固定机制。采用这种机制时,目标公司的经济风险自锁定日期起被转移给买方。买方从这个日期起取得目标公司此后产生的全部现金利润。

(2) 交割账户机制

交割账户机制是指根据公司债务净值、约定的目标营运资金及成交时实际净资产价值的差额,对最初购买价格进行调整的定价机制。这种机制可以避免资产负债表项目在交割前出现的偏离。在使用交割账户机制时,目标公司的经济风险和法律风险只有在交割时才被转移给买方。

2.4 私募股权投资的项目管理

2.4.1 项目管理的概述

1. 项目管理的含义

项目管理是指私募股权投资基金与被投资企业进行投资交割之后,基金管理人积极参与被投资企业的管理,对被投资企业实施项目监控并提供各项增值服务的一系列活动。从投资交割到项目退出都属于项目管理期间,在整个股权投资过程中持续时间最长、花费精力最多。

2. 项目管理的内容

项目管理实际上是从私募股权投资机构的视角出发,研究和分析如何对被投资企业进行管理和监控。通常，私募股权投资的项目管理主要包括对被投资企业进行的项目跟踪与监控活动、风险管理以及为被投资企业提供的增值服务等。

3. 项目管理的作用

首先，私募股权投资的项目以新兴产业居多，私募股权投资基金不仅要承担由信息不对称带来的委托代理风险，还要承担被投资企业新技术开发的技术风险和市场开拓的商业风险。因此，通过持续的管理，私募股权投资基金可以及时了解被投资企业的经营运作情况，识别并防范各类风险，保障股权投资的资金安全，为远期的退出创造有利条件。

其次，项目管理中的增值服务能够在战略规划、管理运营经验、社会资源、人才储备等方面为被投资企业提供支持，协助被投资企业迅速地弥补各方面的短板，最终推动被投资企业的中长期发展，为投资回报的增加和投资目的的实现作出实质贡献。

最后，私募股权投资基金往往对被投资企业的后续融资、兼并收购、企业上市与上市后资本市场运作等更有经验和能力，能有效地帮助被投资企业利用好资本市场。

2.4.2 项目跟踪与监控

1. 项目跟踪与监控的含义

项目跟踪与监控是指私募股权投资基金采取各项具体有效措施对被投资企业进行的后续跟踪与监控。通过对被投资企业进行项目跟踪与监控，私募股权投资基金可以更好地了解企业运营的实际情况，并积极应对内外部环境变化与经营风险，从而促进被投资企业发展。

2. 项目跟踪与监控的主要内容

（1）经营指标

企业价值与收入、利润、增长率等主要经营指标高度正相关，对经营指标的日常管控有助于及时发现并解决问题，确保企业良性健康发展。

依据被投资企业的自身经营情况，项目的跟踪与监控会侧重于不同的经营指标。例如，对于业务和市场已经相对成熟稳定的企业，侧重于业绩指标，如收入、净利润、市场占有率等；对于尚在积极开拓市场的成长型企业，侧重于成长指标，如网点建设速度、新市场进入程度、销售额增长率等。

（2）管理指标

企业各项经营指标的实现离不开良好的经营管理水平，了解被投资企业的各项管理指标并提出针对性的改善建议是投资后管理的重要内容。

项目跟踪与监控需要重点关注的管理事项主要包括：公司战略与业务发展定位、经营风险控制情况、重大业务经营问题、危机事件处理情况、股东关系与公司治理情况、高层管理人员尽职与异动情况等。

（3）财务指标

财务指标是企业经营管理的结果和具体呈现。真实、全面的财务指标一方面便于私募股权投资基金对企业的经营状况进行全面把握，另一方面有利于其为企业的再融资、兼并收购、上市等资本运作提供决策支持。

投资完成后,项目跟踪与监控应该关注的财务指标相关情况主要包括:比率分析中的预警信号、经营中的拖延付款、财务亏损和资产负债表的重大变动等。

3. 项目跟踪与监控的主要方式

私募股权投资基金通常采取以下几种方式对被投资企业进行跟踪与监控:

(1) 跟踪协议条款执行情况

在投资后管理阶段,私募股权投资基金需要定期核查协议条款的执行情况,保护自身的合法权益。当发现协议执行中存在重大风险或出现不确定情况时,应当立即采取相应的补救措施。此外,有的投资协议条款可能会规定一些交割后的事项和被投资企业应继续履行的义务,私募股权投资基金也需要对这些条款的履行情况进行持续跟踪。

(2) 监控被投资企业的各类经营指标与财务指标

私募股权投资基金对被投资企业进行监控的重要途径之一是对被投资企业的财务状况进行监控和分析,以便及时发现生产经营中的重大变化,及时采取改善措施。私募股权投资基金通常要求被投资企业定期提供财务报表和业绩报告,并跟踪其重大合同等业务经营信息、重大的投资活动和融资活动、公司经营范围的变更、重要管理人员的任免,以及其他可能对公司生产经营、业绩、资产等产生重大影响的事宜。

(3) 参与被投资企业的公司治理

为了降低投资后的委托代理风险,私募股权投资基金通常会直接参与被投资企业的股东大会、董事会和监事会,以提出议案或参与表决的方式对被投资企业的经营管理实施监控。在某些特殊情况下,私募股权投资基金甚至可以根据投资协议约定的保护性条款,对可能损害投资机构权益的决策行使一票否决权。

2.4.3 项目投资的风险管理

1. 经营风险控制

经营风险也称营业风险,一般是指由于生产经营上的问题给企业的利润额或利润率带来的不确定性。企业的经营利润或者收益常常受到外部政治、经济、市场以及内部各种因素的影响,从而使企业面临经营风险。

私募股权投资基金在投资之后应深入被投资企业,由既懂经营管理又懂技术的人员牵头,集合财务、法律、市场、技术等方面的专业人士,以项目小组的形式与企业领导、员工一起对企业进行分析和评估,及时发现隐含的风险并采取针对性的有效措施。

2. 投资人优先保护条款

投资人优先保护条款主要包括陈述与保证、承诺、违约补救等。

(1) 陈述与保证

陈述与保证是对企业过去的行为作出的保证,该条款明确规定被投资企业提供给私募股权投资基金的所有财务信息和经营信息必须是真实、准确、充分的。这种书面保证的目的是明确无论私募股权投资基金有没有做尽职调查,对于私募股权投资基金根据被投资企业提供的错误信息所作出的投资决策,被投资企业都必须承担相应的法律责任。

（2）承诺

承诺是对企业在融资后的营运模式、营运目标、营运行为以及结果作出的肯定性和否定性条款。例如，肯定性条款规定被投资企业应定时提供详细的财务报告和经营报告；否定性条款规定被投资企业不得未经投资方同意做出变更企业经营性质和资本结构等行为。

（3）违约补救

违约补救是指私募股权投资基金有权对被投资企业管理层施加压力，如果经营状况进一步恶化甚至会接管整个董事会。当被投资企业管理层不能按照业务计划的各项目标来经营企业时，私募股权投资基金有权实施上述违约补救措施，以控制投资风险。

3. 股份调整

私募股权投资基金控制风险的另一重要策略是股份调整，是一种在私募股权投资过程中调整优先股转换比例或股份比例的风险控制方法。具体包括以下几种方式：

（1）反稀释股权法

私募股权投资基金通常采用反稀释股权法来防范自身股权被稀释的风险，主要包括完全棘轮条款和加权平均条款。

完全棘轮条款是指投资者过去投入资金所换取的股权全部按新的最低价格重新计算，增加的部分由创始股东无偿或以象征性的价格向前轮投资者转让。完全棘轮条款的特点在于不考虑下一轮新发行股权的数量，只是简单地对比后轮融资与前轮融资的价格差异。

与完全棘轮条款不同，加权平均条款将新增出资额的数量作为反稀释时重要的考虑因素，既考虑新增出资额的价格，又考虑融资额度。"加权"即指考虑新增出资额数量的权重。一个广义的加权平均条款计算式如下：

$$A = B \cdot (C+D)/(C+E)$$

其中，A 为前轮投资者经过反稀释补偿调整后的每股新价格；B 为前轮融资时支付的每股价格；C 为新发行前公司的总股数；D 为如果没有降价融资，后轮投资者在后轮投入的全部投资价款原本能够购买的股权数量；E 为当前发生降价融资时，后轮投资者在后轮投入的全部投资价款实际购买的股权数量。

（2）调整变现法

有时企业原本可以上市或被其他大的企业收购，但企业家不愿意这么做。在这种情况下，投资者只能通过企业回购股票来实现退出和变现，这时需调高优先股转换成普通股的比例，同时允许投资者向企业出售更多的股份。通过调整变现法，私募股权投资基金可以有效控制其投资退出的风险。

（3）盈利目标法

盈利目标法是指根据经营目标的完成情况，通过调整转换比例来调整私募股权投资基金的持股比例，从而将持股比例和股价与被投资企业经营业绩挂钩，使私募股权投资基金能够有效防范企业管理层经营不力带来的风险。

（4）分段投资中的股份调整

分段投资中的股份调整是指前一轮投资后如果被投资企业没有达成规定的盈利目标，私募股权投资基金在下一轮投资的转换比例就会增大。这样可以促使被投资企业管理层在下一轮投资前务实经营,实现既定盈利目标,从而控制私募股权投资基金的风险。

4. 其他策略

除上述措施外,通常还有以下风险控制策略:

(1) 分段投资法

私募股权融资的企业有较大的经营失败风险,因此私募股权投资基金每次只投入足够让被投资企业发展到下一阶段的所需资金,严格控制资金的投入。

(2) 联合投资

联合投资是指多个私募股权投资基金一起分享信息,评估考察企业,提高决策水准,充分利用它们的人力资源、网络资源和业务专长,以减小每家投资公司的投资风险和资金压力。

2.4.4 项目管理的其他方式

1. 完善公司治理

对于私募股权投资而言,所有权人、投资者与管理层之间的利益协调非常重要,因此需要健全公司治理监督体系。对于一些初创企业来说,其公司治理架构往往比较粗糙,因此,私募股权投资基金一般十分重视被投资企业的公司治理建设,通常能在这方面提供合理的建议和意见,帮助被投资企业逐步建立合理、规范、有效的公司治理结构。

2. 维护管理团队

对于一项成功的投资,其核心在于找到合适的管理团队。被投资企业管理层和私募股权投资基金专业人士之间频繁的深度互动有利于私募股权投资基金管理和维护管理团队。通过与被投资企业管理层的接触,私募股权投资基金可以对管理层能力进行评价,以判断管理团队的相关人员是否适合公司未来的发展。在此基础上,私募股权投资基金可以对被投资企业的管理团队作出调整,选择合适的人来取代现有的管理人员。

3. 运营支持

在帮助被投资企业完善运营管理、提升核心竞争力方面,私募股权投资基金更多的是从战略组织和执行等层面入手。

(1) 调整发展战略

在投资交割之后,私募股权投资基金会与被投资企业管理团队详细规划企业的发展战略,包括市场定位、长远目标与阶段性目标,并通过调整组织机构设置和组建新的管理团队来保证战略计划的实施。

(2) 调整组织结构

投资之后,私募股权投资基金一般会尽快协助被投资企业制定决策机制、决策程序,确保权责明确,从而保证企业能以更高效、更稳健的方式运行,保证企业发展战略的实施。

(3) 调整激励机制

激励机制是对符合组织目标的行为给予肯定性评价与奖励的制度。私募股权投资基金在投资之后通常会考虑给予被投资企业管理层股权激励或业绩分享等,并通过奖励性的培训使职工提高技能并承担更多的责任,稳定管理团队并激励他们为创造更多的企业价值而努力工作。

(4) 业务层面支持

私募股权投资基金还会为被投资企业提供技术支持、销售支持以及其他方面的支持。在技术方面,私募股权投资基金会利用其技术资源来帮助被投资企业引进新技术、新设备、调整产品线和培训技术人员。在销售方面,私募股权投资基金会利用其在海外的广泛渠道帮助被投资企业开辟海外市场,同时通过引进先进的产品、应用技术以及营销理念与方法来帮助被投资企业拓展国内市场。此外,私募股权投资基金还会帮助被投资企业建立管理系统,在加强内部控制、协调各部门间业务和决策等方面为企业提供支持。

4. 提供管理咨询

考虑到私募股权投资基金所支持的管理团队必然要面对更高的要求和更大的压力,私募股权投资基金一般会利用四种主要资源为被投资企业管理层提供支持。

(1) 高管导师

私募股权投资基金经常会从现有的高管人员网络中选派高管导师和某一家被投资企业进行合作。高管导师通常会参与被投资企业的事务,为企业带来特定行业专长或调整管理团队方面的经验。

(2) 运营合伙人

有些私募股权投资基金设有专职的运营合伙人,他们和被投资企业管理团队共事并随时针对管理提供建议。运营合伙人可能不仅拥有广泛的一般性管理背景,还拥有在特定行业从业的经验或从事特定业务的专职特长(如采购或信息技术)。通常,运营合伙人可以同时与多家企业的管理团队合作并成为他们和私募股权投资基金沟通的直接桥梁。

(3) 顾问

管理团队可以借用拥有深厚行业经验、技术或职能专长的顾问,顾问团队还可以补充私募股权投资基金的运营团队或其他内部资源。这些顾问通常按项目聘用,也可以采取合同聘用制。

(4) 运营团队

运营团队由私募股权投资基金直接聘用,参与被投资企业的运营价值创造,对基金的投资进行管理。通常,运营团队的建立是为了向被投资企业提供一般性支持,但也可能侧重于特定的技术或功能领域。除参与投资后的事务外,运营团队的成员还可能参与投资过程,甚至在最初的交易搜索阶段就开始提供运营建议。

5. 投资组合管理

除了对单个投资项目进行管理,私募股权投资基金还需要对其全部项目投资组合进行整体管理。

(1) 投资组合目标配置结构

投资者的风险偏好将决定私募股权投资基金的目标配置情况,不同类型的机构投资者有着不同的目标,这些目标直接影响到他们的偏好。因此,需要结合投资者的偏好设置目标配置结构,私募股权投资基金的目标配置结构可以重点考虑数量组合、风险组合以及目标收益率。

（2）对现有私募股权投资组合的管理

一旦投资组合成型，私募股权投资基金就要面对各种挑战以维持目标配置结构，管理不规律的现金流和风险，具体包括投资组合资金绩效监督、投资组合的流动性管理和风险敞口管理等。

2.5 私募股权投资的项目退出

2.5.1 项目退出的概述

1. 项目退出的含义

私募股权投资的项目退出是指私募股权投资基金在被投资企业发展相对成熟后选择合适的时机，将其持有的被投资企业的股权变现以收回投资并实现投资收益，或者及时避免和降低损失的行为。

2. 项目退出的意义

私募股权投资的特点在于其"投资—管理—退出—再投资"的循环投资属性，因此项目退出并不是私募股权投资基金的结束而是其再一次投资的开始，只有顺利退出才能为下一次投资提供充足的现金流，因此退出对于私募股权投资基金的持续稳定发展具有重要意义。

（1）实现投资收益，规避投资风险

私募股权投资的根本目的是获取高收益，而其投资收益主要来自在被投资企业股权价值增加后选择合适的时机退出从而实现资本增值。因此，项目退出机制与私募股权投资的本金收回以及投资收益的实现密切相关，是私募股权投资实现其根本目的的关键环节。

此外，私募股权投资是一项长期投资，在整个项目的运作过程中会存在很多风险。当无法获取预期收益甚至存在亏损的可能性时，私募股权投资基金通过及时的退出可以适度地规避投资风险。

（2）实现资金循环流动，促进投资可持续

私募股权投资的项目退出实现了资金的持续流动，从而为下一次投资提供资金保障，推动私募股权投资的持续发展。此外，通过退出获得现金收益后，私募股权投资基金才能按照委托约定向投资者返还资本和超额利润。因此，成功的退出能够为私募股权投资基金树立和维持良好的形象，从而在未来的资金募集过程中吸引更多的社会资本。

（3）评价投资活动，体现投资价值

私募股权投资的投资对象一般为发展前景较好且未公开上市的企业，简单地通过股价或者财务核算难以有效评价其投资价值，而通过退出实现的收益可以衡量资本增值，从而有效地对投资活动进行价值发现、核算和评价。

3. 项目退出的流程

私募股权投资的项目退出流程一般按照以下顺序进行：确定退出时机—评估退出路径—设计退出过程—分配当事各方责任并确定奖励机制—退出过程开始前的准备—启动

退出程序—与投标人谈判—监控退出程序—交易结算和事后评估审查。

4. 项目退出的主要方式

选择退出方式时,私募股权投资基金需要考虑项目的总体盈利能力和时效、基金自身的资金流动需求和品牌价值以及被投资企业控制权等因素,并根据对市场状况的综合判断,灵活地选择退出时机和退出方式,从而实现投资收益最大化。

私募股权投资的退出方式主要有上市退出、挂牌转让退出、股权转让退出以及清算退出。

2.5.2 上市退出

1. 上市退出的概述

上市退出是指被投资企业公开上市后,私募股权投资基金将其持有的股权在股票市场上转让退出的方式。公开上市使私募股权投资基金持有的股权发生了质的飞跃,是最为理想的退出方式,在所有退出方式中占据主导地位。

2. 上市退出的类型

到目前为止,私募股权投资基金通过公开上市退出的途径主要有境内上市、境外上市和境内外交叉上市三种。

境内上市是指证券发行人将公开发行的证券在本国证券交易所挂牌交易的方式。凡是在我国上交所和深交所挂牌交易的,都属于境内上市,包括境内A股上市、境内B股上市、创业板上市和科创板上市四种方式。

境外上市是指境内企业向境外投资者发行证券,并在境外公开的证券交易所上市的方式。我国境外上市的企业主要集中在中国香港主板、美国纳斯达克证券交易所、纽约证券交易所等市场。

境内外交叉上市亦称"相互挂牌""跨境上市",是指公司在境内和境外多个证券市场上同时发行证券的行为,例如中国内地一些企业在境外上市(发行H股、N股等)的同时,也在境内证券交易所上市。

3. 上市之后的股权转让退出

对于私募股权投资基金来说,被投资企业能够成功上市是其功成身退的主要条件之一。但是企业上市并不是项目退出过程的结束,只有当私募股权投资基金持有股份在锁定期(限售期)届满或者符合约定条件并通过二级市场完成减持之后才标志着项目退出的完结。

锁定期(限售期)分为强制锁定和自愿锁定。强制锁定是指法律法规或者交易所规定的关于股份锁定的规则;自愿锁定是在强制锁定的基础上,为了提升投资者的信心,公司的实际控制人、控股股东、董事、监事以及高管自愿承诺在一定时间内不对外转让其持有的上市公司股份。

锁定期结束之后,股份的转让还需要遵循交易所的交易机制和规则。目前,我国证券交易所主要有三种交易机制:竞价交易、大宗交易和要约收购,只有通过这三种方式转让所持有的股份,私募股权投资基金才能最终实现退出。

4. 上市退出的利与弊

（1）上市退出的优势

首先，通过公开上市的方式退出，私募股权投资基金一般能够获得最高的投资回报，尤其是在股票市场整体估值水平较高的情况下，通过转让所持股份可以获得超过预期水平的高收益。其次，被投资企业实现成功上市实际上是对私募股权投资基金资本运作能力和经营管理水平的肯定，从而为其下一轮融资提供良好的铺垫，同时也有利于其获得优质的企业项目资源。最后，被投资企业公开上市对其自身的影响也十分重大，除提升企业的知名度外，还能为其再融资提供广阔的平台。

（2）上市退出的劣势

公开上市作为理想的退出方式，具有实现私募股权投资基金和被投资企业双赢的效果。然而，寻求公开上市退出也存在诸多缺陷。

首先，各国股票市场的上市标准都比较高，刚刚经历过初创阶段、尚处于成长时期的被投资企业可能因为无法满足一项或几项要求而无法上市。其次，当被投资企业满足上市条件时，企业管理层需要花费大量的时间准备各类文件，配合尽职调查以及路演等，企业还需要为协助上市的律师、会计师、承销商和其他顾问支付高昂的承销费用和中介费用。最后，由于对包括私募股权投资基金在内的原始股东有持股锁定期的规定，私募股权投资基金从准备退出到真正退出之间的时间间隔可能相当长，而股票市场瞬息万变，因此私募股权投资基金也不得不面临股价下跌的风险。如果未能在合适的时机转让股权变现退出，私募股权投资基金的预期收益可能无法实现，甚至遭受严重损失。

2.5.3 挂牌转让退出

1. 挂牌转让退出的概述

与相对成熟的上市转让退出不同，挂牌转让退出是近年来在我国资本市场不断向前发展的进程中逐步发展起来的一种退出方式。挂牌转让退出是指由于条件尚未成熟，未能在主板、中小板、创业板、科创板或者境外证券交易所上市的企业申请在场外交易市场进行股权挂牌转让。场外交易市场是相对于由证券交易所构成的场内交易市场而言的，主要指除证券交易所外的股权交易市场。

2. 挂牌转让退出的类型

目前，我国场外交易市场包括全国性股权交易市场——全国中小企业股份转让系统和区域性股权交易市场，私募股权投资基金可以选择在这两个市场之一挂牌转让退出。

（1）全国中小企业股份转让系统

全国中小企业股份转让系统，俗称"新三板"，是场外交易市场中比较高层次的板块，也是私募股权投资基金参与最为活跃的一个场外交易市场。其主要为创新型、创业型、成长型的中小微企业服务，主体为机构投资者，交易制度以协议转让和做市转让为主，企业挂牌不设财务门槛，信息披露要求较为宽松，监管方面强调中介机构责任和事中事后监管。

（2）区域性股权交易市场

区域性股权交易市场，俗称"四板市场"，与新三板、创业板、中小板和主板市场一起构成我国多层次的资本市场体系。区域性股权交易市场与新三板市场一样属于场外交易市场,但它主要服务于特定区域内的中小微企业,对中小微企业融资、股权流动、上市孵化具有促进作用。

3. 挂牌转让退出的方式

与上市退出相似,挂牌转让退出也同样面临锁定期的问题,只有所持有的股份在锁定期(限售期)届满后转让才标志着项目退出的完结,但相对于公开上市,挂牌的锁定期要求相对宽松。锁定期结束后,挂牌公司可以采取协议转让和做市转让两种方式转让股权。

(1) 协议转让

协议转让主要采用两种委托方式,即定价委托和成交确认委托。定价委托是指委托主办券商设定股票价格和数量,但是没有确定的交易对手,交易信息将公开显示于交易大盘中。成交确认委托是指买卖双方达成成交协议,委托主办券商向指定的对手发出确认成交指令。

(2) 做市转让

做市转让是指做市商在全国中小企业股份转让系统持续发布买卖双向报价,并在其所报价格和数量范围内履行与投资者成交义务的转让方式。

4. 挂牌转让退出的利与弊

(1) 挂牌转让退出的优势

首先,挂牌门槛和挂牌成本显著低于交易所市场。一方面,与主板、中小板、创业板的IPO条件相比,场外交易市场挂牌在主体资格、财务指标、资产、股本、公司治理等多个方面的限制较少。另一方面,相比于企业上市的成本,新三板挂牌无须支付高额的承销费用和中介费用。其次,场外交易市场是一个比较高效的估值平台,企业股权的众多供求主体在这个市场中博弈,最终借助这个市场平台达成双方满意的估值,为将来可能的并购、回购提供估值参考,为私募股权投资基金多样化的退出提供定价依据。

(2) 挂牌转让退出的劣势

首先,相对于证券交易市场,场外交易市场的各方参与者较少,导致市场流动性较差,可能会影响私募股权投资基金的顺利退出。具体包括两个方面:第一,与场内交易市场相比,场外交易市场要求交易参与对象有更专业的投资判断能力和风险承担能力,对社会公众参与的门槛较高;第二,区域性股权交易市场业务发展只能在某一行政区域内进行,一些地区会受到人才资源匮乏、运营机构不健全等问题的困扰,导致中小微企业市场参与积极性不高。其次,区域性股权交易市场没有统一的全国市场,其中的信息不对称使得私募股权投资基金的退出交易受到很大限制。最后,场外交易市场现行的协议转让和做市转让制度仍存在较大改进空间。一方面,由于协议转让价格的自由性,无约束的异常高价或低价大幅偏离正常价格可能影响私募股权投资基金的退出收益。另一方面,在传统做市商垄断交易模式下,做市商较市场的其他参与者掌握更多报价信息,在短期利益驱使下,做市商存在价格操纵动机,从而影响私募股权投资基金的利益。

2.5.4 股权转让退出

1. 股权转让退出的概述

与上市退出和挂牌转让退出不同,股权转让退出是指未上市或者未挂牌企业股权的非公开协议转让,包括股权回购、并购和二级市场出售三种类型。

股权转让退出拓宽了私募股权投资基金的退出渠道,改善了私募股权投资基金的流动性问题,尤其是私募股权二级市场的出现使得私募股权投资基金能够在投资的任何时期出售转让其投资资产,变更投资产品,从而尽快完成资本循环,实现资本增值。

2. 股权转让退出的类型

（1）股权回购

股权回购是指投资期届满或者约定的回购条件满足时,被投资企业从私募股权投资基金手中赎回其所持有的股权。一般而言,双方会在投资协议中明确规定回购条款,以确保当被投资企业陷入发展瓶颈且无其他突破方式时,私募股权投资基金仍可抽离资金并获得收益。

（2）并购

并购是指兼并和收购。当被投资企业无法达到上市标准致使私募股权投资基金无法通过上市方式退出,或宏观经济形势使上市退出收益不理想时,私募股权投资基金可以选择将企业股权以兼并或者收购的方式转让给另一家公司或其他私募股权投资基金。

（3）二级市场出售

私募股权二级市场是指以私募股权资产作为交易对象的市场。私募股权二级市场包括两种交易行为:其一是指私募股权投资基金的投资者将已经实际出资的出资份额以及尚未出资的出资承诺出售给其他投资者的交易行为;其二是指私募股权投资基金的管理人将所持被投资企业的权益出售给其他投资者的行为。

而对于私募股权投资项目退出而言,私募股权二级市场交易主要是指私募股权投资基金对所投资的股权进行出售和变现,其买方往往也是专注于二级市场的私募股权投资基金、大型跨国投资机构以及战略投资者等。

3. 股权转让退出的利与弊

（1）股权转让退出的优势

第一,私募股权投资基金因受限条件少可以很快将其投资本金和收益变现,且在时机选择上有更大的弹性,有利于提高基金公司的资本运作效率,减少投资风险。第二,股权转让退出的机制灵活,私募股权投资基金可以自由选择有意向的交易对象、出售时间、份额比例,并且不会受到过多法律法规的限制。第三,虽然股权转让退出的估价可能会低于上市退出方式,但是受让方通常会因收购产生协同效应,从而以较高价格购买相应股权。第四,股权转让退出可以一定程度上缓解私募股权投资退出过程中的信息不对称问题,如私募股权二级市场可以通过搭建包括买卖双方信息在内的平台来有效缓解私募股权投资基金和其他投资者之间的信息不对称。

（2）股权转让退出的劣势

第一,在并购退出方式下,被投资企业的管理层可能为了保有企业控制权而对并购持反对意见,此时私募股权投资基金需要作出特殊的制度安排。第二,由于买方市场较小,潜在的收购者数量不如预期,市场缺乏竞争,被投资企业的价值极有可能被大大低估,尤其是在被投资企业发展状况不理想时,更难以合适的价格找到合适的收购者。第三,在股权回购方式下,由于回购发生在被投资企业内部,容易出现内幕交易,从而产生复杂的法律问题,且被投资企业管理层筹集收购资金较为困难。第四,由于目前我国私募股权二级市场尚不健全,市场交易活动没有统一的交易规则加以规范,私募股权投资基金在退出过程中可能面临道德风险进而蒙受损失。

2.5.5 清算退出

清算退出是指私募股权投资基金在被投资企业无法继续经营时,通过清算公司退出投资的方式。这是投资的最坏结果,往往只能收回部分投资。

1. 清算退出的概述

清算是指企业结束经营活动,处置资产并进行分配的行为。清算退出是指私募股权投资基金通过对被投资企业的资产进行清理分配从而退出投资的一种方式。这是一种投资失败之后的退出方式。

在私募股权投资基金的几种退出方式中,清算退出是私募股权投资基金最不愿意采取的方式,只有在被投资企业前景堪忧或者客观上资不抵债的情况下,它才会不得已而为之,因为一旦启动清算程序就意味着它将遭受部分甚至全部损失,很难收回全部投资。

2. 清算退出的类型

(1) 破产清算退出

企业是否资不抵债,将清算退出分为破产清算退出和非破产清算退出。

破产清算是指公司不能清偿到期债务,并且资产不足以清偿到期债务或者明显缺乏清偿能力时,经由有权提起破产程序的主体申请,法院宣告公司破产并由法院指定相关人员组成清算组对破产财产进行清算、处理和分配。此时,私募股权投资基金只能被动地接受清算退出的方式,以股东身份对被投资企业清偿债务、缴纳税费后的剩余财产行使请求权。

(2) 非破产清算退出

非破产清算又称解散清算,是指公司因经营期满或者经营方面的其他问题不宜或者不能继续经营时,自愿或者被迫宣告解散而进行的清算。此时,私募股权投资基金也只能作为股东对被投资企业剩余财产行使请求权来实现退出。根据是否自愿,解散清算又分为自愿解散清算和非自愿解散清算。

2.6 私募股权投资:中国的实践

2.6.1 概述

1. 我国需要私募股权投资基金的原因

(1) 民营中小企业的快速发展与资金需求

改革开放四十多年来,我国民营企业逐渐成为社会经济发展的重要支撑力量,但民营企业特别是中小民营企业在发展中却面临"融资难、融资贵"的问题。私募股权投资基金尤其是创投基金对风险的容忍度较高,更加看重企业的发展趋势,从而成为中小企业的关键融资渠道,能够有效缓解中小企业融资难的问题。

(2) 产能过剩与竞争过度

目前,产能过剩与竞争过度成为许多传统行业生存的桎梏。私募股权投资基金能够帮助被投资企业通过行业整合和提升核心竞争力来确立其在市场中的竞争地位。这一过程能够有效提高行业进入的技术和资源壁垒,实现部分资本的有效退出,是解决竞争过度问题的有效市场机制之一。

(3) 促进企业自主创新

党的二十大报告强调,要完善科技创新体系,加快实施创新驱动发展战略。中国政府大力倡导发展创新型企业,提倡开发自主知识产权。私募股权投资能从战略定位、技术引进、人才战略、资金支持、市场开拓等方面全方位培育被投资企业的技术创新能力和产品研发能力,有助于企业突破"卡脖子"关键核心技术,整合产业链上下游资源,实现全面化产业升级。

2. 我国私募股权投资基金的发展历史

中国私募股权投资基金的发展历程与整个经济体制改革推进同步,其中科技体制改革和财政体制改革直接推动了中国创业风险投资基金的产生。自1984年国内引进风险投资的概念至今,我国私募股权投资行业经历了三个历史阶段。

(1) 探索与起步阶段(1985—2004年)

为了推动科技发展,1985年原国家科委和财政部出资成立了中国第一家风险投资机构——中国新技术创业投资公司。伴随着科技体制改革的发展,越来越多的社会力量开始参与风险投资以支持科技创新。但在1995年后,受到中央集中治理经济过热问题的影响,地方政府直接出资设立风险投资机构的热潮有所降温。

1999年,中共中央和国务院为私募股权投资的发展作出了制度性安排,极大鼓舞了私募股权投资的发展热情。此后,国内相继成立了一大批由政府主导的风险投资机构,其中最具代表性的是上海联创和中科招商。

(2) 快速发展阶段(2005—2012年)

2005—2007年,国家颁布了一系列有关创业投资企业的管理和激励措施,我国创业风险投资进入政府引导下的快速发展阶段。此外,受2007年美国主要大型并购基金管理机构脱离美国创业投资协会并发起设立美国股权投资协会等事件的影响,股权投资基金的概念开始在我国流行。特别是在2007年6月,新修订的《中华人民共和国合伙企业法》开始实施,各级地方政府为鼓励设立合伙型股权投资基金,出台了种类繁多的股权投资基金税收优惠政策,此后各类股权投资基金快速发展起来。

(3) 统一监管下的规范化发展(2013年至今)

2013年,中央明确由证监会统一行使私募股权投资基金监管职责,有关中国私募股权投资市场募资、投资、退出环节的相关政策法规逐步建立。尽管监管越来越严,但是规范的运营模式促进了行业的发展。近年来,我国私募股权投资基金的规模一直保持稳步增长态势。随着科创板的推出和注册制的逐步落地,中国的私募股权投资基金将再次迎来进一步的发展。

3. 我国私募股权投资基金发展的内生动力

（1）宏观经济持续快速发展以及经济调整和结构转型带来的良好机遇

我国宏观经济近年来一直保持高速增长态势，具有良好回报的企业大大降低了私募股权投资的风险，从而激励更多的社会资本参与到私募股权投资中来。此外，我国目前经济转型时期的产业升级使得经济社会对新技术、新产品、新产业的需求空前增加。在这个过程中，私募股权投资基金通过驾驭战略性新兴产业崛起和产业优化升级的浪潮，在相关行业中获得投资机会，并反过来推动这些行业的发展。

（2）资本市场不断拓展与完善

我国近年来一直致力于构建多层次的金融市场。一是规范主板市场，实施股权分置改革，解决了上市公司股票全流通问题；二是推出深圳中小板市场、创业板市场和上海科创板市场；三是将"新三板"服务范围扩展至全国，积极推进区域性股权交易市场和证券公司柜台市场。此外，科创板也开始推出注册制，简化了企业上市的程序。这些资本市场的发展和规范为投资于各类型企业的私募股权投资基金提供了退出渠道保证，刺激了私募股权投资行业的发展。

（3）大量并购投资机会

近年来，各项产业政策出台、国有企业改制和国内企业走出去为私募股权投资市场带来了大量并购机会。从产业政策来看，频频出台的产业并购政策表明政府鼓励产业并购。政策的支持及市场主体并购整合意愿的增强，使得各行业的并购重组步伐加快，从而推动了并购股权基金的发展。

（4）资金来源充裕以及资本需求持续旺盛

随着国家经济体制的不断完善，越来越多风险承受能力高的富有个人和企业进入私募股权投资市场，为私募股权投资提供了大量资金。此外，大批科技创新、创业企业的诞生赋予了中小企业良好的成长性和发展预期，进一步增加了其对资金的需求，给私募股权投资行业带来诸多机会。

（5）基本法律框架的形成

我国私募股权投资基金经过多年探索，已经拥有法律制度雏形。2005年，国家发展改革委等十部委联合颁布了《创业投资企业管理暂行办法》，首次规范了创业风险投资基金的设立、运作等流程，在法律法规上明确了创业风险投资基金的地位。其后，我国重新修订了公司法和合伙企业法，为公司型、有限合伙型私募股权投资基金的运作及治理机制确立了法律基础。2007年，中国银监会批准实施《信托公司管理办法》和《信托公司集合资金信托计划管理办法》，正式引入合格投资者制度，鼓励信托公司发展信托型股权投资基金。2012年新修订的证券投资基金法首次将非公开募集证券投资基金纳入调整范围，在此基础上，2014年证监会审议通过了《私募投资基金监督管理暂行办法》，从而进一步规范了私募股权投资基金活动。此外，为了防范业务风险、保护投资者合法权益，中国证券投资基金业协会陆续发布了《私募投资基金备案须知》《私募投资基金命名指引》和《私募基金管理人登记须知》等多部行业自律规则，意味着私募投资基金行业监管加强，自律规则体系逐步建立起来。

2.6.2 中国私募股权投资的发展

1. 我国私募股权投资行业的发展方向

（1）由政府导向向市场导向发展

我国的私募股权投资一开始是由政府推动发展的，因此在投资方向、投资行业以及投资地域上受到政府的限制。然而目前，私募股权投资逐渐市场化。

（2）专业投资管理能力逐步提高

私募股权投资基金只有不断加强对优质投资项目的搜寻以及投资后管理能力的建设，坚持专业化发展，才能够提高其投资收益，吸引更多的投资者投入资金，改善募资结构。我国私募股权投资的专业化程度正在不断提高。

（3）长期资本的支持增加

从美国的经验来看，养老基金、保险公司、银行等成熟的机构投资者是私募股权投资基金的出资主体，通过将资金转化为长期资本，可以从根源上改善投资基金的跨周期投资和逆周期监管的能力。自2018年起，我国陆续放开了对银行理财资金和保险资金开展股权投资的行业范围限制，这一系列政策的出台将使私募股权投资基金迎来更多长期资本的支持。

（4）私募股权投资基金的工作重心开始转向投后管理和风险控制

当前私募股权投资基金普遍面临募资难、退出难的困境，随着在管资金和在投项目的增多，私募股权投资基金将逐渐重视对项目投资后的管理和风险控制。一方面，优质的投后管理和风险控制有助于提高私募股权投资基金的综合实力，从而提高其募集资金和获取优质项目的能力；另一方面，对被投资企业进行有效的投后管理和风险控制可以提升被投资企业的价值，提高项目收益。

2. 我国知名私募股权投资机构

根据清科研究中心的数据，2019年我国排名前十的私募股权投资机构分别为高瓴集团、腾讯投资、华平投资、鼎晖投资、阿里巴巴战略投资部、中金资本、金石投资、博裕投资、平安资本和云锋基金。此处重点介绍高瓴集团、华平投资、鼎晖投资、中金资本和云锋基金。

（1）高瓴集团

高瓴集团成立于2005年，从创立之初就定位于做具有独立投资视角的长期投资者，并专注于打造高品质与可持续性兼具的优秀企业。目前高瓴集团已在消费与零售、科技创新、生命健康、金融科技、企业服务及先进制造等领域投资了一大批国内外优秀企业，其中包括爱尔眼科、百度、腾讯、京东、携程、美的、格力、中通快递、蓝月亮、滴滴出行、美团、蔚来汽车、摩拜单车等。

（2）华平投资

华平投资成立于1966年，截至2021年在全球管理逾560亿美元的私募股权投资资产，专注于成长型投资。自1994年进入中国市场以来，华平投资聚焦消费、金融服务、医疗健康、房地产与商业服务和科技、媒体与通信（TMT）五大领域。目前华平投资在中国有50多家被投资企业，包括完美日记、58同城、蚂蚁金服、中通快递、华宝基金、锦欣生殖、猿辅导、自如、猎聘等。

（3）鼎晖投资

鼎晖投资成立于2002年，其前身是中国国际金融有限公司（现为中国国际金融股份有限公司，简称"中金公司"）的直接投资部。目前鼎晖投资已经拥有私募股权投资、创新与成长、地产投资、夹层投资、财富管理、证券投资六大业务板块，陆续投资了200多家企业，其中60余家在境内外上市，培育了一批行业领导品牌，如丰巢、百丽集团、蒙牛、美的、奇虎360、汉庭酒店、南孚电池、链家地产、一嗨租车等，近几年的主要投资案例包括每日优鲜、优必选、灵动科技、充电网、星际荣耀、顺丰快运、特来电等。

（4）中金资本

中金资本成立于2017年，为中金公司的全资子公司。中金资本作为中金公司唯一的私募股权投资基金业务平台，统一管理中金公司境内外私募股权投资基金业务。近几年的主要投资案例包括360企业安全、京东数科、比特大陆、水滴互助、每日优鲜、比亚迪半导体、理想汽车、自嗨锅等。

（5）云锋基金

云锋基金成立于2010年，是由阿里巴巴集团创始人马云和聚众传媒创始人虞锋共同创立的私募股权投资基金。团队核心成员多有长期管理公司的经验，在股权投资、并购重组、企业运营与战略规划等方面拥有广泛资源。云锋基金主要涉足互联网、医疗、大文娱、金融、物流与消费等领域，近几年的主要投资案例包括苏宁金服、瓜子二手车、阿里体育、中通快运、字节跳动、康城汽配、网易云音乐、快手、恒大汽车、震坤行等。

3. 我国私募股权投资的基本情况

（1）资金募集

如图2-11所示，根据清科研究中心私募通数据，2010—2017年，伴随着我国经济的持续高速增长，我国私募股权投资基金募集个数和募集金额总体上呈快速增长的趋势。2018年，我国经济由高速增长阶段转向高质量发展阶段，在国际环境变化以及我国经济结构性调整的双重压力下，私募股权投资基金募集金额增速放缓，募集个数也开始下降。此外，受《关于规范金融机构资产管理业务的指导意见》等一系列金融监管制度的落实以及中美贸易摩擦等事件的影响，2019年我国私募股权投资基金募集个数和募集金额均出现大幅下降。

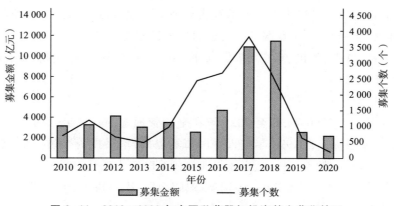

图2-11 2010—2020年中国私募股权投资基金募集情况

(2) 投资趋势

如图 2-12 所示，与资金募集情况相似，2010—2018 年我国私募股权投资市场的投资案例数和投资金额总体均呈上升趋势，尤其在 2014—2018 年增长迅速。但 2018 年以来，我国私募股权投资市场整体投资节奏放缓，投资案例数和投资金额均大幅下降。值得注意的是，尽管投资案例数和投资金额均呈下降趋势，但是投资案例数与投资金额降幅相当，说明单个案例的投资金额并未减少，这反映了目前私募股权投资机构在现行环境下变得更加谨慎，通过收缩业务来应对国际环境、经济结构调整以及监管的多重压力，同时也不忘押注头部项目，寄希望于"打有把握的胜仗"。

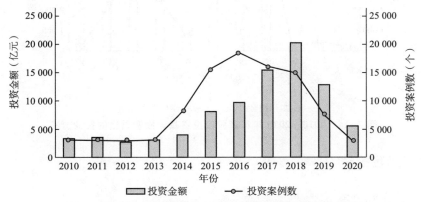

图 2-12　2010—2020 年中国私募股权投资市场投资趋势

(3) 退出情况

如图 2-13 所示，从退出案例数和退出金额来看，2013 年以前，我国私募股权投资退出案例数以及通过退出收回的资金都很少，这与我国退出渠道较少、上市退出比较困难有关。2013 年 12 月 31 日，我国股份转让系统面向全国受理企业挂牌申请，为中小微企业提供了重要的退出渠道，大量的私募股权投资基金通过中小企业在新三板挂牌转让实现股权投资退出，我国私募股权投资的退出案例数和退出金额在此后迅速上升。2019 年受市场环境以及金融去杠杆政策的影响，中国新三板市场持续遇冷，私募股权投资退出案例数以及退出金额出现急剧下滑。

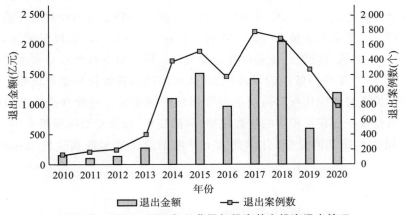

图 2-13　2010—2020 年私募股权投资基金投资退出情况

如图 2-14 所示,从退出的行业来看,2010—2020 年,我国信息技术、工业、金融以及医疗保健业的退出金额处于较高水平,而信息技术、工业、医疗保健、可选消费和材料业的退出案例数较多,这说明近年我国信息技术、医疗保健、工业等行业的投资活跃度比较高。

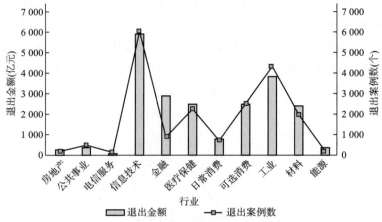

图 2-14　2010—2020 年私募股权投资基金投资退出的行业分布

2.6.3　风险投资

1. 风险投资的含义

风险投资(Venture Capital,VC)又称创业投资,是指通过向创业企业进行股权投资,以期在所投资创业企业发育成熟或相对成熟后转让股权获得资本增值收益的一种投资。

2. 风险投资的分类及比较

按照风险投资的组织结构可将其划分为公司型风险投资(Corporate Venture Capital,CVC)和独立风险投资(Independent Venture Capital,IVC)两类。

独立风险投资即为传统意义上的风险投资,一般采取有限合伙制形式。公司型风险投资由传统风险投资衍生而来,是指主营业务为非金融类的企业所从事的风险投资活动,通常是由其下属部门或子公司完成对被投资企业的股权投资。

独立风险投资与公司型风险投资在资金来源、投资目标、投资对象、管理模式等方面具有显著差异。在资金来源上,公司型风险投资的资金一般是公司经营留存的自有资金,而独立风险投资的资金来源是多元的。在投资目标上,与独立风险投资单纯追求财务收益不同,参与公司型风险投资的企业往往希望通过风险投资寻找与自身技术契合、符合公司战略布局、能够产生协同效应的发展机会,从而保持市场地位和竞争优势。因此,公司型风险投资的投资对象往往与其自身的经营领域密切相关。在管理模式上,独立风险投资能够帮助被投资企业获得相应的管理经验、前沿技术,而公司型风险投资中被投资企业能共享母公司的科研基础设施,并借助其上下游渠道快速实现实验成果的商品化和产业化。

3. 风险投资在中国的实践

(1) 风险投资在中国的发展

中国的风险投资业起步于 20 世纪 80 年代中期,其发展历程总体来说可分为以下五个阶段:

第一阶段是萌芽期(1985—1997 年),风险投资以政府直接投资为主,国际风险资本开始尝试性进入。由于我国的风险投资公司是在政府的强力推动下诞生的,创业投资公司的早期发展更多地体现了政府意志,承担促进科技企业发展、推动国家经济进步的任务。

第二阶段是快速成长期(1998—2000 年),国家政策继续引领风险投资的发展,此外我国民营企业的快速发展吸引了境外风险投资的关注,国外资金大量涌入,多元投资格局开始出现。在这一阶段,中国的风险投资无论在公司数量上还是在资本总额上都出现了惊人的增长。

第三阶段是调整期(2001—2005 年),由于美国互联网泡沫的破灭以及国内创业板的延迟推出,我国的风险投资行业发展受到重创。寄希望于依托创业板市场实现资本退出的创业投资公司,因资本短期内无法增值退出而陷入困境,大量创业投资公司因资本无法收回而纷纷倒闭破产。

第四阶段是快速扩张期(2006—2012 年),国家政策进一步提供支持,市场发展日趋成熟,资本总量持续扩大,行业组织模式不断丰富。这一时期,创业投资资本来源被政府和国有独资公司垄断的格局被打破,一些非国有企业、银行、外资以及个人资本逐步进入。

第五阶段是理性发展期(2013 年至今),前期刺激政策仍在消化,行业发展速度趋缓,风险投资逐步回归到理性的价值投资。伴随着中国创新型经济的发展,互联网创业公司与高新技术创业公司数量迅速增加,国内风险投资机构繁荣发展,外资对高增长型企业的投资热情高涨,为中国风险投资市场提供大量资本。

(2) 我国风险投资的现状

2014 年后大量中小型科创企业成立,市场需求引导风险投资基金快速增长。在资金来源上,风险投资的资金来源趋于多元化,政府财政预算资金和国有机构资金所占比例有所下降,非国有机构资金、个人资金以及境外资金占比逐渐上升。在投资行业上,风险投资主要倾向并集中在新兴技术领域。在投资区域上,东部沿海省市吸纳了中国绝大部分的风险投资资本,其中北京、上海、深圳等一线城市是中国风险投资的主要聚集地。在退出方式上,由于高科技创业企业一般规模较小,往往较难达到公开上市的条件,因此我国的风险投资主要集中于在新三板挂牌转让退出。

(3) 我国风险投资存在的问题

一是风险投资的发展存在泡沫。大量非专业人士纷纷涌入风险投资行业,这些风险投资机构在项目筛选能力、投后管理能力、风险管控能力等方面都面临考验,从而在一定程度上引发风险投资机构的盲目投资。

二是缺乏专业的风险投资管理人才。资金的募集、风险投资项目的选择、被投资企业的管理和风险投资的退出等各个环节的人才培养与市场需求仍有较大差距。

三是风险投资资本使用效率低下。一方面,风险投资机构缺乏专业管理人才对创业企业进行管理;另一方面,很多风险投资机构急功近利,寄希望于短期内被投资企业在资本市场上市后的股权变现。

(4) 我国知名的风险投资机构

目前国内知名的独立风险投资机构有红杉资本中国基金、深圳达晨创业投资、上海联创投资和经纬创投,知名的公司型风险投资机构有联想乐基金、联想之星、君联资本、腾讯投资和阿里资本。

2.6.4 券商直投

1. 券商直投的含义与特点

(1) 券商直投的含义

券商直投是指证券公司成立直接投资业务子公司(下称"直投子公司"),以自有资金对非公开发行企业的股权进行直接投资,投资收益通过企业上市或并购时出售股权来兑现。券商直接投资业务是证券公司传统的自营业务和资产管理业务的扩展和延伸,是证券公司的创新业务之一。

(2) 券商直投的特点

首先,直投子公司以自有资金向具有良好发展潜力的投资项目进行投资,并在此过程中独立运作,与其他业务之间设立"防火墙"。其次,直投子公司作为被投资企业的股东,一方面帮助企业解决融资问题,另一方面帮助企业规范运作,促使企业尽早成熟,符合上市条件。最后,直接投资业务是券商传统资产管理业务的延伸,通过高端客户投资有上市潜力的企业,扩大证券公司的投资范围并拓宽投资渠道。

2. 券商直投在中国的实践

(1) 券商直投在中国的发展

券商直投业务在我国的发展历史可追溯到 20 世纪 90 年代,当时华夏证券、南方证券等证券公司通过各种方式开展直接投资业务。1995 年,中金公司设置专门的直接投资部门,负责对未上市企业的股权进行直接投资业务。自 20 世纪 90 年代末开始,摩根士丹利、高盛、美林等国际知名投行也通过子公司或合资公司在中国境内成功操作了工商银行、中国平安和蒙牛等大量直投案例。

2001 年 4 月,证监会发布禁止证券公司从事风险投资业务的规定,券商直投被禁止。直至 2006 年 2 月国务院颁布相关法规,终止券商直投业务的政策性障碍才消失。2007 年 9 月,证监会先后批准中金公司和中信证券进行股权直接投资试点,在其后一年内,直投试点范围不断扩大,成为私募行业内一股不可小觑的力量。

2011 年 7 月,证监会颁布《证券公司直接投资业务监管指引》,券商直投基金的获准设立开启了券商直投业务的"自有资金+第三方资金"时代。同时指引也明确禁止了券商的"保荐+直投"模式,以缓解公众对券商与直投之间独立性的担忧。2014 年 12 月,券商以子公司形式开展业务的自主权进一步放开,证券公司除可以独资设立直投子公司外,还可以与其他投资者共同出资设立直投子公司,直投子公司的股东开始从单一化向多元化转变。

(2) 我国知名的券商直投机构

目前我国知名的券商直投机构有金石投资、海通开元、光大资本、广发信德、国信弘盛、中金佳成和平安财智等投资管理有限公司。

2.6.5 天使投资

1. 天使投资的含义与特点

(1) 天使投资的含义

天使投资作为一种权益资本投资，位于创业投资产业链的最前端，是指专注于具有巨大发展潜力的种子期或者萌芽期企业，进行非控股、投资期限长、风险高、潜在回报高的权益资本投资。

(2) 天使投资的特点

由于投资大多集中于早期和萌芽期企业，天使投资大致具备以下几种特性：首先，天使投资介入时期早，通常在企业的萌芽期就已经介入；其次，萌芽期的企业发展前景都有极大的未知性，从而使天使投资具有高风险性；再次，天使投资的预期回报高，一方面，天使投资的投资领域主要为信息技术、生物工程等高增长、高科技企业，另一方面，由于处于萌芽期的高风险创业企业很难从银行等其他传统金融机构获得资金，天使投资家在投资时通常具有较高的讨价还价能力；最后，创业企业从初创到生存、发展要经历一个漫长的过程，因此天使投资的投资回报也必然具有很长的周期，但最近兴起的互联网创业能够在短期内实现巨大的收益，一定程度上改变了这一局面。

(3) 天使投资与风险投资的区别

在资金来源上，风险投资主要通过非公开方式募集资金，而天使投资所用的资金一般为自己所有。在投资阶段上，风险投资的投资重点一般为创业企业的成长期，而天使投资主要投资于种子期和初创期，投资时点更早。在投资规模上，由于天使投资主体通常是非机构化的个体或者分散的组织形式，其资金主要为自有，因此投资金额一般小于风险投资。在投资风险上，由于天使投资的投资时点更早，被投资企业的发展前景具有更大的不确定性，因此天使投资的投资风险大于风险投资。在投后管理上，风险投资往往能在投资后为企业提供更加系统、全面的管理建议，为企业后续融资提供更多帮助。相对而言，天使投资在投后管理中发挥的作用更多是偶发性的资源对接。

2. 天使投资的分类

根据天使投资的主体，可以将天使投资分为天使投资人、天使投资团队、天使投资基金、孵化器性质的天使投资以及投资平台形式的天使投资。

(1) 天使投资人

天使投资人以个人为主体开展投资，是目前我国天使投资群体主要的构成部分，其投资特点是反应速度快、敏锐度高，还可以依托自己的经验给企业提供战略规划等方面的咨询。目前国内已经有雷军、周鸿祎、沈南鹏、徐小平和熊晓鸽等一大批经验丰富的天使投资人。

(2) 天使投资团队

天使投资团队主要是指由天使投资人组成的天使俱乐部、天使联盟或天使投资协会。由于独立天使投资人的资金量和精力有限，因此天使投资人通常联合起来汇集资金、交换信息、分担投资工作，以提高投资额度或分散投资风险。目前我国已经有华南天使投资人俱乐部、深圳天使投资俱乐部、上海天使投资俱乐部、中关村企业家天使投资联盟和中国天使投资联盟等一批天使投资团队。

(3) 天使投资基金

天使投资基金是天使投资趋于正规化的关键一步，在天使投资基金的体系下，天使投资人可以真正地联合起来，还可以请职业经理人来打理基金。目前我国的天使投资基金有华创资本、青阳天使投资以及真格基金等。

(4) 孵化器性质的天使投资

孵化器性质的天使投资是针对高科技企业的一种综合性投资。目前国内的孵化器主要设在各地科技园区，为初创的科技企业提供最基本的启动资金、便利的配套措施、廉价的办公场地甚至人力资源服务，同时在经营层面给予被投资企业各种帮助。我国现阶段比较有名的孵化器有中国加速、北京中关村、聚变计划等。

(5) 投资平台形式的天使投资

随着移动互联网的发展，越来越多的应用终端和平台开始对外部开放接口，为了吸引更多的创业者在其平台上开发产品，提升平台的价值，这些平台设立了平台型投资基金对其平台上有潜力的创业公司进行投资，从而形成了投资平台形式的天使投资。目前国内平台形式的天使投资有中国微博开发者创新基金、免费软件起飞计划（360）以及 Joy 开发基金等。

3. 天使投资在中国的实践

(1) 天使投资在中国的发展

1985 年，中国新技术创业投资公司成立，标志着中国天使投资的正式诞生。1988 年，中国政府进一步推出"火炬计划"，国家为初创期科技型企业提供资金支持第一次得到公开。

20 世纪 90 年代，随着互联网和高科技企业的发展，我国的民间天使投资开始出现，一些国外的天使投资机构也开始进入中国，投资中国的互联网创业企业。例如，张朝阳的爱特信获得了来自尼古拉斯·尼葛洛庞帝（Nicholas Negroponte）和爱德华·罗伯特（Edward Robert）的天使投资，从而成就了后来的搜狐。

2000 年至今，我国天使投资的规模不断扩大。据相关研究报告统计，2006 年，中国国内创业投资总额为 63 亿元人民币，其中近 17% 的资金投资于种子期项目。2009 年之后在移动互联网创业大潮的推动下，天使投资开始被更加广泛地应用。

(2) 我国知名的天使投资

目前我国知名的天使投资有真格基金、顺为基金、创新工场、联想之星、创业接力天使、宁波市天使投资引导基金等。其中，真格基金、顺为基金和创新工场为知名天使投资人发起的基金，联想之星和创业接力天使为新型孵化器性质的天使投资基金，宁波市天使投资引导基金为政府主导的天使投资基金。

讨论题

构建"以国内大循环为主体、国内国际双循环相互促进"的新发展格局是党中央在国内外环境发生显著变化的大背景下,推动我国开放型经济向更高层次发展的重大战略部署。作为投资基金未来重要的战略方向,投资基金"双循环"的新发展格局逐步形成。结合经济发展背景,请讨论私募股权投资参与内循环和外循环的方式,探索其对实体经济高质量发展的重要意义。

# 案例分析

爱尔眼科的并购之路

并购基金在金融资本与产业资本高度结合的趋势下兴起,加之自 2017 年起由于再融资和减持受到限制,传统的私募股权投资基金与现金不充裕但需要培育业绩或进行快速复制的上市公司均受到影响,"私募股权投资+上市公司"型并购基金的优势凸显,一度受到市场追捧。

不同于市场上泛滥的"僵尸基金",标杆企业爱尔眼科的收购进程稳步进行,旗下基金行动活跃。作为我国首家 IPO 上市的眼科医疗连锁企业,爱尔眼科致力于打造独特的"中心城市医院(一级)—省会医院(二级)—地级市医院(三级)—县级医院(四级)"分级连锁体系。2020 年 6 月,爱尔眼科高调回归,实施了重大资产并购重组和第二次定向增发,此次收购了 30 家眼科医院,其中 26 家为爱尔并购基金旗下医院,4 家来自直接收购,在并购基金的支持下积极贯彻了"分级连锁"战略。截至 2020 年 11 月,爱尔眼科旗下的眼科医院及视光中心合计达 600 余家,其中在中国内地 500 余家、中国香港 7 家、美国 1 家、欧洲 80 余家以及东南亚 12 家。

爱尔眼科在战略驱动下运用"私募股权投资+上市公司"模式下的并购基金在体外进行业绩培育,再适时并入公司主体。这一模式既打通了投融资通道,盘活了现金流,又有效提升了公司业绩,为公司积累了大量的自有资金,是"私募股权投资+上市公司"模式下的典型代表。

思考题:

(1)相较于其他行业,对爱尔眼科进行资金运作的私募股权投资基金有什么特有的风险?

(2)新冠肺炎疫情后,在经济下行压力下,私募股权投资应当如何发挥积极作用?

主要参考文献

陈强,鲍竹.中国天使投资发展现状与政策建议[J].科技管理研究,2016,36(8):21-25.
胡海峰,陈明哲.关于我国优质企业境外上市的思考[J].经济纵横,2016(3):85-91.

纪斯伯格,普拉尔,怀特.精通私募股权投资[M].刘寅龙,译.北京:清华大学出版社,2018.

卢明明.一本书读懂私募股权投资[M].北京:人民邮电出版社,2016.

欧阳良宜.私募股权投资管理[M].北京:北京大学出版社,2013.

任学武.私募股权投资入门与实战策略[M].北京:中国铁道出版社,2018.

史明霞,邢少卿.我国有限合伙制私募股权基金税收问题探析[J].财务与会计,2017(22):45-47.

田素华.境内外交叉上市公司IPO价格差异研究[J].世界经济,2002(10):49-56.

田素华,何仁科.境外上市企业在国内融资的可行性与主要障碍[J].管理世界,2002(5):116-125.

王佳妮,李阳,刘曼红.中国天使投资发展趋势与对策研究[J].科研管理,2015,36(10):161-168.

薛超凯,任宗强,党兴华.CVC与IVC谁更能促进初创企业创新[J].管理工程学报,2019,33(4):38-48.

叶有明.股权投资基金运作:PE价值创造的流程[M].上海:复旦大学出版社,2012.

曾之杰.中国风险投资风险:收益分析[D].北京:中国社会科学院,2017.

张金法.浅析私募股权投资(PE)领域的道德风险[J].清华金融评论,2018,55(6):96-98.

中国建设银行,清科研究中心.2019年中国股权投资市场发展蓝皮书[M].北京:人民邮电出版社,2020.

中国证券投资基金业协会.股权投资基金[M].北京:中国金融出版社,2017.

周煊,林小艳.国内企业境外上市的动机及市场选择策略研究[J].中南大学学报(社会科学版),2008,61(5):598-603.

第 3 章　首次公开发行

[素养目标]
- 掌握 IPO 在促进实体经济发展中的作用
- 了解 IPO 对新经济企业发展的特殊意义
- 了解资本市场改革对于实体经济的影响

[学习目标]
- 掌握企业 IPO 的动机和后果
- 了解企业 IPO 过程中的要点
- 了解新股定价的理论和实践
- 了解 IPO 在中国的实践发展

3.1　首次公开发行概述

3.1.1　IPO 的本质

首次公开发行(Initial Public Offerings,IPO)是指股份有限公司依照证监会的相关规定,在证券交易所内首次向社会公众出售股票以期募集企业未来发展所需资金的过程。由于 IPO 完成后,企业通常可以申请到证券交易所或报价系统等场内挂牌交易,因此 IPO 又被称为上市。

IPO 的本质是什么呢？由于 IPO 给企业带来的变化很多,因此这是一个仁者见仁、智者见智的问题。编者认为,IPO 的本质是公司性质的转变,即由一个非公众公司(非上市公司)转变为公众公司(上市公司),公司股东数量增加,公司收益增多,与此同时,公司需要承担更多的成本费用和责任。

1. 成为公众公司的收益

(1) 拓宽融资渠道

IPO 不仅可以帮助企业一次性募集巨额资金,改善资本结构,而且可以帮助企业建立直接融资平台,后续通过定向增发、增发配股等方式为企业进一步募集资金,提升企业的竞争力。此外,IPO 还可以提升企业自身与银行的议价能力,通过向银行等金融机构借款来拓宽间接融资渠道,以降低企业信贷融资成本以及进一步增强企业的融资能力。

(2) 完善公司治理

企业在 IPO 前需要完成改制(由有限责任公司整体变更设立股份有限公司)。在企业改制和上市过程中,保荐机构、会计师事务所和律师事务所等中介服务机构会协助企业明晰产权关系、规范纳税行为、完善公司治理、建立现代企业制度。成功上市后，交易所等机构对上市公司的法人治理结构、信息披露制度等方面有着严格和明确的规定，企业需要满足监管要求，保障和完善治理水平。从另一个角度来看，企业上市就相当于主动投入监管的"怀抱"，与上市地的法规和监管规则捆绑在一起，可以约束企业自身行为，提升公司治理水平。

（3）增强声誉机制

企业在 IPO 后转变为一家公众公司，受到来自资本市场、政府机构、供应商和潜在客户等利益相关者的诸多关注，企业品牌因此得以推广，企业在享受社会认可的同时，也承担着更多的社会责任。很多企业都喜欢向消费者宣扬自身上市公司的属性，可见它们认为上市公司属性有助于增强消费者对企业的信心和投资兴趣。

（4）丰富激励手段

企业上市后可以完善激励机制，采用股票期权、限制性股票等股权激励形式，吸引和留住人才。股权激励制度将企业效益与员工个人利益紧密相连，有利于提高员工的工作积极性和主观能动性，维护核心员工的就业稳定性，助力企业的长远发展。

2. 成为公众公司的成本

（1）上市成本

上市成本主要包括税务成本、筹备成本、中介服务成本等。企业在初创期通常存在财务管理不规范的现象，如成本列支、收入确认等不规范，税款缴纳存在问题。在上市准备过程中，企业需要在中介服务机构的协助下，规范企业财务、税务流程以满足监管要求。在此条件下，拟上市公司通常需要补缴税款，形成税务成本。

上市筹备工作较为烦琐，通常需要组建专业的上市筹备工作团队对相关工作进行组织协调，各个职能部门需通过招聘专业人才、增强培训力度等方式提高工作效率，所涉及的上市筹备成本主要包括人力成本和管理成本。

上市需要企业与中介机构合作实现，聘用证券公司、律师事务所、会计师事务所等中介机构的费用是企业重要的上市成本。

（2）上市后成本

上市后成本主要包括满足监管要求的合规成本和私有信息成本。一方面，企业在上市后，需要按照监管要求定期和不定期披露公司的信息，从而增加了信息披露准备成本。另一方面，成为公众公司后，企业需要披露更多的私有信息，包括公司战略、核心技术和公司投资等信息，这些信息可能被竞争对手和其他利益相关者利用，对公司利益产生一定的威胁。

（3）激励扭曲成本

企业上市后，不仅股东人数会增加，股权结构也更为分散。一方面，股权分散可能会扭曲企业管理层的行为。对于民营企业而言，企业创始人多是企业管理层，因此管理层与股东之间不存在利益冲突，企业能够安心追求利润最大化的目标。上市之后，原来的管理层（实际控制人）可能只持有公司 30%的股份，管理层（大股东）的利益与中小股东的利益并不完全一致。大股东可能会侵占中小股东的利益，从事一些非公司价值最大化、具有较大风险的行为。例如，大股东通过关联交易占用上市公司的资金，企图掏空公司。另一方面,即使管理层没有为自己谋取私利的想法,追求公司长期价值最大化这一目标仍然可能与中小股东的目标冲突。中小股东(尤其是个人投资者)由于可用信息有限,通常较为关注公司短期的业绩和股价,而忽略公司长期的发展。管理层面临来自资本市场的压力,为了迎合中小股东对短期股价的诉求,可能从事一些能够提高短期业绩但有损长期发展的经济活动。例如,管理层为了粉饰当期业绩进行盈余管理或压缩研发投入等行为。

总的来说,企业选择上市既能获得诸多收益,但也要承担相应成本。尤其是企业上市后可能会在资本的"洗礼"中迷失初心,忘记公司长期价值最大化的目标,投身于投机活动中。上市不是目的,更不是终点,而应是企业从优秀变为卓越的起点。

3.1.2 IPO 的影响

1. IPO 在促进实体经济发展中的作用

(1) 助力优秀企业

正如前面所述,IPO 对企业而言是把双刃剑,既有积极的一面,也有消极的一面。IPO 给企业提供了直接融资的渠道,有助于企业降低杠杆率,加速发展。但同时,IPO 也会带来新的代理问题,扭曲公司的行为。企业不应该将 IPO 当作发展的终点,而应该将其作为一个新的起点。上市并不能使一个普通的企业"摇身一变"成为优秀的企业,它只是促进企业从优秀到卓越的一个起点。IPO 通过助力优秀企业的发展对实体经济作出重要贡献。IPO 对优秀企业的助力能力不仅取决于 IPO 市场的发达程度,还取决于资本市场的资源配置效率,也就是资本市场匹配"良资"和"优企"的能力。

(2) 支持创新活动

IPO 可以有效分散企业的创新风险。由于创新是一项前期投入大、回报周期长、整体失败率高的高风险活动,银行贷款等债务融资模式无法承担企业创新带来的高度不确定性,而上市公司的股权分散化特点和资本市场中投资者风险偏好分布的差异会将风险分解,极大地分散了创新风险,激发企业的创新活力。

同时,企业在资本市场完成首次公开发行后,获得了未来多次融资的机会。当面临重大研发投入需要时,企业可以通过再融资的方式在资本市场筹集研发资金,其融资额通常远大于 IPO 时的融资额。灵活多样的融资方式为企业创新提供了长期的资金支持。

(3) 溢出效应

IPO 的溢出效应是多方面的,包括但不限于以下两个方面:第一,资本市场是一个放大器,IPO 为创业者提供了财富快速变现的手段,无数创业公司上市成功的案例会形成强大的示范效应,激发广大创业团队的创业热情,促进"大众创业,万众创新"格局的形成。第二,上市公司一般是行业龙头、细分市场的佼佼者,企业上市后往往会被视为行业标杆,供同业竞争者学习研究,从而增强行业的信息透明度,促进企业的公平竞争。

2. IPO 对新经济企业发展的特殊意义

风险投资、私募股权投资是新经济企业投资的主力,而 IPO 可以与创业早期的风险投资、私募股权投资相互补充,形成"前期投资,中期上市,后期退出"的良性循环。因此,

IPO 对新经济企业的发展有着特殊的意义。

如图 3-1 所示,此循环的核心为高质量的创新活动。初创企业有良好的创新想法,但是这些想法具有非常大的不确定性,加之企业规模有限,融资会比较困难。在第一个环节,风险投资、私募股权投资等投资机构专门为这些初创企业提供资金。初创企业在获得所需资金的同时,也拥有了投资机构的专业知识和特有资源,利用私募资金完成研发创新、市场推广等活动,形成一定的技术成果和商业规模。风险投资、私募股权投资机构则获得分享初创企业价值创造的机会。在第二个环节,其中的优秀企业会通过 IPO 登陆资本市场,迎来新的发展机遇。在第三个环节,风险投资、私募股权投资通过资本市场的退出机制收回资金,获得超额回报。这些超额回报有助于风险投资、私募股权投资继续投资初创企业的发展。

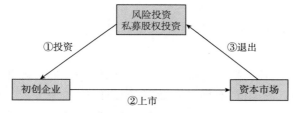

图 3-1 新经济企业发展循环

国际上,IPO 是风险投资、私募股权投资退出的重要途径之一。风险投资、私募股权投资退出是实现上述良性循环的重要一环。相对于其他退出方式(如被并购),IPO 退出是风险投资、私募股权投资等机构收益最高的退出方式,也是社会资本判断风险投资、私募股权投资机构投资能力的重要依据。在中国,由于并购市场较不发达,IPO 几乎是风险投资、私募股权投资退出的唯一途径,IPO 市场的发展对于实现上述良性循环更为重要。并且,相对于被并购,通过 IPO 退出对于企业家而言还有额外的好处,即可以重新获得中国企业家非常重视的控制权。

3.1.3 全球 IPO 现状

美国、中国、日本、英国和印度作为全球主要经济体,常年位居世界 GDP(国内生产总值)排名的前列,贡献了全球一半以上的生产总值。与此同时,它们也是全世界最活跃的 IPO 市场。表 3-1 展示的是几个重要经济体 2011—2020 年的 IPO 数量。

表 3-1 2011—2020 年全球主要经济体 IPO 活动数据

年份	IPO 数量(家)					
	美国	中国内地	中国香港	日本	英国	印度
2011	81	276	75	36	77	37
2012	93	153	56	46	66	11
2013	158	0	92	54	104	3
2014	206	124	101	77	138	5
2015	118	218	118	92	96	21

(续表)

年份	IPO 数量（家）					
	美国	中国内地	中国香港	日本	英国	印度
2016	75	227	116	83	70	26
2017	106	436	160	91	108	38
2018	134	105	204	92	89	24
2019	112	201	162	86	36	16
2020	165	394	144	93	50	15

资料来源：美国、日本数据来自 Jay Ritter 教授的网站（https://site.warrington.ufl.edu/ritter/ipo-data/）；中国内地与中国香港数据来自 Wind 数据库；印度数据来自 Chittorgarh.com 网站；英国数据来自 LSE 官网。

各经济体 IPO 活跃程度是各经济体经济发展水平和股票市场发达程度共同作用的结果。美国作为全球经济中心，同时拥有世界四大证券交易所中的前两所（NASDAQ 和 NYSE），其 IPO 活跃程度长期维持在高位，年平均数量达 125 家（不包括 ADRs）。

中国作为世界第二大经济体，近年来，IPO 活跃程度已经远远超过美国，成为全世界第一大 IPO 市场。活跃的 IPO 活动从侧面反映了中国经济高速增长的现状和大力发展资本市场的决心。2011—2020 年，中国内地首发上市公司数量年平均达 213 家，不过内地 IPO 活动易受政策影响，每年波动较大；香港的 IPO 活动则表现得较为平稳，依靠香港联合交易所，每年首发上市公司数量平均维持在 123 家，其中大部分公司的经营业务中心在内地。

日本 IPO 数量在 2011—2020 年稳步增长，一定程度上反映了该国经济形势的逐渐好转。英国伦敦作为全球第二大金融中心，承接来自世界各地的 IPO 活动，但受"脱欧"影响，2017 年后英国 IPO 数量有所下降。印度的 IPO 数量与前述经济体差距较大，印度作为新兴国家的代表，虽然经济前景被看好，但每年 IPO 数量仍不足 40 家。

虽然各国 IPO 活动各有特点，但也存在一定的共性。可以发现除日本外，每个国家的 IPO 活动都存在高潮和低谷，而这种现象在美国等活跃市场中表现得更为强烈。

3.2 首次公开发行过程

3.2.1 拟上市企业的工作要点

一个企业要想成功上市，它在上市前要做好哪些方面的工作呢？编者认为，拟上市企业至少要做好以下几方面的准备工作：

1. 提升企业自身实力

好企业无论是否上市都是一家好企业，并且好企业最终一定能够实现上市。所以，对于企业而言，上市之前最重要的准备工作是学习如何成为一家好企业。好企业往往有以下三个特征：核心竞争力突出、公司治理规范、财务业绩优良。

2. 了解 IPO 的成本和收益

并不是每家企业都适合 IPO,一些优秀的企业(如华为)虽然符合上市的条件,但仍然选择保持非上市公司的地位。了解 IPO 的成本和收益十分必要,对于不同的企业,IPO 的成本和收益会有所不同。如前所述,IPO 的成本包括上市成本、上市后成本、激励扭曲成本等,IPO 的收益包括拓宽融资渠道、完善公司治理、增强声誉机制、丰富激励手段等。

3. 选择 IPO 时机

企业何时上市主要取决于企业发展阶段和市场环境,这两个因素分别对应企业择时理论和市场择时理论。

(1) 企业择时理论。企业择时理论认为,IPO 时机的选择主要取决于资金需求情况和企业自身的发展阶段,企业综合考虑后选择合适的时机上市。首先,企业资金匮乏、融资需求较高且难以通过风险投资、私募股权投资机构融资时,往往有强烈的动机上市,企图通过上市募集资金,拓宽融资渠道。其次,如果企业能够通过风险投资、私募股权投资机构融资,则企业通常发展到一定阶段后才会考虑上市。企业的发展阶段可分为初创期、成长期、成熟期、扩张期等阶段。企业通常会考虑在成长期晚期(大致对应私募股权融资的 C 轮)或成熟期早期(大致对应私募股权融资的 D 轮)上市。当企业处于成长期晚期或成熟期早期时,商业模式已经成熟,产品所占市场份额稳步提高,业绩增长速度加快。此时上市,企业更容易得到资本市场投资者的认可,募集更多的资金。

(2) 市场择时理论。市场择时理论认为,资本市场的行情受市场情绪影响。市场情绪较高时,投资者给企业的估值较高,参与 IPO 的热情也较高。企业在市场行情较好时上市,上市成功的概率更高,并且往往可以更高的价格发行,从而募集更多的资金。由于 IPO 择时,我们通常可以观察到,在市场化程度较高的股票市场,IPO 数量有一定的周期性。在市场情绪较高时,IPO 数量较多。虽然中国 IPO 市场的市场化程度较低,但 IPO 数量也呈现出一定的周期性,这种周期性更多的是受政府监管影响。在市场行情较好时,政府会增加 IPO 的数量,而在市场行情较差时,政府会减少 IPO 数量,甚至暂停 IPO 活动。

4. 了解上市地点和板块的差异

由于关系到上市的时间、成本和上市后的收益,对于拟上市企业而言,选择合适的上市地点和板块十分重要。通常国内企业主要选择 A 股、港股和美股上市。确定上市地点后,还要选择合适的板块上市。其中 A 股市场可以选择的板块有主板、创业板和科创板。

企业选择上市地点、板块时需考虑如下重点因素:①企业是否满足上市标准,行业定位是否匹配;②上市成本,包括耗费的时间和费用;③不同市场的估值水平、定价能力;④上市后的监管环境和融资环境。

企业在选择上市地点和板块之前,首先要了解各地的上市标准。表 3-2 以 A 股科创板、港股主板和美国纳斯达克全球精选市场为例,对比了三地市场在市值和财务指标等方面的主要上市标准。

表 3-2 A 股、港股、美股上市标准对比

上市板块			主要上市标准
A 股科创板	五项满足其中一项即可	标准一	预计市值不低于人民币 10 亿元,最近两年净利润均为正且累计净利润不低于人民币 5 000 万元,或者预计市值不低于人民币 10 亿元,最近一年净利润为正且营业收入不低于人民币 1 亿元
		标准二	预计市值不低于人民币 15 亿元,最近一年营业收入不低于人民币 2 亿元,且最近三年研发投入合计占最近三年营业收入的比例不低于 15%
		标准三	预计市值不低于人民币 20 亿元,最近一年营业收入不低于人民币 3 亿元,且最近三年经营活动产生的现金流量净额累计不低于人民币 1 亿元
		标准四	预计市值不低于人民币 30 亿元,且最近一年营业收入不低于人民币 3 亿元
		标准五	预计市值不低于人民币 40 亿元,主要业务或产品需经国家有关部门批准,市场空间大,目前已取得阶段性成果。医药行业企业需至少有一项核心产品获准开展二期临床试验,其他符合科创板定位的企业需具备明显的技术优势并满足相应条件
港股主板	三项满足其中一项即可	标准一	最近一年的利润不得低于 2 000 万港元,且前两年累计利润不得低于 3 000 万港元
		标准二	上市时市值至少为 20 亿港元,经审计的最近一个会计年度的收入至少为 5 亿港元,新申请人或其集团的拟上市业务于前三个会计年度的现金流入合计至少为 1 亿港元
		标准三	上市时市值至少为 40 亿港元,经审计的最近一个会计年度的收入至少为 5 亿港元
美国纳斯达克全球精选市场	四项满足其中一项即可	标准一	近三个会计年度税前收入总计不低于 1 100 万美元,且近两个会计年度每个年度不低于 220 万美元
		标准二	前十二个月的平均市值不低于 5.5 亿美元,前一个会计年度营业收入不低于 1.1 亿美元,且前三个会计年度现金流均为正且总和不低于 2 750 万美元
		标准三	前十二个月的平均市值不低于 8.5 亿美元,且前一个会计年度营业收入不低于 9 000 万美元
		标准四	市值不低于 1.6 亿美元,总资产不低于 8 000 万美元,且股东权益不低于 5 500 万美元

除了上市标准,三者的行业定位也不同。A 股科创板的行业定位为:符合国家战略、突破关键核心技术、市场认可度高的科技创新企业;新一代信息技术、高端装备、新材料、新能源、节能环保、生物医药等高新技术产业和战略性新兴产业的科技创新企业;互联网、大数据、云计算、人工智能和制造业深度融合的科技创新企业。港股主板无特殊行业规定,但 2018 年香港交易所(下称"港交所")进行了 25 年来最大的上市制度改革,欢迎新经济企业及生物科技企业来港上市,越来越多的新经济企业选择在港交所上市。美国纳斯达克全球精选市场则立足于服务科技型、创新型反传统商业模式的新兴企业。

除上市标准和行业定位外,三地市场在上市时间、上市费用、估值水平、融资效率以及监管成本等方面也存在差异,具体对比见表3-3。

表3-3 A股、港股、美股上市时间等对比

上市板块	上市时间	上市费用	估值水平	融资效率	监管成本
A股科创板	6～12个月	较低	较高	定价趋向市场化,股份锁定期较为严格,再融资一次一审	较高
港股主板	3～9个月	较高	适中	定价市场化,股份锁定期较为宽松,再融资一次授权、多次募集	较低
美国纳斯达克全球精选市场	3～9个月	较高	适中	定价市场化,股份锁定期较为宽松,再融资一次授权、多次募集	较低

注:上市时间以正式递交上市申请时点为开始时点,不包括辅导期等前期准备时间;此表中上市时间仅为一般情况。

科创板注册制试点之前,由于A股审核时间较长、盈利指标要求较高、监管严格等特征,我国内地生物医药、电子商务以及教育类企业多选择在港股或美股上市。相较A股主板IPO审核而言,注册制背景下,科创板注册时间已明显缩短,估值水平较港股、美股市场有明显优势,目前已有众多符合战略定位的内地高科技类企业开始选择在科创板上市,预计未来会有越来越多的新经济企业选择在A股和港股上市。

仅就A股市场而言,深交所主板和中小板合并后,A股上市可选择的主要板块为上交所主板和科创板、深交所主板和创业板以及最新成立的北交所。各板块上市公司的特点对比见表3-4。

表3-4 A股上市板块对比

上市板块	成立时间	上市场所	盈利要求	估值水平	上市公司的主要特点
上交所主板	1990年	上交所	要求盈利	较低	市场占有率高、发展基础良好的大型企业为主,以大型国有企业、中央企业为代表
深交所主板	1990年	深交所	要求盈利	较低	市场占有率高、发展基础良好的大型企业为主,以大型国有企业、中央企业为代表
创业板	2009年	深交所	三套上市标准,含未盈利企业上市的标准	较高	自主创新企业及其他成长型创业企业为主,多为民营企业
科创板	2019年	上交所	五套上市标准,含未盈利企业上市的标准	较高	符合国家战略、突破关键核心技术、市场认可度高的科技创新企业为主
北交所	2021年	北交所	四套上市标准,含未盈利企业上市的标准	较高	服务创新型中小企业

承销及保荐费用为1.31亿元,审计及验资费用为789万元,律师费用为480万元)后净募集资金为43.68亿元,发行费用率为3.33%,这在当时让石头科技成为科创板中除澜起科技(股票代码:688008)和中国通号(股票代码:688009)外发行成本最低的上市公司。

2020年2月21日,石头科技在科创板挂牌交易,首日收盘价500.10元,IPO首日回报率高达84.46%。一年以后,IPO前的机构持有股份解禁,顺为资本、金米投资、沃达创投、QM27等PE机构发布减持计划,准备有序退出。成功退出后,PE机构预计将取得丰厚的回报。

作为注册制下发行上市的典型代表,石头科技利用9个月的时间完成了从受理审核到注册生效的所有环节,注册制带来的流程简化极大地提高了股票发行效率,这必将吸引越来越多的新经济企业加入A股IPO的行列,为A股市场化改革注入新的活力。

思考题:
(1) 在企业发展的过程中,PE机构发挥了什么作用?
(2) 石头科技选择的上市时机、上市地点是否合理?
(3) 石头科技IPO的定价是否合理?
(4) 预计上市会给石头科技的发展带来哪些影响?
(5) 预计PE会选择在什么时机退出?

主要参考文献

曹凤岐.从审核制到注册制:新《证券法》的核心与进步[J].金融论坛,2020,25(4):3-6.

郭杰,张英博.企业择时还是政府择时:中国特定制度背景下IPO市场时机选择对资本结构的影响[J].金融研究,2012(7):137-153.

上海证券交易所.上海证券交易所科创板股票发行与承销业务指引[EB/OL].(2019-04-16)[2022-09-06]. http://www.sse.com.cn/lawandrules/sserules/tib/issue/c/4765067.shtml.

上海证券交易所.上海证券交易所科创板上市公司证券发行承销实施细则[EB/OL].(2020-07-03)[2022-09-06]. http://www.sse.com.cn/lawandrules/sserules/tib/issue/c/5147784.shtml.

邵新建,薛熠,江萍,等.投资者情绪、承销商定价与IPO新股回报率[J].金融研究,2013(4):127-141.

沈维涛,叶小杰,徐伟.风险投资在企业IPO中存在择时行为吗:基于我国中小板和创业板的实证研究[J].南开管理评论,2013,16(2):133-142.

宋顺林.IPO市场化改革:共识与分歧[J].管理评论,2021,33(6):270-279.

宋顺林,唐斯圆.IPO定价管制、价值不确定性与投资者"炒新"[J].会计研究,2017(1):61-67.

宋顺林,唐斯圆.首日价格管制与新股投机:抑制还是助长[J].管理世界,2019,35(1):211-224.

宋顺林,王彦超.投资者情绪如何影响股票定价:基于IPO公司的实证研究[J].管理科学学报,2016,19(5):41-55.

宋顺林,辛清泉.新股发行隐性成本与上市后业绩表现:基于IPO停摆外生事件的经验证据[J].经济学(季刊),2017,16(4):1449-1476.

唐斯圆,宋顺林.首日涨停板制度与IPO解禁效应:基于投机泡沫视角的分析[J].金融研究,2020(4):186-206.

俞红海,刘烨,李心丹.询价制度改革与中国股市IPO"三高"问题:基于网下机构投资者报价视角的研究[J].金融研究,2013(10):167-180.

CHEN J, KE B, WU D H, et al. The consequences of shifting the IPO offer pricing power from securities regulators to market participants in weak institutional environments: evidence from China[J]. Journal of corporate finance, 2018, 50: 349-370.

CONG L W, LEE C, QU Y, et al. Financing entrepreneurship and innovation in China[J]. Foundations and trends in entrepreneurship, 2020, 16(1): 1-64.

JENSEN M C, MECKLING W H. Theory of the firm: managerial behavior, agency costs and ownership structure[J]. Journal of financial economics, 1976, 3(4): 305-360.

JIA C, RITTER J R, XIE Z. Pre-IPO analyst coverage: hype or information production[R]. Working Paper, 2019.

LOWRY M. Why does IPO volume fluctuate so much[J]. Journal of financial economics, 2003, 67(1): 3-40.

PAGANO M, PANETTA F, ZINGALES L. Why do companies go public? an empirical analysis[J]. The journal of finance, 1998, 53(1): 27-64.

QIAN Y, RITTE J R, SHAO X. Initial public offerings Chinese style[R]. Working Paper, 2020.

RITTER J R. The long-run performance of initial public offerings[J]. The journal of finance, 1991, 46(1): 3-27.

RITTER J R, WELCH I. A review of IPO activity, pricing, and allocations[J]. The journal of finance, 2002, 57(4): 1795-1828.

ROCK K. Why new issues are underpriced[J]. Journal of financial economics, 1986, 15(1/2): 187-212.

SHERMAN A E. Global trends in IPO methods: book building versus auctions with endogenous entry[J]. Journal of financial economics, 2005, 78(3): 615-649.

SONG S, TAN J, YI Y. IPO initial returns in China: underpricing or overvaluation?[J]. China journal of accounting research, 2014, 7(1): 31-49.

第4章 再融资

[素养目标]
- 了解再融资对中国企业缓解融资约束的积极作用
- 了解再融资对中国多层次资本市场健康发展的作用

[学习目标]
- 了解再融资的定义与内涵
- 掌握再融资的基本概念和分类
- 掌握再融资的一般流程
- 熟悉中国制度背景下再融资的市场情况和监管

4.1 再融资概述

4.1.1 再融资的定义

再融资是指上市公司在第一次向社会公众发行股票（IPO）后，通过对外配股、增发和发行可转换债券（下称"可转债"）等方式，再次在证券市场上融入资金以发展企业的行为。

4.1.2 再融资的分类概述

上市公司通过资本市场再融资的方式通常分为四类：股权再融资、债权再融资、混合类再融资和可交换债券再融资。具体分类如图4-1所示。

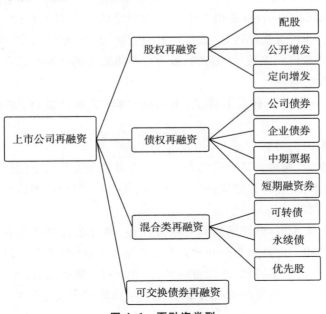

图4-1 再融资类型

4.2 股权再融资

4.2.1 股权再融资的定义、特点与优劣势

1. 配股的定义、特点与优劣势

（1）配股的定义

配股是上市公司向现有股东按其持股的一定比例,以低于市价的某一特定价格配售股份的行为。实质上,配股兼具筹资与分配功能,这一行为既补偿了原股东的收益,同时也保护了原股东对公司的控制权。

（2）配股的特点

一般来说,配股具有以下特点:①仅向股权登记日在册的原股东发行;②不约束发行价格。

（3）配股的优劣势

配股的优势有以下几点:①不涉及新旧股东利益矛盾,保持或提升原股东持股比例,不会过度稀释控制权;②发行价格灵活度大,且募集资金投向灵活;③配股后核查结束复牌后即可交易,没有锁定期;④政策支持力度大。

配股的劣势有以下几点:①发行条件相对较高,距上次再融资原则上不得少于6个月,且融资规模受限;②存在最低认购比例(当前规定为70%),不足则可能导致发行失败;③大股东资金压力较大;④盈利能力指标摊薄效应较大,可能会使得业绩指标下滑;⑤公司股价随市场环境波动。

2. 公开增发的定义、特点与优劣势

（1）公开增发的定义

公开增发(Public Offering)是指上市公司为满足特定投资项目的需求或扩大经营规模、提高经营能力,在符合法律规定、获得证券监管部门批准的情况下,再次通过证券市场向社会公众投资者发售一定数量的新股,以进行募集资金的一种再融资方式。

（2）公开增发的特点

一般来说,公开增发具有以下特点:①面向公众;②市价发行;③稀释股权;④券商包销。

（3）公开增发的优劣势

对于发行人来说,通过公开增发的方式进行再融资主要有以下优势:①可快速获得大量资金,偿债压力小;②没有锁定期,可即时交易;③有券商包销,多数有包销托底条款,从而将风险转移给券商。

尽管对于发行人来说,公开增发具有很大优势,然而在目前资本市场上,它仍然是较为少用的再融资方式。这是因为公开增发存在以下劣势:①发行条件限制严格,财务指标要求较高;②发行价格并无折扣,即以市价发行;③发行风险较大,由于二级市场股价变动的不确定性较大,而公开增发的效果容易受到二级市场股价变动影响,因此,公开增发再融资面临着较大风险。

3. 定向增发的定义、特点与优劣势

(1) 定向增发的定义

定向增发(Private Placement)是指上市公司基于引进战略投资者、财务重组、股权激励、资产收购、项目融资等目的,采用非公开发行的方式,向特定对象发行股票的行为。

(2) 定向增发的特点

一般来说,定向增发具有以下投资特点,如表4-1所示。

表4-1 定向增发的特点

类型	具体规定
审核方式	证监会发行部审核
发行人类型	境内上市公司
审核周期	3～6个月
是否需要保荐	是
保荐人签字要求	由两名保荐代表具体负责推荐
发行对象	不超过35名特定对象
发行方式	非公开发行
发行价格	不得低于定价基准日前20个交易日公司股票均价的80%
融资规模限制	发行股份数量不超过发行前总股本的30%
募集资金投向	主要投向公司主营业务,也可用于补充流动资金、偿还银行贷款

(3) 定向增发的优劣势

定向增发主要有以下优势:①发行对象确定,发行风险较小;②发行条件较低,程序相对简便,发行效率高;③有股份锁定机制,对股价冲击较小;④具有折价率优势及定价灵活性;⑤兼具引入战略投资者、资产收购等功能,能够作为一种新的并购手段,促使优质龙头公司实现成长。

定向增发同时也存在以下劣势:①定向增发对于非公开引入的战略投资者要求较为严格;②定向增发的发行数量不能超过发行前总股本的30%,因此融资规模受限;③定向增发只能通过代销发行,具有一定的风险性;④定向增发的发行对象相对集中,可能影响公司控制权。

4.2.2 股权再融资的发行条件

2020年2月14日,证监会发布了一系列上市公司再融资管理办法,重新修订了关于几种股权再融资方式的发行条件。证监会对于主板(中小板)上市公司股权再融资的具体要求如表4-2所示,对于创业板上市公司股权再融资的具体要求如表4-3所示。

表 4-2　证监会对于主板(中小板)上市公司股权再融资的要求

类型	配股	公开增发	定向增发
公司治理	① 公司章程合法有效; ② 公司内部控制制度健全; ③ 现任董监高具备任职资格,不存在违规行为; ④ 上市公司与控股股东或实际控制人的人员、资产、财务分开,机构、业务独立; ⑤ 最近 12 个月内不存在违规对外提供担保的行为		无强制要求
持续盈利能力	① 最近三个会计年度连续盈利,以扣除非经常性损益后的净利润与扣除前的净利润孰低为准; ② 业务和盈利不存在严重依赖于控股股东的情形; ③ 现有主营业务或投资方向能够可持续发展; ④ 高级管理人员和核心技术人员稳定; ⑤ 公司重要资产、核心技术不存在现实或可预见的重大不利变化; ⑥ 不存在可能严重影响公司持续经营的担保、诉讼、仲裁或其他重大事项; ⑦ 最近 24 个月内曾公开发行证券的,不存在发行当年营业利润比上年下降 50% 以上的情形		无强制要求
财务状况	① 最近三年及一期财务报表未被注册会计师出具保留意见、否定意见或无法表示意见的审计报告;被注册会计师出具带强调事项段的无保留意见审计报告的,所涉及的事项对发行人无重大不利影响或者在发行前重大不利影响已经消除; ② 资产质量良好; ③ 经营成果真实,现金流量正常; ④ 最近三年以现金方式累计分配的利润不少于最近三年实现的年均可分配利润的 30%		无强制要求
合规经营	上市公司最近 36 个月内财务会计文件无虚假记载,且不存在重大违法行为		无强制要求
资金用途	① 募集资金数额不超过项目需要量; ② 募集资金用途符合国家产业政策和有关环境保护、土地管理等法律和行政法规的规定; ③ 除金融类企业外,本次募集资金使用不得进入金融投资领域; ④ 投资项目实施后,不会与控股股东或实际控制人产生同业竞争或影响公司生产经营的独立性; ⑤ 建立募集资金专项存储制度,募集资金必须存放于公司董事会决定的专项账户		

（续表）

类型	配股	公开增发	定向增发
负面清单	上市公司存在下列情形之一的,不得公开发行证券： ① 本次发行申请文件有虚假记载、误导性陈述或重大遗漏； ② 擅自改变前次公开发行证券募集资金的用途而未作纠正； ③ 上市公司最近12个月内受到过证券交易所的公开谴责； ④ 上市公司及其控股股东或实际控制人最近12个月内存在未履行向投资者作出的公开承诺的行为； ⑤ 上市公司或其现任董监高违规； ⑥ 严重损害投资者的合法权益和社会公共利益的其他情形		上市公司存在下列情形之一的,不得非公开发行股票： ① 本次发行申请文件有虚假记载、误导性陈述或重大遗漏； ② 上市公司的权益被控股股东或实际控制人严重损害且尚未消除； ③ 上市公司及其附属公司违规对外提供担保且尚未解除； ④ 上市公司或其现任董监高违规； ⑤ 最近一年及一期财务报表被注册会计师出具保留意见、否定意见或无法表示意见的审计报告； ⑥ 严重损害投资者合法权益和社会公共利益的其他情形
募集规模	拟配售股份数量不超过本次配售股份前股本总额的30%	无明确限制	不超过发行前总股本的30%
募集定价	不低于配股前最新公布的该公司最近一期经审计的每股净资产值	不低于公告招股意向书前20个交易日公司股票均价或前1个交易日的均价	不低于定价基准日前20个交易日公司股票均价的80%
认购对象	原有股东	公众投资者	① 特定对象符合股东大会决议规定的条件； ② 发行对象不超过35名； ③ 发行对象为境外战略投资者的,应当遵守国家的相关规定
锁定期	无	无	本次发行的股份自发行结束之日起,6个月内不得转让；控股股东、实际控制人及其控制的企业认购的股份,18个月内不得转让
特别规定	① 控股股东应当在股东大会召开前公开承诺认配股份的数量； ② 采用证券法规定的代销方式发行； ③ 控股股东不履行认配股份的承诺,或者代销期限届满,原股东认购股票的数量未达到拟配售数量70%的,发行人应当按照发行价格并加算银行同期存款利息返还已经认购的股东	① 最近三个会计年度加权平均净资产收益率平均不低于6%,以扣除非经常性损益后的净利润与扣除前的净利润孰低为计算依据； ② 除金融类企业外,最近一期末不存在财务性投资的情形	无强制要求

表 4-3　证监会对于创业板上市公司股权再融资的要求

	配股	公开增发	定向增发
公司治理	① 上市公司与控股股东或者实际控制人的人员、资产、财务分开，机构、业务独立； ② 上市公司最近 12 个月内不存在违规对外提供担保或者资金被实际控制人及其控制的其他企业以借款、代偿债务、代垫款项或者其他方式占用的情形		
财务状况	① 最近两年盈利，净利润以扣除非经常性损益前后孰低者为计算依据； ② 会计基础工作规范，经营成果真实，内部控制制度健全且被有效执行； ③ 最近两年按照上市公司章程的规定实施现金分红； ④ 最近三年及一期审计报告正常		
资金用途	① 本次募集资金用途符合国家产业政策和法律、行政法规的规定； ② 除金融类企业外，本次募集资金使用不得进入金融投资领域； ③ 本次募集资金投资实施后，不会与实际控制人产生同业竞争或者影响公司生产经营的独立性		
负面清单	上市公司存在下列情形之一的，不得发行证券： ① 本次发行申请文件有虚假记载、误导性陈述或者重大遗漏； ② 最近 12 个月内未履行向投资者作出的公开承诺； ③ 最近 36 个月内违规； ④ 上市公司实际控制人最近 12 个月内违规； ⑤ 现任董监高最近 36 个月内违规； ⑥ 严重损害投资者的合法权益和社会公共利益的其他情形		
募集规模	拟配售股份数量不超过本次配售股份前股本总额的 50%	无明确限制	无
募集定价	无	不低于公告招股意向书前 20 个交易日公司股票均价或前 1 个交易日的均价	不低于定价基准日前 20 个交易日公司股票均价的 80%
认购对象	原有股东	公众投资者	① 特定对象符合股东大会决议规定的条件； ② 发行对象不超过 35 名； ③ 发行对象为境外战略投资者的，应当遵守国家的相关规定
锁定期	无	无	本次发行的股份自发行结束之日起，6 个月内不得转让；实际控制人等认购的股份，18 个月内不得转让

（续表）

	配股	公开增发	定向增发
特别规定	① 控股股东应当在股东大会召开前公开承诺认配股份的数量； ② 采用证券法规定的代销方式发行； ③ 控股股东不履行认配股份的承诺，或者代销期限届满，原股东认购股票的数量未达到拟配售数量70%的，发行人应当按照发行价格并加算银行同期存款利息返还已经认购的股东	除金融类企业外，最近一期末不存在持有金额较大的交易性金融资产和可供出售的金融资产、借予他人款项、委托理财等财务性投资的情形	无

4.2.3 股权再融资的募集与流程

1. 配股的募集流程

以深交所上市公司向原股东配售股份业务的相关办理流程为例，配股的募集流程主要涉及以下六个阶段：履行董事会及监事会审议、国资监管机构审批、召开股东大会并作出决议、证监会审核、股票发行、挂牌上市，每一阶段所需的相关文件及公告如图4-2所示。

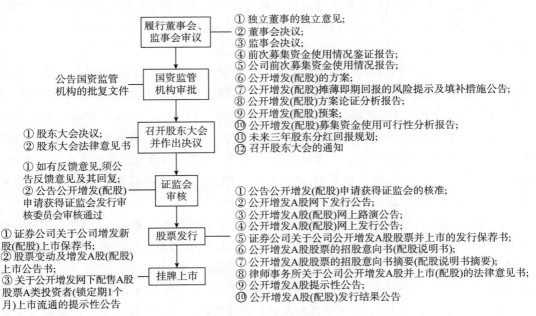

图4-2 配股的募集流程①

2. 公开增发的募集方式与流程

（1）公开增发再融资的募集方式

公开增发再融资包括优先配售、网上申购、网下申购、余额包销四种募集方式。

---

① 如果公开增发仅针对原股东进行，则一般情况下称之为"配股"，两者在流程上一致。

优先配售针对的是上市公司的原有股东。原有股东可以根据持股比例获得购买一定量新股的优先权，当然，也可以选择放弃优先配售权。具体配售比例由发行人同主承销商协商确定，同时需将该比例在发行公告中进行披露。

网上申购又称网上配售，是指通过证券交易所网上交易系统进行的公开申购，任何持有证券交易账号的个人或机构都可以参与，但一般只是拥有较小资金量的投资者进行申购，主要针对散户。

网下申购又称网下配售，是指不通过证券交易所的网上交易系统进行的申购，对投资者的资金量有要求，因此主要针对拥有大资金量的机构投资者，部分专业个人投资者也会参与，但对于专业个人投资者的申请门槛、申请资格有着严格的限制，一般投资者不会以个人名义参与其中。

包销是指由代理股票发行的券商一次性将上市公司新发行的全部或部分股票承购下来，并垫支相当于股票发行价格的全部资本。我国公开增发目前实行主承销商余额包销制度，如果经过优先配售、网上申购和网下申购之后，增发的新股仍然没有被全部认购，则负责承销的券商需要对剩余部分进行包销。

（2）公开增发再融资的流程

流程一，确认可行性。上市公司需要先聘请中介机构，确定保荐机构，对增发项目进行可行性研究，确定本次增发具备可行性。发行人与中介机构协商拟订初步的发行方案，包括发行规模、发行方式、发行价格及原股东配售比例等，中介机构需要对发行人进行尽职调查。

流程二，上市公司内部决议通过。上市公司申请发行股份之前，公司内部需要先决议通过。董事会需要依法对此次股份发行的方案、募集资金使用的可行性报告、上次募集资金使用的报告等事项作出决议，并提请股东大会批准。股东大会就发行新股的事项作出决议时，必须经出席会议的股东所持表决权的三分之二以上通过，作出的决定中至少应当包括下列事项：本次发行证券的种类和数量；发行方式、发行对象及向原股东配售的安排；定价方式或价格区间；募集资金用途；决议的有效期；对董事会办理本次发行具体事宜的授权；其他必须明确的事项。

流程三，递交申报材料。上市公司申请公开发行新股需要由保荐机构保荐，保荐机构应当按照证监会规定的程序、内容和格式编制申请文件，并向证监会报送。保荐机构及保荐代表人应当对申请材料中披露的相关信息进行尽职调查，确认其真实性、完整性、准确性，并签署名字，声明承担相应的法律责任。为证券发行出具专项文件的注册会计师、资产评估人员、资信评级人员、律师及其所在机构也要按照本行业公认的业务标准和道德规范出具文件，并声明对所出具文件的真实性、准确性和完整性承担责任。

流程四，证监会审核。证监会在收到上市公司增发股票的申请文件后，会在五个工作日之内决定是否受理，如果决定受理，将会对递送的申请文件进行初审，之后再由发行审核委员会审核申请文件，最终证监会作出核准或不予核准的决定。证券发行申请未获核准的上市公司，自证监会作出不予核准的决定之日起六个月后，可再次提出证券发行申请。

流程五,发行前准备。获得证监会核准发行的批文后,发行人应进行发行前的相关准备,大致包括如下内容:①T-5日,刊登招股说明书;②T-4日中午12点前,向主承销商提出申请;③T-3日,网上路演推介,网下申购电子平台申询价;④T-1日,刊登发行公告,确定发行价格,并确定入围结果。

流程六,启动发行。完成发行前准备后,发行人停牌,根据公告的时间按时启动发行。原股东可参与优先配售,其他投资者参与网上申购和网下申购,余额由保荐机构即主承销商包销。结束后发行人公布配售结果,完成缴款、验资等步骤,发行完成。

流程七,上市流通。公开增发的新股没有锁定期,增发完成后即可进入二级市场流通。发行人需要向交易所提供增发股份上市申请书、保荐协议和保荐机构出具的上市保荐书、验资报告等申请材料,获得许可后刊登上市公告书,对公司及增发新股的基本情况作出声明和提示。

3. 定向增发的募集方式与流程

(1) 定向增发的募集方式

定向增发具有两种发行方式:锁价发行与竞价发行。"锁价发行"是面向战略投资者及大股东的非公开发行,是以上市公司或定向增发企业的董事会事先确定好的价格卖给参与定向增发的投资者。"竞价发行"面向非特定投资者竞价,价高者得。

(2) 定向增发的募集流程

定向增发的募集流程如图4-3所示。

4.2.4 股权再融资的相关学术研究

学术界对于股权再融资问题进行了大量的研究,多集中于其引发的负面反应,包含理论分析和实证分析两大部分。在理论分析方面,资本结构变化假说认为,股权融资会弱化公司的债务风险,并将股东财富转移给债权人,同时降低财务杠杆,影响公司价值;价格压力假说则认为,公司股票的需求曲线向下倾斜,因此股票供给的增加将会导致股价下跌。在实证分析方面,学者大量关注了股权再融资所引发的盈余管理问题。在配股和公开增发前,公司多通过操纵盈余提高财务表现,从而提高发行价格或满足发行条件。此外,受投资者情绪的叠加影响,融资时股票价值会被系统性高估,而融资过后股价即下跌,会损害股东尤其是中小股东的利益。在定向增发前,公司也会进行一定的盈余管理,但方向与定向增发新股类型有关。例如,当上市公司向其控股股东及其子公司定向增发新股,收购控股股东及其子公司的资产时,会选择进行负的盈余管理,目的是通过操控盈余来压低定向增发新股的价格,使控股股东以同样的资产换得更多的股份。尽管以往研究对股权再融资的市场反应的发现基本为负面,但也有学者对中国进行探索后,得出定向增发具有积极作用的结论,并认为上市公司定向增发融资优于配股和公开增发,可以尽量规避大股东"圈钱"风险。同时,这一方式通过引入战略投资者,能够延长上市公司的产业链,减少上市公司与集团公司的关联交易和同业竞争,最终促使公司长期的业绩提高和股价上升。

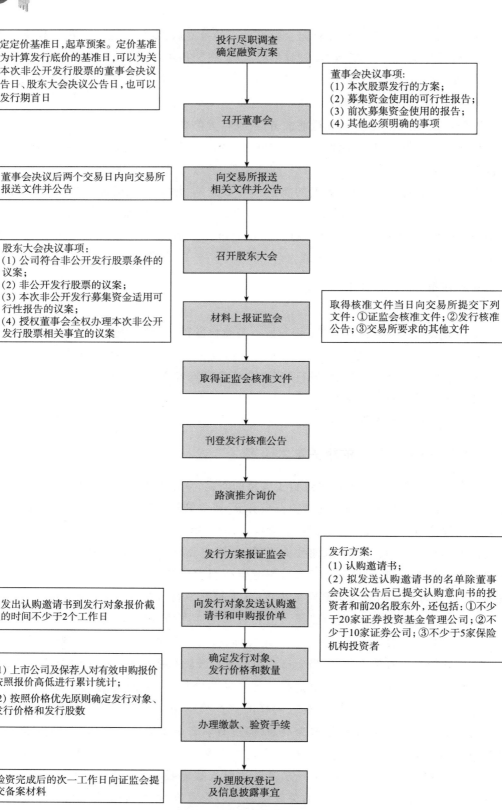

图 4-3 定向增发的流程

4.3 债权再融资

4.3.1 债权再融资的定义、特点与优劣势

1. 公司债券的定义、特点与优劣势

(1) 公司债券的定义

公司债券是指公司依照法定程序发行的、约定在一定期限内还本付息的有价证券,发行目的是追加资本。对于债券持有人而言,该债券是向公司提供贷款的凭证,反映了交易双方之间的债权债务关系。

(2) 公司债券的特点

公司债券发行后,交易双方实质上形成的是"借贷"关系,并非"投资"或"赠予"关系。此外,公司债券到期后,债务人还需在本金之外支付一定的利息,以弥补债权人让渡资金使用权的资金成本。因此,公司债券的主要特征为还本付息,这与其他有价证券有着根本区别。

基于不同的视角,公司债券还具有不同特点。从投资者角度出发,公司债券的特点包括:①风险性较大;②收益率较高;③拥有选择权;④不拥有经营权。从资本市场整体环境角度出发,公司债券的特点包括:①提高资本市场融资效率,稳定资本市场;②丰富金融投资工具,降低市场风险;③改善企业资本结构,优化企业治理结构。

(3) 公司债券的优劣势

公司债券的优势包括:①在票面利率设计上有更为宽松的处理空间;②发行条件宽松,净资产、债券余额比例和可分配利润方面的规定都较容易达到;③发行时间宽泛,可以分期发行;④可跨市交易,市场化运作空间大。公司债券的劣势包括:①财务风险较高;②对于累计余额有限制条件,筹资数量有限。

2. 企业债券的定义、特点与优劣势

(1) 企业债券的定义

企业债券是指在中华人民共和国境内具有法人资格的企业在境内发行的债券(金融债券和外币债券除外),是企业依照法定程序发行、约定在一定期限内还本付息的有价证券,是在中国存在的一种特殊法律规定的债券形式。

企业债券与公司债券的主要区别是,后者的发行主体为股份公司和有限公司,而前者则主要由国有企业发行,由国家发展改革委而非证监会进行审核,且必须为政府批准项目才可以募集资金使用。企业债券主要可分为中央企业债券和地方企业债券。

(2) 企业债券的特点

企业债券具有以下特点:①由国家发展改革委进行审核;②发行主体一般为中央政府所属部门以及国有企业;③市场功能受到行政机构严格限制。

(3) 企业债券的优劣势

企业债券的优势包括:①通过行政落实强制担保机制,信用级别较高;②募集资金规模较大,期限较长。企业债券的劣势包括:①发行条件较为严格,还受到地区负债率等的

限制,审核周期长;②发债额度受总资产、募投项目的附加限制,募集资金使用灵活度较差;③主要在银行间债券市场流动,不对个人投资者开放。

3. 中期票据的定义、特点与优劣势

(1) 中期票据的定义

中期票据是指具有法人资格的非金融企业在银行间债券市场按照计划分期进行的、约定在一定期限内还本付息的债务融资工具。它是一种经监管局一次注册批准后,在注册期限内连续发行的公募形式的债务证券,是货币市场上一种较为特殊的债务融资工具。

(2) 中期票据的特点

中期票据有如下特点:①可用于中长期流动资金、置换银行借款、项目建设等;②发行期限在 1 年以上;③最大注册额度为企业净资产的 40%;④主要是信用发行,接受担保增信;⑤发行体制较为市场化,发行审核方式为注册制,一次注册通过,在两年内可分次发行;⑥发行定价较为市场化,中期票据发行利率根据当期市场利率水平确定;⑦企业可选择发行固定利率中期票据或浮动利率中期票据。

(3) 中期票据的优劣势

中期票据的优势主要有:①发行主体宽泛,交易结构简单,融资成本较低;②申请程序简单,发行机制灵活,发行方式市场化;③发行限制条件较少,对担保和利率无限制。中期票据的劣势主要是募集资金投向受限。

4. 短期融资券的定义、特点与优劣势

(1) 短期融资券的定义

短期融资券是指由中华人民共和国境内具有法人资格的非金融企业,依照《证券公司短期融资券管理办法》规定的条件和程序,在银行间债券市场发行和交易,并约定在一定期限内还本付息,最长期限不超过 365 天的债务融资工具。

(2) 短期融资券的特点

短期融资券有如下特点:①信息披露简明扼要;②注册效率高;③发行方式高效。

(3) 短期融资券的优劣势

短期融资券的优势主要有:①发行条件宽松,审批难度小,发行速度快;②筹资成本较低,且期限灵活。短期融资券的劣势主要有:①发行风险较大,发行弹性较小;②发行时间较短,财务风险较大。

4.3.2 债权再融资的发行条件

1. 公司债券的发行条件

第一,股份有限公司的净资产不低于人民币 3 000 万元,有限责任公司的净资产不低于人民币 6 000 万元;

第二,累计债券余额不超过公司净资产的 40%,金融类公司的累计公司债券余额按金融企业的有关规定计算;

第三,最近三年平均可分配利润足以支付公司债券一年的利息;

第四,公司的生产经营符合法律、行政法规和公司章程的规定,募集的资金投向符合国家产业政策；

第五，债券的利率不超过国务院限定的利率水平；

第六，公司内部控制制度健全，内部控制制度的完整性、合理性、有效性不存在重大缺陷；

第七，经资信评估机构评级，债券信用级别良好；

第八，国务院规定的其他条件。

2. 企业债券的发行条件

第一，股份有限公司的净资产不低于人民币 3 000 万元，有限责任公司和其他类型企业的净资产不低于人民币 6 000 万元，但在实践中，企业单独发债的净资产需大于 12 亿元，不足 12 亿元的主要以集合债的方式实现融资；

第二，近三个会计年度连续盈利；

第三，最近三年平均可分配利润（净利润）足以支付企业债券一年的利息；

第四，已发行的企业债券或者其他债务未处于违约或者延迟支付本息的状态；

第五，最近三年没有重大违法违规行为；

第六，资产负债率超过 85% 的企业发行企业债券，不予受理，但主体信用级别达到 AAA 的，可适当放宽要求；

第七，对于已发行过企业债券的企业而言，前一次发行已募足，未擅自改变资金用途；

第八，累计债券余额不超过企业有效净资产（不包括少数股东权益）的 40%。

3. 中期票据的发行条件

第一，具有法人资格的非金融企业，企业净资产原则上不低于 10 亿元，注册上限为净资产的 40%；

第二，具有稳定的偿债资金来源；

第三，拥有连续三年的经审计的会计报表；

第四，最近一个会计年度处于盈利状态；

第五，待偿还债券余额不超过企业净资产的 40%。

4. 短期融资券的发行条件

第一，发行企业为非金融企业，发行企业均应经过在中国境内工商注册且具备债券评级能力的评级机构的信用评级，并将评级结果向银行间债券市场公示；

第二，发行和交易的对象是银行间债券市场的机构投资者，不向社会公众发行和交易；

第三，短期融资券的发行由符合条件的金融机构承销，企业不得自行销售融资券，发行融资券募集的资金用于本企业的生产经营；

第四，对企业发行融资券实行余额管理，待偿还融资券余额不超过企业净资产的 40%；

第五，短期融资券采用实名记账方式在中央国债登记结算有限责任公司（简称"中央结算公司"）登记托管，中央结算公司负责提供有关服务（2013 年 5 月之后，融资券的登记托管机构改为上海清算交易所）；

第六,融资券在债权债务登记日的次一工作日即可在全国银行间债券市场的机构投资者之间流通转让。

4.3.3 债权再融资的募集方式与流程

1. 公司债券的募集方式与流程

公司债券的发行方式有三种,即面值发行、溢价发行和折价发行。假设其他条件不变,债券的票面利率高于同期银行存款利率时,可按超过债券票面价值的价格发行,为溢价发行。溢价代表企业以后各期多付利息而事先得到补偿。如果债券的票面利率低于同期银行存款利率,则可按低于债券面值的价格发行,为折价发行。折价代表企业以后各期少付利息而预先给投资者的补偿。如果债券的票面利率与同期银行存款利率相同,则可按票面价格发行,为面值发行。溢价或折价是发行企业在债券存续期内对利息费用的一种调整。

公司债券的申报、发行流程如图 4-4 所示。

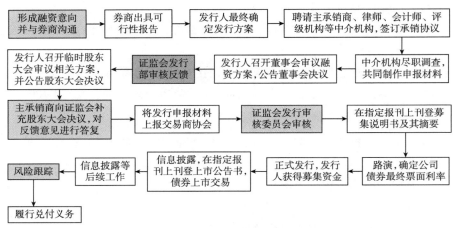

图 4-4 公司债券募集流程

2. 企业债券的募集方式与流程

企业债券的募集方式同公司债券,包括面值发行、溢价发行和折价发行。

目前,企业债券从申报到发行需要经过齐备性受理、材料审核、注册司务会、注册通知等流程,原则上从项目受理到上报注册司务会不超过 15 个工作日,并且在这一流程中已取消企业债券申报中的省级转报环节。其中,债券募集资金用于固定资产投资项目的,省级发改部门应对募投项目出具符合国家宏观调控政策、固定资产投资管理法规制度和产业政策的专项意见,专项债募投项目仍需要征求专业司局意见。

3. 中期票据的募集方式与流程

中期票据的发行在金额、期限和时间的选择上有很大的灵活性,既可以通过浮动利率方式发行,也可以通过固定利率方式发行,甚至可以利用市场的波动,抓住有利的市场窗口发行。

中期票据的募集流程大致分为以下八个步骤,如图 4-5 所示。

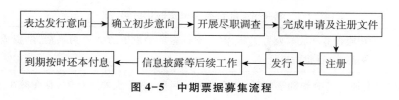

图 4-5　中期票据募集流程

4. 短期融资券的募集方式与流程

短期融资券的募集实行一次注册、分期发行、余额管理，手续简便，无须担保。企业只需一次性申请注册融资总额度，在两年注册有效期和注册额度内，根据自身资金需求，灵活确定发行时点，虽然每次发行不能超过 1 年，但实际资金安排周期可达 2 年 9 个月。一般 1 年期利率在 2.92% 左右，9 月期在 2.7% 左右，6 月期在 2.59% 左右，3 月期在 1.98% 左右。

短期融资券的募集流程主要分为五个步骤，如图 4-6 所示。

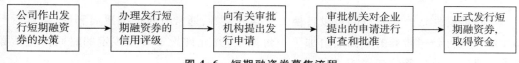

图 4-6　短期融资券募集流程

4.3.4　债权再融资的相关学术研究

以往文献对于债权再融资的研究多集中于信用评级以及融资成本等相关内容，对于其发行后果的研究可以分为短期市场反应和长期公司经营绩效影响两方面。在市场反应方面，大量学者应用多国样本发现，尽管债权再融资也存在负面市场效应，但相对于股权再融资，这种负面效应程度较低，且与公司特征、发行时间和期限等因素有关。在长期影响方面，当前的研究并未得到一致结论，部分研究从代理理论和资本结构理论层面分析，认为债权再融资虽然提升了负债率，但存在资本结构优化效应，有利于提升投资效率，从长期来看有积极的作用；但也有实证研究发现债权再融资对于公司价值存在负面影响。

4.4　混合类再融资

4.4.1　混合类再融资的定义、特点与优劣势

混合类再融资指的是包含债务融资与股权融资性质的再融资方式，主要包含可转债、永续债、优先股等。

混合类再融资的主要特点有：①兼具股票和债券的特点，融资上具有灵活性；②有助于提高公司财务的利用效率，合理优化财务结构。

混合类再融资的优劣势如表 4-4 所示。

表 4-4 混合类再融资的优劣势

优势	相比于普通债券和股权融资工具,混合类再融资的融资方式更为灵活,融资成本更低,融资效率更高,发行费用更低
劣势	可转债:加大了对管理层的压力;存在回购风险;股价大幅上扬时,存在减少融资数量的风险
	永续债:流通性较差,变现能力比较弱
	优先股:不可以税前扣除,其税后成本高于普通债券;虽然股利支付没有法律约束,但是经济上的约束使公司倾向于按时支付其股利

4.4.2 混合类再融资的发行条件

1. 可转债的发行条件

可转债是发行公司发行的可以转换为股票的债券,通常有较低的票面利率,从本质上来看是在发行公司债券的基础上附加了一份期权,并允许投资者在规定的时间内将债券转换为股票。发行条件如表 4-5 所示。

表 4-5 可转债的发行条件

类型	具体规定
盈利能力	①最近三个会计年度连续盈利。扣除非经常性损益后的净利润与扣除前的净利润相比,以低者作为计算依据。②最近三个会计年度加权平均净资产收益率不低于6%。扣除非经常性损益后的净利润与扣除前的净利润相比,以低者作为加权平均净资产收益率的计算依据
发行规模	本次发行后累计公司债券余额不超过最近一期末净资产额的40%
转股价格	转股价格应不低于募集说明书公告日前20个交易日该公司股票交易均价和前1个交易日的均价
分红要求	最近三年以现金方式累计分配的利润不少于最近三年实现的年均可分配利润的30%
其他	①公开发行可转债,应当提供担保,但最近一期末经审计的净资产不低于人民币15亿元的公司除外;②可转债自发行结束之日起6个月后可转换为公司股票,转换期限由公司根据可转债的存续期限及公司财务状况确定

2. 永续债的发行条件

永续债为混合型债券工具,同时具有"债性"和"股性"。其股性是在具体的条款中体现的,如果股性强于债性,则意味着收益补偿更高,风险更高,收益也会更高;如果债性强于股性,则意味着收益补偿更低,风险更低,收益和普通债券相差无几。发行条件如表 4-6 所示。

表 4-6 永续债的发行条件

类型	具体规定
盈利能力	最近三个会计年度连续盈利。扣除非经常性损益后的净利润与扣除前的净利润相比,以低者作为计算依据;累计债券余额不超过净资产的40%,预计所附认股权全部行权后募集资金总量不超过拟发行公司债券金额
资信评级	债券评级为AAA

3. 优先股的发行条件

优先股是指依照公司法,在一般规定的普通种类股份(即普通股)之外另行规定的其他种类股份,其股份持有人优先于普通股股东分配公司利润和剩余财产,但参与公司决策管理等权利受到限制。发行条件如表4-7所示。

表 4-7 优先股的发行条件

类型	具体规定
盈利能力	①上市公司最近三个会计年度应当连续盈利。扣除非经常性损益后的净利润与扣除前的净利润相比,以孰低者作为计算依据。②上市公司发行优先股,最近三个会计年度实现的年均可分配利润应当不少于优先股一年的股息
基本要求	①上市公司应当与控股股东或实际控制人的人员、资产、财务分开,机构、业务独立。②上市公司内部控制制度健全,能够有效保证公司运行效率、合法合规和财务报告的可靠性,内部控制的有效性应当不存在重大缺陷。③上市公司报告期不存在重大会计违规事项。公开发行优先股,最近三年财务报表被注册会计师出具的审计报告应当为标准审计报告或带强调事项段的无保留意见的审计报告;非公开发行优先股,最近一年财务报表被注册会计师出具的审计报告为非标准审计报告的,所涉及事项对公司无重大不利影响或者在发行前重大不利影响已经消除。④上市公司最近36个月内因违反工商、税收、土地、环保、海关以及其他法律、行政法规或规章,受到行政处罚且情节严重的,不得公开发行优先股。⑤上市公司公开发行优先股,公司及其控股股东或实际控制人最近12个月内应当不存在违反向投资者作出的公开承诺的行为
资金用途	①上市公司发行优先股募集资金应有明确用途,与公司业务范围、经营规模相匹配,募集资金用途符合国家产业政策和有关环境保护、土地管理等法律和行政法规的规定。②除金融类企业外,本次募集资金使用项目不得为持有交易性金融资产和可供出售金融资产、借予他人款项等财务性投资,不得直接或间接投资于以买卖有价证券为主要业务的公司
发行规模	上市公司已发行的优先股不得超过公司普通股股份总数的50%,且筹资金额不得超过发行前净资产的50%,已回购、转换的优先股不纳入计算

(续表)

类型	具体规定
分红要求	上市公司公开发行优先股应当在公司章程中规定以下事项:采取固定股息率;在有可分配税后利润的情况下必须向优先股股东分配股息;未向优先股股东足额派发股息的差额部分应当累积到下一会计年度;优先股股东按照约定的股息率分配股息后,不再同普通股股东一起参加剩余利润分配。商业银行发行优先股补充资本的,可就"在有可分配税后利润的情况下必须向优先股股东分配股息"和"未向优先股股东足额派发股息的差额部分应当累积到下一会计年度"事项另行约定
其他	上市公司存在下列情形之一的,不得发行优先股:本次发行申请文件有虚假记载、误导性陈述或重大遗漏;最近12个月内受到过证监会的行政处罚;因涉嫌犯罪正被司法机关立案侦查或涉嫌违法违规正被证监会立案调查;上市公司的权益被控股股东或实际控制人严重损害且尚未消除;上市公司及其附属公司违规对外提供担保且尚未解除;存在可能严重影响公司持续经营的担保、诉讼、仲裁、市场重大质疑或其他重大事项;其董事和高级管理人员不符合法律、行政法规和规章规定的任职资格;严重损害投资者合法权益和社会公共利益的其他情形

4.4.3 混合类再融资的募集方式与流程

1. 可转债的募集流程

可转债的募集流程如图4-7所示。

2. 永续债的募集流程

永续债的募集流程与普通债券类似,如图4-8所示。

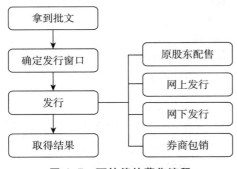

图4-7 可转债的募集流程

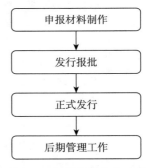

图4-8 永续债的募集流程

3. 优先股的募集方式与流程

上市公司发行优先股,可以申请一次核准、分次发行,不同次发行的优先股除票面股息率外,其他条款应当相同。自证监会核准发行之日起,公司应在6个月内实施首次发行,剩余数量应当在24个月内发行完毕。超过核准文件时限的,须申请证监会重新核准。首次发行数量应当不少于总发行数量的50%,剩余各次发行的数量由公司自行确定,每次发行完毕后5个工作日内报证监会备案。其募集流程如图4-9所示。

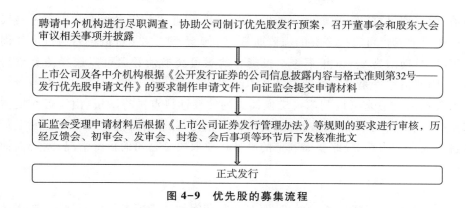

图 4-9 优先股的募集流程

4.5 可交换债券再融资

4.5.1 可交换债券再融资的定义、特点与优劣势

1. 可交换债券再融资的定义

可交换债券(Exchangeable Bond)全称为"可交换他公司股票的债券",是指上市公司的股东依法发行、在一定期限内依据约定的条件可以交换成该股东所持有的上市公司股票的债券品种。可交换债券的持有人有权按一定条件将债券交换为标的公司股票,在此之前可定期获得如普通债券一样的票息,而若持有到期未行权,可获得到期本息偿付。

可交换债券实质上是内嵌买入期权的含权债券,与一般债券的本质区别体现在内含换股条款。从图 4-10 可以看出,当发行人和投资者签署合同完成可交换债券的发行时,发行人(上市公司的股东)相当于将自己的股票质押给投资者,从而募集资金,投资者(购入可交换债券的机构或个人)相当于购入了看涨期权。发行后可交换债券的持有者可以选择持有至到期,此时发行人需要定期还本付息,相当于发行债券;可交换债券持有者也可以选择换股,即交换为发行人原持有的上市公司股票,此时发行人实现股票减持。实务中,可交换债券再融资一般发生在母公司和其控股的子公司之间,即由母公司发行可交换债券募集资金,债券到期时可转换为控股子公司的股票。

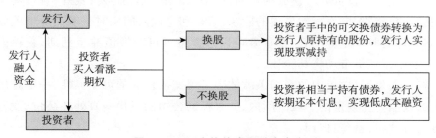

图 4-10 可交换债券再融资内容

2. 可交换债券再融资的特点

(1) 债权性

可交换债券作为一种公司债券,同时也是一种有价证券。它具有债券的基本内涵,如

债券面值、偿还期、付息期、票面利率和发行要求等,以此来约定发行人和投资者的权利与义务。中国目前发行可交换债券的面值通常为 100 元/张,发行价格可以通过市场询价的方式确定,发行期限为 1~6 年不等。投资者购买可交换债券后可以选择持有至到期以获取本息,因此债权性是可交换债券最基本的属性。

上市公司的大股东可以利用可交换债券的债权性特点进行融资,由于可交换债券内嵌看涨期权,其票面利率与其他的普通公司债券相比一般较低,能够在很大程度上降低发行人的融资成本。当然,最终票面利率的高低还要取决于公司的自身情况、发行人的主要目的等因素。

(2) 股权性

可交换债券赋予了投资者选择权,即在换股期间债券投资者可以不换股,选择持有债券到期来获得本息收入,也可以选择换股,成为标的公司的股东,因此,可交换债券具有股权性,且股权特征存在不确定性。

上市公司的大股东可以利用可交换债券的股权性特点实现股票减持。当发行人的主要目的是股票减持时,在换股条款上通常具有以下特征:①发行价格相对较低。一般被允许发行可交换债券的标的公司的经营业绩状况都是良好的,因此基本都属于溢价发行,溢价率较低的可交换债券股权性相对而言要比溢价率较高的可交换债券强,表明发行人想让投资者尽可能参与发行。②转股价格相对较低。如果转股价格的设置较当前股价低,说明发行人希望投资人在转股期到来的时候尽快换股,促使可交换债券转股尽快达成,实现自己的减持目的,因此转股溢价率较低的可交换债券的股权性相对而言较强。③更可能启用向下修正条款。从发行可交换债券到进入转股期一般都会有半年到一年的时间,此时标的公司的股价处于相对不稳定的状态,如果标的公司的股价持续低迷,而又临近转股期,则发行人会启用向下修正条款,下调转股价格,以促使投资人尽快完成转股,实现自己的减持目的,此时可交换债券的股权性较强。

(3) 可交换性

可交换性体现在可交换债券债权性和股权性的灵活转换上,它使得可交换债券同时具备高收益、低风险的优势,是可交换债券的核心所在。

站在投资者角度,可交换性使得投资者可以根据自身的投资需求作出选择,在获利的同时平衡交换风险。投资者有换股的权利,如果标的股票上涨势头良好,投资者可以在进入转股期后选择转股,成为标的公司的股东,获得利息收入的同时获取交易价差收益和股利分红;如果标的股票走势不好,投资者可以选择持有可交换债券至到期,获得固定的利息收益,也可以在二级市场将其转让。

站在发行人角度,协议中的赎回条款体现了可交换债券的可交换性,一定程度上保障了发行人的权益。在规定的一段时间内,如果标的公司的股价一直处在高位,发行人就可以对债券进行赎回,避免自身利益的损失。

3. 可交换债券再融资的优劣势

(1) 可交换债券再融资的优势

对于发行人而言,可交换债券再融资的优势主要有如下四个方面:

第一,融资成本较低。可交换债券的出现拓展了发行人的融资渠道,类似于通过质押股权进行融资。但股权质押是纯融资行为,费率较高,而可交换债券中含有换股期权,因此票面利率都比较低,特别是在初始换股溢价率不高的情况下,换股期权的价值较高,可交换债券的票息往往更低。关于可交换债券与股权质押的具体比较如表4-8所示。

表4-8 可交换债券与股权质押的比较

要素	可交换债券	商业银行股权质押	券商质押式回购
利率	一般3%～7%	一般7.5%～9%	一般8%以上
融资期限	1～6年	一般不超过2年短期融资	一般不超过2年短期融资
票面质押率	100%,无须打折	一般按照市价的3～5折,略高于券商质押式回购	一般按照市价的3～5折
资金监管	无	严格的资金监管	较弱
投资者态度	关心公司的经营情况及成长性,与公司共同成长	赚取固定收益,对公司的经营情况不关心	赚取固定收益,只关心公司的信用风险

第二,曲线减持。可交换债券引入之前,上市公司股东进行股票减持的主要方式是在二级市场直接抛售,但如果减持规模较大,这种方式易对上市公司产生不利影响,且受融资新规的约束。可交换债券可以让上市公司股东实现曲线减持,其相对于直接抛售股票的优势如表4-9所示。

表4-9 发行可交换债券与直接抛售股票的比较

要素	发行可交换债券	直接抛售股票
减持价格	不低于市价交换,可以溢价减持	一般折价进行
融资现金流	直接获取融资正现金流,且不丧失控制权及未来股价上涨所带来的预期收益	直接获取现金流,但如果目前股价较低,后期股价上涨,则面临较大的潜在利益损失
减持时间	限售期可以完成债券发行,实现减持	限售期不能减持
对股价的影响	分批换股,减持时间相对延后,一定程度上平缓二级市场的股价波动	短时间内减持数量较多容易对股价形成冲击
减持新规的约束	不受证监会减持新规约束	受证监会减持新规的限制,超过1%的减持需通过大宗交易系统,大规模减持需要较长时间
对企业形象的影响	发行债券是企业通过其信用融资的正常行为,而可交换债券又是创新品种,有助于树立正面的企业形象	大规模减持会对企业形象造成一定的负面影响

第三,融资风险较低。一方面,可交换债券可以以相对较低的利率发行,用较少的成本融入资金,一定程度上可以降低财务风险;另一方面,由于可交换债券具有一定的股权性质,投资者有换股和不换股两种选择,不一定会持有债券至到期,这会减少发行人还本付息的压力,降低债券风险。因此,可交换债券再融资的风险相对较低。

第四，发行方式灵活，可满足多样化需求。上市公司股东发行可交换债券的目的主要是融资或股票减持，如果投资者选择换股，则股东可以实现减持。如果投资者选择持债到期，则股东只需还本付息，其利率水平与同期限、同等信用评级的一般债券相比要低。在设定发行条款时，发行人也可以根据自身需求设置不同的条款，达到不同的目的。同时，发行人还可以将可交换债券和定向增发、投资基金、员工激励、理财产品等联合运用，衍生出更多的金融投资产品与模式。

对于投资者而言，可交换债券再融资的优势主要有以下两个方面：

第一，可交换债券的投资风险较为分散。由于债券发行人和转股标的的发行人不同，特别是当债券发行人和股票发行人分散于两个不同的行业时，投资者可以通过行使选择权规避其中一方的股票价格下行带来的风险，这也是可交换债券逐渐受到投资者青睐的重要原因。

第二，可交换债券属于"进可攻，退可守"的投资品。债券发行人和标的股票的上市公司的经营状况均会影响可交换债券的价值，投资者可以通过不同的选择保障自身权益。当债券发行人经营风险加大时，投资者可以通过换股获得标的股票价格上涨带来的超额收益；当标的股票风险加大、股价下跌时，投资者可选择持有债券至到期，获得债券的固定利息收益。

对于标的股票的上市公司而言，可交换债券再融资的优势主要是：发行可交换债券可以帮助标的股票所在的上市公司优化股权结构。股权结构会对企业的发展产生重要影响，当股权过于集中时，流通股比例不足将难以充分发挥资本市场的作用，企业的盈利能力、成长能力都会受到影响。如果大股东发行可交换债券，可以释放出一定的股权比例，引进新的投资者，从而提高流动股比例，促进资本流动，推动上市公司的高质量发展。

（2）可交换债券再融资的劣势

可交换债券再融资的劣势主要包括以下两个方面：

第一，相较于其他的公司债券发行来说，可交换债券由于其特殊的属性，发行方案较为复杂，需要专业人员设计相关条款。同时，其复杂性也要求投资者具有更为专业的投资及分析技能。

第二，股票发行人的股东性质发生变化可能会影响公司的经营。例如，当母公司持有较多的上市子公司股票，且母公司减持欲望强烈时，母公司可能会通过发行大量的可交换债券进行减持，如果转股率较高，转股完成后上市子公司的股东就会变得分散，甚至有可能影响到子公司的经营。

4.5.2 可交换债券再融资的发行条件

证监会对于公开发行可交换债券的要求相对严格，对发行人的财务指标、债务情况以及标的股票所在上市公司的基本情况都有一定的限制条件。

公开发行可交换债券的条件与发行可转债的条件很相似，门槛都较高。私募可交换债券的发行条件较为宽松，几乎没有强制性的规定和要求，从而发行难度较小。两种可交换债券发行条件的比较如表4-10所示。

表 4-10　公募可交换债券与私募可交换债券的比较

要素	公募可交换债券	私募可交换债券
发行人身份	上市公司股东	上市公司股东
发行人财务指标	最近一期末的净资产额不少于人民币 3 亿元；公司最近三个会计年度实现的年均可分配利润不少于公司债券一年的利息	无强制要求
发行人债务情况	发行后累计公司债券余额不超过最近一期末净资产额的 40%	无强制要求
标的股票	最近一期末的净资产不低于 15 亿元，或最近三年加权平均净资产收益率不低于 6%	无强制要求
限售情况	用于交换的股票在提出发行申请时不存在限售或其他与交换冲突的情况	用于交换的股票在交换时不存在限售或其他与交换冲突的情况
发行规模	发行金额不超过待交换股票市值的 70%	无限制
质押率	公告日前 20 个交易日的平均市值的 70% 以内	用于交换的全部股票，100%
换股期	发行结束后 12 个月	发行结束后 6 个月
换股价格	不低于公告日前 20 个交易日和上一个交易日均价中较低者	深交所：不低于发行日上一个交易日收盘价的 90% 和前 20 个交易日平均收盘价的 90% 中较高者 上交所：暂时无要求

4.5.3　可交换债券再融资的募集方式与流程

1. 可交换债券再融资的募集方式

上市公司股东可以利用手中持有的上市公司股票发行可交换债券，投资者感兴趣时会购买发行的可交换债券，上市公司股东即可以在短时间内募集到大量资金。

投资者持有可交换债券后，可以根据情况作出不同选择。如果选择继续持有债券，则发行人（上市公司股东）需要定期向投资者支付利息，形式类似于普通的公司债券，但利率更低，发行人相当于进行了低成本债务融资；如果标的股票走势很好，投资者可以选择将可交换债券换成标的股票，此时发行人实现减持，相当于抛售一部分股票进行融资。

从整体过程来看，可交换债券再融资类似于上市公司股东将自己持有的上市公司股票作为质押物进行融资，以满足短时间内的资金需求。

2. 可交换债券再融资的募集流程

（1）公募可交换债券的募集流程

公募可交换债券的发行需要证监会审核，按照公开发行公司债券的程序进行。主要流程包括：①确定中介机构，确定项目可行性，初步拟订发行方案；②将发行方案提交公司股东大会决议，决议通过则继续进行；③中介机构进行尽职调查，完成申报材料，递送证监会；④证监会对发行项目进行审核，依照法定条件和法定程序作出予以核准或者不予核准的决定；⑤获得证监会批文后，公告公开发行募集文件，按期发行债券；⑥进入换股期后，根据投资者意向完成换股，在投资者持有可交换债券期内定期支付本息。

（2）私募可交换债券的募集流程

私募可交换债券的发行只需交易所预审，整个发行流程一般需要1～3个月的时间，具体推进速度还取决于发行人内部流程、承销商和交易所的进展。私募可交换债券的发行流程主要有：①确定中介机构，进行可行性研究，确定可行性；②承销商协同发行人拟订发行方案；③中介机构（券商、事务所等）联合进行尽职调查，形成初步尽职调查报告；④券商立项会议予以立项；⑤正式审计，完成申报报告、法律、担保、董事会及股东会决议等相关材料，形成申报材料；⑥券商召开内核会议；⑦材料申报及反馈，获得备案许可文件；⑧债券发行及拨付资金；⑨付息以及兑付。

4.6 再融资：中国的实践

4.6.1 中国再融资法规体系

我国的证券法律制度以《中华人民共和国证券法》共14章226条内容为核心，辅之以《中华人民共和国公司法》相关内容以及300多个相关的行政法规、部门规章及规范性文件。目前，我国证券法律制度的调整范围主要包括股票、公司债券和国务院依法认定的其他证券的发行和交易。其基本内容包括四个方面：证券发行上市的法律规范、证券交易的法律规范、证券服务的法律规范、证券市场监管的法律规范。

我国的再融资法规体系如图4-11所示。

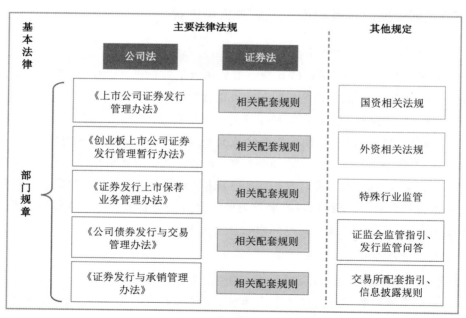

图4-11 中国再融资法规体系

4.6.2 股权再融资市场情况

1. 配股的市场情况

如图4-12所示，1993—2000年配股家数处于稳步增长态势，2000年达到顶峰160家。在允许使用增发和可转债进行再融资后，自2002年起，增发因其不存在还本付息的优势开始占据主导地位，配股的地位明显下降；2006年国家同时下调配股、增发和可转债的业绩门槛，对配股转让时间、配股数量作出规定后，配股家数及配股募集资金开始回升，2010年配股再融资募集资金高达1 452.921亿元。

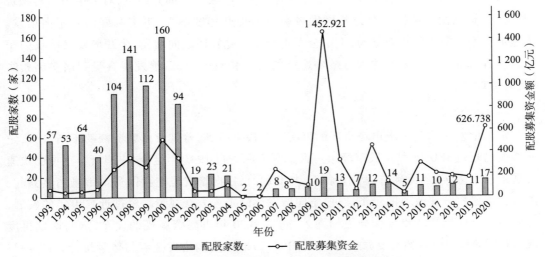

图 4-12　1993—2020 年我国上市公司配股再融资状况

2. 公开增发的市场情况

（1）1999—2005 年：公开增发快速发展

1999年，证监会修订了对于上市公司配股的约束规定，要求上市公司前三年平均资本回报率大于或等于10%，且每年资本回报率都要大于或等于6%才能获取配股资格，通过配股发行的股份总数不得超过此前已发行股本的30%。新规提高了配股的门槛，限制了配股的规模，仅通过配股已经无法满足中国上市公司的融资需求。于是，经过两年的试点工作，证监会于2000年4月正式允许上市公司通过公开增发向社会公众投资者募资。这一阶段公开增发快速发展，甚至成为我国证券市场最主要的再融资方式，是公开增发在中国资本市场应用的"黄金时代"。

（2）2006—2014 年：定向增发逐渐取代

2006年证监会引入定向增发的概念，允许上市公司对不超过10个投资者定向募资。在定向增发中，盈利条款或资本回报率的刚性门槛被取消，监管要求相对宽松，于是定向增发的再融资方式受到上市公司的青睐并逐渐取代公开增发。在2014年沧州大化完成公开增发后的5年间，市场上甚至没有出现公开增发案例，公开增发逐渐销声匿迹。

(3) 2018—2019 年:公开增发重新出现

2017 年证监会对再融资的相关规定作出修订,加强了对定向增发的监管和约束,使定向增发相对于公开增发的优势不再明显,加之股市行情低迷,很多定向增发项目表现并不理想,于是部分对于未来经营较有信心的上市公司把目光转向了公开增发。2019 年,拓斯达完成了公开增发,成为 A 股市场近五年来首次实施公开增发的案例,也是创业板开板以来首家完成公开增发的企业。随后紫金矿业也完成了 80 亿元的大规模增发,公开增发的申请增多,开始"重出江湖"。

(4) 2020 年至今:公开增发重归沉寂

2020 年 2 月 14 日,证监会又发布了再融资新规,放开了部分约束,对上市公司再融资"松绑"。但这次政策松绑对公开增发吸引力的提升程度不大,更多利好的是定向增发。于是定向增发的优势重新显现,上市公司重新将目光转回定向增发,公开增发又一次归于沉寂。目前选择公开增发作为再融资途径的公司相对较少,后续发展会受到诸多因素影响,有待观望。

3. 定向增发的市场情况

定向增发是当前资本市场重要的再融资手段之一,随着其总体融资额的不断扩大,定向增发已超过 IPO 成为 A 股市场第一大融资来源。自 1991 年至今,中国资本市场已快速发展了三十多年,从无到有,从小到大。与此同时,定向增发也在我国资本市场悄然兴起。随着我国股权分置改革的步步推进,定向增发逐渐走入大众视野。经过近二十年的发展,定向增发与中国资本市场融合更加深入,随着 2020 年再融资新规的发布,定向增发再度成为我国股权再融资的重要方式之一。2019—2020 年定向增发金额与数量统计如图 4-13 所示。

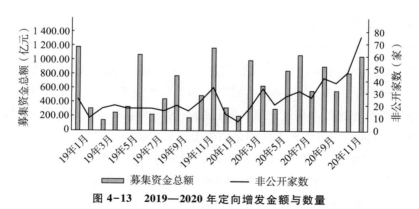

图 4-13　2019—2020 年定向增发金额与数量

4.6.3　债权再融资市场情况

如表 4-11 所示,企业债券、公司债券、中期票据及短期融资券的融资规模均呈逐步上升趋势,其中公司债券及短期融资券呈较大增长趋势。

表 4-11　债权再融资情况

券种类别	2018 年发行情况		2019 年发行情况		2020 年发行情况		
	期数（期）	规模（亿元）	期数（期）	规模（亿元）	期数（期）	规模（亿元）	期数同比增长率（%）
企业债券	257	2 260.68	372	3 448.89	387	3 926.4	4.03
一般企业债券	257	2 260.68	372	3 448.89	387	3 926.4	4.03
公司债券	1 520	16 491.70	2 465	25 501.84	3 618	33 662.0	46.77
一般公司债券	796	10 034.78	891	10 937.11	1 212	15 229.6	36.03
私募债券	724	6 456.92	1 574	14 564.73	2 406	18 432.5	52.86
中期票据	1 399	15 893.65	1 655	18 638.60	2 120	23 421.9	28.10
一般中期票据	1 399	15 893.65	1 655	18 638.60	2 120	23 421.9	28.10
短期融资券	2 912	30 664.30	3 503	35 805.19	4 846	49 966.4	38.34
一般短期融资券	422	4 193.30	462	4 436.20	515	4 924.8	11.47
超短期融资债券	2 490	26 471.00	3 041	31 368.99	4 331	45 041.7	42.42

4.6.4　混合类再融资市场情况

1. 可转债市场情况

当前我国可转债市场处于自 2017 年可转债扩容以来阶段性表现较差的阶段。在 2017 年 1 月 22 日至 2 月 5 日的 11 个交易日内，可转债整体连续下挫，中证转债指数跌幅接近 6%，而深证转债指数跌幅更是超过 9%。单纯观察阶段性跌幅，需要追溯到 2019 年 4 月及之前的几次调整时期。也就是说，到 2021 年年初市场已经接近两年没有经历过如此大的调整。另外，观察 2020 年以来的几次调整可以发现，可转债指数的调整幅度多数时间大于股票指数，所谓的"退可守"是阶段性不存在的，而且所谓的底仓品种经常先跌、早跌，这是很多可转债投资者抓狂的原因。

一方面，可转债的快速调整是基于流动性压力上升背景下基础资产的"双杀"，并且权益市场的分化前所未有，资质整体较弱的可转债获益只能依赖非常极致的持仓。华夏幸福现金流危机导致可转债可能成为变现的主力。另一方面，可转债市场比价模式（按照平价、溢价率等）容易形成可转债内部的负循环，形成赎回和下跌的负反馈。虽然下跌的原因不一定是赎回，但赎回自然容易导致下跌，由赎回导致的下跌容易造成核心底仓的压力。

但"负反馈"的压力可能已经在加速释放。不少可转债品种定位已经调整至启动前低位，下限基本锁定，相较股票，超调的时段逐渐过去。并且，华夏幸福事件继续酝酿的空间有限，产品赎回的压力应该是暂时的，在可转债性价比提升的情况下不排除配置需求逐渐显现。但能否打破"负循环"主要取决于正股是否强势，一些估值调整到位、正股强势的品种目前迎来了较好的左侧布局契机。

2. 永续债市场情况

永续债对于投资者的吸引力在于可享受流动性溢价且实际信用风险较小。但监管政策出现边际变化,以及资管新规落地过程中弱化需求,供给压力有增无减,导致 2018 年 6 月以来永续债利差略有扩大,银行永续债尤为显著。目前,在发行端与投资端对永续债股性和债性的认定仍存在一定争议,如果监管严格执行要求永续债采取一致会计处理的规定,那么永续债投资群体及定价逻辑将受到影响,供求关系会发生明显改变。

(1) 永续债规模

截至 2018 年年底,我国存量永续债规模为 1.62 万亿元。我国永续债的发行从 2013 年起步,2013 年 10 月武汉地铁集团发行了我国第一笔永续债——13 武汉地铁可续期债。2015 年以来永续债的发行量快速增加,2018 年 11 月和 12 月更是突破月度 1 000 亿元的发行量。从债券类型上看,主要以永续中票和公司债为主。

(2) 发行人情况

我国永续债发行主体以国有企业为主,民营企业较少。在存量永续债中,地方国有企业发行的永续债占比高达 61%,中央企业占比 33%,合计占比 94%,非国有企业发行的永续债存量仅有 980 亿元左右。

我国永续债发行人评级高。存量永续债发行人评级以 AAA 级为主,无论是初始评级还是目前的最新评级,占比都在四分之三上下;其次是 AA+ 级主体,占比在五分之一左右。尽管有些永续债发行人在存续过程中因信用事件而被大幅下调评级,但总体上资质仍然很高。

我国永续债发行人在行业分布上以重资产行业为主。在存量永续债中,城投债占 34%,产业债占 66%。而在产业债各行业中,建筑装饰、公用事业、综合以及采掘行业占比较高,商业贸易、交通运输占比也相对较高。整体来看,负债率较高的重资产行业发行人更愿意选择发行永续债来融资,而国际永续债的发行主体银行在我国永续债发行人中却占比较低。2018 年 12 月,国务院金融稳定发展委员会要求商业银行尽快启动永续债发行,用于补充银行资本,银行永续债发行有望增多。

(3) 供求量的变化

在永续债供给量方面,2020 年以来,银行补充一级资本和国有企业降杠杆的需求导致永续债发行规模和净融资额保持高位。发债主体向信用资质较强的 AAA 品种及国有企业集中,银行永续债供给尤为多。预计永续债和二级资本债潜在供给规模合计超过万亿元,供给压力不小。

在永续债需求量方面,《中国银保监会关于保险资金投资银行资本补充债券有关事项的通知》和人力资源和社会保障部针对年金管理人下发的征求意见稿均要求,按照发行人对其权益工具或者债务工具的分类认定永续类型的品种。新规使得部分投资人投资永续债占用权益工具额度,也造成抛压,导致 2020 年 6 月以来永续债利差略有扩大,银行永续债尤为显著,估值压力显现。

(4) 永续债的认定情况

关于发行端多数将永续债认定为权益工具的情况:首先,2019 年 1 月,财政部公布的《永续债相关会计处理的规定》确认了永续债会计处理的分类标准,多数永续债将被确认为权益工具。其次,2019年4月,财政部、国家税务总局公布的《关于永续债企业所得税政策问题的公告》明确了永续债税收处理问题的解决方法,大多数企业在税收处理上可将其记为债权,并且监管对税收和会计在处理方法不一致上留有空间。最后,考虑补充资本或降杠杆的诉求,发行人一般将永续债认定为权益工具。

关于投资端多数将永续债认定为债权工具的情况:目前,永续债投资端的主体银行、保险、基金等倾向于将永续债认定为债权。按机构类型来看,银行表内投资永续债的约束是资本计提,表外投资永续债的约束是股债认定,但二者均倾向于将永续债认定为债权投资;保险资金投资金融永续债多将其认定为权益类资产,非金融企业永续债是否在投资范围内尚未明确;公募基金及资管产品倾向于将永续债认定为债权。但在最严格的情形下,永续债会被认定为权益工具,这也是市场讨论的焦点。

4.6.5 可交换债券再融资市场情况

1. 2013年以前:初步构想

可交换债券诞生于20世纪70年代,出现后在欧美、亚太等市场得到了广泛的应用。但在我国,可交换债券起步较晚。2008年10月,证监会发布《上市公司股东发行可交换公司债券试行规定》,对发行可交换公司债券的条件、要求、程序等作出了规定。2013年5月,深交所发布《关于中小企业可交换私募债券试点业务有关事项的通知》,开始搭建私募可交换债券的法律基础。

2. 2013—2017年:逐渐发展

2013—2017年是可交换债券再融资在我国逐渐发展的阶段,前期由于制度不完善,可交换债券市场受政策影响较大,发展较为缓慢。2013年10月,武汉福星生物药业有限公司在深交所发行了我国第一只中小企业私募可交换债券。2014年12月,宝钢集团有限公司以持有的上市公司新华保险A股股票为质押和换股标的,成功公开发行40亿元可交换债券,成为中国证券市场第一单公募可交换债券。

证监会颁布的《公司债券发行与交易管理办法》作为发行公司债券的基本管理办法,使可交换债券监管更加体系化。2015年5月,上交所和深交所均颁布了《非公开发行公司债券业务管理暂行办法》,进一步明确了私募可交换债券的适用范围和实施细则。一方面,可交换债券的监管体系逐渐完善;另一方面,证监会在2015年和2016年分别对上市公司减持行为作出了严格规定,可交换债券的曲线减持功能优势突显。因此,2015年之后,我国的可交换债券市场发展速度加快,进入扩容期,并于2017年达到顶峰。我国在这一阶段各年度的可交换债券发行规模如表4-12所示。

表4-12 2013—2017年我国可交换债券发行情况

	2013年	2014年	2015年	2016年	2017年
发行数量(只)	1	5	28	71	80
发行金额(亿元)	2.57	59.76	231.55	674.29	1 172.84

3. 2018年至今：断崖式下跌，逐渐回暖

我国可交换债券市场在2017年达到顶峰后，在2018年遭遇了断崖式下跌。2018年可交换债券的发行数量暴跌至28只，发行金额只有464.74亿元，与2017年差距较大。这一现象发生的主要原因在于融资环境的变化：一方面，2018年我国开始对金融领域加速去杠杆，使得这种收益率较低的债券对投资者来说吸引力减小；另一方面，市场环境的低迷使得部分公司经营业绩滑坡，流动性风险加大进而引发债务违约风险，可交换债券市场受到投资者的质疑。

2018年之后，证监会先后发布明确的监管规则，可交换债券的相关制度体系不断完善。同时，融资环境好转也使投资者逐渐回归理性，并意识到可交换债券再融资的优势。于是，可交换债券市场开始回暖，并进入更加稳定的发展阶段。

可交换债券在被引入我国后，先后经历了缓慢发展的摸索期、受政策推动而快速发展的扩容期、因融资环境恶化产生的断崖下跌期和如今逐渐回暖后的稳定发展期。对于中国的资本市场来说，可交换债券现在仍是较为"年轻"的债券种类，因此市场规模相对较小，配股、增发和可转债仍是上市公司再融资的主要选择。但伴随着资本市场的发展和可交换债券市场的逐渐稳定，可交换债券再融资的优势会逐渐显现，成为可供上市公司股东选择的优质融资途径。可以预期在未来资本市场，可交换债券将逐步占据更大的市场空间。

4.6.6 中国再融资的最新监管要求

资本市场的发展情况受众多因素的影响，证监会需要根据实际情况，及时对上市公司再融资政策进行相应调整，使其更加适合我国资本市场的实际发展情况。近几年，证监会分别在2017年和2020年对上市公司再融资政策进行了两次较为重要的修改。

1. 2017年：政策"收紧"

2017年再融资新规发布前，我国上市公司再融资尤其是非公开再融资的规模快速增长。在当时金融去杠杆的背景下，证监会收紧了上市公司再融资的政策，防止其发展过热。

2017年2月，证监会相继发布《关于修改〈上市公司非公开发行股票实施细则〉的决定》和《发行监管问答——关于引导规范上市公司融资行为的监管要求》，这次修改主要针对非公开发行中的定价基准日，取消了原来的董事会决议公告日、股东大会决议公告日作为定价基准日的选择，只保留了发行期首日作为定价基准日，限制了上市公司非公开发行时的自主定价。2017年5月，证监会又发布《上市公司股东、董监高减持股份的若干规定》，该规定延长了认购对象的限售期，加大了认购对象的套现难度。

这次政策修订对上市公司非公开发行再融资产生了重大影响，新规发布后上市公司定向增发的规模出现断崖式下跌，而作为替代品的可转债热度高涨。

2. 2020年：政策"松绑"

2017年修订的再融资规则实施两年后，证监会开始考虑重新放宽上市公司再融资条件，以满足上市公司的融资需求，于2019年11月发布再融资新规征求意见稿。适逢2020

年我国上市公司大多经历新冠肺炎疫情的冲击,证监会在 2020 年 2 月 14 日发布了新的再融资管理办法(包括《上市公司证券发行管理办法》《创业板上市公司证券发行管理暂行办法》《上市公司非公开发行股票实施细则》),对上市公司再融资大幅"松绑",重点表现为定向增发再融资条件放宽、创业板上市公司再融资门槛降低。

受本次新规发布影响最大的是定向增发,具体包括对其认购者限售期、定向发行对象人数、最高发行折价、定价基准日认定等方面的"松绑",相关规定的具体变化如表 4-13 所示。

表 4-13 再融资管理办法修订前后比较

	修订前	修订后
发行对象	主板不超过 10 名,创业板不超过 5 名	统一不超过 35 名
发行规模	拟发行的股票数量原则上不超过本次发行前总股份的 20%	拟发行的股票数量原则上不超过本次发行前总股份的 30%
发行价格	不低于定价基准日前 20 个交易日公司股票均价的 90%	不低于定价基准日前 20 个交易日公司股票均价的 80%
锁定期	竞价模式锁定期 12 个月,定价模式锁定期 36 个月	竞价模式锁定期 6 个月,定价模式锁定期 18 个月
定价基准日	发行期首日	董事会决议公告日、股东大会决议公告日或发行期首日
批文有效期	获得批文后 6 个月内发行	获得批文后 12 个月内发行

4.6.7 中国再融资回顾与展望

作为新兴资本市场的重要组成部分,中国再融资市场实践同样具有起步较晚、发展较快的特点。二十多年来,中国的再融资实践从法治规范到市场规模都经历了巨大的发展与变化,在逐步走向完善、规范与多样化的同时,助力中国企业发展。中国再融资市场未来的改革和发展,也将基于有效推动中国经济可持续发展的战略高度加以规划,坚持市场化改革方向,充分调动市场各参与主体的积极性;大力加强法治建设,不断提高资本市场的规范化程度,继续推动中国经济的高质量发展。随着监管体系的逐步完善、市场规模的扩大和效率的提高,中国的再融资实践将成为多层次资本市场健康发展的重要力量,并稳步成长为一个具有国际竞争力的市场,在国际金融体系中发挥重要的作用。

讨论题

1. 请讨论定向增发的募集方式有哪些,并简要说明定向增发的具体流程。

2. 资金是企业经济活动的持续推动力,请结合实例,总结再融资对缓解中国企业融资约束的积极作用的具体表现。

3. 证监会在 2020 年 2 月 14 日发布的再融资新规中主要修改了哪些内容?请思考这可能会对上市公司产生哪些具体影响。

4. 与股权再融资、债权再融资相比，混合类再融资的优势体现在哪些方面？请结合市场发展状况，探索未来哪些再融资方式会更受市场欢迎，并简要说明原因。

5. 结合经济发展背景与中国实践历程，请讨论不同的再融资方式对中国上市公司发展的重要意义。

案例分析

疫情之下的市场韧性——红塔证券配股再融资

2021年1月15日，红塔证券（601236.SH）发布了《关于配股申请文件反馈意见回复的公告》（以下简称"回复公告"），公司配股工作又向前迈出了坚实一步。回顾推进过程，红塔证券的配股项目在2020年3月30日正式发布发行预案，在2020年12月11日获得证监会的受理。在2020年新冠肺炎疫情的影响下，公司积极且坚定地推进此次配股项目彰显韧性。

按照配股计划，红塔证券拟实施向全体股东每10股配售不超过3股的募资方案，预计最高募集资金总额不超过人民币80亿元（具体规模视发行时市场情况而定）。若以截至2019年12月31日的公司总股本3 633 405 396股为基数测算，则本次可配售股份数量总计不超过1 090 021 619股。公司表示，配股项目旨在增加业务结构的多元化，提升综合实力。

公告显示，本次配股募集资金扣除发行费用后主要用于发展FICC业务［即固定收益（Fixed Income）、外汇（Currency）和大宗商品（Commodities）业务］、发展资本中介业务、增加投行业务资金投入、设立境外全资子公司及多元化布局、加大信息技术系统建设投入等五大项目，以及改善公司资产负债结构、补充业务运营资金。具体投资项目及金额如表4-14所示。

表4-14 配股募集资金投向表

序号	募集资金投资项目	金额
1	发展FICC业务	不超过40亿元
2	发展资本中介业务	不超过20亿元
3	增加投行业务资金投入	不超过5亿元
4	设立境外全资子公司及多元化布局	不超过2亿元
5	加大信息技术系统建设投入	不超过3亿元
6	其他运营资金安排	不超过10亿元
合计		不超过80亿元

根据回复公告披露数据，红塔证券的FICC业务发展迅速，尤其是固定收益证券投资业务，已成为公司利润的重要来源之一。2019年度，红塔证券的证券投资业务收入为17.07亿元，在可比上市公司中仅次于西部证券，红塔证券该项业务已达到行业较领先水平，与净资本排名前二十的上市证券公司靠近。同时，公司自营部门债券产品的业务

规模也逐步扩张。

红塔证券表示,本次配股项目将改善红塔证券的资产负债结构,配股发行完成后,模拟测算母公司及合并口径资产负债率分别下降 10.95 个百分点和 10.66 个百分点,资产负债结构得到优化。

值得一提的是,回复公告披露了 2020 年 6 月 30 日至 2021 年 1 月 5 日红塔证券持有的 200 余项固定收益类产品的具体情况。其中,"20 永煤 SCP004""20 永煤 CP001""18 豫能化 MTN003""18 豫能化 MTN004"因永煤控股债券违约,债券评级出现下调,引起市场关注。对此,上述负责人表示,"截至目前,除'20 永煤 SCP004'发生违约外,与永煤控股相关的另外三项债券尚未到期,虽最近评级调低,但截至最近一次付息仍然显示正常。'20 永煤 SCP004'经债券持有人会议通过展期方案,公司已收到该债券上一存续期的全部利息以及 50%的本金,剩余本金展期处理,到期也将如期收回。即便后续三只债券也采取类似'20 永煤 SCP004'的兑付和展期方案,债券展期到期后,5 亿本金也会收回"。

总体来看,截至 2021 年 1 月 5 日,公司持有可转债的主体和债项评级稳定,还本付息均正常,面临的违规风险较小。

红塔证券表示,在债券市场深度调整、收益率不断走高的背景下,公司未来将继续在注重资产安全性的前提下扩大业务规模,布局 FICC 全业务链条,进一步发挥债券投资能力的优势。公司将优化债券投资结构,拓宽投资领域,在风险可控的前提下,继续做大做强 FICC 业务,以提升 FICC 业务盈利和收益水平。

思考题:
(1) 红塔证券此次配股融资的必要性是什么?
(2) 红塔证券本次募集资金的用途有何偏向?
(3) 永煤控股债券违约及相应事件对后续配股流程有何影响?

主要参考文献

陈晓,单鑫.债务融资是否会增加上市企业的融资成本[J].经济研究,1999(9):39-46.
程凤朝,刘家鹏.上市公司并购重组定价问题研究[J].会计研究,2011(11):40-46.
池宪平,张旋.我国 A 股上市公司定向增发问题研究[J].现代营销(下旬刊),2020(12):46-47.
何贤杰,朱红军.利益输送、信息不对称与定向增发折价[J].中国会计评论,2009,7(3):283-298.
李红波.定向增发简析[J].现代商业,2009(15):33-34.
任晨煜.定向增发助并购双方实现多赢:方大炭素定向增发案例分析[J].财务与会计,2009(14):17-19.
佟岩,华晨,宋吉文.定向增发整体上市、机构投资者与短期市场反应[J].会计研究,2015(10):74-81.

汪轩如.大股东在定向增发中利益输送的问题研究[J].商业经济,2020(12):178-180.

王雄元,张春强,何捷.宏观经济波动性与短期融资券风险溢价[J].金融研究,2015(1):68-83.

王志强,张玮婷,林丽芳.上市公司定向增发中的利益输送行为研究[J].南开管理评论,2010,13(3):109-116.

吴育辉,魏志华,吴世农.时机选择、停牌操控与控股股东掏空:来自中国上市公司定向增发的证据[J].厦门大学学报(哲学社会科学版),2013(1):46-55.

熊锦秋.应适度调整过于宽松的定增政策[N].证券时报,2020-07-28(A3).

熊锦秋.定增锁价发行弊端当重视[N].证券时报,2020-12-22(A3).

徐寿福.大股东认购与定向增发折价:来自中国市场的证据[J].经济管理,2009,31(9):129-135.

许慧,刘敏.供给侧结构性改革会影响定向增发中的锚定效应吗[J].财会月刊,2020(17):19-25.

应展宇.中国股票市场再融资监管规则变迁的制度经济分析[J].经济理论与经济管理,2013(5):91-101.

张鸣,郭思永.大股东控制下的定向增发和财富转移:来自中国上市公司的经验证据[J].会计研究,2009(5):78-86.

章卫东.上市公司股权再融资方式选择:配股、公开增发新股、定向增发新股[J].经济评论,2008(6):71-81.

章卫东.定向增发新股与盈余管理:来自中国证券市场的经验证据[J].管理世界,2010(1):54-63.

章卫东,李海川.定向增发新股、资产注入类型与上市公司绩效的关系:来自中国证券市场的经验证据[J].会计研究,2010(3):58-64.

章卫东,刘珍秀,孙一帆.公开增发新股与定向增发新股中盈余管理的比较研究[J].当代财经,2013(1):118-129.

赵玉芳,余志勇,夏新平,等.定向增发、现金分红与利益输送:来自我国上市公司的经验证据[J].金融研究,2011(11):153-166.

郑琦.定向增发对象对发行定价影响的实证研究[J].证券市场导报,2008(4):33-36.

朱红军,何贤杰,陈信元.定向增发"盛宴"背后的利益输送:现象、理论根源与制度成因:基于驰宏锌锗的案例研究[J].管理世界,2008(6):136-147.

祝继高,张乔,汤谷良.可转换债券:融资工具还是制度安排:基于贝恩资本投资国美电器可转换债券的案例研究[J].中国工业经济,2012(5):122-134.

BRENNAN M J, SCHWARTZ E S. The case for convertibles[J]. Journal of applied corporate finance, 1988(1): 55-64.

DEANGELO H, MASULIS R W. Leverage and dividend irrelevancy under corporate and personal taxation[J]. The journal of finance, 1980, 35(2): 453-464.

LOUGHRAN T, RITTER J R. The new issues puzzle[J]. The journal of finance, 1995, 50(1): 23-51.

MAYERS D. Why firms issue convertible bonds: the matching of financial and real investment options[J]. Journal of financial economics, 1998, 47(1): 83-102.

MILLER M H, ROCK K. Dividend policy under asymmetric information[J]. The journal of finance, 1985, 40(4): 1031-1051.

STEIN J C. Convertible bonds as backdoor equity financing[J]. Journal of financial economics, 1992, 32(1): 3-21.

TEOH S H, WELCH I, WONG T J. Earnings management and the underperformance of seasoned equity offerings[J]. Journal of financial economics, 1998, 50(1): 63-99.

21世纪经济与管理规划教材

财务管理系列

第三篇

投 资 篇

第5章　企业创新投资

第6章　企业并购

第 5 章 企业创新投资

[素养目标]
- ◆ 了解企业创新投资对中国企业核心竞争力的提升作用
- ◆ 了解企业创新投资对中国产业转型升级的促进作用
- ◆ 了解企业创新投资对中国经济高质量可持续发展的推动作用

[学习目标]
- ◆ 掌握企业投资决策的概念与内涵
- ◆ 掌握企业创新投资的概念与内涵
- ◆ 熟悉企业创新投资的策略与评估
- ◆ 熟悉中国制度背景下企业创新投资的发展与现状

5.1 企业投资决策概述

5.1.1 企业投资决策的含义与流程

1. 企业投资决策的含义

党的二十大报告提出,要强化企业科技创新主体地位。企业的创新依赖于企业投资决策,企业投资决策是指企业通过综合研判作出决策,在未来一定时期内,将一定的资金或实物投入既定的投资领域和投资对象,以期获得经济效益或资金增值的一种经济行为。企业投资决策的目的是追求利润最大化或扩大规模。投资的领域或对象一般是某项资产,可以是建筑物、机器设备等直接用于生产经营活动以获取利润的生产经营性资产,也可以是股权、股票、债券等通过参与企业利润分配或利息受偿而获得资本增值的金融性资产。企业投资的方式主要包含实体投资、金融投资、风险投资和创新投资。

2. 企业投资决策的一般流程

(1) 确定投资领域和投资对象

不同行业、不同发展阶段的企业有不同的投资战略需求,投资领域和投资对象的确定需要企业综合考量自身发展战略、投资能力和外部投资环境等因素。

(2) 设计具备可行性的投资方案

根据投资项目的特点,结合当前市场环境、企业的技术和财务水平等方面设计一个或多个符合投资目标且可执行的投资方案。

(3) 投资决策与审批

根据企业内部决策程序,确定最佳的投资方案,将该方案相关的正规文件向有关部门进行报备并进入审批程序。

（4）执行和跟进投资方案

严格执行批准后的投资方案,持续跟进项目并进行监督,确保项目如期有序进行。

（5）投资方案的评价与调整

及时对投资方案的执行效果进行评价,对执行过程中发现的不合理的地方进行适时的调整。

（6）投资项目回收与复盘

在项目投资期结束后,对投资项目进行回收,判断投资收益是否达到预期,对不足之处应及时复盘。

企业投资决策的一般流程如图5-1所示。

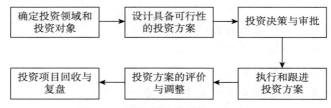

图 5-1　企业投资决策的一般流程

5.1.2　企业投资的必要性

1. 企业投资的理论基础

（1）凯恩斯投资理论

约翰·凯恩斯(John Keynes)认为,投资不仅有巨大的经济意义,还有深远的社会意义。资本主义经济危机及危机期间发生的非自愿失业源于有效需求不足,其中包括消费需求与投资需求的不足。由于短期内消费倾向一般变化不大,故增加有效需求的最有效办法是增加投资。投资增长不仅可以直接增加总需求,而且可以通过收入变动使消费量增加;由于乘数作用,投资对增加就业量和国民收入的决定作用还能够进一步加强。此外,凯恩斯还认为,投资不断增加可以改变资本稀缺状况,为改变资本主义社会收入分配不均等现象作出贡献。

（2）新古典投资理论

新古典主义把投资理解为企业的跨期最优选择,其理论基础是新古典的资本最优积累理论,即企业在追求利润最大化时,会把资本和劳动力结合起来,但由于资本和劳动力的相互替代性,在决定资本使用量时,企业要同时考量资本的使用成本和劳动力的使用成本。在这种情况下,均衡资本存量是关于实际产出 Y、资本使用成本 C 和产出价格 P 的函数:$KE = KE\,(Y,\,C,\,P)$。假定规模报酬不变,能求得均衡资本存量。

（3）托宾 Q 理论

1969 年,美国经济学家詹姆斯·托宾(James Tobin)提出托宾 Q 比率概念。

$$托宾\,Q\,比率 = \frac{企业的市场价值}{资产重置成本}$$

托宾 Q 理论是股票价格和投资支出相互关联的理论。如果托宾 Q 比率大于 1,则企业的市场价值要高于资本的重置成本,新厂房设备的资本要低于企业的市场价值。这种情况下,企业发行较少的股票就能买到较多的投资品,从而促使投资支出增加。反之,若托宾 Q 比率小于等于 1,则企业不会购买新的投资品。

(4) 垄断优势理论

美国麻省理工学院教授斯蒂芬·海默(Stephen Hymer)提出的垄断优势理论是最早研究对外直接投资的独立理论。该理论指出,企业对外直接投资的动机源于市场缺陷,相对于东道国同类企业,企业在管理、生产、销售、技术和规模等方面具有垄断优势,因此能在国外赚取更多的利润。垄断优势理论默认了企业的投资动机是获取更多的经济利润。

(5) 国际生产折衷理论

继海默之后,学者们开始研究对外直接投资,其中约翰·邓宁(John Dunning)关于企业投资动因的研究最具影响力。邓宁的国际生产折衷理论认为,企业对外投资是为了利用自身所拥有的所有权优势、区位优势和内部化优势。在此基础上,他将企业对外直接投资的动机划分为市场寻求动机、资源寻求动机、效率寻求动机和战略资产寻求动机四类。

2. 企业投资的实践意义

企业作为国民经济发展中不可或缺的重要组成部分,是现代经济生活的基本活动单位。企业投资作为企业主要的经济活动之一,不仅有利于促进企业自身发展,还能对宏观经济增长和社会发展起到关键作用。

(1) 对企业发展的作用

第一,企业投资为企业维持自身的生存和发展注入动力,是其实现盈利和收入增长的基础。这主要体现在:从投资企业的角度来说,一方面,企业投资是新企业诞生和现存企业成长的必要条件,只有依赖投资的注入,新企业才得以生存和发展,现有企业才得以发展和扩张;另一方面,投资提高了企业的资金使用效率,有利于投资公司市场份额的增加和核心竞争力的提升。从目标企业的角度来说,企业之间的优胜劣汰可以通过企业投资运动来实现,企业投资能给目标企业带来危机感。目标企业管理者只有经营管理好现有企业,展现出企业自身更好的业绩能力和发展潜力,才能为企业争取到更多的发展资金。

第二,企业投资具有生产能力效应,是企业提升生产经营效率的重要手段。企业可以将资金投入到生产经营的薄弱环节,更好地匹配和平衡生产经营能力,实现资金使用效率的提升。

第三,企业投资是企业控制和降低经营风险的重要方法。在市场经济公平公开竞争的背景下,企业通常面临市场竞争、资金周转、供应链等方面的问题。通过投资,企业可以将资金投放于不同产品或不同行业,从而分散风险,拥有稳定的收益来源。

(2) 对宏观经济的作用

企业投资是促进国民经济增长的重要引擎,关系着宏观经济的稳定与发展。企业在发展过程中不断地积累着物资和资金,企业投资的方向、规模、比例、效率和效果会对宏观经济的产业结构以及生产、流通和消费等环节产生重大影响。这主要体现在:首先,企业投资规模会对社会生产和消费产生影响,极端的投资规模可能会导致宏观经济总量失衡,即社会总需求和社会总供给不平衡。当投资规模过度集中扩张,超出投资资金的积累量时,企业会出现投资挤兑生产和消费等严重不良后果。其次,企业投资方向影响宏观经济的产业结构,错误的投资方向可能导致宏观经济产业部门结构失衡、宏观经济产业地区结构不合理以及资源利用结构性浪费的后果。最后,企业投资效益关系到宏观经济的发展速度。

(3) 对社会发展的作用

企业投资与社会和谐发展和政治稳定密切相关。企业投资创造更多的就业机会,提高整体的就业水平,有利于社会的和谐稳定。此外,企业投资如果取得好的效益,就能创造出更多优质的产品和服务,有利于人民物质文化生活水平的稳步提升。

5.1.3 企业投资的方式

企业投资是将货币转化为资本的过程,而以何种方式完成这一过程就是企业对投资方式的选择。理论界与实业界对企业投资方式的分类很多,归纳起来主要分为实体投资、金融投资、风险投资和创新投资。

1. 实体投资

(1) 实体投资的含义及分类

实体投资是指企业为了获取预期收益,将货币资金用于购买生产要素,形成固定资产、流动资产或无形资产,从而将货币资金转化为生产能力的经济行为。实体投资区别于金融投资的要点在于:实体投资将资本投入特定的项目,形成满足生产需要的实物资产,从而产出具有价值和使用价值的产品或劳务,直接促进企业生产能力的增长。

实体投资一般按照投资资产的形态差异、投资形成的生产能力以及投资资金的流向进行分类。

按照投资资产的形态差异,实体投资可以分为固定资产投资、流动资产投资、无形资产投资和递延资产投资。固定资产投资是指将资金用来购置或建造用于生产经营的固定资产,固定资产作为生产过程中的劳动手段将价值转移到产品或劳务中,通过给企业带来利润或降低企业生产成本实现其投资价值;流动资产投资是指将资金投资于生产过程中一次性消耗的劳动对象,主要是指增加存货的投资;无形资产投资是指将资金投资于在生产过程中能够较长时间发挥经济效益的无形资产,包括专利权、商标权、土地使用权、著作权、专营权、非专利技术等,其投资价值在于无形资产能够依托于有形资产,为创造高于有形资产投资收益的超额收益提供可能性;递延资产投资是指扩大不能一次性计入当年损益,应当分期摊销支出而形成的递延资产的投资。

按照投资形成的生产能力,实体投资可以分为净投资和重置投资。净投资也称诱发投资,是指为增加资本存量而投入的资本支出,能够扩充基础投资总额;重置投资是指为补偿固定资产损耗而增加的资本投入,投资目的是维持再生产。

按照投资资金的流向,实体投资可以分为对内投资和对外投资。对内投资主要是指将资金投资于与企业内部生产经营相关的活动,如购入生产经营性资产;对外投资是指企业将资金或资源投资于其他企业,通过外部企业经营改善而间接参与利润分配或取得经济效益。

(2) 实体投资的特征

实体投资的特征包括以下三方面：

第一，直接性。实体投资的投资对象主要是生产要素，能够形成对应的资产，直接提高企业的生产能力。

第二，以项目为载体。实体投资最终落实到具体的项目上，表现为对项目的分析、投入、执行及回收。

第三，长期性。由于实体投资以具体项目为载体，投资项目从投入至结束往往需要经历较长的一段时间，例如，投资形成固定资产，所投项目体积大、地点固定，投资建设、运营的周期长，所以实体投资一般具有长期性。

(3) 实体投资的作用

第一，有利于提高企业的市场竞争能力。通过增加主营业务或在其他领域的实体投资，企业可以扩大生产经营规模或生产经营范围，增强其规模经济效益，使其在市场竞争中更具优势。

第二，有利于提高企业的创新能力。通过购买专利技术或自主研发投入等实体投资，企业可以不断实现新技术或新产品的商业化和产业化，创造新的利润增长点，再以收益反哺投资，不断提升企业效益。

第三，有利于企业可持续发展。一方面，企业对内实体投资能够不断扩大生产规模，增加资本积累，增强自身抵御风险的能力；另一方面，企业对外实体投资能够为自身发展带来补充，一旦抓住机遇，企业就能为其生产经营提供多样性选择，为其发展转型提供助力。

2. 金融投资

(1) 金融投资的含义

金融投资是指企业通过购买和持有金融资产来获得投资收益或进行套期保值的经济行为。金融投资的投资对象一般为有价证券和金融衍生工具。有价证券是指票面金额固定、可转让的所有权或债权凭证，主要包括股票和债券；金融衍生工具是指价格变动依赖于基础金融资产的派生金融产品，具有套期保值的作用，主要包括金融远期合约、金融期权、金融期货、金融互换等。

(2) 金融投资的特征

企业的金融投资具有如下特征：

第一，风险性。金融投资的投资对象为金融产品，金融产品的价格波动受金融市场影响较大，收益具有不确定性。

第二，间接性。金融投资将货币转换为金融资产，是一种通过让渡资金使用权来获取收益的间接性投资，不直接投资于实物资产，因此对公司的生产能力并无直接提升。

第三，短期性且投资规模有限。对于一般的生产性企业来说，投资于金融产品的资金主要是满足下一阶段生产计划投入后的剩余资金，这部分资金较为有限，并且出于生产经营考虑，企业购买的金融产品的期限要与生产经营计划相匹配，所以一般期限较短，具有较强的流动性。

（3）金融投资的作用

金融投资既是企业的理财行为，也是企业经营发展战略的重要组成部分。通过金融投资，企业可以达到降低闲置资金的机会成本、提高资产流动性、分散经营风险、套期保值等目的。金融投资的作用具体包括以下四方面：

第一，降低闲置资金成本。企业利用闲置资金买卖和持有金融资产，可以降低持有资金的机会成本并获得收益。例如，买卖和持有股票或债券可以获取红利、利息及资本利得。

第二，提高资产流动性。目前我国资本市场发展迅速，金融资产的定价、流通机制日趋完善，发达的二级市场保障股票、债券等金融产品能够方便、快捷地进行交易，相较于一般性质的固定资产，投资金融产品会提升企业的资产流动性。

第三，分散企业经营风险。一方面，企业将资金投资于金融产品获取收益，可以对冲生产经营不利带来损失的风险；另一方面，金融产品的多样性使得企业构建多元投资组合以分散投资风险成为可能。

第四，套期保值。企业根据自身需求持有对应的金融衍生品可以锁定资金或产品的价格波动风险，达到套期保值的效果。

3. 风险投资

（1）风险投资的含义

风险投资又称创业风险投资，广义上是指将资金投向一切具有创新性或开拓性经济活动的权益性投资行为，狭义上是指向创业企业进行股权投资，以期在被投资创业企业发育成熟或相对成熟后转让股权，获得资本增值收益的经济行为。

（2）风险投资的特征

高风险性、高收益性、低流动性、权益性投资是风险投资的突出特点，具体如下：

第一，具有高风险性。风险投资对象一般是初创企业、"种子"期技术或某项商业构想，不能确定其具有稳定、广阔的市场前景，未来收益具有较大的不确定性，而且风险投资一般没有相应的担保措施，所以投资风险高。

第二，具有高收益性。风险投资的项目和企业虽然尚未发展成熟，但是通常都具有行业新兴、发展迅猛、竞争潜力巨大等特点。这类高成长性的项目一旦发展成熟，就能为初期投资者带来几倍甚至几十倍的资本升值收益，具有高收益性。

第三，具有低流动性。初创企业的成长需要一定的时间，风险投资的投资周期一般为3年以上，属于长期投资，在企业发展成熟前风险资本的退出渠道比较有限，因此投资具有低流动性。

第四，属于权益性投资。风险投资者投入资金以获得投资对象的部分股权，待其发展成熟后通过风险资本退出获取高额资本利得。此外，风险投资一般不仅提供资金，还会为被投资企业提供相应的管理、技术支持等增值服务，帮助企业尽快成长。

（3）风险投资的作用

第一，融资功能。对于初创企业来说，风险投资是其获取早期启动资金的重要渠道，并且风险资本相较于银行贷款等资金的使用约束较少，企业对资金的运用更具灵活性。

第二，产权流动功能。风险投资所形成的风险资本市场为风险企业的产权流动提供了便捷高效的通道，多样的风险资本退出方式为风险企业的并购、重组等需求提供了灵活多样的满足机制。

第三,资源配置功能。风险资本流动的目的是获取更多的利益增长点,因此风险资本具有完善的评价、选择和监督体系,一般会流向真正具有经济价值的企业或项目,这在一定程度上推动了创新企业的优胜劣汰。

第四,催化创新功能。风险资本的投资对象主要是高新技术产业或创新企业,资金的投入能够促进这些企业对技术的研发和完善,推动技术进步和创新性发展。

4. 创新投资

创新投资是指企业将资金或资源用于产品、工艺、市场、资源配置、组织等方面进行创新以提高生产效率、降低生产成本,进而为企业创造超额收益、提高资本回报率的经济行为。企业创新具有多样性,主要分为技术类创新和非技术类创新两类。本书主要讨论技术类创新,因此本书所称的创新投资具体指企业为了实现技术革新而采取的资源投入活动。

创新投资与企业进行固定资产购买等实体投资不同。实体投资可以直接形成生产经营性资产,为企业带来生产能力的提升,且投资收益一般较为确定、具有可预见性。创新投资大部分情况下是一项从"0"到"1"的投资活动,创新投资能否成功受宏观环境、微观要素等诸多方面的影响,因此创新投资具有不确定性、高风险性和长期性,创新投资一旦成功,将为企业带来可观的超额收益。

关于创新投资的具体内涵、必要性、影响因素、策略与评估等内容,将在接下来的两节进行详细阐释。

5.2 企业创新投资概述

5.2.1 企业创新投资的定义

1. 创新的定义

创新的定义最早来自奥地利经济学家约瑟夫·熊彼特(Joseph Schumpeter)撰写的《经济发展理论》一书。熊彼特认为创新的本质是建立新的生产函数,即通过对生产要素的重新组合,把一种之前没有的生产要素和生产条件的"新组合"引入生产体系当中,以获得超额利润、实现经济发展。进一步地,熊彼特将创新分为五种情况:①生产新的产品;②采用新的生产工艺或者新的生产方法;③开拓新的市场;④开辟一种新的生产原料或者半成品的供应来源;⑤建立一种新的组织结构。以上五种情况可以分别概括为产品创新、工艺创新、市场创新、资源配置创新和组织创新。可以发现,前两种创新属于技术类创新,后三种创新属于非技术类创新。

本书所指的创新为技术类创新。根据熊彼特对创新的定义可以发现,创新是微观企业一项重要的经济活动。通过生产新的产品、采用新的工艺与生产方法,企业能够为消费者提供更高效用的产品或降低生产成本,进而获得超额收益,提高资本回报率,实现股东价值最大化。企业创新水平的提高离不开企业的创新投资。

2. 创新投资的含义

创新投资是指企业为了实现技术创新而进行的资源投入活动,是企业投资活动的重要组成部分,也是实现企业创新的重要方式,贯穿企业创新活动的整个流程。一方面,从投资活动来看,与固定资产投资或企业并购不同,企业创新投资具有不确定性、高风险性和长期性等特点;另一方面,从创新活动来看,企业创新投资是企业创新链的开始端,创新投资水平的高低直接影响企业能否成功创新。

与企业创新投资类似的概念包括研发投入或研发支出等。创新投资与上述概念的差异主要体现为:创新投资是企业投资的一部分,研发投入或研发支出可以被视为创新投资的投入部分,而创新投资还包括产出部分,如专利技术的申请与授权、新产品的商业化等。

3. 创新投资的特点

创新投资具有不确定性、高风险性与长期性等特点,具体体现在创新投资投入的持续性与创新投资产出的不确定性两个方面。

(1) 创新投资投入的持续性

企业创新投资是在以往生产技术水平的基础上进行的新探索,是具有挑战性的经营活动。这种具有挑战性的投资一方面决定了创新成功不可能一蹴而就,需要持续的探索,另一方面也决定了创新活动需要长期的资源支持,包括资金、人力、管理等各个方面。事实上,企业从作出创新投资决策开始到真正形成成熟的技术或产品,往往需要几年甚至几十年的时间。

(2) 创新投资产出的不确定性

根据熊彼特对创新的定义,企业创新是对生产要素和生产条件进行重新组合,从事的是前人没有探索过的未知领域。创新投资项目可能在技术上无法实现,或研发成功但无法形成产品进行商业化。因此,相对于固定资产投资或兼并收购来说,创新投资不仅会面临创新失败的风险,还有可能面临创新成功后的经营风险。

5.2.2 企业创新投资的必要性

1. 创新投资的理论基础

根据新古典经济学,在不同的市场条件下,企业所能获得的利润水平存在显著差异。以完全竞争市场和完全垄断市场为例:在完全竞争的市场条件下,由于竞争激烈以及产品的一致性,企业无法通过自身的市场地位获得超额收益;在完全垄断的市场条件下,由于市场中只存在一家企业,企业的垄断地位会为企业带来大量的超额收益。

在采用新古典微观基础的研究方法后,熊彼特总结了前述五种创新类型。进一步地,熊彼特结合经济周期分析,提出了在创新理论框架下的经济周期的三种模式。

第一种模式为"繁荣"与"衰退"的两阶段模式。创新打破了原有经济中的均衡状态,进一步引发更多的创新,使经济更加偏离均衡状态,这就构成了繁荣。在经济繁荣时期,物价与利率上涨,创新速度减缓,直到达到另一种均衡状态为止。

第二种模式中,经济发展经历了"繁荣""衰退""萧条"和"复苏"四个阶段。在"繁荣"阶段,创新引发企业厂房扩建、固定资产投资增加,同时使市场上的消费品增加。生产环节与消费环节均呈现繁荣景象,创新为生产者带来的超额利润使得投资与生产进一步扩大,但此时企业家的过度乐观会导致决策失误,引发投资过度与产能持续扩张,使得经济水平衰退,市场热度消减,最终进入经济"萧条"阶段。企业在"萧条"阶段会为了缩减成本而进行创新,促使经济缓慢复苏。

第三种模式中,经济周期分为短、中和长三个类型,即基钦周期、朱格拉周期和康德拉季耶夫周期。"基钦周期"通常为 40 个月,熊彼特认为该周期是经济体内部的一种本能反应;"朱格拉周期"通常为 9 年到 11 年,属于现今普遍认为的经济周期;"康德拉季耶夫周期"则长达 50 年,这一周期由创新引起,在该周期内,新旧产业更替,社会经济水平持续发展。

2. 创新投资的实践意义

(1) IBM 公司的创新投资活动

20 世纪 60 年代初,IBM 公司面临计算机市场的巨大竞争压力,决定于 1961 年投资 50 亿美元开发第三代计算机——360 系统计算机。由于这项投资的金额巨大,甚至超过美国的"曼哈顿计划"(投资约 20 亿美元),这一决策被认为是美国产业界历史上金额最大的决策。

IBM 公司动员其在世界各地分支机构的科研人员进行研究开发,其开发目标是:新机器必须在商业市场和计算机市场上同时具有竞争力,且系统能够完全兼容。1964 年,IBM 公司宣布 360 系统计算机研制成功,其运算速度和内存较第二代计算机提高一个数量级,在系统设计上采用能适应计算、数据处理和实时控制等多用途及各种指令相容的通用化技术,使产品价格性能比大幅下降,通用性提高,软件支持成倍增加,有专家称"360 系统之后,已不再是原子能时代,而是信息时代"。360 系统计算机成功地设立了业界标准,使得 IBM 公司的竞争对手只能选择生产与系统兼容的机器,降低价格性能比,以争夺 IBM 用户,或者生产与 360 系统计算机完全不同的机型,以满足不同用户的需要。1965 年,IBM 公司销售额达到 25 亿美元,将其竞争对手远远抛在后面,构建起计算机行业的 IBM 帝国。

不论是第一次工业革命、第二次工业革命还是如今的信息化与互联网时代,都离不开企业创新的推动。反过来说,在如今经济全球化的大背景下,企业之间的竞争日趋激烈,市场环境迅速变化,企业只有通过不断的创新才能适应新时代的新机遇,也只有创新才能使企业通过产生突变具备"应万变"的适应能力,以应对市场的快速变化。

(2) 柯达公司的创新投资活动

柯达曾经是感光界当之无愧的王者。1930 年,柯达在世界摄影器材市场占有 75% 的份额,利润占到这一市场的 90%。1966 年,柯达海外销售额达 21.5 亿美元,而当时位于感光界第二的爱克发,销量只有柯达的六分之一。然而,进入 20 世纪 90 年代以后,由于沉醉于胶片事业的巨大利润,柯达对向数码影像转型犹豫不决,并一再错失良机。此后,随着数码相机的快速普及,柯达面临的竞争压力日益增大。2000—2003 年,柯达虽然在销售业绩上只有微小波动,但利润下降却十分明显,尤其是影像部门,销售利润从 2000 年的 143 亿美元锐减至 2003 年的 41 亿美元,跌幅达 71%。虽然此后柯达实施了战略重心向新兴数字产品转移、更换公司标志等策略,并通过重组和裁员削减成本,但百年柯达最终还是在 2012 年年初遭遇退市警告。

3. 小结

通过以上理论与案例分析可以发现,与进行其他投资一样,企业进行创新投资的最终目的也是股东价值最大化。然而不同的是,企业的创新投资具有很大的不确定性,即企业投入相应资源后,未必立刻就能形成技术,而这又进一步导致企业创新投资的长期性。即便企业创新成功,形成可以应用到产品上的专利或者技术,也存在一定的市场认可风险。而当第一个在该领域创新成功的企业出现之后,其他企业也会进行学习模仿,即创新投资的外部性。因此,企业创新投资最需要研究清楚的问题是企业创新投资的影响因素。

5.2.3 企业创新投资的影响因素

现主要从三个方面对企业创新投资的影响因素进行分析。首先,从企业层面的特征对企业创新投资的影响因素进行分析;其次,从市场层面的经济因素对企业创新投资的影响因素进行分析;最后,从宏观社会特征或国家政策对企业创新投资的影响因素进行分析。

1. 企业层面因素

现有研究不仅探讨了如风险投资、股权性质、股权结构、激励政策、管理层特征等股东或者管理层能实际施加影响的内部因素如何影响企业创新投资,而且也对诸如分析师关注、机构投资者持股或股票流动性等外部因素对企业创新投资的影响进行了分析。

(1) 风险投资

股东作为企业的所有者对于企业创新投资具有重要影响,不同的持股人对于企业的影响是不同的。风险投资进入企业的最终目的是最大化自身的投资收益,因此被投资企业的价值增长是风险投资关注的主要指标。

一方面,企业的创新水平和创新绩效是提高企业价值的重要方式,作为高风险的投资活动,企业的创新投资往往需要更能容忍失败的股东参与决策,在具有更高容忍度的风险投资进入企业后,风险投资有动机鼓励和参与管理层的研发投资决策,以提高企业的创新水平;另一方面,风险投资的进入能够产生"信号效应",向市场传递企业在未来会拥有美好前景的信号,进而降低企业与金融机构或者股东之间的信息不对称程度,让外部投资者充分认识到企业创新的价值,降低企业融资成本,促进企业创新投资。

不同背景的风险投资对创新投资的影响也存在差异。与独立风险投资相比,企业风险投资在行业背景、技术能力、战略视野、资金资源等方面具有很大优势。一方面,企业风险投资的母公司具有更加成熟的行业背景,能够与被投资企业形成更好的技术契合,进而带来更加稳健的资金来源和技术支持;另一方面,企业风险投资着眼于以母公司为中心的整体战略布局,对于失败的容忍度更高,更有可能激励企业进行创新投资。

(2) 股权性质

与国外相比,我国上市公司中存在大量的国有企业。与民营企业相比,由于政府干预与兜底的存在,国有企业存在预算软约束,这使得国有企业普遍在融资方面具有很大的便利性,能够以较低的资金成本获得银行贷款。一方面,更低的融资成本与更大的融资规模使得国有企业有能力进行长期的创新投资;另一方面,从代理问题的角度来看,尽管国有企业为全民所有制,但由于缺少具体的所有者,国有企业出现所有者缺位而存在内部人控制问题,国有企业的管理层有可能通过研发投入进行机会主义行为,也有可能因渴望在政治中获得晋升而减少创新投资,以降低过多研发投入所导致的盈余剧烈波动。通过以上分析可以发现,企业的所有权性质对于企业创新投资在理论上存在正反两方面的影响。

(3)股权结构

与美国等发达国家相比,新兴国家的股权结构中控股大股东的存在较为常见,尤其是自 1990 年我国建立资本市场以来,一股独大的情况普遍存在于我国的上市公司中。因此,与欧美发达国家中普遍存在第一类代理问题不同,我国的第二类代理问题更加严重,即大股东与中小股东之间的代理问题。

大股东会通过"隧道行为"来攫取中小股东的利益,以实现利益输送。而创新投资的长期性特征以及对于资金的巨量需求,会导致大股东及其控制的管理层缺乏推动企业进行创新研发的意愿。随着资本市场的发展,企业的股权结构中逐渐出现其他能够参与公司决策的大股东,进而形成一个控股股东和多个大股东并存的股权结构现象。多个大股东对企业创新投资具有两方面作用:

第一,多个大股东对企业创新投资的促进作用。其他大股东能够对控股股东以及经理人形成监督,减少其机会主义行为和利益侵占行为,促进企业创新投资。多个大股东的存在能够形成公司各大股东之间的制衡,监督大股东的行为,减少大股东利用其控股地位通过关联交易资金占用、超额股利分配等方式来获取私有收益的行为。因此,多个大股东参与企业的创新决策,能够降低企业的决策失误风险,提高企业的创新投资效率。

第二,多个大股东对企业创新投资的抑制作用。尽管多个大股东能够产生一定的监督效应,但过度监督也可能降低管理层和控股股东创新的动力。其他大股东可能会对控股股东的行为进行仔细的审查,进而导致控股股东的行为僵化,工作主动性降低。而企业创新投资需要较高的能动性以及对失败的容忍度,并且由于企业创新投资对于控股股东来说具有成本与收益不对称的特征,最终多个大股东可能会导致企业的创新意愿降低,减少企业创新投资。

(4)激励政策

根据代理理论,管理层与外部投资者的信息不对称和利益不一致会导致管理层代理问题,可能出现管理层"帝国建造"、懒惰不作为等情况。因此,不仅需要对管理层的行为进行监督以降低其与投资者之间的信息不对称程度,而且需要对管理层设置一定的激励政策,激励管理层作出与投资者利益相一致的决策,提高管理层进行创新投资的意愿。对于管理层的激励,可以根据激励的方式分为货币激励和股权激励。货币激励保证了管理层在创新失败时的收益,可以减少管理层过度的风险规避行为;股权激励将管理层的利益与股东的利益捆绑在一起,一定程度上能够降低管理层在进行创新决策时收益与成本的不一致程度,减少管理层的不投资或乱投资行为,促进企业高质量的创新投资。

(5)管理层特征

企业管理层是企业进行日常决策的最主要的治理结构,根据高管梯队理论,高管对于企业的经营管理有着深刻影响,因此高管特征对创新投资的影响也是现有研究关注的重点之一。已有研究主要从管理层个人特征、背景以及高管团队异质性方面对企业创新投资的影响进行了探索。

从管理层个人特征方面来看：一方面，管理层的过度自信会带来更高的风险承担水平，因此企业会进行更多的创新投资；另一方面，管理层的一般技能有助于其在劳动力市场上找到其他的替代工作，当创新投资失败时，管理层也不用担心自身的事业问题，因此更有可能对高风险的创新项目进行投资。

从管理层背景方面来看，具有研发背景的管理层更加熟悉研发流程，能够为企业创新投资决策提供更有价值的意见和建议，且对于创新投资更加关注，能减少管理层短视行为，增加企业的创新投资。

从高管团队异质性方面来看，高管团队的异质性有助于成员之间相互学习，丰富团队的观点和思路，提供多元化的知识和信息，进而提高企业创新投资效率。然而，高管团队的异质性过高也容易造成团队成员之间的认知冲突，降低合作能力，减少企业创新投资。

（6）分析师关注

分析师作为资本市场上重要的信息中介，在收集和分析信息方面具有较强的专业性，能够为外部投资者提供一定的参考信息，减少外部投资者的信息劣势。一方面，资本市场中的分析师不但可以收集上市公司的公开信息，也可以通过调研获得企业的内部信息，并通过研究报告等形式传播给资本市场上的其他投资者；此外，分析师跟踪会使企业信息更加透明，提高信息的传播速度。结合以上分析可以发现，分析师能够将企业研发的相关信息传递给市场参与者，帮助他们更好地理解企业创新投资的价值，减轻管理层股价被低估的压力，从而减少管理层的短视问题，提高管理层创新投资的意愿。另一方面，分析师的本职工作是预测企业的短期业绩，因此当企业的短期业绩下滑时，分析师会向下调整企业的评级，进而引起企业的市场负面反应，最终给管理层带来外部压力。而管理层出于对自身财富、职业生涯以及外部声誉等方面的考量，会选择牺牲企业长期投资所带来的更高价值增值来迎合分析师的短期业绩预期。

（7）机构投资者持股

当资本市场中的投资方为机构时，该投资方被称为机构投资者。与散户不同，机构投资者资金规模更大、更加专业、对回报及风险的要求更加苛刻，因此对股票价格更加关注，在企业中的话语权更强，更有可能对企业的决策产生影响。在对企业创新投资的影响上：一方面，企业创新的高度不确定性可能导致管理层采取对企业长期发展不利的投资策略，以缓解机构投资者积极主义给企业业绩带来的压力，进而减少企业的创新投资活动；另一方面，机构投资者参与公司治理可以缓解企业的代理问题并降低信息不对称程度，能够更好地理解管理层的创新策略，对管理层进行支持，提高企业的创新投资意愿。

（8）股票流动性

股票市场作为企业融通资金、投资者进行投资的场所，在实现资源有效配置的同时也起到了服务实体经济的作用。而投资者在进行股票投资时主要考虑的因素之一就是流动性。股票流动性，就是在股价一定的情况下，通过买卖股票快速变现的能力。一方面，较高的股票流动性能够为大股东进入提供便利，使其更加有动力收集上市公司未公开的信息并进行买卖决策，提高股价定价效率，更好地对管理层进行监督，减少短视行为，提高创新投资的意愿；另一方面，较高的股票流动性为关注企业短期业绩的机构投资者的进入和退出提供了便利,更高的短期业绩预期增加了管理层的短期业绩压力,企业有可能通过削减短期内无法实现收益的创新投资以实现短期盈利目标。

2. 市场层面因素

(1) 产品市场竞争

产品市场竞争是促进企业高质量发展的重要因素之一。激烈的产品市场竞争一方面能够激励企业为了在行业中保持优势进行创新投资,另一方面,在企业与外部投资者信息不对称的情况下,企业进行创新投资会产生一定的信号作用,即告诉投资者企业在市场中的领先地位,以获得成本更低的资金。

(2) 银行业竞争

除产品市场竞争外,其他市场的竞争也会影响到企业的创新投资。相比于其他投资,企业的创新投资更需要外部资金的持续支持,而较高的外部融资成本以及苛刻的融资契约条款往往使企业对创新投资望而却步。考虑到进行直接融资的难度,通过银行获得间接融资是我国企业重要的资金来源。然而由于企业创新投资回报的不确定性往往与银行贷款的定期偿付本息的要求不符,企业往往面临短期的偿债压力,进而减少对创新的投资。因此,提高银行业的竞争水平,能够帮助企业从银行获得成本更低以及契约条款更加宽松的信贷资源,将其投入到企业创新投资之中。

(3) 股票市场竞争

从融资的另一条渠道来看,股票市场融资是一种直接的融资方式,企业通过将部分所有权让渡给投资者获得相应的资金,且无须偿还款项以及支付利息。因此,相对于债务融资,股权融资存在的风险与收益共担机制不会增加企业的财务负担,有助于鼓励企业进行创新投资。此外,由于企业创新投资的复杂性与不确定性,投资者往往会产生误判的情况,而股票市场的价格反馈机制能够将创新投资的相关信息反映到股票价格中,进而帮助投资者进行投资决策,促进资源的有效配置。

3. 宏观政策层面因素

现有研究更多的是从企业层面和市场层面对企业创新投资的影响因素进行分析,而从宏观政策层面研究如何激励企业创新投资的相关文献还较少。不同的政府对于企业创新的政策具有不同的倾向性,保守型政府往往倾向于激励传统行业,激进型政府往往会减少对传统行业的创新激励行为。此外,政策较高程度的不确定性会增加企业决策者推迟投资的选择性期权价值,投资者的投资行为会更加谨慎。

(1) 产业政策

我国从20世纪开始实施产业政策,产业政策的推行提高了我国的经济发展水平。然而,由于我国产业政策的时效较短,地方政府推出产业政策的目的可能是在短期内促进经济发展。考虑到实质性创新风险较高、所需时间较长,而企业为了迎合官员的需要、获得更多的补助,可能会在短期内推出创新成果,更加注重数量而不是质量。

(2) 财政政策

除了产业政策,财政政策也会对企业创新投资产生影响。一方面,税收激励政策实质上会提高企业的实物投资回报率,增加企业的现金流,提高外部融资的可得性;另一方面,企业为了获得相应的政府补助以及税收优惠,往往会操纵研发费用,而非真实地进行创新投资。

除了以上三个主要影响因素,现有研究还从文化、资本市场制度、会计信息、金融科技等方面对企业创新投资的影响进行了研究。

另外,关于企业创新投资影响因素的研究主要从两个角度出发,一是创新能力,二是创新意愿。其中,创新能力主要体现为企业为创新投资项目融通资金的能力以及管理层对创新投资项目的识别能力;创新意愿主要体现在由于创新投资具有很强的信息不对称性,外部投资者很难对企业的创新投资项目进行准确的评估,企业股价下跌,促使管理层为了在短期内提高业绩采取短视行为,降低企业创新投资的意愿。大部分研究的主要逻辑都是从以上两个角度出发,探讨创新投资的影响因素。

5.3 企业创新投资的策略与评估

5.3.1 企业创新投资的项目类型

企业创新投资的项目主要可以分为研究项目与开发项目两种类型。其中,研究项目包括基础研究与应用研究;开发项目包括新产品开发与产品技术改进。

1. 研究项目

企业的研究项目主要包括基础研究和应用研究。在实现途径上,企业一般选择成立自己的研究院或与高校和科研院所进行合作。其中,成立企业研究院有助于减少产学研之间的距离,使基础研究与企业需求紧密结合,但对企业科研人员的能力有较高要求,需要企业有雄厚的资金进行长期支持;与高校和科研院所进行合作可以缓解企业科研人员数量与能力不足的问题,但高校和科研院所的研究成果可能无法满足企业的实际需要。从实践上来看,华为已成立多家研究院,与高校和科研院所进行深度合作,并进行博士后联合培养,持续推进基础研究、前沿探索和应用研究;阿里巴巴在2017年成立"达摩院",在机器智能、数据计算、机器人、金融科技、量子计算等领域开展基础科学和创新性技术研究。

(1) 基础研究

基础研究是指研究事物的一般本质以便广泛运用或者形成特定领域的新知识。实现持续的技术创新需要从数学、物理、化学等基础研究领域寻求新的突破。基础研究在短期内无法产生经济效益,因此开展基础研究的企业主要为行业龙头企业。当企业的发展接近行业技术前沿时,企业可能需要开展基础研究,以攻克领域难题、突破创新瓶颈。

(2) 应用研究

应用研究是指对已知科学原理的运用,可能导致新技术的形成、专利技术的开发和新产品的问世。相比于基础研究,应用研究有着更明确的目标,其成果可以体现为专利技术。

2. 开发项目

开发项目与应用研究类似,也是运用已知科学原理解决特殊问题。两者的区别在于,开发项目以产品为中心,是对基础研究与应用研究的成果加以利用。开发项目包括对新产品的开发,也包括对原有产品的技术改进,其成果也可以体现为专利技术。

(1) 新产品开发

在新产品开发时,企业会寻找并运用相关技术,以满足产品设计需求。例如,戴森吸尘器的开发利用了基础研究中的离心力原理和应用研究中的气旋技术。根据离心力原理,当气流速度提高到 924 英里/小时,灰尘可以摆脱气旋中心进而与空气分离。因此,戴森率先将气旋技术应用于吸尘器,开发出全球首个无尘袋吸尘器。

(2) 产品技术改进

产品技术改进指通过研究探索降低现有产品、工艺和系统的成本,并提高其性能。例如,戴森将"气旋"技术逐步改进为"双气旋"技术、"多圆锥气旋"技术和"微振气旋"分离技术,减少了能量损耗,提高了机器的工作效率。

5.3.2 企业创新投资的能力评估

在进行创新投资前,企业首先应从其创新投资的历史活动入手,对自身创新投资的能力进行深入分析。一方面,从狭义上来看,企业创新投资主要包括研究项目与开发项目两种类型,与此最直接相关的企业能力为创新研发能力和创新决策能力;另一方面,考虑到研究项目与开发项目需要相关的配套资源,在评估企业创新投资能力时,还需考虑企业的市场营销能力、产品制造能力和资本运营能力。

1. 创新研发能力

创新研发能力是企业创新投资活动所需要的最根本的能力。较高的创新研发能力有助于企业扩展现有技术,建立新技术或提高研发产出水平。创新研发能力主要体现为:第一,研发人员比例,即企业研发人员占员工总数的比重;第二,研发新产品的成功率;第三,技术改进原有产品的成功率;第四,自有创新产品的比例,即在企业已推出产品中,通过创新投资形成的产品比例;第五,企业已申请或授权的专利数量;第六,研发强度,即研发支出与员工总数的比率。

2. 创新决策能力

创新决策能力是指企业为提高技术创新能力而实施决策的能力,主要体现为:第一,研发理念的创新性,如已往创新投资是通过渐进式创新还是通过突破式创新进行的;第二,与其他公司、研发中心、高校和科研院所的协作强度;第三,研发知识共享能力;第四,技术创新预测与评价能力,如能否识别促进或阻碍技术创新的外部影响因素,从而降低不确定性和风险;第五,技术创新的企业家精神。

3. 市场营销能力

市场营销能力是企业在了解客户需求的基础上推广和销售产品的能力,主要体现为:第一,企业的市场份额;第二,新产品竞争力;第三,对市场需求的洞悉,即对客户需求和偏好的认识;第四,营销部门能力;第五,出口份额。

4. 产品制造能力

产品制造能力是指企业将研发成果转化为产品技术提升或产品质量改进的能力,主要体现为：第一，制造技术的先进程度；第二，产品质量水平；第三，产品商业化成功率；第四，生产人员素质水平；第五，产品周期时间。

5. 资本运营能力

资本运营能力是保证企业技术能力发展的必要条件，主要体现为：第一，企业对创新项目的融资能力；第二，最优资本配置能力，即能否实现企业研发支出在基础研究、应用研究和开发项目中的最合理分配；第三，资本投入强度，即平均每个创新项目的研发支出；第四，创新产出的回报率。

5.3.3 企业创新投资的价值评估

在通过企业历史创新活动对企业创新投资能力进行评估后，应对创新投资新项目进行价值评估。在价值评估前，首先应考虑创新投资的成本、收益与风险，据此进一步选择创新投资的传统价值评估方法或新型价值评估方法。

1. 创新投资的成本、收益与风险

（1）创新投资的成本

企业创新投资活动需要企业投入大量资源进行研究与开发，创新投资成本是企业进行基础研究、应用研究、新产品开发或产品技术改进时产生的成本，可以分为人员人工费用、直接投入费用、折旧费用、无形资产摊销费用、新产品设计费用和其他相关费用等，如表5-1所示。其中，企业在进行研发基础设施建设（实验室、仪器设备）、研发团队运营和尖端人才储备时所花费的成本较高。

表 5-1 创新投资成本分类

项目名称	具体说明
人员人工费用	研发人员工资薪金、五险一金、劳务费用等
直接投入费用	研发活动消耗的材料费用、燃料费用、动力费用、试验品制造费、样机测试费、产品检验费、仪器设备维护费、仪器设备租赁费等
折旧费用	研发仪器设备折旧费、实验室建设折旧费等
无形资产摊销费用	用于研发活动的软件摊销费、专利权摊销费、非专利技术摊销费等
新产品设计费用	新产品设计费、新工艺规程制定费、临床试验费（药品）、现场试验费（勘探）等
其他相关费用	技术图书资料费、高新科技研发保险费、研发成果鉴定费、知识产权注册费等

（2）创新投资的收益

企业创新投资有助于降低企业成本，提高企业生产效率，提高企业的市场占有率等。可以从技术收益和经济收益两个角度考虑创新投资的收益。

企业创新投资的技术收益是最直接的创新投资收益，主要体现为企业专利技术的申请量与授权量。专利技术是指受国家认可并在公开的基础上拥有法律保护的专有技术，体现了企业创新投资的技术成果和知识产权优势。

企业创新投资的经济收益包括直接经济收益和间接经济收益。直接经济收益主要指企业自身的经济收益,使用企业自身财务指标进行衡量,如企业的生产效率、销售利润率、销售现金比率、销售增长率、利润增长率等。间接经济收益主要指对与市场或行业相关的创新有效性的评估,可以使用企业自身财务指标与市场或行业财务指标进行比较分析,也可以使用企业产品市场份额、企业的行业地位等进行衡量。

(3) 创新投资的风险

创新投资的风险可以从技术风险、市场风险和突发风险三个角度进行分析。

技术风险主要指在研究与开发阶段技术实施的不确定性带来的风险。一方面,从企业创新投资的项目类型来看,具有探索性的研究项目的技术风险较高,而开发项目的技术风险较低;另一方面,从创新投资的过程来看,渐进式创新的技术风险较低,而突破式创新的技术风险较高。

市场风险主要指创新投资项目研发成功后,市场因素的不确定性带来的风险。一方面,从创新投资与其他项目的关系来看,对其他项目发展的依赖程度越大,创新投资的市场风险越高。例如,企业对5G手机的研发与销售情况取决于国家5G网络基础设施建设的发展。另一方面,从竞争对手模仿与跟随的角度来看,创新投资项目越难以被竞争对手模仿与跟随,其市场风险越低。

突发风险主要指突发事件给创新投资项目带来的风险。例如,其他相同技术先于在研技术出现,在研技术被内部泄露等。

2. 创新投资的传统价值评估方法

(1) 净现值法

从投资项目的角度考虑,可以对投资成本、投资收益和项目周期进行估计,采用净现值法进行价值评估。其中,净现值(Net Present Value,NPV)是指这项投资未来现金流流入的现值与未来现金流流出的现值的差值。

若NPV≥0,则说明贴现后创新投资项目现金流的流入大于流出,投资报酬率大于预定的贴现率,企业可以进行此创新投资项目;若NPV<0,则说明贴现后创新投资项目现金流的流入小于流出,投资报酬率小于预定的贴现率,企业应拒绝此创新投资项目。在应用净现值法时,还需考虑风险因素对创新投资项目的影响,主要有以下两种方法:

第一,风险调整贴现率法(Risk-Adjusted Discount Rate,RADR)。风险调整贴现率法通过评估风险对净现值模型中的贴现率进行调整,然后利用调整后的贴现率计算创新投资项目的净现值。风险调整贴现率法往往将资本资产定价模型和创新投资项目风险特征相结合,分析风险大小并确定适当的风险调整贴现率。

第二,肯定当量法(Surely-Balanced Method)。肯定当量法是通过使用一个系数(肯定当量系数)把有风险的(不确定的)现金流量调整为无风险的(确定的)现金流量,然后利用无风险的贴现率计算创新投资项目的净现值。

(2) 决策树分析法

决策树分析法(Decision Tree Analysis,DTA)是利用自上而下的决策树分支图来进行决策的分析方法。具体而言,采用该方法的企业是以历史信息为基础,基于自身对不确定性结果的偏好和对投资机会风险的判断,选择效用最大化的创新投资项目。

通过决策树,企业首先列示出每一阶段所有的不确定性结果与风险概率;其次,列示出每一种结果所对应的不同应对措施;最后,按逆向进行决策。过程如图 5-2 所示。

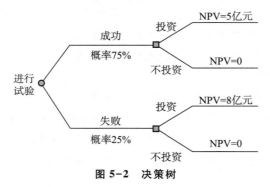

图 5-2　决策树

注:方块表示决策点,圆圈表示信息接收点。

(3) 市场比较法

市场比较法是指将本企业与相似企业的创新投资项目进行价值比较,估计本企业创新投资项目的价值的方法。一般来说,企业创新投资的价值在不同行业之间差别较大,但在相同行业或类似行业之间,企业创新投资的投入与产出情况有很大的相似之处。根据竞争企业的年报披露,其研发支出、研发人员数量、专利申请数量、专利授权数量等创新投资的研发投入与产出信息是可以被准确识别的;根据竞争企业的市场表现,其新技术应用与新产品销售情况也是可以被准确洞悉的。因此,通过分析竞争对手的创新投资项目信息,本企业可以估计自身研发投入占营业收入的比重以及所能实现的价值。

3. 创新投资的新型价值评估方法

传统的创新投资价值评估方法偏重于二元选择,即接受投资或拒绝投资,同时多使用历史信息对未来投资作决策,不可避免地会导致价值评估的不准确。创新投资具有不确定性、高风险性与长期性,因此有必要采用更有效率的价值评估方式——实物期权法。

(1) 实物期权与金融期权的异同

期权是指支付一定费用(期权费)后拥有选择买卖的权利,但不负有买卖的义务,包括看涨期权和看跌期权。另外,按执行时间分类,期权可以分为欧式期权和美式期权。前者只有在到期日才能执行,后者可以在到期日前的任意时间执行。实物期权理论基于金融期权理论,但实物期权与金融期权不完全一致,两者之间的比较如表 5-2 所示。

表 5-2　金融期权与实物期权的比较

类别	金融期权	实物期权
标的物	股票(或其他金融产品)	投资项目(或其他实物资产)
标的物现值	标的股票(或其他金融产品)市场价格	投资项目预期现金流量现值
执行期间	距离到期日时间	距离投资机会失去的时间
履约价格	执行价格	投资成本
利率	无风险利率	无风险利率
风险	标的股票(或其他金融产品)价格的波动率	项目价值的不确定性

（2）实物期权的基本思想

实物期权假设未来现金流量将视事件发生的可能性或管理决策而定，企业在每个决策点都拥有选择或调整的能力。从实物期权视角考虑创新投资价值评估的基本思想包括：第一，企业可以根据新的信息对决策进行调整。若企业创新投资项目在前期测试时很有前景，则对其进行拓展；若测试结果不理想，则放弃。第二，实物期权类似于金融期权中的看涨期权。一方面，创新投资具有战略价值，有助于促进企业成长；另一方面，可以将创新投资引起的沉没成本视为期权费。

（3）实物期权的分类

实物期权可分为以下七类：①延迟投资期权，是等待创新项目在最佳时间进行投资的期权，企业可以通过租赁或签订买权合同的方法进行构造。②阶段投资期权，是将创新项目所需投资按时间顺序排成一个支出序列，使得任意特定阶段的投资都具备一定价值的"维持现状"的期权。③改变运营规模期权，是指企业拥有根据市场情况进行创新投资扩张、收缩和停启的权利。④放弃期权，是指企业在创新投资项目寿命期内，可以将项目资产残值变卖或转向其他项目的期权。例如，当研发试验失败时，企业可以放弃此创新投资项目，以避免更大的损失。⑤转换期权，是指企业在创新投资的多种决策之间进行转换的权利。例如，企业在开发新产品时，可以在生产过程中根据外部环境的变化进行原材料的转换。⑥增长期权，指从战略角度考虑，创新投资具有促进企业发展的作用。例如，企业进行一项新技术的研发就如同一项针对后续发展的增长期权。⑦多个交互期权，指不同种类的期权相混合以分散单一影响。例如，看涨期权和看跌期权因价值交互而不同于单一期权。

4. 创新投资的战略决策

由于企业创新投资具有不确定性、高风险性与长期性，对企业创新投资的未来现金流、未来成本、折现率、期权价值等很难进行合理估计，因此本部分从战略决策的角度进行考虑。企业创新投资可以分为三个战略领域：

（1）维持现有经营业务

为保护现有经营业务，维持企业竞争力，企业基于已有技术进行常规性创新投资。例如，苹果公司对产品进行的迭代更新。

（2）启动新的经营业务

通过识别新的市场机会与新技术开发应用，发现新的商业机会，进而启动新的经营业务作为现有业务的延伸。

（3）探索性研究

从中长期来看，企业在有一定技术和产品积累的条件下，可以考虑进行探索性研究。探索性研究范围不仅包括企业目前正在运作的高度专业化领域，也包括对企业未来经营产生重要影响的领域。

5.3.4 企业创新投资的信息披露

在企业创新投资行为具有重要作用的同时，创新投资的信息披露也具有很强的必要性，尤其是当企业本期收入较少或研发项目风险较高时。一方面，充分披露创新投资信息能够发射技术优势信号,增强投资者信心;另一方面,充分披露创新投资信息也有助于企业股票的准确定价。企业创新投资的信息披露可以分为强制性信息披露与自愿性信息披露两种。

1. 强制性信息披露

在强制性信息披露方面,对于研发支出披露的政策影响主要有以下三个节点:一是2007年新会计准则的颁布;二是2012年证监会要求"研发费用"单独列示;三是2018年财政部要求企业在利润表中单独列示"研发费用"。强制性信息披露内容主要包括创新行为的税收优惠政策、研发支出会计处理、无形资产(包括专利权、商标权、著作权等)、专利侵权与违约等诉讼事件、政府补贴金额、开发支出等。

2. 自愿性信息披露

除强制性信息披露要求的内容外,企业可通过自愿性信息披露向投资者传递更多的创新投资信息。例如,企业可自愿披露创新文化理念、创新经营战略、研发机构或研发中心建设情况、已掌握技术、正在进行的研发项目和技术、产品更新风险、专有技术泄露和人才流失风险等内容。

5.4 企业创新投资:中国的实践

5.4.1 企业创新投资在中国的演变过程

1. 历史溯源

我国创新发展背景、科学和技术之间存在紧密联系,三者呈现递进式演变关系,并逐步实现协同发展。

(1) 第一阶段(1978—1985年)

在改革开放初期,党的历史任务便是把中国建设成为社会主义现代化强国。随着人民对物质文化需要的日益增长,计划经济很难适应该时期的发展方向,因此我国确定了"经济建设必须依靠科学技术,科学技术工作必须面向经济建设"的科技定位,在该定位和战略的引导下,我国不断从创新主体和创新活力方面进行突破。同时,我国在1978年发布了《1978—1985年全国科学技术发展规划纲要(草案)》,邓小平同志提出了科学技术是生产力的观点,纲要指出该时期要贯彻向科学技术现代化进军的方针。但是1978—1985年,我国的科学技术发展情况表明该纲要并不适用于我国国情,于是1985年发布的《中共中央关于科学技术体制改革的决定》提出,我国创新战略体系应由国家全面统筹向国家主导的市场机制转变。

(2) 第二阶段(1986—1998年)

在这一阶段,经济和教育体制的重新建设使得我国"科教兴国战略"得到了较好的实施,我国开始由计划经济转向市场经济。同时,该时期也涌现出大批大型公共竞争性科技发展支持项目,如国家自然科学基金资助项目,实现了资源的合理、高效配置。

(3) 第三阶段(1999—2005年)

1999年出台的《中共中央 国务院关于加强技术创新,发展高科技,实现产业化的决定》明确了关于高新技术产业化的相关政策,强调科技成果转化对于抢占全球市场的重要意义。2001年我国加入WTO(世界贸易组织)。

(4) 第四阶段(2006年至今)

2006年,我国发布了《国家中长期科学和技术发展规划纲要(2006—2020年)》,提出要推动企业成为技术创新的主体,建设创新型国家。在这一阶段,我国的战略实施表现为企业积极进行自主创新、完善创新战略体系,初步形成了国家主导与市场化相结合的创新格局。

2012年以来,创新上升为国家战略,党的十八大明确提出科技创新是提高社会生产力和综合国力的战略支撑,必须摆在国家发展全局的核心位置。要坚持走中国特色自主创新道路,实施创新驱动发展战略。

2016年以来,我国聚焦创新驱动发展核心瓶颈和关键环节,强化科技成果转移转化,相继修订和颁布了《中华人民共和国促进科技成果转化法》《实施〈中华人民共和国促进科技成果转化法〉若干规定》《促进科技成果转移转化行动方案》科技成果转化"三部曲",将科技成果转化上升到顶层设计层面,旨在释放科研强大的内在动力。从修订法律、出台配套细则到部署具体任务,成果转化工作有了指引和依据,科技成果转移转化将作为创新驱动发展战略任务的核心手段,支撑创新驱动发展战略的落地和实施。

2017年,中华人民共和国科学技术部印发《"十三五"国家技术创新工程规划》,该文件的政策落实显著增强了企业创新能力和产业核心竞争力,促进了科技与经济深度融合。

2. 制度背景

自改革开放以来,我国建立了具有中国特色的社会主义制度,该制度以处于探索市场经济的社会主义初级阶段的基本经济制度为基础。我国的基本经济制度是公有制为主体、多种所有制经济共同发展,坚持这一基本经济制度是维系社会主义市场经济的前提条件。

中国的企业家和西方发达市场经济国家的企业家从总体概念来看是一样的。无论是中国的企业家还是西方的企业家,都在应对不确定性问题,都在进行创新。但在对相关概念进行细分之后,我们发现中西方企业家面临的不确定性与创新不一样。不确定性可以划分为两类,一个是市场的不确定性,另一个是政策的不确定性。创新也可以划分为两类,一个是技术、商业的创新,如推出新产品,采用新的生产方式、新的商业模式等,另一个是制度创新,如设计一些新的、可能和政府博弈的制度安排。

2020年5月发布的《中共中央 国务院关于新时代加快完善社会主义市场经济体制的意见》指出,中国特色社会主义进入新时代,社会主要矛盾发生变化,经济已由高速增长阶段转向高质量发展阶段,与这些新形势新要求相比,我国市场体系还不健全,市场发育还不充分,政府和市场的关系没有完全理顺,还存在市场激励不足、要素流动不畅、资源配置效率不高、微观经济活力不强等问题,推动高质量发展仍存在不少体制机制障碍,因此必须进一步解放思想,坚定不移深化市场化改革,扩大高水平开放,不断在经济体制关键性基础性重大改革上突破创新。企业创新在中国的发展过程如图5-3所示。

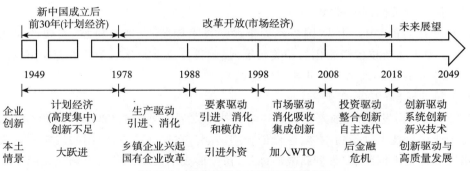

图 5-3　企业创新在中国的发展过程

资料来源：赖红波和钟坤（2021）。

3. 政策发展

2021 年 3 月 13 日，《中华人民共和国国民经济和社会发展第十四个五年规划和 2035 年远景目标纲要》（以下简称"规划"）正式发布，进一步突出了科技创新的核心地位。规划指出，在当前和今后一个时期，我国发展仍然处于重要战略机遇期，因此应继续将科技创新放在我国现代化建设全局中的核心地位，把科技自立自强作为国家发展的战略支撑，要面向世界科技前沿、面向经济主战场、面向国家重大需求、面向人民生命健康，深入实施科教兴国战略、人才强国战略、创新驱动发展战略，完善国家创新体系，加快建设科技强国。另外，根据我国以往基础研究经费占比较低的特点，规划提出将基础研究经费投入占研发经费投入的比重提高到 8% 以上。

世界各地的政府机构都越来越重视政策上的支持，希望通过风险投资计划鼓励企业进行研发、创新，以刺激创新的风险资本融资，从而促进经济增长。我国自 2015 年后出台的部分企业创新相关政策如表 5-3 所示。

表 5-3　我国企业创新部分相关政策

发布时间	文件名称
2015-06-16	国务院关于大力推进大众创业万众创新若干政策措施的意见
2016-03-02	国务院关于印发实施《中华人民共和国促进科技成果转化法》若干规定的通知
2016-05-09	国务院办公厅关于印发促进科技成果转移转化行动方案的通知
2016-05-12	国务院办公厅关于建设大众创业万众创新示范基地的实施意见
2016-08-08	国务院关于印发"十三五"国家科技创新规划的通知
2016-09-22	国务院办公厅关于进一步支持企业技术创新的通知（已失效）
2016-10-19	国务院关于深化科技体制改革若干问题的决定（已失效）
2017-06-09	国务院办公厅印发关于深化科技奖励制度改革方案的通知
2017-06-21	国务院办公厅关于建设第二批大众创业万众创新示范基地的实施意见
2017-07-27	国务院关于强化实施创新驱动发展战略进一步推进大众创业万众创新深入发展的意见

(续表)

发布时间	文件名称
2017-09-14	国务院办公厅关于推广支持创新相关改革举措的通知
2017-11-23	国务院办公厅关于创建"中国制造2025"国家级示范区的通知
2017-12-04	国务院办公厅关于推动国防科技工业军民融合深度发展的意见
2018-09-26	国务院关于推动创新创业高质量发展打造"双创"升级版的意见
2018-11-23	国务院关于支持自由贸易试验区深化改革创新若干措施的通知

我国自主创新政策体系在探索中逐步健全完善。近年来,我国各级各地政府部门积极响应国家战略,制定了很多鼓励和加强自主创新的政策,涵盖财税、金融、人才、政府采购、知识产权、技术标准和创新平台等方面。其中,财税政策主要是实施各类税收优惠,如关键产业关键领域的进口税收优惠、高技术产品出口退税、鼓励企业技术创新的所得税优惠、促进产学研合作的税收优惠以及设立的各项创新专项基金等;金融政策主要是拓宽高新技术企业和中小微企业融资渠道,设立创业板和新三板,加快发展科技信贷、创业投资、天使投资、私募基金等;人才政策主要是启动实施海外高层次人才引进计划、国家高层次人才特殊支持计划和创新人才推进计划,同时加大高技能人才和重点领域紧缺人才培养力度,加强对在岗专业技术人才的继续教育、管理和激励等。

5.4.2 企业创新投资的中国数据统计

本节分别采用2007—2019年和2001—2017年我国上交所和深交所上市公司的数据,从创新投入与创新产出两个方面,对中国企业的创新数据进行分析。其中,创新投入包括研发投入金额、研发投入占营业收入比重两个角度;创新产出包括专利申请数量、专利申请类型分布、专利授权数量和专利授权类型分布四个角度。所使用的数据来自国泰安数据库。

1. 创新投入

表5-4报告了2007—2019年我国上市公司的研发投入金额。可以看出,我国上市公司的研发投入金额(除2014年外)逐年增加。

表5-4 2007—2019年我国上市公司的研发投入金额

年份	研发投入金额(亿元)
2007	227.34
2008	289.56
2009	365.22
2010	614.98
2011	869.27
2012	2 260.62

(续表)

年份	研发投入金额（亿元）
2013	3 248.53
2014	3 180.68
2015	3 594.22
2016	4 407.64
2017	5 606.63
2018	7 333.65
2019	8 676.33

表 5-5 报告了 2007—2019 年我国上市公司每年研发投入占营业收入的比重。结果显示，我国上市公司研发投入占营业收入的比重逐年提升，说明我国上市公司的创新投入力度（除 2013 年、2014 年外）逐年加强。

表 5-5　2007—2019 年我国上市公司研发投入占营业收入比重

年份	研发投入占营业收入比重（%）
2007	2.29
2008	2.73
2009	3.38
2010	3.40
2011	3.88
2012	4.46
2013	4.25
2014	4.23
2015	4.56
2016	4.63
2017	4.69
2018	5.07
2019	6.55

2. 创新产出

（1）专利申请数量与类型分布

表 5-6 报告了 2001—2017 年我国上市公司的专利申请数量。可以看出，我国上市公司的专利申请数量逐年提升，说明我国上市公司的创新产出力度逐年加强。

表 5-6 2001—2007 年我国上市公司专利申请数量

年份	专利申请数量(件)
2001	3 887
2002	5 558
2003	6 688
2004	8 410
2005	11 682
2006	16 192
2007	23 822
2008	30 681
2009	44 600
2010	60 463
2011	93 737
2012	116 469
2013	132 165
2014	159 505
2015	200 631
2016	249 321
2017	259 923

在我国，专利分为发明专利、实用新型专利和外观设计专利三种类型。表 5-7 报告了 2001—2017 年我国上市公司对不同类型专利的申请总量。结果显示，46.29% 的专利申请类型为发明专利，43.62% 的专利申请类型为实用新型专利，10.09% 的专利申请类型为外观设计专利。可以看出，我国上市公司申请专利的主要类型为发明专利和实用新型专利。

表 5-7 2001—2017 年我国上市公司专利申请类型的分布

专利申请类型	数量(件)	占比(%)
发明专利	658 989	46.29
实用新型专利	621 034	43.62
外观设计专利	143 711	10.09

（2）专利授权数量与类型分布

我国上市公司所申请的专利需要由国务院专利行政部门审查，经批准后授予专利权。表 5-8 报告了 2001—2017 年我国上市公司每年的专利授权数量。可以看出，我国上市公司的专利授权数量逐年提升。

表 5-8　2001—2017 年我国上市公司专利授权数量

年份	专利授权数量（件）
2001	2 293
2002	2 870
2003	4 360
2004	5 095
2005	5 885
2006	8 661
2007	12 551
2008	16 096
2009	25 962
2010	40 588
2011	58 325
2012	80 820
2013	94 945
2014	108 187
2015	139 222
2016	151 805
2017	186 941

表 5-9 报告了 2001—2017 年我国上市公司发明专利、实用新型专利和外观设计专利三种类型专利的授权数量。结果显示，26.14% 的专利授权类型为发明专利，58.99% 的专利授权类型为实用新型专利，14.87% 的专利授权类型为外观设计专利。可以看出，我国上市公司获得专利授权的主要类型为实用新型专利。

表 5-9　2001—2017 年我国上市公司专利授权类型的分布

专利授权类型	数量（件）	占比（%）
发明专利	246 893	26.14
实用新型专利	557 257	58.99
外观设计专利	140 456	14.87

5.4.3　企业创新投资在中国的经济后果

1. 对中国企业成长的影响

（1）提高核心竞争力

核心竞争力指的是处在企业最核心地位、影响企业各个方面的竞争力之和，并不单指某一方面的能力。在当今社会经济飞速发展的背景下,竞争已经不仅是产品和渠道的竞争,更重要的是技术的竞争,甚至是核心竞争力的竞争。创新投资的结果可以表现为专利、产业标准等不同的形式,这些不同类别的表现形式恰恰是企业提高核心竞争力的关键。随着科学技术的更新迭代,企业应当利用创新投资提升自身核心竞争力,以确保与竞争对手站在同一高度。

顺丰作为快递行业的佼佼者,不断加强在大数据及产品、人工智能及应用、精准地图平台、智能化设备等方面的研发与投入,利用算法优化排班打造了 AI 智慧决策系统,开发出更贴近物流场景的智能物流地图,搭建了能够覆盖各个业务环节的大数据生态网络,构建起不同于其他快递公司独特的核心竞争力,在新冠肺炎疫情期间化危机为机会,逆势而上。

(2) 提高盈利能力

专利授权数量能够最直接地衡量企业和国家的创新能力,评价国家对于本国创新发展的支持情况,同时也能够直接影响企业的盈利水平。盈利能力反映的是企业的经营水平,创新投资一般很难在短期内取得成效,很容易给企业经营带来压力。但从长远来看,企业创新能力的提高会带来产品附加值的提升和顾客认可度的提高,使企业获得超额回报。

中国家电名牌海尔集团通过技术创新,推动产品结构不断升级和产品附加值不断提高,在短短十五六年的时间内,迅速成为中国家电品牌中的龙头企业。海尔在 1984 年成立之初时的所有"资产"就是一排破旧的厂房、几台落后的机床和 147 万元的亏空,最初的产品只有电冰箱。但在 20 世纪 80 年代末的电冰箱大战中,海尔依靠技术创新改进电冰箱的功能、外观,通过提高冰箱质量等方式生存下来,并成为该行业的佼佼者。

(3) 提高市场占有率

市场占有率是衡量企业在行业内竞争水平的重要指标,企业可以通过创新投资进行技术、商业模式的创新,将技术运用到生产经营当中去以降本增利。节约的成本可以用于营销管理或加大创新投入力度,进一步提升企业的生产经营能力和研发创新能力。

浙江吉利控股集团于 2012 年 7 月入围世界企业 500 强,2013 年到 2017 年是吉利汽车整合与强化创新专利的阶段,吉利汽车的整体专利数量出现下滑趋势,但主要是低价值专利数量在下降,而高价值专利数量仍在上升,这表明吉利汽车凭借专利技术和研发创新能力,已经从高性价比发展转为高质量发展,不再以数量多为荣,而更看重市场份额的提升。

2. 对中国产业结构的影响

创新投资对产业结构升级有显著的影响,当我国加大创新投资力度时,产业结构转型升级的程度也得到提升。下面分别从第一产业、第二产业和第三产业进行分析:

首先,企业创新投资有助于促进第一产业现代化发展。进入 21 世纪以来,中央提出了"三农"工作是重中之重的战略思想,意味着中国农业现代化进入新阶段,开启了第一产业转型升级的新征程。科技创新在农业中的运用,如物联网、大数据、区块链、人工智能等技术在农业方面的实践应用,有助于促进数字农业、智慧农业快速发展,进而推动农业现代化发展。

其次,企业创新投资有助于促进第二产业高端化发展。第二产业制造业结构升级强调高技术水平和高生产率行业占比不断提高、产业层次不断提升。改革开放以来,我国制造业实现了跨越式发展。现阶段,我国数字经济与制造业的融合已有了初步的进展。《纽约时报》表示,中国是世界上拥有最完整供应链条的国家,这是供应链条上各个环节都在技术创新的成果之一。

最后,企业创新投资有助于促进第三产业突破性发展。改革开放初期我国第三产业的发展相对滞后,但2013年以来,在创新驱动发展战略的带动下,新工艺不断涌现,消费市场中的消费需求有所转变,第三产业增速明显上升。随着技术的更新迭代,现代物流、金融服务和健康服务等现代服务业为生活性服务业和生产性服务业均带来了巨大的发展空间,经济增速由要素驱动向创新驱动转变,推动我国服务业蓬勃发展。

此外,从产业产值占比来看,2013年,第一产业产值占GDP的比重持续下降,第二产业和第三产业产值占GDP的比重逐年上升,第三产业产值占GDP的比重突破50%,到2017年,三个产业的产值占GDP比重排名实现从"一二三"转向"三二一",我国产业结构服务化趋势明显。我国是制造业大国和能源消耗大国,第二产业产业结构偏重,为实现"碳达峰""碳中和"目标,我国将科技创新与产业结构升级转型相结合,构建关键领域碳减排技术创新体系,助力发展模式由要素驱动向创新驱动转变。

3. 对中国经济的影响

(1) 推动国家经济增长

我国企业创新已经开始迭代升级并进入加速期。全国研究与试验发展(R&D)经费内部支出可以体现我国科技活动的基本情况,即全社会实际用于基础研究、应用研究和试验发展的经费支出。R&D经费内部支出按资金来源可分为政府资金、企业资金、国外资金和其他资金。

表5-10列示了2001—2019年全国R&D经费内部支出情况。可以看出,我国R&D经费内部支出大部分来源于企业资金,R&D经费内部支出企业资金占GDP的比重逐年递增,至2019年已达到1.70%,说明企业创新投资在我国GDP增长中所起的作用逐年增强。

表5-10　2001—2019年全国R&D经费内部支出

年份	R&D经费内部支出（亿元）	R&D经费内部支出占GDP比重(%)	R&D经费内部支出企业资金（亿元）	R&D经费内部支出企业资金占GDP比重(%)
2001	1 042.49	0.95	630.00	0.57
2002	1 287.64	1.07	708.00	0.58
2003	1 539.63	1.13	925.40	0.67
2004	1 966.33	1.23	1 291.30	0.80
2005	2 449.97	1.32	1 642.50	0.88
2006	3 003.10	1.39	2 073.70	0.95

(续表)

年份	R&D 经费内部支出（亿元）	R&D 经费内部支出占 GDP 比重(%)	R&D 经费内部支出企业资金（亿元）	R&D 经费内部支出企业资金占 GDP 比重(%)
2007	3 710.24	1.40	2 611.00	0.97
2008	4 616.02	1.47	3 311.50	1.04
2009	5 802.11	1.70	4 162.70	1.19
2010	7 062.58	1.76	5 063.14	1.23
2011	8 687.01	1.84	6 420.64	1.32
2012	10 298.41	1.91	7 625.02	1.42
2013	11 846.60	1.99	8 837.70	1.49
2014	13 015.63	2.03	9 816.51	1.53
2015	14 169.88	2.06	10 588.58	1.54
2016	15 676.75	2.10	11 923.54	1.60
2017	17 606.13	2.12	13 464.94	1.62
2018	19 677.93	2.14	15 079.30	1.64
2019	22 143.60	2.23	16 887.15	1.70

资料来源：国家统计局网站。

（2）巩固国际地位

科技决定一个国家的前途和市场地位，那么技术创新便是实现跨越式发展的必由之路。世界科技创新格局正呈多极化发展趋势，发展中国家科技增速超过发达国家，正成为全球最具创新活力的区域之一。

表 5-11 列示了 2008—2018 年中国、印度、日本和美国 R&D 经费内部支出占 GDP 比重、年均国家战略资源变化、年均国际互动进程变化和年均国际地位变化的情况。可以看出，近年来我国的国际地位显著提升，并保持稳定发展态势，通过技术创新，在拓宽战略空间的同时拥有更多贸易选择权，这也是中国道路自信、理论自信、制度自信和文化自信的来源之一。

表 5-11 2008—2018 年创新与国际地位变化

国家	R&D 经费内部支出占 GDP 比重(%)	年均国家战略资源变化(%)	年均国际互动进程变化(%)	年均国际地位变化(%)
中国	1.92	4.06	5.60	4.40
印度	0.18	2.33	1.13	2.11
日本	3.25	0.46	−0.41	0.24
美国	2.76	0.77	0.98	0.83

资料来源：世界银行官网。

讨论题

1. 企业创新投资能从哪些方面促进我国综合国力的提升、助力"中国梦"的实现？
2. 企业创新投资的开展主要受哪些因素的影响？
3. 如何对企业创新投资项目进行科学合理的评估？
4. 我国出台的哪些中国特色制度对企业创新投资有正向激励作用？其原理是怎样的？

案例分析

华为的创新之路

民营企业是我国经济发展的重要组成部分，在全球注重创新的大趋势下，民营企业的创新能力显得尤为重要，这不仅关系到企业的核心竞争力，还关系到国家经济的高速发展。

2020年全球研发投资TOP50排行榜显示，中国上榜的企业中，华为以2019年度研发投入1 327亿元名列全球第三、中国第一；阿里巴巴以研发投入435.78亿元名列全球第二十六、中国第二；腾讯以研发投入307.39亿元名列全球第四十六、中国第三。中国的创新能力自2009年以来就一路飙升，相继超过英国、法国等国家，但我国企业的研发创新能力仍需进一步提升。接下来从华为的创新战略、研发投入、研发成果和财务后果对华为的创新能力进行分析。

华为创立于1987年，是全球领先的ICT（信息与通信）基础设施和智能终端提供商，致力于把数字世界带入每个人、每个家庭、每个组织，构建万物互联的智能世界。截至2020年年底，华为约有19.7万员工，业务遍及170多个国家和地区，服务全球30多亿人口。

华为的创新发展历经三个阶段。第一，模仿创新阶段。最初华为是凭借技术人员对BH01技术的改良，获得了拥有自主知识产权的BH03产品并得到市场的认可。从1993年起，华为便坚持每年将10%以上的销售收入投入研究与开发，期望掌握先进通信技术。与此同时，华为意识到若想提升自身实力，先进的管理模式也是必不可少的要素之一。因此，华为引入国外先进的管理模式，并通过激励制度培养员工的创新学习能力，这些良好的基础都为华为今后的迅猛发展提供了平台。第二，合作创新阶段。在进入这个阶段以前，华为清楚地知道，只单单依靠模仿、改良的创新不是长久之计，为此华为与国内外多所高校建立合作关系，以提高自身的创新能力。第三，自主创新阶段。在这个阶段，ICT行业飞速发展，华为的创新能力也突飞猛进，从技术学习到跻身全球最大的专利持有企业之一，华为终于从模仿者成长为行业领跑者。华为研发投入数据如图5-4所示，研发产出数据如图5-5所示，数据来源于华为2014—2020年年报。

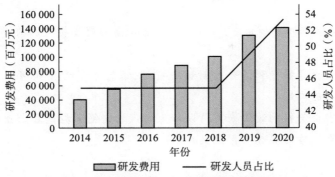

图 5-4　2014—2020 年华为研发投入数据

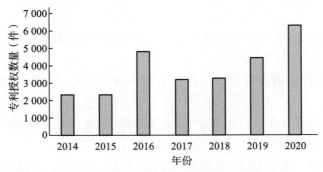

图 5-5　2014—2020 年华为研发产出数据

可以看出，2014—2020 年，华为的研发费用呈现增长趋势，七年内研发费用增加了两倍多。同时，华为注重培养研发人员，近几年研发人员占比从 2014 年的 45% 大幅上升到 2020 年的 53%。华为的研发投入带来的研发成果也十分显著，2020 年国内专利授权数量达到 6 393 件，且 90% 以上的专利为发明专利，表明华为的研发投入明显提高了企业的创新能力和技术水平。这些数据都表明华为对于创新投资的重视程度。正是这样大力度的创新支持，才使得华为能够在 2016—2020 年内飞速发展，不仅销售收入和营业利润大幅增长，同时也有较为充足的现金流，从而提升其抵御外部风险的能力。华为经营情况数据如图 5-6 所示，数据来源于华为 2016—2020 年年报。

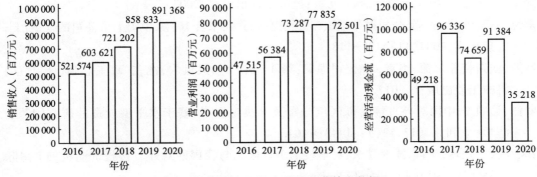

图 5-6　2016—2020 年华为经营情况数据

思考题：

（1）请从企业创新投资的角度,分析华为在保持高额研发投入的前提下盈利水平仍稳步提高的原因。

（2）近年来华为开始受到国外的封锁与打压,请思考华为应如何调整自身的创新投资战略以应对当下的难题。

（3）我国应出台怎样的政策来支持以华为为代表的创新型民营企业的发展？这对于我国创新驱动发展战略的实施有何意义？

主要参考文献

宫兴国.面向技术创新的成本管理系统理论构建及应用研究[M].北京:光明日报出版社,2012.

谷晓燕.基于实物期权的研发项目评价与投资决策研究[M].石家庄:河北科学技术出版社,2014.

韩鹏,岳园园.企业创新行为信息披露的经济后果研究:来自创业板的经验证据[J].会计研究,2016(1):49-55.

黄宪,张羽.转型背景下中国OFDI结构演化分析:基于企业投资动机和东道国需求结构的双重视角[J].国际贸易问题,2018(1):123-134.

蒋冠宏,蒋殿春.中国对外投资的区位选择:基于投资引力模型的面板数据检验[J].世界经济,2012,35(9):21-40.

赖红波,钟坤.中国企业创新探索与未来展望:基于本土情景的视角[J].科技和产业,2021,21(5):166-173.

李磊,郑昭阳.议中国对外直接投资是否为资源寻求型[J].国际贸易问题,2012(2):146-157.

李礼,齐寅峰,李胜坤.我国经济制度变迁对企业投资动机的影响:基于调查问卷的比较分析[J].山西财经大学学报,2006(4):66-71.

李小北,王珽玖.国际投资学[M].北京:经济管理出版社,2003.

李悦,熊德华,张峥,等.公司财务理论与公司财务行为:来自167家中国上市公司的证据[J].管理世界,2007(11):108-118.

罗斯,威斯特菲尔德,杰富,等.公司理财:第11版[M].吴世农,沈艺峰,王志强,译.北京:机械工业出版社,2017.

罗伟,葛顺奇.中国对外直接投资区位分布及其决定因素:基于水平型投资的研究[J].经济学(季刊),2013,12(4):1443-1464.

祁春凌,黄晓玲,樊瑛.技术寻求、对华技术出口限制与我国的对外直接投资动机[J].国际贸易问题,2013(4):115-122.

邵希娟,孟慧.产业转型升级期广东企业投资行为研究[J].华南理工大学学报(社会科学版),2011,13(5):7-19.

特罗特.创新管理与新产品开发:第6版[M].焦豪,陈劲,译.北京:机械工业出版社,2022.

韦斯特兰.全球创新管理:一种战略方法[M].宋伟,译.合肥:中国科学技术大学出版社,2017.

熊彼特.经济发展理论[M].何畏,译.北京:商务印书馆,1990.

杨娇辉,王伟,谭娜.破解中国对外直接投资区位分布的"制度风险偏好"之谜[J].世界经济,2016,39(11):3-27.

杨先明.发展阶段与国际直接投资[M].北京:商务印书馆,2000.

张奇.企业投资战略管理与决策[M].北京:企业管理出版社,2019.

CHEMMANUR T J, LOUTSKINA E, TIAN X. Corporate venture capital, value creation, and innovation[J]. The review of financial studies, 2014, 27(8): 2434-2473.

TIAN X, WANG T Y. Tolerance for failure and corporate innovation[J]. The review of financial studies, 2014, 27(1): 211-255.

WANG C, LU I, CHEN C. Evaluating firm technological innovation capability under uncertainty[J]. Technovation, 2008, 28(6): 349-363.

第 6 章　企业并购

[素养目标]
- ◆ 了解兼并与收购的发展历史
- ◆ 了解兼并与收购对中国企业产业转型升级的促进作用
- ◆ 了解兼并与收购给中国企业发展带来的挑战

[学习目标]
- ◆ 掌握企业并购的定义与内涵
- ◆ 掌握企业并购发展的理论基础与效应
- ◆ 熟悉企业并购的一般流程
- ◆ 熟悉中国制度背景下企业并购的发展与现状

6.1　企业并购概述

6.1.1　企业兼并与收购的定义

在西方文献中,兼并(Merger)和收购(Acquisition)不是同一个术语,但通常可以互换使用。许多国外学者将"兼并与收购"(Merger and Acquisition)简称为"M&A",国内学者将其译为并购。

一个机构购买另一机构的部分或全部股权的行为被称为收购,而两个或两个以上的机构共同构成一个组织的行为被称为兼并。Georgios(2011)认为:在兼并中,两个或更多的企业接近并成为一个单一的企业;在收购中,企业规模并不相近,一般是大的、财务体系健全的企业收购小的企业。

企业参与并购交易的主要目的是与其他企业合作,实现资源共享。这种合作方式能让多方利益更紧密地结合在一起。同时,兼并和收购也是企业在不同国家扩张业务的非常重要的工具。在过去的三十年里,企业已经广泛地使用兼并和收购(并购)作为企业重组的战略工具。起初,这种整合趋势的存在仅限于发达国家,尤其是美国和英国,随后,发展中国家也开始采用同样的模式。

6.1.2　企业兼并与收购的区别

在学术研究和日常使用时,"兼并"与"收购"的界限比较模糊,常合称为"并购"进行研究和使用。但从具体的定义来看,二者主要有以下几点区别:

1. 效果不同

在兼并中,并购方需用自有的现金或股票等资源,购入或置换被并购方的全部资源或控制权。兼并有吸收合并(A+B=A)和新设合并(A+B=C)两种形式,但无论是哪种形式,被并购方的法人地位最终都会消失。

在收购中,并购方只需掌握被并购方较大比例的股份,且并购方所享受的收益、将承担的风险都仅为对被并购方控股比例的相应部分。此时,被并购方的法人地位依然存续。在收购的语境中,并购方对被并购方股份的收购比例可以达到百分之百,但只要被并购方的法人地位仍然独立存在,那么该商业活动仍被称为收购而非兼并。

简而言之,兼并与收购最大的差异在于并购后被并购方的法人地位将消失还是存续。在实务中,收购可以转换为兼并。若并购方在收购被并购方所有的股份之后,通过相关法律程序使被并购方的法人地位消失,此时收购活动便转化成兼并活动。

2. 目的不同

在兼并活动中,并购方吸纳被并购方全部的股权或资产,因此一般认为兼并的目的是扩大企业整体的规模。而在收购活动中,并购方仅持有被并购方较大比例的股份,其占比未必会达到百分之百,因此一般认为收购是为了获取被并购方的经营权,从而达到降低合作成本等目的。

随着社会与经济的发展,并购活动的目的变得更为多样,同一并购活动的目的也未必单一。另外,商业目的决定了商业活动的模式,并购作为一种商业手段,不能反之决定目的。因此,虽然兼并与收购在目的上有区别,但目的并不能成为区别二者定义的标准。

3. 双方地位不同

兼并有着双方地位平等的暗示,常用于两家企业的强弱差距没有那么明显时的情形;而收购则有强吞弱的意味,当规模较小的企业收购规模较大的企业时,这种行为常被称为"反向收购"。

4. 法律程序不同

在兼并中,由于涉及被并购方法人地位的存亡问题,因此兼并需要被并购方全体股东的同意。而收购由于仅涉及一定比例的股权买卖,因此仅需获得部分股东的同意即可。同时,在兼并中,被并购方需要进行清算程序,而收购则不涉及。

此外,兼并与收购涉及的法律也不同。当并购方已经持有被并购方30%的已发行股份且打算继续进行收购时,其行为会触及《中华人民共和国证券法》第七十三条规定的上市公司强制要约收购制度(符合免除发出要约条件的企业除外)。而兼并会一次性获取被并购方的全部股份或资产,因此不涉及强制要约收购制度。

除上述制度外,兼并与收购涉及的法律条文还有很多,此处不再一一列举。

6.1.3 企业并购的类型

1. 按并购双方所处的行业分类

根据并购双方所处行业的不同,企业的并购类型可以分为横向并购、纵向并购和跨界并购三大类。

当并购双方的主要经营领域处于同一行业时,该并购被称为横向并购,如文具厂商并购文具厂商。横向并购可以使企业消灭原本旗鼓相当的竞争对手,或是通过吞并多个规模较小、濒临倒闭的同行,以较低的成本迅速扩大自身规模,最终达到提高市场占有率的目的。

当并购双方的主要经营领域属于上下游关系时,该并购被称为纵向并购。纵向并购可以使企业加强供应链管理,降低上下游的沟通、合作成本,从而达到提高企业经济效益的目的。纵向并购可继续细分为向前并购和向后并购。向供应链上游并购被称为向前并购,如汽车厂商并购能源研究企业;向供应链下游并购被称为向后并购,如床品制造商并购酒店。

若并购双方原本主营业务的市场并不相关,彼此的生产过程也没有关联,则该并购被称为跨界并购,如灯具厂商并购零食厂商。显然,跨界并购的目的不是扩展企业的原有业务,而是打算在新领域谋求发展和利润增长点,因此,传统企业常通过该方式实现快速转型。一方面,跨界并购践行了"不把鸡蛋放在同一个篮子里"的理念,分散了经营风险;但另一方面,由于跨界并购中信息不对称现象较非跨界并购严重,且新旧业务整合难度高,因此企业很有可能落得"捡了芝麻丢了西瓜"的结局。

2. 按出资方式分类

为取得被并购方的控制权或资产,并购方需要付出一定的对价。根据并购方支付对价和置换所得的不同,并购的四种形式如表6-1所示。

表6-1 并购按出资方式分类

置换所得	支付对价	
	资产(现金、设备等)	股票
股票	资产换股票	股票换股票
资产(现金、设备等)	资产换资产	股票换资产

资产换股票、资产换资产体现的是一种资源配置思想。作为支付对价付出的生产线、设备等未必是劣质资产,但通过置换后,资源配置会使企业的运营效率达到更优状态。

目前,现金和股票支付仍是最主流的支付方式。其中,以现金作为并购对价可以划分为即时一次性支付、分期支付、延期一次性支付等。股票支付则有两种方式,一是通过发行新股作为并购对价支付,二是并购双方自行约定置换比例,并购方用已有股票作为并购对价支付。

对于并购方来说,采取现金支付的方式进行并购,要么本身就持有大量现金(但持有大量闲置现金并不符合企业追求经营效率的理念),要么有办法在短期内筹集到大量现金,故采用现金支付的并购方式对并购方的压力很大。股票支付方式的压力虽然比现金支付小,但会使企业面临股权结构改变、原有股东持有股份比例下降、每股股利被稀释等风险。

对于被并购方来说,接受现金支付的风险最低,对现金支付的接受度较高。但现金支付的方式会使被并购方账面收到一大笔收益,从而面临高额税收。而当并购方采用股票支付方式时,被并购方收到的股份不会成为账面上的收益,因此无须面临高额税收。

如上所述,完全的现金支付和完全的股票支付都有各自的优缺点,因此,在实践当中,企业会更多地采取组合支付的方式,即双方协商得出支付现金、股票的比例,以平衡单一支付方式的优缺点。随着实践中对企业资本结构、国家政策、税收等方面的考量,更多新型的支付方式也在逐步地发展与完善,如采用发行定向可转债作为并购的支付对价。

3. 按并购程序分类

根据并购双方的合作态度与并购程序,并购可以分为善意并购和非善意并购两类。

若并购双方在并购事项上达成一致,则该并购可以被称为善意并购。在善意并购中,双方会积极地采用协商、谈判等方式,追求双方都乐于接受的并购方式与结果。相较于非善意并购,并购双方后续的资源整合会更平稳、更顺利。

若并购双方在并购事项上未达成一致,并购方对被并购方强行收购,则该并购可以被称为非善意并购。由于被并购方不持有合作的态度,因此并购方常需隐蔽地进行收购行为,采用出其不意的手段,达到偷袭的目的。此类并购需进行精密的设计,并购过程也会更长,中间环节的一个疏忽可能会导致整个并购活动的失败。非善意并购使并购活动更市场化,促进社会资源使用效率的提高。

在善意并购中,出于对并购效率的考量,并购方往往会优先考虑收购被并购方大股东的股权来快速拥有被并购方的控制权;但在非善意并购中,并购方会优先在公开市场上购买被并购方的股权,随后游说部分中小股东,收购其股权,在这一过程中,并购方可能会采取打压被并购方业绩或施加舆论压力等手段。

4. 按并购是否利用杠杆分类

杠杆并购是指以被并购方的资产作为债务抵押,用已有资源撬动他人资源的企业并购方式。非杠杆并购是指完全使用自有资源进行并购。

杠杆并购一般有以下几种方式:①向金融机构借款筹资;②发行高利率债券筹资;③以被并购方的资产或股权作为抵押对外筹资。偿债资金一般来源于被并购方的自有资产,或是并购后的经营所得。

对于并购方来说,杠杆并购使得并购方即时支付的压力降到最小,且并购风险也向外部机构转移一部分,但日后的偿债压力可能会使并购方未来的财务风险升高。

5. 跨国并购

跨国并购即企业通过并购的方式,取得他国企业的经营资源或一部分的经营控制权。相对于直接投资,跨国并购的优势在于企业能够利用被并购方已经成熟的经营模式,迅速切入他国市场,获取一定的市场份额,降低文化壁垒风险,减少对他国目标客户接受度的担心。

与此同时,跨国并购的风险也远大于非跨国并购。跨国并购在管理制度整合、文化价值融合等方面的难度均高于非跨国并购,而且并购活动会受到被并购方所处国家法律制度的限制。例如,出于国家安全考虑,大多数国家会限制通信、能源行业的并购活动。

6.2 企业并购的动因、效应和风险

6.2.1 企业并购的动因理论

1. 交易费用理论

交易费用理论的主要思想是当企业之间的纵向交易成本增大,且小于并购后企业的管理成本时,就会发生并购行为。1973年,罗纳德·科斯(Ronald Coase)在《企业的性质》一文中提出交易费用理论的原型,后经奥利弗·威廉姆森(Oliver Williamson)等人的完善,最终形成该理论。

科斯通过对"交易成本"的重要论述解释了企业存在的原因,并分析了其扩展规模的界限。随后威廉姆森指出,企业的某一资产对市场存在依赖促使企业进行纵向并购。通常情况下,资产特定性的程度越高,企业之间纵向交易成本越大,而市场上潜在的交易费用会阻碍其继续依赖市场。对资产特性的理解可分为三个类别:一是资产本身,如特殊设计后只能加工某特定原料的设备;二是资产选址,为节省运输费用,设备一般选择在原料附近进行安装,建成后一旦移动会耗费较高成本;三是人力资源,若企业的工作任务难度大、工作性质复杂,在工作期间雇员可以积累丰富的企业运营经验,雇员就能成为企业的具有很高特定性的资产。为节约交易成本,寻求最佳生产规模,企业倾向于将外购资源变为内部生产资源,由此增加企业进行纵向并购的可能性。

2. 效率理论

效率理论的主要思想是企业的并购活动是社会利益的增量变动,与资产再配置其他形式的作用一样,都能给社会带来潜在收益,提高并购参与者各自的效率。这其中包含两层含义:一是企业并购有利于改善管理者经营不善而导致的低效模式,提升管理者经营绩效;二是企业并购可以带动产生其他行为以形成某种相互协同的效应。通常,效率理论分为以下几个子理论:

(1) 无效率管理者理论

无效率管理者通常指不称职的管理者。无效率管理者理论认为,现有管理者未能充分利用企业既有资源达到与潜在规模相匹配的绩效水平,相较而言,另一个外部企业的管理者接管后能发挥更好的作用,将原本无效率的企业经营管理变得更有效率。

无效率管理者理论通常有三个具体假设:一是被并购企业只能通过成本较高的并购活动来更换无效率的管理者,因为企业管理者现有能力有限,依靠自身能力无法达到目的;二是如果管理者的无效率是唯一的影响因素,那么被并购企业将成为并购企业的子公司而非消失;三是被并购企业的管理者将在并购活动完成后被替换。无效率管理者理论比较适合解释横向并购,一般较难与差别效率理论及代理理论区分。

(2) 差别效率理论

1975年,以威廉姆森和劳伦斯·克莱因(Lawrance Klein)为代表的经济学家提出了差别效率理论,也被称为管理协同效应理论。该理论认为,并购的动因在于交易企业之间管理效率上的差别,若企业A的管理者比企业B的管理者更有效率,则并购活动完成后,企

业 B 的管理效率会被提高到至少同企业 A 一样的水平。该理论能较好地解释行业内的企业并购活动，是横向并购的理论基础。

差别效率理论有三个基本假设：一是并购企业的管理资源同时受到不可分割性和规模经济的限制，通过并购同行业中水平较低的企业，能使剩余的管理资源得到充分利用；二是被并购企业在某段时间内的管理效率无法改善，也无法培养或直接雇用有效的管理队伍，而外部经理人的介入以及管理资源的投入能改善企业当前的境况；三是并购企业受制于行业需求状况，无法在行业内扩张生产能力以及释放过剩的管理资源。

（3）协同效应理论

协同效应是指两个企业在组成一个企业之后，其总价值大于原来的两个企业的价值总和，实现了企业价值增值的效应。该理论主要强调并购给企业生产经营活动和经济效益方面带来的变化，主要包括经营协同效应理论和财务协同效应理论两个子理论。

经营协同效应理论主要指并购活动完成后，企业会提高生产效率进而增进收益。具体表现为三个方面：

第一，规模经济性。并购后，企业会在更大的产出规模上出现收益递增、成本下降的现象。此外，规模经济还体现在通过并购扩大规模后企业对市场控制能力的提高。

第二，范围经济性。企业在面临逐渐增大的经营风险时会实行多元化策略，维持一些独立的产品和市场以降低非系统风险。需注意区别的是，范围经济主要强调生产不同种类的产品可获得的经济性，规模经济则强调生产产量变化带来的经济性。

第三，优势互补。例如，企业 A 主要从事与高新技术相关的工作，在研究和开发方面有较强的实力，但在市场营销方面比较薄弱，企业 B 主要从事营销相关工作，研发能力不足，通过并购两个企业能够实现优势融合，相互补充。

财务协同效应理论主要是指，如果两家企业的财务结构不完全相同，那么并购活动可降低其破产的可能性。这种协同不体现在企业管理层能力的互补上，而体现在企业财务结构不同所产生的投资机会、资金成本及内部现金流等方面的运作效益上，其本质是资本在企业之间的转移与重新配置。主要表现在以下三个方面：

第一，实现合理避税。一国的各项税收法规会对企业的财务决策产生重大影响。如果某企业在某几年中亏损，或是某企业近几年拥有一定数量的亏损累计额，那么这家企业可能会被具有并购动机的企业考虑为并购的目标企业。一方面，亏损额有助于并购企业递延当期纳税义务；另一方面，该亏损企业被出售给一个盈利企业后，其利润便可在两个企业中充分利用，实现分享。

第二，提高证券价格。如果企业 A 的市盈率高于企业 B 的市盈率，当企业的并购活动完成后，证券投资者通常会以较高的企业 A 的市盈率来确定合并后新企业的市盈率，由此提升企业的每股收益，使股价上升。

第三，合理安排剩余资金。在企业内部现金充足时，其剩余资金一般可用于投资证券、支付额外股息等。若企业将剩余资金用于购买证券，当证券的投资回报率低于企业股东要求的投资回报率时，股东利益受损；若企业将剩余资金用于支付额外股息，则企业股东须缴纳相应的税收所得；若企业将剩余资金用于并购其他企业，则理论上不会增加企业及其股东的税收负担。

（4）内部化理论

内部化理论是指，当并购方和目标企业进行普通交易的成本过高时，可利用并购活动将成本过高的交易转化为企业内部的组织权威进行资源分配。通过内部化，企业将优势保持在自身内部，以避免市场不完美的状况及市场摩擦产生的大量交易成本。例如，企业的纵向一体化经营策略是将同一行业处于不同阶段的上下游企业合并在一起，形成一条拥有不同发展阶段的生产链条，以避免各种机会主义行为和高昂的交易成本。

内部化理论是跨国公司理论研究的一个重要转折。在该理论出现前，学者的理论研究视角主要集中于市场结构；该理论出现后，学者的研究角度开始转向各国企业之间的国际分工、产品交换及生产组织形式。

3. 信号理论

信号理论认为，并购谈判或要约收购的宣布可能会向资本市场参与者传递一定的信号，这主要是从信息不对称的角度研究并购的动机。

1973年，迈克尔·斯宾塞（Michael Spence）首次将并购与劳动力市场相结合建立了信号理论。他认为劳动者的教育水平是劳动者是否受过训练以及是否具有天赋的信号，会影响劳动者的自身收益。1977年，斯蒂芬·罗斯（Stephen Ross）将信号概念与资本结构的选择相联系，认为解决信息不对称可通过信号发布和管理者薪酬安排两种途径来实现。

信号理论分为两种形式：一是"坐在金矿上"，认为并购活动传递的信息是被并购企业的股票被低估，促使市场重新对其进行估值；二是"背后鞭策"，认为并购的要约会激励被并购企业的管理者注重提升企业价值。企业的并购行为常伴随多种信号的发布。例如，当并购企业用普通股购买其他企业股份时，这一行为可能是该企业股票价值被高估的信号；但当被并购企业回购自身股票时，这一行为可能是该企业股票价值被低估的信号。

4. 代理理论

企业并购的发生常与代理问题有直接联系。迈克尔·詹森（Michael Jensen）和威廉·梅克林（William Meckling）认为，管理者只拥有企业的一小部分所有权，会产生利用管理特权去追求私人利益的代理问题。代理理论对并购的解释表现为以下三个方面：

（1）代理成本理论

当企业的决策管理与决策控制分离这种机制不足以缓解代理问题时，并购就是解决这一问题最后的外部方式。尤金·法玛（Eugene Fama）和詹森提出，企业中的代理问题可以由适当的组织程序来解决，通过收购股票取得控制权，获得一个外部管理者以取代现有管理者。因此，被并购企业的管理者地位始终受到潜在威胁，这就促使管理人员必须努力工作，不断提高管理效率以免被替代，这种威胁是减少代理问题产生的重要力量。从这个角度而言，并购减少了股权分散带来的管理层代理问题。

（2）管理者主义理论

管理者主义理论认为，在现代企业管理权与经营权分离的背景下，股东与管理者的价值选择并不完全一致，管理者在考虑并购时会最大化自身利益而非股东利益，因此并购活动只是代理问题的一种表现形式，而不是解决办法。

1969年，丹尼斯·缪勒（Dennis Mueller）提出用管理主义来解释混合并购的问题。他认为管理者的报酬是企业规模的函数,因此他们有扩大企业生产规模的动机,并不会对项目进行细致筛选与评估,只会为了个人私利而接受投资回报率较低的项目以赚取高效收益。

(3)自由现金流理论

詹森基于代理成本理论提出了自由现金流理论。该理论认为,大多数企业并没有对自由现金流量的支出予以足够重视。在并购活动中,自由现金流量的减少有助于化解管理者与股东之间因支出流量的问题而产生的冲突,由此降低企业的代理成本。

自由现金流是指企业产生的在满足再投资需求后剩余的现金流量,这一现金流量是企业在不影响持续发展的前提下可使用的最大现金额。企业若想降低代理成本,维持经营效率,就必须向股东支付一定数额的自由现金。一方面,这削弱了管理者控制企业的能力,促进股东利益最大化的实现;另一方面,当管理者为新项目进行外部融资时,由于控制的资源量减少,更有可能受到资本市场的约束。此外,管理者要重视以契约形式保证未来各期现金流量的支付,因为适量债务会使企业受限于未来必须支付的现金流量,更易降低代理成本。

5. 市场势力理论

市场势力理论认为,企业并购行为的主要动因在于减少竞争对手,增强企业对经营环境的控制力,进而获得某种形式的垄断利润,实现长期盈利,故企业规模不断扩大将促进市场势力的形成。

通常,这种形成市场势力的活动发生在以下三种情形:一是当整个市场的需求低迷,而企业生产能力过剩时,企业通过合并可以合理分配生产,取得对本产业相对有利的生存环境;二是当国内市场遭受国际竞争的强烈冲击和威胁时,企业为抵御风险相互间结成联盟,以形成较大规模的企业集团共渡难关;三是法律规定某种企业间的合谋、垄断行为非法,并购可以使其"合法"化,最终达到继续控制市场的目的。

6.2.2 企业并购的效应

效应是指一项经济决策或措施实施后所收到的实际效果。在前文并购动因理论的基础上,本节从效率提高、企业发展、市场份额、多样化经营、价值发现、代理问题、经济增长七个方面,分析企业的并购行为会产生怎样的效果。

1. 效率提高效应(协同效应)

并购可以通过提高工作效率,进而提高企业效益,也可以说产生了某种协同效应。协同效应是指不同企业合并后,通过整合松散资源,使合并后企业产生的效应比每个单独企业产生的效应之和更大,即 1+1>2。常见的协同效应有管理协同效应、经营协同效应、财务协同效应。

(1)管理协同效应

并购完成后,管理效率较高的一方能够产生溢出效应,带动管理效率较低的一方提高效率,从而降低管理成本,提升管理绩效。主要表现有:效率高的管理者直接替换效率低的管理者;高管理效率企业转移剩余管理资源至低管理效率企业;优化合并企业的组织架构,从而减少固定成本和重复消耗。

（2）经营协同效应

并购导致规模经济的产生。并购方的市场份额会逐步增大,逐步形成垄断优势,从而降低经营成本,提高营运能力。主要表现有:通过横向并购,提高市场占有率和议价能力,减少销售费用;通过纵向并购,降低原材料成本和销售费用;通过合并销售网络和渠道,减少销售费用;通过整合技术资源、分摊研发成本,提高企业生产效率和创新能力;规模经济的产生还可提高企业抗风险能力。

（3）财务协同效应

在企业财务方面,企业并购可以提高利润分配效率,增强企业偿债能力,提高筹资能力,并依据税法相关规定合理避税。主要表现有:通过对企业资金的统一管理、调控,优化现金流配置,提高资金使用效率;由于企业规模的增大,各类成本费用可以分摊至更多产品上,减少期间费用;通过扩大企业规模、提高经营能力和盈利能力,提升企业筹资能力,降低资本成本;通过合理运用不同企业资产税率差异、抵补被并购企业亏损等方式,减少应交税费,获取税收利益;同时,并购还会影响股票市场对企业的评价预期,进而引起股价波动,产生额外收益。

2. 企业发展效应

并购可以高效推动企业战略调整和产业结构优化,降低企业发展的风险和成本,加快企业实现长期战略目标。主要表现在:通过并购快速转换主要产品品类方向,淘汰夕阳产业线,实现战略转型;通过并购提高企业生产能力,为企业发展提供强有力的支持;通过并购快速进入新行业领域,减少不同行业领域的进入成本。

3. 市场份额效应

并购后的企业会获得被并购企业原有的市场份额,企业提供的产品和服务的品质也会随之提高,进而占有新的市场份额,形成"滚雪球"的效果,甚至达到一定程度上的垄断。这种较高的产业集中度和市场占有率使得企业经营成本降低、经营利润增加、竞争优势进一步增强。需要强调,市场份额效应达到一定程度后,企业会受到不同国家反垄断法律法规的限制,此时,新增市场份额对企业发展的正面边际效益减少,甚至形成负面效果。

4. 多样化经营效应

企业在因外部环境变化而进行战略调整时,可以通过并购与自身相关程度低的企业,在较短时间内实现多样化经营,并掌握被并购企业的各类资源,达到分散经营风险、稳定营业收入的效果。多样化经营可以有效降低破产风险,使并购后的企业保持良好的信誉,便于与供应链上下游企业建立长期稳定的合作关系。

5. 价值发现效应

由于股票市场上短期投机者居多,股价并不能真实反映企业价值,因此优质企业与劣质企业长期混杂,企业难以得到认可,资金短缺问题也不能有效解决。并购活动能使投资者快速发现"潜力股",挖掘短期价值被低估企业的长期价值,有利于优化市场资源配置,让优质企业成长起来。

6. 代理问题效应

关于企业并购对代理问题的效应，学术界有两种看法。

（1）代理威胁效应

一些学者认为，任何时候实施并购，都可以接管和改选现有的管理层人员，降低代理成本，从根本上解决代理问题。并购机制作为股东保留企业控制权的最终手段，对管理层始终有威胁效果。当然，解决代理问题的首选方式仍然是通过减少不对称信息、加强内部控制、实施报酬激励等手段来降低代理成本。

（2）代理促进效应

并购行为可能会加剧并购企业的代理问题。并购后企业规模扩大、效率提升，管理者的个人收入、社会地位、声誉、控制权都会随之提升，所有者获取的经营信息有限，会加剧管理者的逆向选择和道德风险，导致职务腐败和资产流失，从而提高代理成本。

7. 经济增长效应

宏观来看，企业并购有助于优化产业结构，矫正要素配置扭曲，提升供给质量，推动技术创新，提高全要素生产率，促进经济健康稳定发展。主要表现有：通过并购，整合产业链，寻求不良产品升级换代方法，化解过剩产能；通过并购，提高产业集中度，打通供需渠道，降低库存；通过并购，降低企业生产成本、销售成本和税费负担，降低系统性、区域性风险；通过并购，减少要素资源的重叠和分散，不断提高资源的最优水平，使产业结构、产品结构、地区结构更加合理。

6.2.3 企业并购的风险

风险，即预期结果与实际结果偏差的可能性。企业并购的初衷是获得发展与收益，但并购的过程与结果并不总尽如人意。并购活动存在诸多风险，使得并购方不一定能获得预期的收益或控制权。

1. 战略风险

企业在开始并购活动之前需制定并购战略。并购战略包括并购目的、对被并购方的选择、并购的可行性分析与经济效益分析、并购方式的选择、支付并购对价的选择等。然而，在制订并购计划的过程中，企业可能会因为信息不对称、信息不充分、市场变动、政策变化等原因，未能制定出妥当的并购战略，达不到预期效果。

2. 信息风险

决策基于信息。在并购活动中，决策者需基于被并购方的相关信息、双方所处行业的信息来作出相关决策。因此，信息获取的偏差和不充分都可能导致决策不当。

信息风险一般来源于以下几个方面：

第一，被并购方的债务、担保情况。在兼并活动中，由于并购方将完全接受被并购方所有的债务和并购前向其他人或企业提供的担保，故被并购方的债务、担保情况将直接影响并购后并购方的收益水平。对此，并购方需详细了解被并购方债务与担保相关方面的信息，将并购后需偿还债务的金额、担保活动中可能承担的责任大小纳入并购的成本-收益分析中。

第二,被并购方的法律风险。在契约时代,企业的经营活动少不了签订各式各样的合同。并购方需了解被并购方签订合同的内容、合同的履约过程等是否存在法律风险,是否涉及法律诉讼。这些都是可能改变被并购方资产状况和经营水平的因素。

第三,被并购方的经营状况和财务状况。被并购方的经营业绩、现有资产往往是并购定价的核心。因此,获取被并购方经营、财务方面客观、充分的信息,有利于对被并购方的价值作出合理的预估,避免支付远高于被并购方价值的对价。同时,对被并购方的经营状况和财务状况进行充分了解,还有利于预判并购后的协同效应,对并购后的人事安排、管理制度整合、文化融合等作出预先估计,以免高估并购效果。

并购方可以通过自行展开调研、聘用第三方机构获取信息,而不是完全依赖被并购方提供的信息来降低信息风险。

3. 财务风险

(1) 流动性风险

企业的运营是一个周期过程,企业通过资金流动来完成自身的周转,实现盈利,当已有资金不足以支撑企业等到下一次资金回流,或下一周期的资金回流不足以覆盖之前时段的负债时,企业就会出现流动性风险。一般而言,企业会持有略多于一个周期所需的资金来规避流动性风险。

当企业采用现金支付方式支付并购大部分对价时,较易出现流动性风险。此外,企业在并购时采用向银行借款、发行债券等方式融资,并购后的偿债压力也会使企业陷入流动性风险。企业可以通过规划、协商支付方式、类型、时间、附加条款等方式来应对可能出现的流动性风险。

(2) 融资风险

企业的融资风险主要来自以下几方面:①融资对象和融资方式能否按时按量地提供并购资金,融资管理的不当行为将阻碍并购进程,降低并购效率;②采用债务融资时,并购后偿还压力是否会超过企业的承受能力;③采用权益融资时,企业能否接受增加的资本成本,是否会落入较差的资本结构,原有股东能否接受控制权和每股股利的稀释。

根据优序融资理论和企业对最低资本成本的追求,企业往往不会完全用融资所得支付并购对价,也不会用单一的融资方式支付并购对价。

4. 法律制度风险

如果对逐利行为不加以限制,企业便容易走向极端。为提高商业活动的社会效益,实现企业发展与社会发展的平衡,各国针对商业活动都出台了相关的法律制度与政策。企业需在并购中注意法律的边界,以规避惩罚与诉讼。

截至2020年,我国尚未出台专门的企业并购法,对并购行为的限制体现在《中华人民共和国反垄断法》《中华人民共和国证券法》等法律法规以及相关部门规章中。

(1) 反垄断

对于企业来说,垄断可以使企业掌握价格决定权,制造行业门槛。但对于社会来说,在市场经济下,只有参与商业活动的主体越多,竞争越充分,市场才会越有活力,持续地良性发展。为维护市场的公平和运行效率,我国自2008年8月1日起施行《中华人民共和国反垄断法》。该法律鼓励组织之间公平竞争、自愿联合,对于具有市场支配地位的组织,要求其不得利用支配地位限制和排除竞争。根据该法律,企业在进行并购活动时需注意并购后企业在相关市场的占有份额是否达到该法律界定的"具有市场支配地位"的标准。若达到标准,应当事先向国务院反垄断执法机构申报(满足无须申报条件的企业除外)。随后,国务院反垄断执法机构会对企业的申报资料进行审查,若作出禁止经营者集中的决定,则企业不得进行该并购活动。

(2)信息披露

为保护投资者的利益,规范企业资产重组行为,发挥市场自我监督功能,各国对企业的并购活动均作出了信息披露要求。《非上市公众公司收购管理办法》(自2014年7月23日起施行)对股票在全国中小企业股份转让系统公开转让的非上市股份制公司作出了信息披露要求,主要体现在权益披露(第二章)和控制权变动披露(第三章)两个章节中。《上市公司重大资产重组管理办法》(自2014年11月23日起施行)对上市公司的权益变动、控制权变动作出了信息披露要求,同时,对不同方式的并购也作出了具体的信息披露规定。

(3)特殊行业限制

为维护国家安全和社会公共利益,我国对跨国并购、国有股份转让等并购活动有所限制。根据《上市公司收购管理办法》(自2006年9月1日起施行)的要求,若上市公司的收购及相关股份权益变动活动涉及国家产业政策、行业准入、国有股份转让等事项,事先需要取得国家相关部门批准的,未经批准,该并购活动不得进行。若境外企业想要对我国境内企业进行并购,则还须遵守《指导外商投资方向规定》(自2002年4月1日起施行)及《外商投资产业指导目录(2017年修订)》(自2017年7月28日起施行)等法律法规对投资项目的规定。

(4)其他

由于每一次并购的策略不尽相同,其中涉及的法律也不完全一致。根据并购对价支付方式的不同以及被并购方行业的不同,企业在并购时须遵守《中华人民共和国企业所得税法》《中华人民共和国会计法》《企业财务会计报告条例》等法律法规中有关税务缴纳、会计处理的具体规定。

若并购方采用股份支付方式,则要注意对投资者股份买卖比例的限制,若通过发行新股进行并购,还须遵守《中华人民共和国证券法》中证券发行、证券交易等部分的规定。

5. 外部环境变化风险

(1)市场环境

无论采取哪一种并购类型,并购方在并购后必然会面临市场环境的变化,尤其是对于跨界并购来说。在并购之前,并购方需要对被并购方的所处行业、行业中所处的地位、有哪些竞争对手进行充分的了解,预判并购后可能会面临的各种挑战,以积极的态度面对市场变化风险。

(2)政府干预

由于国家和政府的存在,并购活动不会是一个完全市场化的行为,它会受到法律法规的约束,也会受到政府的干预。在一些情况下,政府的干预可能会加快并购的进程,促进并购整合的完成,但有时也会阻碍并购的进程,直接导致并购活动的失败。政府干预常发生在跨国并购和地方主义严重的并购活动中。

6.3 企业并购中目标企业的选择和价值评估

并购重组是资本市场永恒的投资主题,这一过程涉及许多棘手的问题。什么样的企业可以在并购后为投资者创造价值?理论上,为投资者创造价值要求企业的净现值大于零,但这通常是模糊判断,各企业的情况略有不同。因此,如何合理、合法地评估目标企业的价值成为投资者最为关心的问题。

6.3.1 成本法

成本法是对目标企业的所有资产进行估值的一种方法,适用于企业拥有较多有形资产并能准确评估资产价值的情形。成本法主要包括账面价值法、清算价值法和重置成本法。

1. 账面价值法

账面价值是会计账簿记录的资产价值。这种估值方法通过确定目标企业的净资产来确定收购价格,不考虑资产的市场价值或资产的收入状况在当前的波动,故使用的是静态标准。只有当资产的市场价格变化很小或几乎没有时,这一方法才适用。

2. 清算价值法

清算价值是指企业在清算过程中,因财务危机将实物资产逐一分离和出售的价值,它是整个企业失去增值能力时的一种资产评估方法。当企业的预期收益不理想时,企业的市场价值不再依赖于其盈利能力,其清算价值可能超过基于收益资本化法计算得到的企业价值,因此基于清算价值来评估企业价值可能更有意义。

3. 重置成本法

重置成本是指在当前市场条件下重新购买或建造与拟评估资产相同或类似资产的成本,它是一种基于当前市场价格来评价企业整体价值的方法。公式如下:

$$企业资产评估价值 = 重置成本 - 实体折旧 - 功能折旧 - 经济折旧$$

重置成本与原始成本具有相同的内容组成,但在价格水平和技术条件上存在差异,它充分反映了企业主要资产的动态市场价值,而不是原始的投入成本。一般来说,人们倾向于将资产的盈利能力与当前的重置成本联系起来,因此各种资产的重置成本可以用来代替资产负债表中相应资产项目的账面价值。然而,该方法并不能反映企业未来的动态发展,特别是具有高增长性的高科技企业。

6.3.2 市场比较法与市盈率法

1. 市场比较法

市场比较法基于有效市场理论,其思想是将目标企业与相同或相似的交易企业或相关上市公司进行价值比较,通过对比较企业的分析以及必要的调整,估计目标企业的整体价值。

一般来说,市场比较法应用的市场条件前提为半强式市场,股价反映了投资人对目标企业未来现金流量与风险的预期,此时股票的市场价格等于企业的市场价格。市场比较法由于依靠企业估价或当前市场上现有成交企业的价值来作为企业比较价值,因此不但计算容易而且资料可信度较高。

常用的比较法有上市公司市场价格法、同行业市场价值比较法和新上市公司价格评估法三种。第一,以公开上市公司的股价作为比较标准,适用于收购流动性强的上市公司,由于有必要的数据作支撑,对公司的估价会更合理,但实际运用时需要一定的技巧,人们很容易高估经营价值或低估清算价值。第二,以同行业公司的收购价格作为比较基准,可以参考自由结算的实际价值,计算清算贴现率,并利用各种数据资料来评估类似业务。但是这种方法最大的局限是需要在同行业中寻找相似的公司,分析结果需要进行较大的调整。第三,新上市公司价格评估法在实践中应用广泛,公司可以充分借鉴成功上市的公司案例,参考其最新上市资料,以新上市公司的股价作为比较标准,准确地评估投资者对类似公司的期望。但使用这种方法同样需要结合本企业的具体情况进行调整。

2. 市盈率法

市盈率法又称市盈率参数价格评估法。市盈率不仅能反映股票市场的价格与企业股票收益之间的关系,也能反映未来股票收益水平、超过预期投资回报的真实收益以及投资收益增长时间的长短等。上市公司股票市场价格可以反映企业的真实价值(或至少反映市场认可程度),因此,采用相同或类似行业中具有相同或相似经营特征的上市公司作为参考是比较合理的。当采用市盈率法估计目标企业的价值时,必须满足两个基本条件:第一,股票市场必须客观运行,市盈率能够真实反映企业的价值;第二,能够从股票市场上找到与被评估企业相同或类似的上市公司,以及相关的股票价格、年收益率等一系列市场数据和财务数据。

采用市盈率法评估企业价值有两个局限:一是没有明确考虑目标企业经营和收益中存在的风险;二是标准市盈率的选择具有较大的随意性。

6.3.3 现金流量折现法

企业的所有经济活动都可能涉及现金流入和流出,因此最好的分析手段是利用现金流量。现金流量折现法的基本思想是企业价值评估应充分遵循增量现金流量原则和货币时间价值原则。目标企业的预期现金流量应折现到当前现值,然后与投入的原始资金进行比较,作出合并决策。由于企业的生命周期大多是不确定的,因此预测未来现金流量通常可以分为两个阶段:第一阶段,对现金流量进行详细的预测,可以按照年份进行;第二阶段,假设在将来的某个时候企业会达到均衡状态,此时可以更准确地确定企业未来的现金流量。在此假设下,企业的价值等于给定预测期内的现金流量现值加上达到均衡时点以后的现金流量现值。

现金流量折现法的主要优点是考虑了财务管理目标、风险与回报、货币时间价值和资本成本等重要因素。通过折现评估出的企业价值符合实践中资本市场对企业的估值,理论上适用于所有企业。相应地,如果企业的现金流量在一段时间内为负值,或者未能准确预测衰退或复苏周期的未来变化和持续时间,企业的估值将不可避免地受到影响。

6.3.4 换股并购估价法

如果通过换股实现并购交易,则评估目标企业价值的首要任务是确定换股比例。换股比例是指为换取目标企业一股股份所需付出的股份数量。比例的确定方法主要包括每股收益法、每股净资产法和每股市价法。

1. 每股收益法

每股收益法是根据合并前企业每股收益确定换股比例的方法。其理论基础是股票价值取决于企业的盈利能力,而每股收益恰好反映了企业的盈利能力,基于这一比例的合并将确保每股收益不会被稀释。这种方法的缺点是没有考虑到企业的成长、风险水平对企业盈利能力的影响,以及合并后每股收益的变化。此外,每股收益很容易被企业相关人员操纵,缺乏可靠性。

2. 每股净资产法

每股净资产法是根据企业每股净资产来确定换股比例的方法。其理论基础是净资产是企业长期经营成果的账面价值,是判断企业资产状况和投资价值最直接的指标。与每股收益和每股市价相比,该方法不易被企业及相关人员操纵,更可靠。每股净资产法的优点是直观、简单且灵活,缺点是未考虑资产的盈利能力,忽视企业运营管理能力、增长机会、客户关系和品牌等无形资产,无法反映企业的实际经济价值。

3. 每股市价法

每股市价法是根据甲乙双方的每股市场价格确定换股比例的方法。它的理论基础是股票价格不仅可以反映一家企业目前的盈利能力,还可以反映其潜力增长和风险特征以及合并企业双方的内在价值。根据每股市场价格确定换股比例的前提条件是合并双方都是上市公司,双方股票在同一股票市场上活跃交易。此时以股票市场价格确定换股比例,充分考虑了合并双方股东的利益,易于被股东接受。然而,这种方法的缺点是股票市场价格受股票数量、市场交易条件、投机等多种因素的影响,往往有短期波动,通常会导致企业估值在一定程度上偏离企业的内在价值。

6.3.5 期权评估法

期权定价理论受到新经济时代市场特征的启发,认为企业价值是由企业的未来盈利能力决定的,具体包括企业在现有基础上的预期盈利能力和潜在的盈利能力。因此,企业价值由现有的各种经营业务所产生的未来现金流量现值与企业所拥有的潜在获利机会的价值两部分构成。并购中的期权在收购企业过程中的主要表现特征是实物期权。实物期权是基于期权概念的对实物资产的选择权,具体指企业进行并购决策时拥有的能够根据尚不确定因素改变自身行为的权利,包括并购投资决策中的放弃、转换、扩张等。

期权评估法的优点是考虑和计算了未来机会和期权的价值,比传统的评估方法更合理,使序列投资的分析更加准确。然而,期权评估法的实际应用受到许多条件的限制,主要是因为其模型的一系列假设在现实中很少能完全实现,因此在实际应用中需要有更多考虑。

6.4 企业并购的具体运作过程

6.4.1 企业并购的一般程序

1. 准备阶段

（1）选择目标企业

首先，评估企业自身。企业首先应明确自身的整体发展战略，根据战略需要确定战略实施的方式，进而明确并购动机。

其次，选择并购行业。根据企业对自身的评估结果，调查并关注相关行业，了解市场情况。

最后，选择并购目标。结合发展战略，分析并购目标，了解并购目标的经营状况、发展前景、出售动机、竞购对手情况等。

（2）聘请中介机构

企业开展的各式各样的并购活动具有比较强的专业性，复杂程度也比较高，因此有必要与专业中介机构，如投资银行、咨询公司、会计师事务所和律师事务所等进行合作，这些中介机构能够为企业的并购活动提供有效保障。与中介机构进行合作，主要是因为其具备以下几个方面的作用：第一，为企业推荐符合要求的收购标的；第二，帮助企业与被并购企业进行谈判；第三，为企业制订科学、合理的并购方案；第四，为并购双方的股权转让手续提供指导；第五，在并购过程中提供专业的参考意见。

（3）调查目标企业

目标企业调查指的是以财务状况、经营状况、环保状况、税务状况和人力资源等方面为切入点对目标企业展开全面、立体的调查。在调查过程中，主要通过查阅文件、听取管理层陈述、提问等方式来了解目标企业的经营状况、债务水平、诉讼争端、发展趋势等方面的信息，并对此进行深入的研究，找出其存在的问题，提出改善措施和预测收购后的费用。目标企业调查具体包括以下方面：

第一，目标企业基本情况，主要包括企业的基本信息、经营状况、发展前景等方面，具体包括企业名称、企业章程、股权结构、主要产品、竞争对手、产品定价、研发计划等。

第二，产业战略分析，指的是对目标企业所在行业特征以及发展状况进行分析，准确了解目标企业在市场中所处的位置、行业的发展趋势以及目标企业未来的竞争力。产业战略分析主要从产业结构、产业增长、同业竞争者的发展状况、政府政策、专利数量、客户资源等维度进行。

第三，财务资料分析，指的是对有关目标企业财务状况的各种资料进行分析，主要包括资产规模、负债情况、股东权益、会计政策、财务预算、财务比率等。并购方通过对这些资料进行分析，能够充分了解目标企业过往阶段财务运营方面的信息，并通过与同业竞争者的比较分析，准确评估目标企业未来业绩提升的可能性。

第四，法律调查，在开展这一工作的过程中，目标企业的资质、反垄断状况、保险状况和环保状况是调查的重点。

目标企业的资质调查主要包括以下几个方面：①目标企业的资质、主体资格是否符合法律法规的要求，是否取得了并购交易的许可；②目标企业章程中是否针对并购设置了特别的规定；③目标企业的各项财产权利（如土地使用权、房产权等）是否完整无瑕疵；④目标企业合同、债务文件是否生效，尤其是在控制权发生转移之后这些合同是否依然有效；⑤目标企业的资产是否存在抵押、担保的情况；⑥目标企业是否存在尚未解决的法律诉讼等。

目标企业的反垄断状况是企业并购能否顺利完成的关键，因此，并购方在发起正式并购之前，要全面评估并购活动会引发的反垄断风险水平。此外，目标企业的保险政策及环境因素也需要纳入考虑，工作经验丰富的风控人员、法律人员要对目标企业的保险覆盖范围进行确定，确保目标企业不会因未被纳入保险范围内的风险而破产，同时也要对目标企业是否充分履行自身的环保义务进行评估。

第五，目标企业的组织、人力资源和劳资关系，主要包括三个方面：①目标企业高层管理人员对于并购活动的看法，在并购完成后是否会跳槽；②组织结构、系统与企业业务发展的符合程度；③是否按照法律法规的要求与员工签订劳动合同、缴纳社会保险。

（4）制订初步并购方案

在对目标企业调查和分析后，并购方即可根据并购双方的实际情况拟订初步并购方案。初步并购方案主要包括并购双方的工作计划、目标企业基本情况、并购方式、并购价格、支付方式及时间、后续整合计划等。

2. 实施阶段

在完成并购方案的初步拟订后，并购程序即可进入核心的实施阶段，该阶段对于并购活动的成功与否具有决定性作用。

（1）与目标企业谈判

在前期准备工作结束以后，并购方要与被并购方展开谈判。在并购活动中，谈判具有很高的技术含量，是并购活动中的关键环节之一。双方通过谈判就交易方式、支付方式和并购金额达成一致。从实际情况来看，倘若并购双方能够在股权转让的条件、原则方面取得一致，那么并购方可以通过签订并购意向书的方式来约束目标企业，避免被其他买家"截胡"。

一般而言，并购意向书仅仅表明并购双方都有达成交易的意向，并不具有法律效力，但是一定程度上体现了双方的合作诚意以及信任程度。通常来说，并购意向书主要包括以下十项内容：①确定并购方与目标企业就资产或股权事宜取得一致性意见；②确定交易的形式和标的价格的计算方式；③制订并购计划，明确并购流程；④确定并购活动完成后被并购方的管理层人员和基层员工的处置方案；⑤确定调查范围、方法和时间；⑥明确在一定时限内被并购方不得与其他企业进行并购的洽谈；⑦确定该并购意向书不具有法律约束力；⑧明确只有股东会、董事会或类似机构才拥有审核、批准合同条款的权力；⑨明确双方要对情报资料进行保密处理，合同不成立时互相返还情报资料；⑩明确并购意向书的有效期，在有效期内，并购双方要尽可能地为交易的最终达成付出足够的努力。

（2）确定并购价格、支付方式

在并购双方签订并购意向书后，主动发起并购的企业可以委托专业的第三方机构对目标企业的财务报表进行重新审计，也可以根据目标企业过去阶段的审计报告及相关资料进行评估，并以此为基础来确定并购价格。在制定并购价格的过程中，要注意以下两个方面：①对目标企业能够接受的最低价格与最高价格进行确定；②利用谈判的方式在最低价格与最高价格之间实现平衡。从具体实践情况来看，对价格存在影响的因素众多，如竞争力的强弱、市场份额的高低、现金流水平、完成并购活动后原有股权回报率的变化以及支付方式等。

并购方在并购过程中主要采用四种方式进行支付，分别是现金支付、股权支付、债权支付和混合支付。股权支付是指并购方通过增发新股的方式，用新发行的股票来交换被并购方的股票；债权支付是指并购方将自身持有的被并购方的债权作为交易价款来完成支付，换言之，被并购方将自身的股权作为债务偿还的资金，这种支付方式可以将并购活动与债务处理有机结合。

（3）签订转让协议

在第三方中介机构的协调下，如果并购双方在交易价格、支付方式、交易时间、各自权责、违约责任等方面都达成一致，那么就具备签署并购转让协议的条件。该协议主要由两部分组成：第一部分为并购的主要条款或条件，包括并购方与被并购方的名称、转让标的、拟转让资产或股权的数量、收购价款、价款支付方式与时间、双方的义务、争议的解决对策等；第二部分为并购结束后章程等相关事项的变更，该部分指的是在并购活动结束以后，企业在规定、章程方面的调整，并购双方要提前进行确定，主要涉及企业名称、管理层、产品等方面。

（4）信息披露

在我国企业并购中，如果股权转让涉及国有股，那么被并购企业要向省级人民政府以及国有资产管理部门提出股份转让申请，在得到批准后再撰写报告提交给国务院国有资产监督管理委员会（下称"国资委"），经国资委同意后，并购双方基于批复件的内容对原有协议内容进行相应的调整，然后才能签订股权转让协议。

（5）办理股权交割手续

首先，在并购方支付交易款项以后，双方要安排授权代表到证券登记结算机构办理股权交割手续。在具体办理过程中，需提供以下文件：股权转让协议、有关部门的批复件、协议双方同意办理股权交割手续的授权委托书、交易款到账凭证、并购双方的资质文件等。

其次，到相关部门进行登记备案。在并购结束后，若要对企业的名称进行变更，则需要重新注册，企业的法人需要到工商与税务部门进行变更登记。

最后，基于事先约定的条款注入资金或偿还债务。按照并购双方签订的协议以及并购文件，如需注入资金，应及时将资金转入指定账户；如需偿还债务，应立即与债权人联系，及时偿还债务。

在办理完股权转让以及其他法律要求的手续之后，并购的法定程序即可宣告完成。

3. 整合阶段

整合阶段指的是并购活动结束后并购双方进行整合的过程。并购方要将并购后的发展规划等事项详细地告知被并购方的管理层,并对各自的权责进行明确。在结束这一流程之后,即可以按预先制定的规划开展整合工作,主要包括企业资产、组织结构、企业文化、管理体系以及业务流程等方面。

整合阶段对于并购能否获得成功具有决定性作用,这一阶段的工作主要包括以下几个方面:

(1) 战略整合

战略整合是指对当下实施的发展战略进行融合与变革,这也是整合过程中最为核心的部分。在战略整合过程中需要注意以下几个方面:①对并购活动之前企业已经拥有的核心能力展开全面的分析与评估,确保核心能力不会被削弱,并通过有效的手段将其融合为并购后企业的核心竞争力;②对企业的各项资源进行评估,了解并购后各项资源的利用情况,评估资源的质量和控制情况,以确保资源实现合理配置;③对企业的价值效率进行评估。企业的价值链由一系列创造价值的经济活动构成,通过对企业价值链的分析,找到其中创造价值的关键节点,将这些节点进行有机的整合,进而实现企业价值的提升。

(2) 管理整合

管理整合是指根据实际情况对并购后企业的组织结构、制度等方面进行相应的调整,确保双方达成协同共进的目标。在并购活动结束之后,有必要对组织系统进行相应的调整,确保企业的制度、组织结构具有较强的合理性、有效性,为协同效应的产生夯实基础,促进运作效率水平的提升。组织结构的调整主要包括三个方面:①对企业各个部门权责范围进行重新划分;②对部门间的横向与纵向沟通机制进行调整;③对处于基础环节的经营单位进行调整。

(3) 人员整合

随着市场竞争激烈程度的不断提升,各个企业对人才的争夺日益激烈,所以人员整合对于并购成功与否也有着重要的影响。人员整合主要包括以下几个方面:

第一,成立并购领导小组。在开展并购活动之前,并购双方要成立专门的并购团队。通常情况下,团队成员往往由双方的管理层人员组成,在并购结束后,他们也会在企业中担任相应的职务。由于在并购结束后,双方的管理层人员很可能会出现冲突,因此,并购企业的高管要对领导方式进行相应的优化,倘若对并购后企业新管理层的处理过于草率,很可能会导致部门之间出现各式各样的冲突。

第二,稳定人力资源政策。在并购活动结束后,被并购企业的人才流失率往往会有所增加,所以,减少并购对企业人员造成的影响,留住并整合人才,是人力资源部门最重要的工作之一。并购企业要正确认识人才的作用,并制定行之有效的激励机制。

第三,加强沟通。无论是并购方的员工,还是被并购方的员工,或多或少都会存在一定的顾虑,沟通是让员工放下思想包袱、提高团队凝聚力的重要途径之一。

(4) 文化整合

文化整合是指结合并购战略以及并购双方企业原有文化的优势与特点,对并购后的企业文化进行调整,实现文化融合并形成新的企业文化的过程。文化整合是整合阶段的核心。尤其是在完成跨国、跨行业并购之后,有效的文化整合能够避免文化冲突,实现跨文化的融合,从而促进并购取得良好的效果。

文化整合从结果来看有以下几种不同的模式：

第一，注入式。注入式文化整合是指并购企业将自身的企业文化完全注入被并购企业。这种模式速度快，有利于实现对被并购企业的控制，但需要被并购企业进行极大调整，容易引起冲突和抵抗。该模式适合并购企业拥有优秀且深厚的企业文化，而被并购企业的企业文化相对处于弱势并有意向接受改变的并购。

第二，融合式。融合式文化整合是指并购双方的企业文化相互吸收、促进，从而融合成一种新的文化。强势企业之间进行并购后，由于双方都有强势的企业文化，则可以选择文化融合的方式，加强交流，相互吸收，在集二者优势的基础上为融合文化赋予新的内涵，从而形成一种更为优秀的新企业文化。

第三，保留式。保留式文化整合是指并购双方保留各自文化，在重大问题之外的运作中允许被并购企业拥有高度的独立性。这种模式在跨国、跨地区或跨行业的企业之间的并购中较为常见。由于双方文化背景差异较大，或是被并购企业自身具有深厚且影响力很大的企业文化，文化整合的难度和代价较大，因此采用保留式文化整合能够最大限度地避免文化冲突，提高并购的成功率。

6.4.2 中介机构的作用

在并购过程中，第三方中介机构扮演策划者、参与者的角色，起着不可或缺的作用。下面重点介绍投资银行、会计师事务所和律师事务所等中介机构在并购过程中的作用。

1. 投资银行

一般来说，投资银行业务按由宽到窄存在几种不同的定义，目前被普遍接受的观点为投资银行业务包括所有资本市场的业务。

(1) 从并购方角度来看投资银行的作用

从并购方角度来看，投资银行主要有以下几个方面的作用：①为并购方经营策略、发展规划的制定提供参考性意见，协助并购方制定相对合理的收购标准；②找到最佳的并购机会，寻找符合需求的并购标的；③以并购方制定的战略为出发点，对并购标的进行全面的评估，为公允价值的确定提供参考；④基于交易的特征，设计与之相应的融资结构，确定要约价格、支付手段等；⑤分析并购活动对交易双方存在的影响，对财务、经营等方面的协同效应进行评估，找出财务上存在的缺陷，并制订有效的解决方案；⑥制定谈判策略；⑦落实公关工作，与被并购方的股东、管理层以及普通员工进行交谈，使其接受并购方案，同时争取政府部门、监管机构和社会公众的支持；⑧基于谈判结果，制订合理有效的并购方案；⑨收集证券市场中有关机构对并购活动的看法、意见等；⑩帮助并购方准备各种并购文件，确保信息完备、准确；⑪制订详细、全面的整合方案，协助并购方达成良好的整合效果。

(2) 从被并购方角度来看投资银行的作用

从被并购方角度来看，由于并购类型的差异，投资银行所起的作用有着很大的不同。

对于善意并购，投资银行主要起到以下几个方面的作用：①对并购方的整体发展状况进行评估，从中筛选出最合适的对象，并对并购价格进行确定；②与会计师和律师共同分析并购方案，找出其中存在的问题，并进行相应的调整；③站在专业的角度，为被并购方董事会提供参考性意见,保证并购价格、条件不违背公平、公正的原则,并制定有效的谈判策略,尽可能让双方取得一致意见;④对外部投资者和相关机构对并购活动的反应进行预测分析;⑤监督交易的完成。

对于恶意并购,投资银行主要起到以下几个方面的作用:①协助被并购方获取并购方的准确信息,找出幕后的并购者,并对其并购目的、可能采取的措施进行分析预判,密切关注其行动;②评估并购要约价格的合理性水平,基于被并购方的发展潜力,找出并购条件中不利于被并购方的条款,帮助管理层与股东进行沟通,争取令股东继续持股;③以现阶段实施的有关并购活动的法律法规为依据,找出恶意并购方在法律方面存在的问题,并以此为基础展开反并购行动;④帮助被并购方筹措足够的资金抵御恶意并购,也可以通过其他途径找到善意的并购者充当"白衣骑士"。

2. 会计师事务所

会计师事务所是指依法独立承担注册会计师业务的中介服务机构,其主要业务包括审计、咨询、税务等。会计师事务所出具的审计报告对整个资本市场有着重要的影响。在并购过程中,会计师事务所的作用不容忽视,具体表现在以下三个方面:

第一,在并购活动开展初期,会计师事务所要安排专业的会计师与投资银行等机构一起对被并购方进行尽职调查并出具详细的分析报告,为并购方案的拟订提供有效的参考。

第二,在并购过程中,会计师事务所需加入并购谈判过程,从财务角度为并购方提供专业的咨询意见;在并购双方签订并购意向书后,注册会计师要本着客观、真实、独立的原则审计被并购方的财务报表,评估被并购方的财务状况、经营水平以及现金流量情况,并出具专业的审计报告;对被并购方的资产展开全面的评估,确定资产的实际价格,为最终交易价格的确定提供有效的参考;从并购方的实际情况出发,制订科学、合理的税收筹划方案。

第三,在并购活动结束之后,会计师事务所要与投资银行合作,协助其制订详细、具体、有效的整合方案,并以会计财务、税收处理等为出发点,对债务重组等工作提出专业性意见。

3. 律师事务所

律师事务所作为资本市场的参与主体之一,其开展的各项工作与投资者、企业以及人民群众的切身利益密切相关。在发达国家,律师事务所与会计师事务所类似,也是采取合伙制度,借助无限责任制、声誉机制的约束,促使律师本着独立、公平的原则行使自己的权利,保证投资者、受托人以及社会公众的利益不受损害。

就并购活动而言,律师事务所主要起到以下两个方面的作用:

第一,准确把握委托方(即并购方)真实的并购目的,参与并购计划的制订,从法律角度评估并购活动的可行性。

第二,以委托方的并购目的为出发点,开展如下具体的法律调查、审计工作:①展开对目标企业的法律调查工作,确保其各方面的资质都符合法律法规的相关要求;②核实转让方持有的目标企业股权的合法性,拟转让股权是否存在质押等情况,转让方签署的各项文件中是否存在禁止、限制股权转让的相关条款;③审查目标企业签署的各种贷款协议、抵押合同、担保合同等。

6.5 特殊类型的企业并购

6.5.1 上市公司收购

1. 协议收购

协议收购是指收购公司与被收购公司的股东或实际控制人签订协议后对被收购公司进行实际控制的行为。证券交易所不参与这一收购过程,收购公司与被收购公司股东直接对接,并按照协议条款收购上市公司股份。图 6-1 展示了协议收购的一般流程。

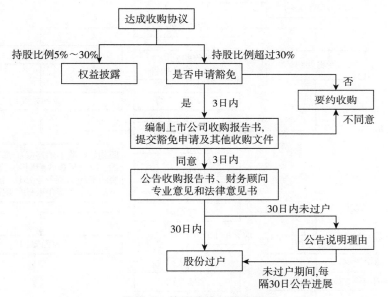

图 6-1 协议收购一般流程

资料来源:《上市公司收购管理办法》。

根据我国现状,大量国有股票和公司股票缺乏足够的流动性,这使得协议收购能发挥重要作用。同时,通过正式的协议,收购公司可以直接清楚地了解被收购公司的需求,这有利于收购双方相互了解,促进收购的成功,在一定程度上降低收购风险。

国内的收购活动大多是通过协议进行的,即通过股东之间的协议来转让大宗股权,以达到控制公司的目的,属于善意收购。

2. 要约收购

要约收购是指收购方按照相同的要约条件,如相同的价格、相同的比例,向被收购方股东公开购买所持有股份的行为。收购方首先需要通过证券交易所取得被收购方已发行的 30%的股份,然后向其他股东发出公开收购要约,以约定的支付价格购买其手中的股份,最终获得上市公司的股权完成收购。图 6-2 展示了要约收购的一般流程。

在我国,要约收购有一定的局限性。第一,大量国有或法人股份不能自由流通;第二,市场规则的限制通常使得收购方需要花费更多的时间并承担更多的风险，这与在发达的市场经济国家不同，故此形式在我国很少被使用。随着市场经济的不断发展、证券市场环境的不断改善，要约收购将逐渐成为我国上市公司收购的基本形式。

在大多数情况下，要约收购属于恶意收购。例如，2006年2月，中石化要约收购了齐鲁石化、扬子石化、中原油气的流通股，石油大明所有的流通股和除自身持有外的非流通股，四家公司随后退市成为其全资子公司。

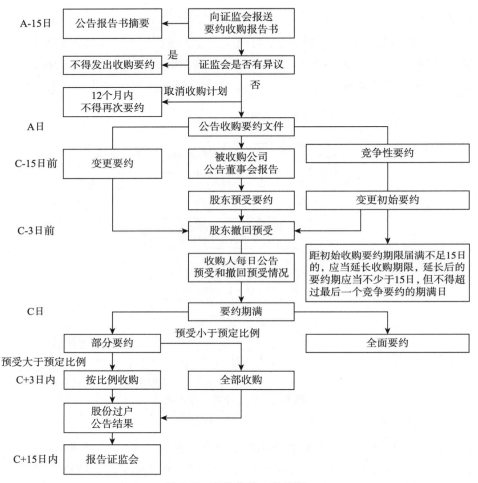

图6-2 要约收购一般流程

资料来源：《上市公司收购管理办法》。

注：A表示公告收购要约文件日；C表示要约期满日。

3. 委托书收购

收购人可以通过收购股东代理人，在股东大会上实际控制被收购公司的经营权。委托书收购的实质是利用第三方行使表决权获得上市公司控制权。这种收购方式的成本比前两种低廉，有利于充分发挥上市公司经营者的能力，促进公司良好运营。然而，委托书收购的功能很容易被利用，由于代理竞价和股东机制存在缺陷，不能避免少数大股东利益的非正常转移，因此规范委托书的立法形式尤为重要。

6.5.2 买壳上市与借壳上市

1. 买壳上市

买壳上市是指通过收购上市公司的控制权并将其资产置于上市公司,从而实现未上市公司上市的过程。其中的"壳"是指上市公司的资质。买壳上市主要有以下三种模式:

(1)一般模式

通常包括三个步骤:第一,购买壳。非上市公司首先收购上市公司,获得上市公司的控制权,即壳公司。第二,清理壳。上市公司将其部分或全部资产出售。第三,注入壳。将非上市公司的资产和业务注入壳公司,使非上市公司成为上市公司的子公司,实现其间接上市的最终目标。

(2)资产置换模式

资产置换模式是将一般模式中的清理壳与注入壳两个步骤合并成一个资产置换的步骤,最终买壳上市变为购买壳与资产置换两个步骤。

买壳上市资产置换模式的一个典型的案例是江中集团控股江西纸业。江中集团通过向南昌好又多实业公司协议受让江西纸业28%的股份实际控制了江西纸业,然后进行资产置换。江西纸业置出估值为6 623万元的造纸类资产,江中集团置入估值为86 230万元的100%股份,置入置出资产差额部分先由江西纸业向江中集团发行1.4亿股份,不足部分再作为江西纸业的负债,由此江中集团的房地产资产实现上市。

(3)定向发行模式

定向发行模式是指上市公司向非上市公司定向发行股份,非上市公司用资产来支付购买股份的对价。

2. 借壳上市

借壳上市是指收购方或优质资产所有者将主要资产注入上市子公司以实现上市的方式。对于一些没有达到上市标准的公司而言这是最好的选择。非上市公司通过借壳上市可以节省必要的准备工作和时间,也可以节省一定的中介费用,但企业也应当充分考虑成本和收益因素。

借壳上市的一个典型案例是中电产业借壳其控股的中软股份,通过置入中软总公司使中电的所有软件资产和业务全部进入上市公司。具体实施过程是:中电产业是中软股份的控股股东,持有中软股份41.8%的股份,同时持有中软总公司100%的股份。中软股份花费自有资金7 533.22万元向中电产业收购中软总公司100%股权,实现了中电产业的上市。

买壳上市与借壳上市的共同特征是重新分配上市公司的"壳"资源,实现间接上市。但不同的是,在买壳上市的情形下,是收购方向转让方支付资金以获得上市公司的控制权;而借壳上市公司通常通过资产置换的方式获得对上市公司的控制权,由壳公司向资产转让方支付购买费用。

6.5.3 管理层收购

1. 管理层收购的定义和基本程序

管理层收购是由目标公司管理层发起的杠杆收购。目前,在我国,目标公司管理层参与收购即可视为管理层收购。

在现代公司制度中,公司的所有权和经营权分离,产生了代理问题。在委托代理关系中,委托人和代理人的利益是不一致的,因此产生了培养忠诚管理者的激励机制和监督机制,管理层收购是具有代表性的激励机制之一。这种收购形式是从公司所有权结构、控制结构和资产结构中购买股份,这既能使代理成本降低,也能对管理层产生激励,从而对公司的整体业绩作出贡献。

管理层作为收购主体,在关注收益的同时,更注重控制权、分享权和剩余价值索取权。

一般来说,目标公司符合行业成熟、现金流强劲稳定、管理层经营年限长、企业经营利润增长空间和潜力较大、财务结构灵活等条件时适合管理层收购。

管理层收购主要分为策划和执行两部分,图6-3简要说明了管理层收购流程。

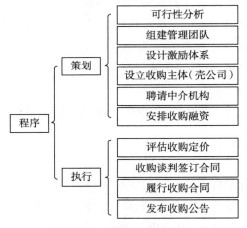

图6-3 管理层收购流程

2. 员工持股计划

员工持股计划是指公司将股份转让给员工,作为员工薪酬的补偿。公司愿意执行员工持股计划,是因为其可以获得税收减免。员工持股计划不仅是递延回报计划,也是公司融资的工具,税收减免增加了公司的营运资金和现金流,使公司能够创造性地使用这一神奇的工具。从本质上讲,员工持股也是一种激励机制,是对管理层收购的一种补充,能够进一步促进公司良好的管理和发展。

对于一家公司来说,当员工获得部分股份时,股东权益的构成会发生变化。员工持股计划将员工未来的收入和养老金计划与公司股票的未来价值联系起来,让员工更加关注公司的发展,从而提高员工的凝聚力。股东通过向员工出售股票获得现金,公司可以更有效地利用难以充分发挥效益的内部资金,提高资金的使用效率。此外,政府提供的各种税收优惠鼓励公司实行员工持股计划,可以帮助公司大大降低融资成本,使其成为公司融资的重要途径。

6.6 企业并购:中国的实践

6.6.1 国外并购的历史

1. 第一次并购浪潮(1897—1904 年)

(1) 概况

第一次并购浪潮发生在 19 世纪末 20 世纪初。在这次并购浪潮中,美国的铁路、石油、钢铁等行业内的兼并活动最具代表性,极少数企业的规模极速扩张并在相应行业中形成垄断。这次并购浪潮促进西方国家经济的发展与转型,逐渐形成现代化工业体系,生产也朝着专业化、规模化的方向发展,被认为是西方历史上最重要的一次并购浪潮。后因银行体系风险、资本市场动荡导致的融资来源困难,以及反托拉斯运动的不断兴起,这次并购走向了终结。

(2) 起因

一是适应电气革命带来的生产社会化。18 世纪中叶的第一次工业革命使人类进入"蒸汽时代",19 世纪下半叶的第二次工业革命使人类进入"电气时代";劳动力的补充、技术的变迁以及运输和通信手段的丰富,使得企业内部的原始资本积累无法满足社会生产要求。为了在危机中能够顺利地发展壮大,企业客观上需要集中大量资本来适应社会化大生产。

二是资本市场的形成与完善。1790 年,美国成立费城股票交易所,随后纽约股票交易所以及波士顿股票交易所等的成立为工业类企业股票的上市流通提供了便利。

三是金融机构的支持。银行等金融机构不仅为并购活动提供了一定的资金来源,也作为中介机构提供咨询等服务,促进了企业并购活动的发展。

(3) 特征

第一,横向并购为主。在这一时期,大量同一产业部门或行业的企业相互并购,形成在某产业中占垄断地位的大企业。同行业中的优势企业通过并购劣势企业形成托拉斯组织,一方面达到最优的生产规模,另一方面减少行业内的竞争者,使企业在市场上获得超额垄断利润。

第二,大企业吸收兼并小企业。并购浪潮形成之前,因为小企业规模小、数量多且资本实力有限,所以并购时阻力小;并购浪潮形成后,大量小企业被合并为一个或几个大型企业。

第三,大企业实力日益强大。企业规模的扩大和实力的增长推动生产向专业化和规模化方向发展,完成企业组织由传统结构向现代结构的转变,使管理进一步向职业化方向发展,促进了美国工业结构和经济的转型。

2. 第二次并购浪潮（1916—1929 年）

（1）概况

第二次并购浪潮发生在 20 世纪 20 年代，处于第一次世界大战之后繁荣与萧条迅速交替的时期。本次并购浪潮主要发生在美国，经济发达的欧洲国家也受到影响，主要涉及公用事业、采矿业、银行业以及汽车业等行业。这次并购使生产和资本更加集中，产生了占据市场较大份额的寡头企业，使得主要工业国家的工业经济有了显著增长，并且无论在数量上还是在规模上都大大超过第一次并购浪潮。1929 年 10 月，华尔街股市的崩盘导致企业和投资者的信心急剧下降，随着经济危机的开始，第二次并购浪潮结束。

（2）起因

一是战后经济发展。第一次世界大战结束后，处于战后恢复阶段的许多国家经济开始复苏，急需各种生产投入。此外，西方发达国家的经济建设增加了对先进生产技术的需求，导致大规模的资本需求，而企业间的并购成为解决资本扩张的有效途径。

二是产业发展。一方面，随着火车和汽车的增多、铁路和公路建设的日益发展，产品市场的范围逐渐扩大；另一方面，随着广播企业的出现及收音机等产品的发明，产品的广告受众也与日俱增。这些都使企业想要扩大产品的生产规模，进而推动了并购浪潮的发展。

（3）特征

第一，纵向并购为主。在这一时期，企业通过并购把某一产品的各个生产环节融进一个企业里。在企业内部，各种工序可以相互结合，形成连续生产以节约生产时间、生产成本以及销售费用。一些优势企业借此对自身的生产、营销等流程进行兼并整合，从而形成产销一体化格局。

第二，金融资本产生。在这次浪潮中，很多企业并购是通过融资实现的，出现了工业资本与银行资本相互结合和渗透的情形，最终产生更大规模的并购并形成新的资本形态。

第三，国家干预。某些国家为提高国家对经济的直接干预和调控能力，基于一定的战略发展安排，由政府出面并购一些关系国计民生和经济命脉的企业，或通过投资控制、参股某些企业形成国家的垄断资本。

3. 第三次并购浪潮（1960—1969 年）

（1）概况

第三次并购浪潮发生在 20 世纪 60 年代，处于第二次世界大战后工业经济全面发展的时期。在此阶段，美国并购企业的总数比 20 世纪 50 年代初增长超过 80%，欧洲的制造业并购活动开始更加活跃。第三次工业革命的兴起和生产力的极速发展使得此次并购浪潮涉及的行业和领域更加广泛，并购活动也比前两次持续的时间更长、规模更大。20 世纪 60 年代末，随着美国规范资本市场法案的出台和股市的回落，第三次并购浪潮结束。

（2）起因

一是科技进步。在这一阶段，全球主要的发达国家都进行了规模庞大的固定资本投资，加强了经济实力。随着计算机、宇航及核能等一系列工业部门的相继兴起，科学技术产生的新突破推动生产力发展迈向新的台阶，这些新兴部门的发展必然需要拥有巨额资金的强大企业的支持。

二是经济繁荣。美国经济在20世纪60年代迎来战后经济发展的"黄金时期",人们对于经济发展持乐观态度。此外,布雷顿森林体系的建立、关税及贸易总协定下各缔约方的关税减让安排都构成了这一时期并购浪潮发生的基本环境。

(3) 特征

第一,混合并购为主。这一时期的联邦执法者加大了反托拉斯的力度,因此并购方式呈多元化发展,跨行业并购、多元化产业经营逐渐取代单纯的横向并购、纵向并购。此外,管理学理论得到巨大发展,人们普遍认为"最杰出、最优秀的人"可以管理一切,实现跨行业的管理与运营。

第二,企业并购规模越来越大。此次并购浪潮主要发生在大型企业之间,国家的生产和资本迅速集中,垄断程度也随之提高。1951—1968年,美国最大的1 000家企业中有近三分之一被并购,其中一半以上是被最大的200家企业并购。

第三,出现恶意并购。恶意并购是指目标企业不同意被并购,但并购方直接向其股东提出有诱惑力的要约收购以迫使董事会为保证股东利益最大化而接受并购的活动。在20世纪60年代,投资银行大量涌现导致其业务竞争激烈,并购带来的咨询费用在投资银行收入中占比日益增大,促使一些投资银行为了自身利益而为客户的恶意并购出谋划策。

4. 第四次并购浪潮(1981—1989年)

(1) 概况

第四次并购浪潮发生在20世纪80年代。在石油危机的背景下,美国推出刺激经济发展的产业政策,由此引发美国的第四次并购浪潮。这次并购企业数量不多,但是资产规模达到空前的程度。新生力量的蓬勃发展、金融市场的创新活动构成一股强大的推动力,并购浪潮几乎涉及所有的西方发达国家及各行业领域。1990年世界经济进入短暂的相对萧条时期,生产的持续扩张时期暂告一段落,本次并购浪潮也随之结束。

(2) 起因

一是前次并购浪潮中混合并购的失败。第三次并购浪潮出现大量混合并购,这类并购把从事不同行业、互不相关的企业捆绑在一起。这些企业在并购初期虽然获得了一定的利润,但是逐渐在管理、财务方面出现问题,到后期混合并购的弊端显现出来,多数企业业绩持续下滑,甚至有部分企业破产。因此,市场希望企业调整自身产业结构,优化资源配置。

二是世界经济产业结构的调整。经济的增长与科技的发展紧密相连,20世纪80年代,计算机产业、无线通信等技术的发展与传统产业地位的降低必然会引发新一轮的产业结构调整,同时,日趋国际化的分工也使产业布局在世界范围内有大调整。

(3) 特征

第一,杠杆并购盛行。杠杆并购的目的主要是将来能以更高的价格出售企业,赚取买卖价差及交易服务的咨询费。由于这类并购方通常是金融机构,因此杠杆并购常以目标企业作抵押向商业银行贷款。杠杆并购的出现给予了银行巨额的咨询费收入,此种类型的并购形式得以盛行。在此期间,纵向并购、横向并购和混合并购方式也同时存在。

第二,超强并购出现。随着美国金融市场的发展,金融工具的创新为融资提供了便利,出现了垃圾债券等融资工具。很多企业通过金融机构借债实行并购,帮助收购企业利用杠杆融资筹集资金。因此,此次并购浪潮中普遍出现小企业并购大企业的现象。

第三,恶意并购增加。随着并购浪潮的演进,作为高收益高盈利的投资行为,恶意并购成为这一阶段企业扩张的主要形式之一。虽然相对于并购总数,恶意并购的绝对数量并不多,但其在整个并购价值中却占有较大的比重。

第四,跨国并购兴起。随着国际贸易的发展,西方资本的输出方式发生变化,企业并购不再局限于国内市场。此外,跨国公司的兴起和增长促进了资本的跨国流动,跨国并购数量也迅速增加。

5. 第五次并购浪潮(1992—2000 年)

(1) 概况

第五次并购浪潮发生在 20 世纪 90 年代,以美国、日本和一些欧洲国家为主的发达国家的企业并购活动跨越国界,向全球发展。这一阶段的跨国并购主要集中在电信、金融、医药及互联网行业,新兴行业与传统行业充分融合。此次并购浪潮无论是总量还是年平均量都大大超越前几次的并购浪潮,出现了波音兼并麦道、美国在线与时代华纳合并的超大型企业并购行为。随着 2001 年互联网泡沫破灭和股市暴跌导致融资困难,市场需求减少降低了企业并购的积极性,本次并购浪潮结束。

(2) 起因

一是经济的全球化。全球经济一体化程度加深,国际竞争加剧,技术的进步带来了跨国重组和结构调整的浪潮。20 世纪 90 年代以来,全球贸易自由化的趋势日益明显,各国经济对国际贸易和国际投资的依存程度普遍提高。随着资本运动的加快及金融全球化,大量资金可以在全球范围内快速转移。这不仅降低了跨国交易的成本,也让跨国公司不可避免地面临挑战。以上要素的发展都为跨国并购活动提供了有利的发展契机。

二是新科技革命浪潮。以互联网技术和生物技术为核心的新经济的兴起,促使美国经济结构升级。此外,信息时代的到来降低了企业间的信息交流成本,从根本上改变了经济结构和产业结构,不仅推动了经济的繁荣发展,更促使企业不断通过并购实现优势互补以推陈出新。

三是政府政策取向的调整。在自由贸易的背景下,国家间的竞争日趋激烈。为增加本国企业的资本和实力,提高本国企业的国际竞争力和战略地位,西方国家政府在垄断管制等公共政策方面采取低调的态度,默许本国跨国公司进行战略性并购,从而推动并购的发展。

(3) 特征

第一,参与并购的企业规模较大。在此次并购浪潮中,很多企业本身就是业绩优良的大企业,它们进行"强强联合",使企业的竞争力迅速提高。这一阶段的并购特征可以细分为:并购交易总体规模大、超大型并购形成巨型企业并购热浪、并购形式多样。

第二,跨国并购急剧发展。在此次并购浪潮中,跨国并购发展迅速,涉及的国家众多。1995 年全球企业跨国并购额为 2 077 亿美元,1996 年增加到 2 700 亿美元,之后呈上升趋势。此外,此次并购浪潮拓宽了并购的地理范围,没有局限于少数几个发达国家,是真正意义上的全球并购。

第三,并购重点转为高新技术合作与交流。本次并购浪潮的知识经济特色浓厚,企业间主要实现了技术优势的互补,将原本粗放的成本竞争转为精细的技术含量竞争。在这次并购浪潮中,善意并购占主导地位,大量企业把无关联的业务剥离出去,并购同类型业务企业,使生产范围更加集中。

6. 第六次并购浪潮(2004—2007年)

经济全球化的进一步发展和对资源日趋激烈的竞争,促使第六次并购浪潮在全球范围内发展。随着2007年次贷危机的发生,此次的并购浪潮逐渐退去。这一时期的并购呈现以下特征:

第一,跨国并购成为主导方式。例如,2007年加拿大媒体巨头汤姆森以177亿美元并购英国新闻和财经信息提供商路透集团,2008年美国微软以466亿美元要约收购雅虎。

第二,私募股权投资的参与。2006—2007年,私募股权投资基金的融资规模和收购交易规模远远超过第一次浪潮,但2008年金融危机爆发后,私募股权投资基金的活动开始减少。

7. 第七次并购浪潮(2010年至今)

2008年金融危机后,世界经济处于恢复增长期。跨国并购主要分布在生物技术、医疗健康、机械制造、互联网、汽车等行业。近几年的并购交易通过直接收购某项能力来抓住数字发展的机会。这一时期的并购呈现以下特征:

第一,大额并购交易频现。单笔交易额大于100亿美元的大型并购交易频发。例如,2017年博通公司拟以1 300亿美元要约收购高通公司;美国迪士尼公司最终以713亿美元收购21世纪福克斯的核心业务等。行业巨头通过大规模并购整合强化了竞争优势。

第二,基于股东积极性的并购出现。在此次并购浪潮中,股东积极主义普遍出现于美国以外的区域。股东的积极主义派与传统派之间结合更加紧密,表明各国公司治理结构和机构投资者的投资理念发生重大转变,对全球并购市场的格局产生重要影响。

第三,科技驱动的并购出现。随着科技变革的速度继续加快,传统行业之间的界限越来越模糊,市场越来越看重持续的购买关系,而不是单一交易。越来越多的企业意识到这种颠覆性变革的风险正在影响企业发展,需要具备一定的科学技术以推动商业发展和个性化服务,这也推动了企业之间的技术并购。

6.6.2 我国企业并购的历史

我国的企业并购开始较晚,但由于制度和体制优势,随着近年来社会的不断进步,各类并购政策、制度逐步规范,企业并购从开始的探索起步、窗口期的快速发展到现在的基本成熟,完成了西方国家一个世纪的转化,实现了举世瞩目的跨越性突破。随着经济发展和科技进步,我国的企业并购也将继续顺应时代浪潮,朝着更加规范、更加成熟的方向发展。

1. 探索起步阶段(1984—1989年)

1984年7月,受改革开放政策的影响,为提高经营效益,河北省保定市西郊工业区出现了我国第一例企业形式的并购——保定机械厂并购保定针织器械厂,此次并购由政府主导,首次以承担全部债权债务的形式并购企业,完成了我国国有企业并购的初次探索。紧接着,全国上下掀起了一波并购浪潮,华北、华中、华东各大城市均出现大量并购活动。

探索起步阶段的并购以国有企业为主,企业一旦长期亏损,就被政府强制性出售,交由发展势头较好的相似企业管理,推动企业转型发展。据不完全统计,1980—1989年,全国共有6 966家企业被并购,累计产生82.25亿元的资产交易,为国家弥补5.22亿元亏损。

2. 快速发展阶段(1990—1999年)

20世纪90年代,国家领导人审时度势,确立市场经济的改革方向,号召全社会加快解放生产力,加大改革开放力度,随后,各地产权交易市场、上交所和深交所依次设立,《关于企业兼并的暂行办法》等政策陆续出台。1993年9月,深圳宝安集团首次通过二级市场并购上海延中实业股份有限公司;1998年3月,辽宁盼盼集团首次进行要约收购。具有跨地区、跨行业、新形式等时代特色的并购活动如雨后春笋般大量出现。通过分析总结,快速发展阶段的企业并购具有以下三个特点:

第一,上市公司成为企业并购的热点主体。随着上交所、深交所的设立和证券交易市场的快速发展,上市公司数量大幅增加,企业可以快速便捷地通过购买上市公司股票实现并购。加之国家大力推进国有企业股份制改革,大量国有上市公司被并购重组,实现了产权结构、经济结构的优化发展。

第二,外资并购开始萌芽。邓小平南方谈话后,我国改革开放更加深入,越来越多的外资意识到中国市场和资源的重要性,相比于投资新建企业,跨国并购更有利于外资快速融入中国市场、实现经济效益。1992年5月,香港中策公司首次以外资的形式并购山西太原橡胶厂,并在短期内将企业经济效益由负转正。之后,"中策现象"被广泛应用,成为20世纪90年代证券市场的靓丽风景线。

第三,企业并购开始与国际接轨。部分被中策公司收购的企业,经过一段时间的包装运营,又被转让给其他海外企业或借壳海外上市,中策公司通过套现获得巨额收益。一些国内企业从中看到了机遇,也在国外进行收购或买壳上市,开始与国际接轨。1992年,首钢集团并购美国加州钢厂、秘鲁铁矿厂,将经营版图扩展到美洲大陆;1993年,华北制药收购德国一家青霉素厂,将先进的管理技术引入国内;同年,在政府的帮扶下,首批国有企业在中国香港和海外上市,我国企业并购进入新时代。

3. 基本成熟阶段(2000—2020年)

企业并购的快速发展与管理制度的相对落后导致我国20世纪末期的企业并购活动出现内幕交易、信息披露不充分等问题,大量利益相关者的权益受到侵犯,影响了企业并购绩效。进入21世纪以来,我国政府出台了一系列规范化制度,严格管控并购市场交易,企业并购开始进入规范运行的成熟阶段。这一阶段的企业并购具有以下四个特点:

第一,法规制度更加健全。证监会先后发布《关于上市公司重大购买、出售、置换资产若干问题的通知》《上市公司股东持股变动信息披露管理办法》《上市公司收购管理办法》等文件,紧接着,全国人大通过了公司法、证券法等法律,形成了内容齐全、结构严密、内在协调的法规制度体系,对各类并购行为进行全面规范,企业并购也在严密的法规框架中规范有序运行。

第二,并购类型更加多样。中国加入 WTO 后,经济全球化发展进一步提速,企业并购类型也更加丰富。2001 年,深圳方大集团股份有限公司首次实现管理层收购,将企业管理者的潜力充分挖掘出来;2003 年,南京钢铁联合有限公司首次要约收购上市公司南钢股份,大幅提高企业经营效率。要约收购、管理层收购、反向收购等类型不断出现,海外并购频频发生,企业并购真正从政府主导时代进入市场主导时代。

第三,支付手段不断创新。根据不同需求,企业并购支付方式也在不断创新,从直接现金购买资产或者股票到换股、债转股、间接控股、承债式并购,多样化的支付方式吸引了更多中介机构参与其中,并购成为各大金融机构的业务重点。

第四,重点产业布局优化。党的十八大以来,政府部署了深化国有企业改革的任务,在装备制造、电力、钢铁、航运等关系国计民生的行业领域,中央企业之间强强联合进行企业并购重组,中央企业由 117 家并购为 98 家,重点产业布局更加优化,经济运行更加健康可持续。

6.6.3 我国企业并购的现状(数据分析)

采用 2001—2020 年在我国上交所和深交所上市的公司作为参与方进行交易的并购重组事件[①],本节将从并购开始时间、并购持续时间、并购成功率、交易标的的使用频率、不同支付方式的使用频率、并购类型、是否涉及知识产权、重组类型、是否跨境或跨地区、是否属于关联交易等角度对我国并购交易的现状进行分析。所使用的数据来自国泰安数据库。

表 6-2 报告了 2001—2020 年我国上市公司参与的并购交易事件数量。并购时间按照首次并购交易公告的披露时间确定。从表 6-2 中可以看出,我国并购交易事件数量总体呈上升趋势,并且上升幅度较为平缓。2020 年并购交易事件数量突然下降,可能与新冠肺炎疫情暴发导致全球经济出现较大滑坡有关。这表明并购交易事件会受到宏观环境较大的影响。

表 6-2 2001—2020 年我国每年发生的并购交易事件数量

并购时间(年)	并购事件数(起)	占比(%)
2001	1 374	1.04
2002	1 428	1.08
2003	1 576	1.19
2004	1 754	1.32
2005	1 782	1.34
2006	2 095	1.58
2007	3 806	2.87
2008	4 226	3.19

---

① 不包括上市公司股东之间以公司股权作为标的物进行交易的并购重组行为。

(续表)

并购时间(年)	并购事件数(起)	占比(%)
2009	5 043	3.80
2010	5 042	3.80
2011	6 145	4.63
2012	7 525	5.67
2013	10 645	8.02
2014	7 696	5.80
2015	11 333	8.54
2016	11 365	8.57
2017	11 331	8.54
2018	13 522	10.19
2019	13 847	10.44
2020	11 124	8.39

以首次公告日期作为开始时间,以完成公告日期作为结束时间,表 6-3 报告了我国并购交易的持续时间。结果显示,91.16%的并购交易都能在 1 年内完成,最长的并购时间为 13 年。这说明我国并购交易的持续时间都比较短。持续较长的交易时间会导致管理层将注意力转移到其他更好的并购项目中,并且较长的时间也会引起并购方较高的成本投入。因此,我国并购交易持续时间普遍较短也表明我国并购交易的成本较低。

表 6-3 我国并购交易的持续时间

并购持续时间(年)	并购事件数(起)	占比(%)
0	75 687	91.16
1	6 411	7.72
2	710	0.86
3	138	0.17
4	41	0.05
5	17	0.02
6～13	25	0.03

注:部分并购事件未披露相应信息,因此出现样本相较于总体样本的缺失,且数据样本总和在发生变化。

表 6-4 报告了我国并购交易的成功率。结果显示,96.70%的并购事件都能交易成功,3.30%的并购事件以失败告终。这说明我国大多数并购交易都能成功。公司的并购包括收购和整合两个阶段。而目前的数据只反映了收购阶段是否完成。并购交易对企业

具有长期影响,整合阶段的企业绩效才能真正反映并购交易的成功率,但这一指标很难评估,需要考量多方因素。

表 6-4 我国并购交易的成功率

并购是否成功	并购事件数(起)	占比(%)
成功	80 277	96.70
不成功	2 737	3.30

注:部分并购事件未披露相应信息,因此出现样本相较于总体样本的缺失,且数据样本总和在发生变化。

我国并购交易的标的分为资产标的、股权标的以及资产和股权标的三种。股权并购的主体是收购公司和目标公司的股东,客体是目标公司的股权。而资产并购的主体是收购公司和目标公司,客体是目标公司的资产。表 6-5 报告了我国并购交易中不同标的的使用频率。结果显示,14.33%的并购交易使用资产作为标的,84.99%的并购交易使用股权作为标的,0.68%的并购交易同时使用资产和股权作为标的。这说明我国并购交易多是通过与股东进行交易实现的。

表 6-5 我国并购交易标的的使用频率

并购交易标的	并购事件数(起)	占比(%)
资产标的	19 010	14.33
股权标的	112 747	84.99
资产和股权标的	902	0.68

我国并购交易的支付方式包括资产支付、现金支付、股票支付、承担债务等方式。表 6-6 报告了我国并购交易中不同支付方式的使用频率。结果显示,采用资产支付方式的并购交易有 686 起,占 0.52%;采用现金支付方式的并购交易有 124 677 起,占 93.98%;采用股票支付方式的并购交易有 2 397 起,占 1.81%;采用承担债务方式的并购交易有 273 起,占 0.21%;采用混合支付方式的并购交易占 3.49%。这说明我国并购交易以现金支付为主。现金支付是由并购企业向被并购企业支付现金,从而取得被并购企业的所有权的一种支付方式,一旦被并购企业的股东收到对其所拥有的股权的现金支付,其在被并购企业中的各项权利随即丧失。采用现金支付方式形成的并购交易不会影响现有的股权结构,现有股东控制权不会被稀释,可以迅速完成并购,但是会增加并购企业的现金负担。

表 6-6 我国并购交易中不同支付方式的使用频率

支付方式	并购事件数(起)	占比(%)
资产支付	686	0.52
现金支付	124 677	93.98
股票支付	2 397	1.81
承担债务	273	0.21

(续表)

支付方式	并购事件数（起）	占比（%）
现金和资产项混合支付	461	0.35
现金和股票项混合支付	1 725	1.30
现金项和承担债务混合支付	256	0.19
股票和资产项混合支付	27	0.02
其他支付方式	2 157	1.63

当前存在横向并购、纵向并购和混合并购三种并购类型。表6-7报告了我国不同并购类型在并购交易中的占比。

表6-7 我国并购类型的分布

并购类型	并购事件数（起）	占比（%）
横向并购	5 691	4.32
纵向并购	18 387	13.97
混合并购	20 703	15.73
其他	86 865	65.98

注：部分并购事件未披露相应信息，因此出现样本相较于总体样本的缺失，且数据样本总和在发生变化。

若并购中涉及专利、技术、商标的转让和购买，则认为并购交易中涉及知识产权。表6-8报告了我国涉及知识产权并购的占比。结果显示，0.40%的并购交易中涉及知识产权，99.59%的并购交易中不涉及知识产权，0.01%的并购交易无法准确判断是否涉及知识产权。这一结果表明，我国当前为获取新产品、新技术和新工艺而进行的交易占比仍较低。

表6-8 我国涉及知识产权的并购交易占比

并购中是否涉及知识产权	并购事件数（起）	占比（%）
并购中涉及知识产权	532	0.40
并购中不涉及知识产权	131 691	99.59
其他	436	0.01

我国并购重组的类型包括资产收购、资产剥离、资产置换、吸收合并、债务重组、要约收购和股权转让等。表6-9报告了不同重组类型在我国并购交易中的占比。结果显示，27.36%的并购交易属于资产收购的重组类型；16.53%的并购交易属于资产剥离的重组类型；0.72%的并购交易属于资产置换的重组类型；0.56%的并购交易属于吸收合并的重组类型；0.62%的并购交易属于债务重组的重组类型；0.13%的并购交易属于要约收购的重组类型；54.07%的并购交易属于股权转让的重组类型。选择何种重组方式取决于投资者的目的。如果投资者偏向于收购目标公司的特定资产进行特定的行业运

营,则选择资产收购、资产剥离等方式更有利于投资者有选择性地并购。而股权转让只能全盘接受目标公司的所有资产,也会一并继承目标公司的所有资格许可、商标以及原有资源。

表 6-9 我国不同并购重组类型的分布

重组类型	并购事件数(起)	占比(%)
资产收购	36 294	27.36
资产剥离	21 929	16.53
资产置换	956	0.72
吸收合并	748	0.56
债务重组	822	0.62
要约收购	179	0.13
股权转让	71 731	54.07

若并购方在境内,则为境内并购;若并购方在境外,则为境外并购。表 6-10 报告了我国区分不同地区的并购类型分布。结果显示,96.41%的并购交易是境内并购,3.59%的并购交易是境外并购。这表明,当前我国已有部分公司与境外公司产生了并购联系,但所占比例还较低。除常规的风险外,公司进行境外并购还要考虑文化风险和政治风险等。正是由于境外并购有着较高的并购难度,目前我国境外并购的比例远低于境内并购。

表 6-10 我国跨境并购的分布

并购地区类型	并购事件数(起)	占比(%)
境内并购	68 030	96.41
境外并购	2 533	3.59

注:部分并购事件未披露相应信息,因此出现样本相较于总体样本的缺失,且数据样本总和在发生变化。

表 6-11 报告了我国并购交易中跨省并购的占比。结果显示,我国有 47.12%的并购交易是跨省并购,52.88%的并购交易属于省内并购,这说明我国不同地区间并购交易较为频繁。

表 6-11 我国跨省并购的分布

是否跨省并购	并购事件数(起)	占比(%)
跨省并购	13 168	47.12
非跨省并购	14 778	52.88

注:部分并购事件未披露相应信息,因此出现样本相较于总体样本的缺失,且数据样本总和在发生变化。

表 6-12 报告了我国并购交易中关联交易的占比。结果显示,我国有 16.72% 的并购交易属于关联交易,83.28% 的并购交易属于非关联交易。这说明当前我国并购交易的主要目的是扩大公司规模,加快公司发展。因为关联交易很可能涉及大股东向外输送利益,掏空公司。

表 6-12 我国关联交易的占比

是否关联交易	并购事件数(起)	占比(%)
关联交易	19 656	16.72
非关联交易	97 878	83.28

注:部分并购事件未披露相应信息,因此出现样本相较于总体样本的缺失,且数据样本总和在发生变化。

6.6.4 我国企业跨国并购的利弊分析

随着经济全球化的不断发展,涉及不同国家企业的并购交易频繁出现,对相关国家的经济发展都会产生不同程度的影响,既存在机遇挑战,又蕴含危机陷阱。中国自加入 WTO 以来,跨国并购交易也大量出现,中国企业在风云变幻的跨国并购"战场"上艰难成长,总体来看,利大于弊。

1. 有利方面

(1) 带来新的资本投入

这是企业进行跨国并购最直接的原因,利用外来资金解决资金短缺问题,减轻负债压力和社会负担,加大技术升级投资力度,优化产业结构,推动企业良性循环发展。

(2) 推动企业技术进步与产业升级

外来资本进入的同时,也会带来先进的管理经验和行业领先的专业技术,并通过技术升级提高企业的生产经营效率。主要体现在:技术达到一定水平的上市公司在面临国际经济调整机遇时,对在国际领先或是生产价值链中有特殊地位的企业用较低的成本进行收购等,获取相关知识产权与客户资源。通过并购行业内国际知名企业、产业链核心企业、拥有核心技术的中小企业或是收购技术研发团队等方式,企业的自身发展能够迈入新台阶。

(3) 降低企业扩张的风险和成本

企业发展到一定阶段必然面临生产扩张的问题,而在国外新建工厂不仅需要建设新的生产能力,还需要投入大量时间和资金用于开拓市场。这存在较多的不确定性与风险。通过跨国并购,企业可以充分利用被并购企业的既有资源,使企业迅速适应当地市场的发展。

(4) 促进企业体制结构转型

跨国并购必然改变企业的产权结构,倒逼企业评估资产,明晰权责,甩掉"包袱",引入新的管理制度方法,与充分竞争的国际市场接轨,促进企业体制结构转型升级。

(5) 推动我国企业大众创业万众创新

上市企业通过跨国并购,引入国际经济中同行的规则惯例,为我国企业建立市场经济的运营机制作出了示范,使我国企业能直面国际竞争,激励企业积极进行技术研发,提高生产效率,推动技术进步,加速适应竞争中的优胜劣汰。

(6) 加快高水平人才队伍培养储备

跨国并购完成后,企业可以通过交流任职、调换岗位、互相学习等方式,培养一批高素质的技术、管理人员,为其发展储备人才队伍,促进企业发展。

(7) 更加有效地参与国际分工

企业在转换某种产品的生产国家时,会优先考虑合作企业所在国家。若跨国公司在我国有权益,则会优先将生产能力转移至我国,长此以往,便可以有效提升我国的产业技术优势。

2. 不利方面

(1) 流失部分资产

在跨国并购交易中,劣势方由于在谈判中话语权较低,易出现资产被低估的情况,特别是企业的管理经验、销售网络等无形资产,进而造成资产流失。

(2) 失去核心技术

一方面,外资并购并控股后,可以轻松获取中方企业的核心技术;另一方面,外资通过所持股权参与经营,可能限制研发活动,降低本土企业的自主研发水平。

(3) 滋生潜在的垄断行为

大量资金进入易使外资占有更多股份,达到控制企业甚至上下游产业的目的,特别是在重大敏感行业,外资垄断行为可能造成破坏市场秩序、压制本土企业发展、损害国民利益的严重后果。

(4) 限制民族产业成长

外资进入企业后,可能通过控制核心技术和关键岗位来操纵企业,采取倾销等措施打压国内竞争者,致使我国民族产业长期处于"世界工厂"的地位,民族产业发展水平在低层次徘徊。

3. 应对策略

(1) 抓住机遇,引导跨国投资

全球跨国并购既是机遇也是挑战。从政府层面来看,应加强对跨国并购的宏观调控,积极改善投资环境,同时结合国内产业结构调整与升级,稳步推进、引导跨国公司投资;从市场层面来看,应认真研究跨国并购的新特点,抓住发展机遇,调整战略布局,积极融入跨国并购以谋求发展。

(2) 吸引人才,提高创新能力

"千秋基业,人才为本。"企业间的竞争是技术创新能力的竞争,更是人才的竞争。在我国经济处于转变发展方式的关键时期,企业必须注重提高其技术水平,以在日益激烈的国际竞争中保持发展势头。要培养创新能力,人才是关键。因此,政府和企业都应在各自范围内制定有利于人才发展的政策,营造有利于人才发展的环境。

(3) 改善环境,完善跨国并购法律体系

目前我国的跨国并购法律框架有待完善,从促进经济增长和国家长远发展的角度,国家层面应动态把握宏观调控的方法和力度,借鉴发达国家维护市场秩序的经验,规范我国企业的竞争方式,逐步完善金融风险防范机制,以充分实现发挥市场机制以及维护国家经济安全与本国人民整体利益的平衡发展。

讨论题

1. 试述企业兼并与收购的区别。
2. 试述横向并购、纵向并购和跨国并购,并举例说明。
3. 我国目前实施的股权并购存在哪些问题?
4. 试述善意并购和恶意并购的特点。
5. 什么是杠杆并购?杠杆收购有哪几种筹资方式?
6. 跨国并购的主要目的是什么?
7. 跨国并购主要存在哪些风险?如何有效地控制这些风险?
8. 你认为哪种理论比较好地解释了并购的动因和效应?理由是什么?
9. 试述企业并购风险的主要内容及其防范措施。
10. 试述评估目标企业价值的方法,并举例说明不同价值评估方法的适用条件。
11. 并购前的准备工作主要包括哪些内容?
12. 试述投资银行的主要业务及其在企业并购中的作用。
13. 什么是员工持股计划?员工持股计划的特征是什么?
14. 我国实施管理层收购和员工持股计划应解决哪些主要问题?
15. 并购浪潮的主要驱动因素是什么?
16. 中国现在是否具有发生并购浪潮的驱动因素?

案例分析

1. 中国汽车海外并购第一案——上汽集团收购韩国双龙

上海汽车工业(集团)总公司(以下简称"上汽集团")是国内规模领先的汽车上市公司,该公司主营业务为整车的研发、生产和销售,零部件的研发、生产和销售,以及汽车相关的金融业务和汽车服务贸易等。2008年,上汽集团的销售量达到182万辆,在国内汽车集团排名中占据首位。2009年,上汽集团在《财富》杂志评选的世界500强中排第359位。

韩国双龙汽车公司(以下简称"双龙")于1954年正式成立,主营业务为特殊用途车辆以及重型商务车的研发、生产。1983年,双龙收购东亚汽车公司后一跃成为专业四轮驱动运动型多用途车的制造商。1997年,双龙因经营不善出现资不抵债的现象,后被大宇集团收购。1999年,大宇集团瓦解,双龙开始独立发展并选择上市,进而成为韩国第五大汽车制造商。2001年,双龙的新车销售量达到126万辆。

但是,自2002年起,韩国汽车的销售量逐渐下降,汽车公司要想取得快速发展必须依靠出口。此时双龙因为经营不合理,面临严重的债务问题,已陷入快要倒闭的困境。2002年,双龙的出口占比只有10%,管理团队只有寻求外部投资,以及依靠海外销售网络才能取得快速发展。因此,2003年双龙开始积极组织海外企业投标,11月初,上汽集团和双龙达成收购共识。2004年7月,上汽集团和韩国朝兴银行签订收购协议,上汽集团以每股1万韩元(约合8.84美元)的成交价将双龙48.92%的股权收入囊中,当时的总收购价格约为5亿美元。2005年1月27日,上汽集团完成对双龙股权收购任务,成为双龙的第一大股东。

上汽集团收购双龙是我国企业首次在海外收购整车企业,为中国汽车企业在国际范围内整合技术和品牌资源开创了先例。然而,战略并购并不意味着并购彻底结束,后面还面临诸多问题。

双龙被并购之后,在上汽集团的协助下开始积极地开拓国外市场,总资产和营业额都呈现出不断上涨的态势。然而,因为并购后在技术、人力资源以及文化方面没有进行科学、合理的整合,双龙很难有效地抵御多变的市场环境,金融危机等对双龙的发展也形成很大的威胁,最终双龙于2009年申请破产,上汽集团不得不放弃其控股权。至此,上汽集团付出近40亿元的代价买了个跨国并购的教训。

上汽集团对于双龙的并购属于典型的横向并购,根据调查统计,横向并购大多会取得成功,然而本案为大型跨国并购,并购双方除了存在不同企业之间的文化差异,还存在不同国家之间的文化差异,再加上上汽集团没有重视并购后的整合工作,出现了一系列罢工、停产等情况,最终在金融危机的催化下这场并购走向失败。

通过本案例,中国企业应认识到跨国并购完成后有效整合的重要性,在并购前要及时全面了解目标公司的企业文化,制订适当的整合方案;在并购过程中要加强沟通,让员工放下思想包袱,提高团队凝聚力;在并购结束后要注重人才的整合,加强管理模式的融合与创新,稳定员工心态,提高企业整体运营效率。

思考题:
(1) 从跨文化视角分析上汽集团并购双龙案例失败的原因。
(2) 探讨本案例对我国企业跨国并购文化整合的启示。

2. 万宝之争——宝能收购万科

宝能系是以深圳市宝能投资集团有限公司为中心的资本集团,其中,宝能投资集团有限公司于2000年3月在深圳成立,注册资本为3亿元,姚振华是其唯一的股东。宝能系旗下有综合物业开发、现代物流、金融等五大板块,控股宝能地产、前海人寿、钜盛华等多家子公司。

万科成立于1984年,是国内第一批从事房地产行业的公司。万科创始人王石带领团队经过几十年的不懈奋斗取得了十分显著的发展成绩,将万科打造成国内领先的城乡建设与生活服务商。多年来良好的业绩表现和高效的公司治理因素使机构投资者的持股动机增强,加之万科内部股权结构高度分散化,为后续的控制权之争埋下隐患。

2015年7月10日,宝能系前海人寿收购万科A股5.52亿股,随后和一致行动人连续举牌,在万科股份中持股比例达到15.04%,超越此前万科第一大股东华润集团。2015年

8月底至9月初,华润集团通过两次增持使其持有万科A股的份额达到15.29%,夺回万科第一大股东之位。但2015年12月4日后,宝能系不断增持万科股份,直到12月17日,持有的万科A股占比达到25.40%,再次成为万科第一大股东,华润集团降为万科第二大股东。2015年12月18日中午,万科因重大资产重组事项而宣布紧急停牌。

此后,万科管理层想要通过深圳地铁集团将宝能系手中的股权稀释,但是华润集团对此举表示强烈反对,最终方案没能实施下去。

2016年8月,恒大利用旗下投资公司增持万科A股5.52亿股,这是恒大首次举牌;之后几个月内,恒大持续增持,直到2016年11月,持有万科A股达到15.53亿股,在万科股权中占比达到14.07%。但2016年包括宝能系和恒大在内的许多公司利用保险资金频频举牌与杠杆并购,使得市场开始持质疑的态度,监管层对此非常重视,开始对其严格管控,恒大和宝能系迎来严峻的挑战。

2017年1月12日,万科对外发布公告,深圳地铁集团和华润集团合作,拟受让华润集团持有的价值371.7亿元的万科A股股份,一跃成为万科第二大股东。2017年6月9日晚间,恒大对外发布公告,将持有的万科A股全部出售给深圳地铁集团。深圳地铁集团在两次接盘后,一跃发展成为万科第一大股东,持股比例达到29.38%。

万宝之争对于上市公司的收购及抵御恶意收购均有着重要的启示作用。恶意收购往往会引起原管理层的强烈抵触。在没有加入董事会之前,新股东在企业治理层面无法取得话语权,但是原管理层能在公司规定的范围内,通过购买资产和增发股票等方式来抵抗新股东的介入。宝能系没有预料到这种情况的发生。

万科股权分散是两面性的,宝能系能够轻易地进入,表明其他人也容易进入。因此,介入收购之前应该提前了解公司的议事规则和具体章程,以免陷入两难境地。而由于股权过于分散,险些被恶意收购的万科的遭遇对上市公司起到很大的警示作用:上市公司应提高反收购防御意识,提前设置防御条款,如增加限制股东权利条款,制定合理的管理战略,建立防火墙,确保公司的控制权不被其他公司侵占。

思考题:

(1) 你觉得万宝之争的结果会对公司多元化策略产生什么影响?是鼓励多元化,还是鼓励集中主业?

(2) 从万科与宝能系的案例中,你认为公司可以采用哪些策略来抵御恶意收购?

主要参考文献

代丽娇.跨国并购的利弊及我国的对策[J].经济,2009(9):46-47.

范如国.企业并购理论[M].武汉:武汉大学出版社,2004.

傅颀,汪祥耀,路军.管理层权力、高管薪酬变动与公司并购行为分析[J].会计研究,2014(11):30-37.

高根.兼并、收购和公司重组[M].顾苏秦,李朝晖,译.4版.北京:中国人民大学出版社,2010.

高艳,赵守国.论企业并购中的文化整合与管理[J].经济管理,2002(19):42-44.

葛结根.并购支付方式与并购绩效的实证研究:以沪深上市公司为收购目标的经验证据[J].会计研究,2015(9):74-80.

胡海峰.公司并购理论与实务[M].北京:首都经济贸易大学出版社,2007.

黄嵩,李昕旸.兼并与收购[M].北京:中国发展出版社,2008.

黄速建,令狐谙.并购后整合:企业并购成败的关键因素[J].经济管理,2003(15):6-13.

李涤非,颜蓉,罗新宇.企业并购实务[M].上海:上海交通大学出版社,2009.

李麟,李骥.企业价值评估与价值增长[M].北京:民主与建设出版社,2001.

李曜.公司并购与重组导论[M].3版.上海:上海财经大学出版社,2019.

刘青,陶攀,洪俊杰.中国海外并购的动因研究:基于广延边际与集约边际的视角[J].经济研究,2017(1):28-43.

罗斯,威斯特菲尔德,杰富,等.公司理财:第11版[M].吴世农,沈艺峰,王志强,译.北京:机械工业出版社,2017.

马瑞清,莫,马.兼并与收购[M].2版.北京:中国金融出版社,2017.

潘红波,余明桂.目标公司会计信息质量、产权性质与并购绩效[J].金融研究,2014(7):140-153.

潘颖.上市公司并购绩效的理论与实证研究:基于公司治理视角[M].北京:中国经济出版社,2014.

彭琼仪.中国企业跨国并购的经济绩效分析:联想、TCL、上汽的跨国并购案例研究[J].财会通讯,2011(6):76-78.

石建勋,郝凤霞,张鑫,等.企业并购与资产重组:理论、案例与操作实务[M].2版.北京:清华大学出版社,2017.

田进,钱弘道.兼并与收购[M].北京:中国金融出版社,2000.

田满文.并购效率与制度:来自中国上市公司的经验证据[M].杭州:浙江工商大学出版社,2015.

童增.买壳借壳上市案例[M].北京:中国经济出版社,2003.

汪海粟.企业价值评估[M].上海:复旦大学出版社,2005.

王凤荣,苗妙.税收竞争、区域环境与资本跨区流动:基于企业异地并购视角的实证研究[J].经济研究,2015(2):16-30.

王培荣.经营管理层收购与经营者持股[M].北京:中国经济出版社,2005.

王新驰,刘秋华.企业并购与重组[M].北京:中国商业出版社,2006.

王艳,阚铄.企业文化与并购绩效[J].管理世界,2014(11):146-157.

吴先明,苏志文.将跨国并购作为技术追赶的杠杆:动态能力视角[J].管理世界,2014(4):146-164.

徐彬.企业并购后的整合与协同[J].学习与探索,2000(4):30-34.

曾燕,许金花,涂虹羽."共生"关系下的控制权防御机制设计:以"万科与宝能系之争"为例[J].管理科学学报,2018(10):97-111.

张家伦.企业价值评估与创造[M].上海:立信会计出版社,2005.

张金鑫,王方,张秋生.并购整合研究综述[J].商业研究,2005(9):111-114.

郑海英,刘正阳,冯卫东.并购商誉能提升公司业绩吗:来自A股上市公司的经验证据[J].会计研究,2014(3):11-17.

中伦文德律师事务所.公司并购实务操作与法律风险防控[M].北京:中国法制出版社,2015.

周琳.企业并购的资源协同[M].北京:中国经济出版社,2007.

朱宝宪.公司并购与重组[M].北京:清华大学出版社,2006.

FAMA E F, JENSEN M C. Separation of ownership and control[J]. Journal of law and economics, 1983, 26(2): 301-325.

GEORGIOS K. From hero to zero? the role of the euro in the current crisis: theory and some empirical evidence[J]. International advances in economic research, 2011, 17(3): 300-314.

MALIK M F, ANUAR M A, KHAN S, et al. Mergers and acquisitions: a conceptual review[J]. International journal of accounting and financial reporting, 2014(2): 520-533.

21世纪经济与管理规划教材

财务管理系列

第四篇

治 理 篇

第 7 章　公司治理基础
第 8 章　经理人激励
第 9 章　创始人与企业控制权

第 7 章 公司治理基础

[素养目标]
- 了解利益相关者理论
- 了解党组织在国有企业的公司治理中发挥的作用
- 了解国有企业混合所有制改革中非国有资本发挥的作用
- 了解国有企业中监事会发挥的作用
- 了解数字经济时代下的公司治理特征

[学习目标]
- 了解公司治理的目标
- 掌握公司的内外部治理机制
- 熟悉中国制度背景下的公司治理实践

7.1 公司治理概述

7.1.1 公司治理的提出

企业作为以营利为目的的组织,其组织形态经历了从新古典主义形式到现代股份制企业的转变。新古典主义形式以个人独资企业和合伙制企业为代表。现代股份制企业主要以公司制企业为代表。个人独资企业通常是由一个自然人投资者创办的企业,其业主享有企业全部的经营所得并且对企业的债务承担无限责任。合伙制企业是由两个或多个自然人联合出资、共同管理、共享收益、共担风险,并对债务承担无限责任的企业。公司制企业是出资人以各自的出资额为限对企业债务承担有限责任的具有法人资格的独立经济组织。正是由于公司制企业的出资人的责任是有限的,因此出资人经营企业的风险被大大降低了;同时,股份可以自由转让的机制吸引了社会上众多的投资者,企业的规模也得以扩大。公司制企业的出现大大促进了经济的发展和市场效率的提高。

然而随着公司制企业的不断发展,公司的股权结构开始呈现出分散化的趋势。由于公司的所有权属于全体股东,而经营权一般委托给专业的经营者,公司制企业呈现出所有权与经营权分离的特征。早在 1776 年亚当·斯密(Adam Smith)在《国富论》中就提到,在所有权和经营权两权分离的企业中,经营者是在使用别人的而不是自己的钱财,也就不可能盼望他们会有像私人公司那样的警觉性去管理企业。之后很长一段时间内,代理问题在公司制企业中并不突出,直到 20 世纪二三十年代经济大萧条的爆发,学者们才开始关注公司制企业的弊端。阿道夫·伯利(Adolf Berle)和加德纳·米恩斯(Gardier Means)在

1932 年出版的《现代公司与私有产权》一书中指出,伴随着股权分散化,公司的所有权和经营权出现了分离,尽管名义上公司归股东所有,但公司的实际控制权却掌握在经理人手中,这些经理人可能会为了追求自身利益最大化而损害股东的利益。Jensen 和 Meckling(1976)指出当公司进行外部融资时,就会形成外部人委托内部人使用资金的委托-代理问题,为了监督和约束委托人和代理人之间的代理冲突所花费的代价形成代理成本。公司制企业中股权高度分散和所有权与控制权两权分离的存在导致代理问题产生,使得公司治理成为现代股份制企业的焦点与核心。

7.1.2 公司治理的目标

要搞清楚公司治理的含义,必须要清晰界定公司治理的目标。公司治理的目标是什么,无论是理论界还是实务界都没有达成一致意见。目前关于公司治理的目标存在两种主流的观点。一种观点认为:股东作为公司资金提供者拥有剩余控制权和剩余索取权,并承担剩余的风险,公司治理的目标应当是追求股东利益最大化。另一种观点认为:任何一个公司的发展都离不开各利益相关者的投入或参与,包括股东、债权人、雇员、供应商、客户、政府部门、相关的社会组织和社会团体、周边的社会成员等,企业不能简单追求股东利益最大化,应当追求各利益相关者的利益最大化。实际上单纯追求股东利益最大化或追求利益相关者利益最大化都不是公司治理的最优选择。利益相关者利益最大化意味着同时实现多个目标的最大化,尽管听上去很美好,但是在实际操作层面是很难实现的。我们认为公司治理应当以股东利益最大化为主导,同时兼顾其他利益相关者的利益。

7.1.3 公司治理的定义

由于公司治理的目标并不一致,有关什么是公司治理,至今仍然没有清晰的定义。Mayer(1997)指出公司治理是使得股东(委托人)和经营者(代理人)的利益趋于一致,并确保企业为股东利益最大化而运行的一种方式。Shleifer 和 Vishny(1997)认为公司治理是确保资金提供方(股东和债权人)能够按时收回投资并获得合理回报的方法。Goergen 和 Renneboog(2006)认为公司治理应当是一个机制的组合,其目的是确保公司的管理层为股东、债权人、供应商、客户、员工以及与公司开展业务的相关合作者等的权益来经营公司。李维安(2005)指出,所谓公司治理是指通过一套包括正式或非正式的、内部或外部的制度或治理机制来协调公司与所有利益相关者之间的利益关系,以保证公司决策的科学化,最终维护公司各方面利益的一种制度安排。公司内部治理机制是一种正式的制度安排,包括股权结构的设置、董事会、经理激励等;外部治理机制包括法律制度、经理人声誉市场、公司控制权市场以及产品市场竞争等。

7.2 内部治理机制

我们从股权结构和董事会两个方面对公司治理的内部治理机制进行探讨。关于经理人激励的介绍,我们将在第八章进行。

7.2.1 股权结构

1. 分散的股权结构

股权结构决定了公司内部权力的分配,是公司治理问题的逻辑起点。在早期的以英美公司为研究对象的文献中,学者们都认为公司的股权是极为分散的,并将其作为研究的起点,探讨股东和经理人之间的代理冲突。当公司由不持有或较少持有公司股份的管理者控制时,股东和经理人的利益并不一致,经理人为了追求个人利益的最大化,会进行帝国构建和在职消费等损害股东利益的机会主义行为(Berle and Means,1932;Jensen and Meckling,1976;Grossman and Hart,1980)。如何通过股权结构的设置来缓解这一代理冲突呢?学者们指出,在集中的股权结构下,大股东由于持有更多的股份而更有意愿和能力对管理层进行监督,从而可以有效解决部分分散股权结构下的"搭便车"问题。大股东通过监督和激励管理层抑制管理层的机会主义行为,使得股东和经理人的利益趋于一致,从而缓解股东和经理人之间的代理冲突。除此之外,还有学者认为大股东可以采用"用脚投票"即退出威胁的方式来发挥公司治理作用(Edmans and Manso,2011)。具体而言,大股东作为知情的投资者,掌握着公司运营的私有信息,当意识到管理层的行为对公司不利时,他们会选择卖出公司的股份。由于大股东持有较高比例的股份,一旦退出,往往会导致股价下跌,造成管理层的财富损失。因此,为了留住大股东,免受财富损失,管理层会努力工作减少机会主义行为。

2. 集中的股权结构

然而,从 20 世纪 80 年代末开始,学者们逐渐意识到世界上大部分国家的股权是相对集中的,甚至美国也呈现出股权集中化的趋势(La Porta et al.,1999;Claessens et al.,2000)。例如,La Porta 等(1999)基于对 27 个国家或地区的 540 家大公司数据的研究发现,大多数国家的大公司很少是分散持股的。Claessens 等(2000)在考察 9 个东亚国家的 2 980 家上市公司时发现不低于三分之二的企业是由单一控股股东所控制的。集中的股权结构成为公司治理关注的焦点(Shleifer and Vishny,1997;Burkart et al.,1997)。大股东持有公司的股票既可以获得控制权的共享收益,又可以获得私有收益。由于大股东持股比例较高,他们往往具有公司的控制权,因此大股东有可能利用控制权的优势通过隧道效应、关联交易、占款等方式独占中小股东无法分享的收益,获取控制权私有收益。因此,公司的代理冲突又转化为大股东侵蚀中小股东利益的第二类代理问题。

3. "多股同大"的股权结构

由此可见,大股东有动机和能力监督管理层,抑制第一类代理问题的发生,但是却又引发第二类代理问题。实际上从世界范围来看,除股权高度分散和一股独大的股权结构外,"多股同大"的股权结构是普遍存在的。例如,La Porta 等(1999)通过研究发现,至少有四分之一的公司存在一个以上的大股东;Claessens 等(2000)发现 32.2%的东亚公司存在着至少两个持股比例超过 10%的大股东;Laeven 和 Levine(2007)对西欧 13 个国家的 1 657 家企业的研究表明,大约 34%的企业拥有两个或两个以上持股比例超过 10%的大股东;在美国,Edmans 和 Manso(2011)发现 70%的公司存在两个或者两个以上持股比例超过 5%的大股东。从理论上来讲,多个大股东的股权结构可以解决股权高度分散下股东之间的"理性冷漠"和"搭便车"问题,缓解第一类代理冲突,还可以在一定程度上抑制"一股独大"股权结构下控股股东攫取中小股东利益的行为,缓解第二类代理冲突。相关学者也发现了多个大股东提升公司价值的证据(Lehmann and Weigand,2000;Faccio et al.,2001;Attig et al.,2009;Jiang et al.,2017)。然而,大股东之间还有可能相互勾结,合谋损害中小股东的利益,甚至大股东之间可能相互斗争,从而损害公司价值(Konijn et al.,2011)。

7.2.2 董事会

1. 董事会职能

董事会是由股东大会根据法律程序和公司章程任命的,代表股东监督经理人的公司常设机构。董事会是联结股东和经理人的纽带。从理论上讲,董事会发挥两种职能:监督职能和咨询职能。监督职能包括聘用、评价和奖惩公司的管理层,以保证股东利益的最大化;咨询职能意味着董事会成员依据其职业背景、从业经验和专业特长等自身优势向管理层或公司提供战略决策或执行方面的建议。

2. 董事会人员结构

从董事会人员结构来看,董事会成员包括执行董事和非执行董事。执行董事又被称为内部董事,一般是公司内部人士,从事公司内部的经营管理。在利益上独立于该公司,即与公司没有任何商业关联或家族联系的非执行董事被称为独立董事。如果一个董事会全部由内部董事构成,那么它将很难发挥监督作用。相对于内部董事,独立董事并不依赖于内部的首席执行官(CEO),能够更好地发挥对管理层的监督作用(Fama,1980;Fama and Jensen,1983)。因此,很多国家都对上市公司中独立董事的占比设置了最低要求。然而,独立董事也有一定的局限性,与内部董事相比,独立董事获取公司的内部信息相对有限,尤其在信息不对称程度比较高的公司中,独立董事难以掌握公司特有信息,因此很难发挥其监督作用(Maug,1997)。实际上,除监督作用外,独立董事一般都是来自各界的精英,聘任其进入董事会能够给公司带来一些关键的信息和资源,发挥其对公司的咨询作用。例如,Faleye 等(2014)发现独立董事的专业特长和从业经验有利于改善 CEO 的战略决策。

3. 董事会规模

除了独立性,董事会的规模也成为影响董事会功能有效性的关键因素。学者们围绕董事会的规模展开了大量研究。有的研究认为董事会的规模越大,越能适应外部环境的变化,能够为公司提供更多的资源,营造更好的竞争环境,从而有利于提升公司的价值,即董事会的规模越大越好;还有研究认为董事会的规模越大,董事会沟通和协调的成本越高,并且会产生"搭便车"的现象,而小规模的董事会更有凝聚力,决策效率更高,因此董事会的规模越小越好。关于最优的董事会规模,不同的学者给出了不同的答案。比如 Lipton 和 Lorsch(1992)认为董事会的最优规模是 10 人,Jensen(1993)认为董事会的最优规模是 7 人或 8 人。因此,目前关于董事会最优人数是多少并没有统一的结论,公司应根据其所处的内外部环境特征,确定符合公司自身利益的最优规模和结构。

4. 董事会性别结构

董事会的性别结构即女性董事的占比也是董事会研究的热点话题。最早挪威在 2003 年提出所有上市公司的董事会中应至少有 40% 的女性董事。随后,德国、法国、冰岛等其他国家也出台了类似的女性配额制度。实际上,关于董事会中女性董事的增加能否提升公司绩效是存在争论的。象征主义理论认为公司任命女性董事仅仅是为了满足法律的要求,并不会对公司的绩效产生影响。更多的学者认为,女性董事相对于男性董事更加勤勉,更能发挥监督作用。相较于全部为男性的董事会,性别多元化的董事会能提供更丰富的知识和信息,有利于咨询作用的发挥。还有学者从行为金融学的角度发现,女性董事更偏向于规避风险,有利于降低公司的风险。

7.3 外部治理机制

7.3.1 法律环境

法律对投资者的保护是确保公司资金提供方按时收回投资并且获得合理回报的重要公司治理机制。自从 La Porta 等(1998)将法律和公司金融进行融合后,学者们逐渐开始关注法律在公司治理中所发挥的作用。La Porta 等(1998)将世界各国的法律体系区分为英美的普通法系和欧洲的大陆法系,并且指出相对于大陆法系,普通法系对投资者的权利保护程度更高。当一个国家的投资者法律保护程度较低时,公司更有可能采取集中的股权结构。这是因为:一方面,法律对投资者的保护程度较低时,大股东需要持有更多的股份才有足够的动机和能力对管理层进行监督和约束;另一方面,中小股东投资的动力不足,使得公司很难公开融资,导致公司的股权集中度较高。因此,股权集中背后的原因在于法律对投资者的保护不足。除此之外,法律对投资者的保护程度也将直接影响公司的治理水平。一方面,对投资者较高程度的法律保护有利于减少该公司的代理问题,抑制公司管理者对股东利益以及大股东对中小股东利益的侵害(La Porta et al.,1997);另一方面,较强的投资者法律保护也有利于减少公司和外部投资者的信息不对称,降低融资成本(Brockman and Chung,2003)。

7.3.2 经理人声誉市场

对经理人的激励除采取正式制度外,还可以采取声誉这一非正式制度。声誉是市场有关个人行为和能力等方面信息的一个综合反映,是决定个人价值的重要因素。正如 Hayek 等(1948)所指出的,即使不存在正式制度,声誉也可以向当事人提供履行合约的激励。声誉能够发挥作用的根源在于重复交易的价值,为了实现重复交易,交易各方将避免出现一次性交易中的道德风险问题,建立和维护诚实的声誉。因此,经理人市场作为非正式制度可以通过声誉机制形成对经理人的隐性激励,约束经理人的机会主义行为(Fama,1980)。学者们普遍认为西方国家存在比较完善的经理人声誉市场,能够有效地监督和激励经理人。当经理人做出不利于股东的行为时,由于声誉机制的影响,经理人会面临收入的减少、公司的解聘,甚至职业生涯的完结。相反,当经理人业绩良好时,他能够获得更多的报酬和晋升机会。因此,有效的经理人声誉市场能够较好地发挥公司治理作用,降低公司的代理成本,提升公司价值。

7.3.3 公司控制权市场

公司控制权市场指的是各个不同管理团队在其中争夺公司资源管理权的市场(Jensen and Ruback,1983)。由于并购是获取公司控制权最有效的办法,因此,资本市场对经理人行为的约束都是通过并购来实现的。在美国等发达国家并购市场非常活跃。如果公司经营不善,投资者对公司未来前景不看好,股价下降,该公司就会成为其他公司选择并购的对象,使得经理人面临被解聘的风险和声誉的损失,这将促使经理人努力工作,改善该公司的经营管理。因此,控制权发生转移的并购行为将会约束经理人的机会主义行为,成为公司重要的外部治理机制。后续的研究还发现,正是由于面临被并购的风险,公司会采取一些反并购的措施,如增加公司负债等,这可以减少管理层可控制的资源,缓解公司的代理冲突。因此,即使没有发生真正的并购,公司控制权市场的威胁作用也将迫使经理人的行为动机与股东利益趋于一致。

7.3.4 产品市场竞争

产品市场竞争是提高经济效率最强大的力量,来自产品市场竞争的压力将迫使经理人自觉完善公司的经营,促使经理人按照股东价值最大化的原则行事(Shleifer and Vishny,1997)。产品市场竞争甚至是比公司控制权市场、外界监管更为有效的公司治理机制(Allen and Gale,2000)。当公司面临的市场竞争比较激烈时,竞争压力将促使公司管理层提高生产效率,获取竞争优势,如果管理层偷懒或浪费公司资源,公司将会失去竞争优势,甚至破产,这将会导致公司控制权的转移,经理人也将会被替代(Schmidt,1997)。因此,公司的管理层有较强的动机努力工作,提高公司绩效以获取竞争优势。另外,公司代理冲突很大程度来自股东和经理人之间的信息不对称,而当公司所在行业的市场竞争比较激烈时,通过与可比公司进行比较,可以减少股东与经理人之间的信息不对称,有助于股东的监督和激励,降低公司的代理成本。

7.4 数字经济时代下的公司治理

近年来,大数据、人工智能、云计算、区块链以及物联网等新一代信息技术给传统经济带来了巨大冲击,催生了数字经济的快速发展。数字经济成为重组全球要素资源、重塑全球经济结构、改变全球竞争格局的关键力量。2016年,习近平总书记强调,"推动互联网和实体经济深度融合,加快传统产业数字化、智能化,做大做强数字经济,拓展经济发展新空间"。2020年,习近平总书记在出席二十国集团领导人第十五次峰会时指出,"我们要主动应变、化危为机,深化结构性改革,以科技创新和数字化变革催生新的发展动能"。2021年,习近平总书记再次强调,"促进数字技术与实体经济深度融合,赋能传统产业转型升级,催生新产业新业态新模式,不断做强做优做大我国数字经济"。

传统公司治理致力于解决内外部信息不对称导致的"内部人控制"引发的代理问题，而新技术的发展减少了公司内外部的信息不对称，缓解了公司面临的融资约束问题，使得资本的重要性相对降低。新技术的发展增加了外部投资者和内部人之间关于新兴业务模式的信息不对称。新兴业务模式反映了公司对人力资本需求的增加，并且人力资本的稀缺性和资产专用性都超过了财务资本，人力资本成为控制权安排的关键。那么，面对数字化改革带来的重大挑战，公司的内部治理模式势必作出适应性的调整。

合伙人制度的出现是阿里巴巴应对新兴产业快速发展的重要制度安排。阿里巴巴的大股东把公司决策权交给具有较强专业知识和信息优势的马云创业团队即"合伙人"，鼓励创业团队在充满风险的业务模式中积极进行人力资本投资，极大地提升了公司的管理效率（郑志刚等，2016）。双层股权结构同样是应对业务模式信息不对称的治理机制安排。例如，美国的脸书（Facebook）公司将公司的股票分为"一股一票"的 A 类普通股和"一股十票"的 B 类普通股。外部投资者持有 A 类普通股，而创始人马克·扎克伯格（Mark Zuckerberg）及其团队通过持有 B 类股票牢牢把控着公司的控制权，这促进了创业团队资产专用性投入，有利于公司长期战略的形成。戚聿东等（2020）也指出双层股权结构有利于创始人团队主导公司的发展方向，促进上市公司对人力资本的投资与激励，有利于公司长期的发展。除此之外，有限合伙制企业也能保证创始人控制权的稳定，通过给予投资方股权激励的方式，最大限度地发挥各方的积极性。因此，就目前而言，合伙人制度、有限合伙制企业和双层股权结构更能适应数字经济的发展。随着新技术的逐步发展，如何构建基于数字经济的公司治理框架是未来仍然需要探索的理论和实践话题。

7.5 公司治理：中国的实践

我国资本市场建立的标志是 1990 年 11 月 26 日上交所和 1990 年 12 月 1 日深交所的成立。截止到 2020 年 12 月 31 日，中国沪深两市的上市公司总量已达到 4 130 家，总市值达到 83 万亿元。中国证券监督管理委员会（China Securities Regulatory Commission，CSRC）简称证监会，类似于美国证券交易委员会（SEC），是中国上市公司最主要的监管机构。与西方国家不同，中国具有独特的制度环境。只有对中国的制度环境进行透彻的理解和准确的把握，才能够真正理解中国公司治理机制的设计，更好地分析公司治理所产生的效果。

7.5.1 中国公司治理准则

证监会和国家经济贸易委员会于 2002 年 1 月 7 日联合发布了《上市公司治理准则》（下称"公司治理准则"）。2018 年 9 月 30 日，证监会修订了公司治理准则。该准则指出上市公司治理应当健全、有效、透明，强化内部和外部的监督制衡，保障股东的合法权益并确保其得到公平对待，尊重利益相关者的基本权益，切实提升企业整体价值。新修订的公司治理准则在强调上市公司对银行及其他债权人、员工、客户、供应商、社区等利益相关者的合法权利进行保护的基础上，还指出上市公司应当积极践行绿色发展理念，将生态环保要求融入发展战略和公司治理过程，主动参与生态文明建设，在污染防治、资源节约、生态保护等方面发挥示范引领作用；同时，还鼓励上市公司结对帮扶贫困县或者贫困村，主动对接、积极支持贫困地区发展产业、培养人才、促进就业。由此可知,新修订的公司治理准则紧扣新时代的主题,要求上市公司贯彻落实创新、协调、绿色、开放、共享的发展理念,弘扬优秀企业家精神,积极履行社会责任,形成良好的公司治理实践架构,尤其强化了上市公司在环境保护和扶贫等方面的引领作用。

近年来,我国社会各界开始重视ESG,即环境(Environment)、社会(Social Responsibility)和治理(Governance)的投资理念,越来越多的上市公司开始发布ESG报告。ESG的理念在考虑股东利益的同时,还考虑到社会环境、客户供应商以及员工等所有利益相关者的利益。

中国公司治理目标的实现需要一套符合中国制度背景的公司内部治理机制和外部治理机制。为了更好地保护投资者尤其是中小投资者的利益,我国上市公司形成了较为成熟的"三会一层"的内部治理结构,具体包括股东大会、董事会、监事会和高级管理层。外部治理机制包括法律环境、经理人市场、控制权市场以及产品市场竞争等。

7.5.2　内部治理机制:中国的实践

1. 股东大会和股权结构

(1) 股东大会

公司设立由股东组成的股东大会,股东大会是公司的权力机构,股东按其持有的股份行使表决权,决定公司的重大问题。为了充分反映中小股东意见,公司治理准则针对如何保障中小股东的合法权益给出了指导原则:上市公司应当建立与股东畅通有效的沟通渠道,保障股东对公司重大事项的知情、参与决策和监督等权利。该规则还规定单一股东及其一致行动人拥有股份比例在30%及以上的上市公司,应当采用累积投票制。公司法规定单独或者合计持有公司10%以上股份的股东发出请求时,应在2个月内召开临时股东大会。

(2) 股权集中度

与西方国家不同,我国上市公司的股权集中度较高,如图7-1所示,1999—2020年,我国上市公司平均第一大股东持股比例为36.2%。尽管近年来第一大股东持股比例呈现下降趋势,但是2020年该比例仍然达到了33%。在这样集中的股权结构下,股东-经理人的代理冲突得以缓解,但是控股股东攫取控制权私有收益,侵害中小股东利益,即大股东-小股东的代理冲突较为突出。因此,保护中小投资者的合法权益一直是我国证券市场监管的核心。

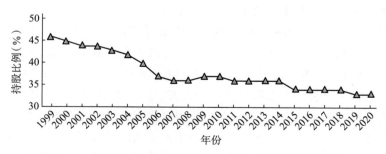

图7-1　我国上市公司1999—2020年第一大股东持股比例

长期以来,尽管中国上市公司一股独大的股权结构在实践层面饱受诟病,然而已有的针对中国上市公司大股东的研究并没有得到一致的结论。有的研究指出大股东的存在会降低公司绩效,但也有研究认为大股东有利于提升公司绩效。Jiang等(2017)则指出,一股独大存在两种情况:一种是持有较高股份的单一大股东,另一种是持股比例并不是很高的单一大股东。事实上,当单一大股东持股比例较高时,该股东的利益和公司利益趋于一致,将会产生"利益共享的激励效应";而当单一大股东的持股比例较低时,该股东获取控制权共享收益的动机较弱,凭借控制权的优势地位攫取私有收益的动机较强,这时"利益攫取的堑壕效应"占据主导地位;当公司存在多个大股东时,其他大股东将会对第一大股东的利益攫取行为进行监督,从而改善公司绩效。因此,持有较高股份的单一大股东的公司绩效优于多个大股东股权结构下的公司绩效,多个大股东股权结构下的公司绩效优于持有较低股份的单一大股东的公司绩效。

(3)国有控股

根据产权性质的不同,我国上市公司分为国有控股企业和民营控股企业。如图7-2所示,1999—2020年,我国国有控股企业平均占全部上市公司的46.7%。尽管近年来国有控股企业的占比呈现下降趋势,但截止到2020年年底,该比率仍有30%。国有控股企业和民营控股企业存在较大差异。首先,从股权集中度来看,1999—2020年国有控股企业中第一大股东平均持股比例为41%,略高于民营控股企业的32.6%,具体如图7-3所示。其次,从经营目标来看,国有控股企业承担更多的社会责任,其经营目标更多倾向于相关者利益最大化,而民营控股企业更多追求股东利益最大化。最后,从代理冲突来看,对于国有控股企业而言,由于所有者缺位,经理人实际上控制着公司,更容易产生经理人的机会

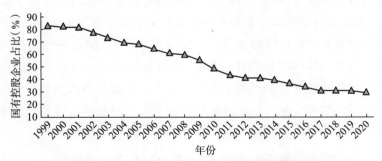

图7-2 我国上市公司1999—2020年国有控股企业占比

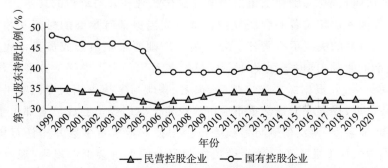

图7-3 我国上市公司1999—2020年民营控股企业和国有控股企业第一大股东持股比例

主义行为,相对而言第二类代理冲突较小。而民营控股企业的股东可以有效地对经理人进行监督,股东与经理人之间的第一类代理冲突较小,但是大股东很有可能会侵害中小股东的利益,损害公司的价值,第二类代理冲突较为突出(Jiang et al.,2015)。因此,在分析中国上市公司治理问题时,需要区分国有控股企业和民营控股企业。

(4)混合股权结构

2013年党的十八届三中全会通过的《中共中央关于全面深化改革若干重大问题的决定》提出要积极发展国有资本、集体资本、非公有资本等交叉持股、相互融合的混合所有制经济。随后,2015年发布的《关于国有企业发展混合所有制经济的意见》、2016年出台的《关于国有控股混合所有制企业开展员工持股试点的意见》和2018年颁布的《中央企业混合所有制改革操作指引》等多个配套文件,都涉及或有专门内容力推国有企业混合所有制改革。目前我国的国有企业混合所有制改革取得了积极进步与显著成效。

国有企业混合所有制改革的本质是引入民营资本,打破国有企业和民营企业之间存在的体制障碍,加强国有资本和民营资本的相互融合。国有企业混合所有制改革的目标之一就是改善国有企业的公司治理。从理论上讲,多个大股东的存在可以形成有效的公司治理机制,以制约控股股东的谋取私利行为。进一步的研究表明,多个大股东能否发挥监督作用受大股东之间股权性质的影响,当其他大股东的股权性质与控股股东不同时,更能发挥积极的监督和制衡作用(Maury and Pajuste,2004;刘星和刘伟,2007;马连福等,2015)。国有控股企业引入非国有资本有利于改善董事会的结构,改变国有企业一股独大导致的"一言堂"现象,提高公司决策的民主化和科学化水平,从而提升国有企业的公司治理水平(綦好东等,2017)。蔡贵龙等(2018)的研究表明,非国有股东单纯的持股并不能提高公司的薪酬业绩敏感性,而非国有股东向国有企业委派高管有利于改善公司的薪酬业绩敏感性,由此可以说明混合所有制改革不能仅仅停留在资本层面的混合,还需要确保非国有股东在国有企业经营管理中具有一定的影响力,才能更好地发挥民营企业的监督和治理作用。马新啸等(2021)的研究表明,非国有股东参与国有企业高层治理可以解决部分国有企业代理问题和提高经营管理效率,从而增加其纳税贡献,这种效果在2013年年底党的十八届三中全会深入推进国有企业混合所有制改革之后更为明显。

2. 董事会

我国公司法规定董事会对股东大会负责,执行股东大会的决议。公司治理准则规定董事会应当依法履行职责,确保上市公司遵守法律法规和公司章程的规定,公平对待所有股东,并关注其他利益相关者的合法权益。董事应当保证有足够的时间和精力履行其应尽的职责,对董事会的决议承担责任。公司治理准则要求董事会成员具备履行职责所必需的知识、技能和素质,同时鼓励董事会成员的多元化。为了更好地开展工作,董事会通常设立审计委员会,并根据需要设立战略、提名、薪酬与考核等相关专门委员会。专门委员会对董事会负责,提案应当提交董事会审议决定。专门委员会成员全部由董事组成,其中审计委员会、提名委员会、薪酬与考核委员会中独立董事占多数并担任召集人,审计委员会的召集人为会计专业人士。董事会负责制定专门委员会工作规程,规范专门委员会的运作。

(1) 董事会规模

我国公司法规定,股份有限公司董事会的人数为5～19人。如图7-4所示,从我国实践来看,1999—2020年董事会的平均人数为9人。近年来,董事会人数呈现下降趋势。

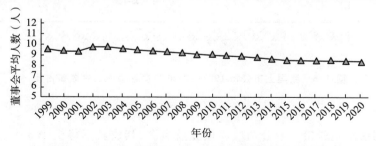

图7-4　我国上市公司1999—2020年董事会平均人数

(2) 董事会独立性

为了更好地完善上市公司治理结构,促进上市公司规范运作,2001年8月16日,证监会发布了《关于在上市公司建立独立董事制度的指导意见》,标志着我国上市公司正式全面执行独立董事制度,并要求在2003年6月30日之前,上市公司董事会成员中应当至少包括1/3的独立董事。由于大股东-中小股东代理冲突是我国上市公司的突出矛盾,该指导意见指出独立董事的职责是维护公司整体利益,尤其要关注中小股东的合法权益不受损害。从我国的实践来看,如图7-5所示,截止到2020年,我国上市公司平均董事会人数为8.82人,平均独立董事为3.23人,独立董事占比约为37%,刚刚达到证监会要求的1/3。从我国上市公司独立董事所发挥作用的实证经验来看,更多的学者发现独立董事并没有很好地发挥监督作用,但是发挥了一定的咨询作用。

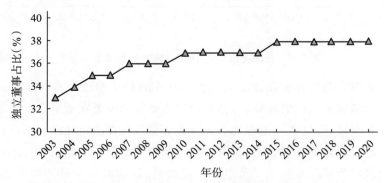

图7-5　我国上市公司2003—2020年董事会中独立董事人数占比

(3) 董事会性别结构

随着各国相继推出女性董事配额制度和女性董事数量的增加,我国1999—2020年董事会中女性董事平均占比达到15.6%,如图7-6所示。由于董事会平均人数为8人,因此平均而言,董事会中至少有1名女性董事。学者针对我国上市公司女性董事所产生的经济后果进行了大量的探讨,更多的文献支持董事会中的性别多元化有利于提升公司绩效。我们预期未来董事会中女性董事占比也将呈现出上升的趋势。

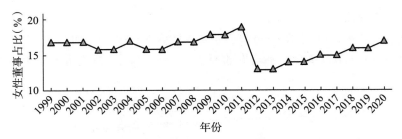

图 7-6　我国上市公司 1999—2020 年董事会中女性董事占比

3. 监事会

我国公司法规定股份有限公司应当设立监事会,其成员不得少于 3 人。监事会应当包括股东代表和适当比例的公司职工代表。如图 7-7 所示,我国上市公司 1999—2020 年监事会平均人数为 4 人。公司治理准则规定上市公司董事、高级管理人员不得兼任监事。监事有权了解公司的经营情况,依法检查公司财务,监督董事、高级管理人员履职的合法合规性,维护上市公司及股东的合法权利,必要时可以独立聘用中介机构提供专业意见。当监事会发现董事、高级管理人员违反法律法规或者公司章程时,应当履行监督职责,并向董事会通报或者向股东大会报告,也可以直接向证监会及其派出机构、证券交易所或者其他部门报告。

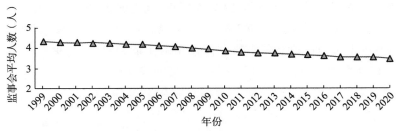

图 7-7　我国上市公司 1999—2020 年监事会人数

然而有关监事会是否真正发挥了监督作用存在着较大争议。有的学者认为,我国的监事会制度虽然借鉴了德国的经验,但是与德国将监事会设置在董事会之上不同,我国监事会和董事会并列设置,这在一定程度上表明监事会往往在公司并没有话语权,不易对董事会和管理层进行有效的监督,因此监事会是"橡皮图章"。然而,南开大学公司治理研究中心公司治理评价课题组构建了监事会治理指数,认为监事会是公司治理的重要组成部分,随着时间的推移,其有效性会逐渐提高。现有学者更多从监事会的专业性、独立性以及获取信息途径等多个方面探讨监事会所发挥的作用,研究发现监事会的专业性越高,独立性越强,能够获取的监督信息越多,其发挥的作用越大(王兵等,2018;周泽将等,2018)。

4. 党组织

《中国共产党章程》规定国有企业党委(党组)发挥领导作用,把方向、管大局、保落实,依照规定讨论和决定企业重大事项。2020 年 1 月 5 日,中共中央印发的《中国共产党国有企业基层组织工作条例(试行)》明确指出,国有企业党组织工作应当坚持加强党的领导和完善公司治理相统一,把党的领导融入公司治理各环节。国有企业应当将党建工作要求写入公司章程,写明党组织的职责权限、机构设置、运行机制、基础保障等重要事项,明确党组织研究讨论是董事会、经理层决策重大问题的前置程序,落实党组织在公司治理结构中的法定地位。坚持和完善"双向进入、交叉任职"领导体制,符合条件的党委(党组)班子成员可以通过法定程序进入董事会、监事会、经理层,董事会、监事会、经理层成员中符合条件的党员可以依照有关规定和程序进入党委(党组)。公司法规定上市公司应当设立中国共产党的组织,开展党的活动。上市公司应当为党组织的活动提供必要条件。2018年证监会重新修订的公司治理准则指出,国有控股上市公司应根据公司法和有关规定,结合企业股权结构、经营管理等实际,把党建工作有关要求写入公司章程。

由此可知,对于国有企业而言,除股东大会、董事会、监事会和高级管理层"三会一层"的制度外,党委会参与公司治理成为国有企业公司治理中最为突出的现象。近年来越来越多的学者探讨国有企业党组织的治理作用。陈仕华和卢昌崇(2014)研究发现,党组织参与治理有助于阻止国有资产或股权的低价转让,进而有效抑制潜在的"国有资产流失"问题的发生;柳学信等(2020)研究发现,国有企业党组织与董事会"交叉任职",尤其是在党委书记与董事长由同一人担任的情况下,更可能出现董事会异议,表明党组织治理安排能够为党组织在董事会决策中发挥作用提供职务保障。

7.5.3 外部治理机制:中国的实践

1. 法律环境

(1) 法律法规

中国自资本市场建立以来颁布了诸多的法律法规。1994年开始实施的《中华人民共和国公司法》是一部为规范公司的组织和行为,保护公司、股东和债权人的合法权益而制定的法律。1999年实施的《中华人民共和国证券法》是中国第一部规范证券发行与交易行为的法律,对于保护投资者的合法权益、维护社会经济秩序和社会公共利益、促进社会主义市场经济的发展发挥了重要的作用。除此之外,证监会也陆续颁布了相关章程和规范性文件,包括《上市公司治理准则》《上市公司章程指引》《上市公司股东大会规则》等。在后续的过程中,相关部门针对上市公司的种种不当或违法行为不断地修改法律法规,抑制了大股东对中小股东的利益侵占行为,对投资者的法律保护水平也在不断地提高。例如,2008年发布的《中国资本市场发展报告》提到,为有效解决大股东及其关联方侵占上市公司资金的问题,证监会出台严格限制控股股东及其他关联方占用上市公司资金的规定,实行"以股抵债"试点,会同地方政府和有关部门全面开展"清欠"攻坚战。与此同时,立足于建立长效机制,防止前清后欠,刑法中也增加了有关"侵占上市公司资产罪"的规定,加大了对大股东和实际控制人侵占上市公司资产行为的责任追究力度。截至2006年年底,已有399家公司完成"清欠"或进入"清欠"程序,涉及资金390亿元,涉及资金占用问题的上市公司数和占用资金额同比分别下降93%和84%,控股股东和实际控制人违规占用上市公司资金的问题基本解决。

党的二十大强调要深化金融体制改革,加强和完善现代金融监管。随着金融体制改革的不断深入和资本市场的持续发展,原证券法的诸多条款已难以发挥防范上市公司风险和保护投资者权益的作用。2019年12月审议通过的新证券法于2020年3月1日起正式实施。新证券法对上市公司影响较为突出的方面是提高违法违规成本、加强信息披露和增强投资者保护。在违规成本方面,新证券法大大提高了违规处罚力度。定额处罚标准提升至200万—1000万元,对于恶劣的欺诈发行事件,处以2000万元罚款。按照违规所得予以处罚的标准从1倍至5倍提升到1倍至10倍。同时,此次修订还完善了违规行为的民事赔偿制度,如明确了违规行为中主要负责人的过错推定、连带赔偿责任。此部分情形还增加了受处罚的主体。此次修订显著提高了证券市场违法违规成本,极大地提升了法律威慑力。在信息披露方面,新证券法单独设立了"信息披露"章节,修改了信息披露的原则性规定,补充了"简明清晰、通俗易懂"的要求,还增加了信息披露义务人的相关披露义务和责任,对于完善上市公司信息披露具有重要意义。在投资者保护方面,新证券法单独设立了"投资者保护"章节,明确了投资者保护机构可作为股东权利征集人以及以自己的名义提起诉讼,且持股比例和持股期限不受公司法规定的限制。同时,新证券法进一步明确了上市公司分红原则。这些条款体现了保护广大投资者资产收益权的立法初衷。

(2) 非行政处罚性监管

目前,中国的法律体系在保护中小投资者方面仍然相对薄弱。Allen等(2004)发现中国的债权人和投资者保护水平低于La Porta等(1998)统计的49个国家的平均水平。除了法律体系的构建,我国的执法情况仍然相对较差并且对违反证券法行为的处罚相对较轻,从而导致我国法律环境相对薄弱。尽管中国的法律体系和金融体系都尚未健全,但经济发展迅速,其特有的机制和相关机构的设立弥补了公司治理机制和融资渠道上的不足。党的十九大报告强调,需要"转变政府职能,深化简政放权,创新监管方式"。在监管转型背景下,证监会的核心是放松管制、加强监管,并且要充分发挥交易所一线监管的作用,从而逐渐突出证券交易所的监管职能。其中,以问询函为代表的"非行政处罚性监管"就是我国监管机构在吸取国外经验的基础上所进行的制度性创新。上交所和深交所会针对财务报告、重组事项、关联交易、股票异常波动、媒体报道等方面对上市公司发出问询函,要求上市公司在规定时间内书面回函并公开披露。对于一些尚未解决或回复不清晰的事项,交易所还会进行再次问询。近年来学者们围绕着问询函所发挥的作用展开了大量的研究,并且大多数的文献支持交易所通过问询函监管发挥了公司治理的作用,促进了资本市场的健康发展(陈运森等,2018;陈运森等,2019)。

为了进一步探索和创新对中小投资者的法律保护,证监会于2014年12月组建了中证中小投资者服务中心(以下简称"中证投服"),它是归属于证监会并且专门负责中小投资者保护的公益性机构。中证投服的董事会人员来自证监会和交易所的管理层,接受证监会的监管。另外,中证投服持有沪深交易所每家上市公司一手(100股)的股份,通过质询、表决、诉讼等方式行使股东的各项权利。自开始行权以来,中证投服聚焦于资本市场关注的热点问题,通过参加股东大会、公开发声等方式,强化对中小投资者的保护,规范上市公司治理。相关研究表明,中证投服在很大程度上改变了中小股东在与上市公司博弈中的不利地位,催生了中小股东诉讼维权意识的觉醒,并拓宽了中小股东诉讼维权的渠道。

由此可知，随着各项法律法规的不断出台，中国对投资者的法律保护水平也在不断提高。

2. 经理人市场

在西方国家，由于声誉机制的存在，经理人市场能够对不称职的经理人施加严重的惩罚，使其面临声誉受损、收入减少，甚至职业生涯的结束，这时，经理人有动机建立良好的声誉。因此，经理人市场能够发挥公司治理作用，降低公司的代理成本。但是就目前来看，中国并不存在活跃的经理人市场，并不能够很好地发挥有效的公司治理作用。

我国国有企业的经理人在一定程度上受到管制，并且由于国有企业并非以盈利最大化为目标，其业绩并不是关键的因素，因此经理人面临的市场压力较小，其声誉机制很难发挥作用（薄仙慧和吴联生，2009）。然而，近年来国资委在总经理选聘方面开始逐渐转向市场化招聘。2014年，国资委正式开始中央企业董事会行使高级管理人员选聘、业绩考核和薪酬管理职权试点，标志着国有企业开始向建立现代化选聘职业经理人制度迈进。2015年，中共中央和国务院下发的《关于深化国有企业改革的指导意见》指出，要畅通现有经营管理者与职业经理人身份转换通道，董事会按市场化方式选聘和管理职业经理人，合理增加市场化选聘比例，加快建立退出机制，推行企业经理层成员任期制和契约化管理，明确责任、权利、义务，严格任期管理和目标考核。2015年，中共中央办公厅在发布的《关于在深化国有企业改革中坚持党的领导加强党的建设的若干意见》中指出，要进一步完善坚持党管干部原则与市场化选聘、建立职业经理人制度相结合的有效途径，扩大选人用人视野，合理增加市场化选聘比例。2016年，中共中央在《关于深化人才发展体制机制改革的意见》中提出要在国有企业建立职业经理人制度。2017年，《国务院办公厅关于进一步完善国有企业法人治理结构的指导意见》提出，对经理层成员实行与选任方式相匹配、与企业功能性质相适应、与经营业绩相挂钩的差异化薪酬分配制度，国有独资公司经理层逐步实行任期制和契约化管理。根据企业产权结构、市场化程度等不同情况，有序推进职业经理人制度建设，逐步扩大职业经理人队伍，有序实行市场化薪酬，探索完善中长期激励机制，研究出台相关指导意见。2018年，中共中央办公厅、国务院办公厅发布的《中央企业领导人员管理规定》指出，要丰富和完善市场化选人方式，明确将公开遴选作为选拔中央企业领导人员方式之一，明确对经理层成员的选拔任用可以采取竞聘上岗、公开招聘和委托推荐等方式，进一步扩大选人用人视野，合理增加经理层中市场化选聘职业经理人比例，稳妥推进职业经理人制度建设，有序推进董事会选聘经理层成员试点工作。这些措施将有利于职业经理人市场的快速发展。

由于很多非国有企业都是家族企业，他们往往倾向于在企业或家族内部选择经理人。2011年，由全国工商联、中共中央统战部等机构联合调查发布的《中国家族企业发展报告》显示，在被调查的4614家企业中，仅有7.9%的家族企业的总裁或总经理由职业经理人担任。在对没有聘用职业经理人的家族企业进行调查后发现，大约有55.9%的家族企业认为"找不到合适的职业经理人"，34.6%的家族企业认为"成本太高"，20.9%的家族企业认为"对职业经理人难以信任"，还有部分家族企业将其原因归为"相关法律不健全"。然而随着家族企业的发展，越来越多的企业将面临家族传承的难题。据普华永道《2018年全球家族企业调研——中国报告》统计数据，截至统计时间，国内有80%的家族企业尚无相应的继任计划。同时,受过去几十年独生子女政策的影响,由于很多家族企业创始人的子女对管理家族企业并没有兴趣,这将会催生家族企业对职业经理人的需求,从而促进职业经理人市场的发展。

3. 控制权市场

在成熟的控制权市场中,表现不佳的公司很有可能被收购和接管,在此压力下,经理人将努力工作,防止被替换掉。因此,控制权市场可以形成一种有效的公司治理机制。然而不同于成熟市场中较为分散的股权结构,中国上市公司的股权集中度相对较高,外部投资者通过并购获取公司控制权的难度非常大,因此恶意并购获取公司控制权的事情少有发生。另外,我国有将近一半的上市公司是国有企业,并购的市场化程度不足,并且在我国退市不充分的情况下,壳资源的价值阻止了业绩较差的公司被并购,这些都在一定程度上限制了控制权市场的发展。然而随着资本市场的发展,尤其是2005年开始实行的股权分置改革的完成,"全流通时代"已经到来。近年来,国务院也高度重视并购重组的体制机制性障碍的突破,证监会作为资本市场的监管部门,不断坚持市场化改革趋向,持续推进市场基础建设,不断完善监管的制度安排。国家一系列鼓励市场化并购政策的出台,在很大程度上激活了中国的控制权市场。

4. 产品市场竞争

我国经历了从计划经济到市场经济的转变。在1978年开始经济改革之前的中央计划体制中,政府通过设定生产目标、决定价格和分配资源来控制国家大部分的经济产出,近3/4的工业产品是由国有企业生产的,几乎所有行业的市场准入都受到政府的严格控制。民营企业和外资企业几乎不存在(Morrison, 2014),在那个时期竞争的作用很小。从1979年开始,中国启动了几项经济改革,包括取消价格控制,降低非国有企业的进入壁垒,放开内部贸易,以及逐步开放中国经济对外贸易和投资。自1995年以来,政府采取"循序渐进"的方式向外国投资者开放各个行业,特别是2001年中国加入WTO后,平均进口关税降低,产生进口冲击,加剧了国内市场竞争(Erdem and Tybout, 2003; Jiang et al., 2015)。

随着市场竞争的逐渐加剧,学者们探讨了市场竞争所发挥的公司治理作用。市场竞争通过破产清算的威胁和减少信息不对称的作用,抑制公司内部人的机会主义行为,提高公司价值。姜付秀等(2009)研究发现,市场竞争可以降低公司的代理成本,减少经理人的机会主义行为。张功富(2009)通过实证研究发现,市场竞争还可以减少大股东的"掏空行为",缓解公司的第二类代理冲突。

讨论题

1. 在中国现行国情下,如何实现从"家庭企业"式管理到"职业经理人"式管理的过渡?
2. 中国特有的"非行政处罚性监管"措施有哪些?它们是如何符合十九大提出的"监管转型"目标的?

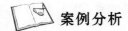 **案例分析**

陆家嘴现代企业制度的发展历程

上海陆家嘴金融贸易区开发股份有限公司（以下简称"陆家嘴"）致力于中国最具影响力的"上海陆家嘴金融贸易区"的重点功能区域土地开发和城市功能开发，是陆家嘴金融贸易区最初的开发建设者。二十多年的发展使陆家嘴成为涵盖城市功能开发、商业地产经营、金融产业服务、会展规划咨询的综合性投资控股公司。

陆家嘴始终秉持"永续经营、持续发展"的理念，将经济发展、环保运营和社会和谐三者合一的标准贯彻到公司各项工作中，实现公司和利益相关方的共同发展。2018年，公司实现营业收入126.39亿元，较2017年度增长35.54%；实现归属于上市公司股东的净利润33.50亿元，较2017年度增长7.04%。截至2018年年末，公司总资产达到781亿元，2018年营业收入126亿元，净利润超过33亿元。公司高度关注对全体股东的稳定、均衡、持续回报，持续秉承效益优先和股东利益最大化的宗旨，自2002年以来，坚持每年现金分红。公司不仅严格按照股东回报规划，且近年来连续五年现金分红达到净利润的50%，成立至今，对股东的现金分红金额达87亿元。

陆家嘴以建立现代企业制度为目标，不断完善公司治理结构，规范公司日常运作，防范公司经营风险，加强公司信息披露。目前，公司已经形成权责分明、各司其职、有效制衡、协调运作的法人治理结构。公司通过董事会决策、管理层执行和监事会监督三位一体的管理模式，确保其运行的独立性、规范性和有效性，切实维护广大投资者和公司的利益。

陆家嘴发挥党组织的政治核心作用，将党的领导和完善公司治理统一起来。2018年，公司将党建工作纳入公司章程，明确党组织在公司法人治理结构中的法定地位，深入挖掘党组织发挥政治核心作用的途径和方式，在公司发展中坚持党的建设同步谋划、党务工作者队伍稳定、党组织和党员作用有效发挥，坚持和完善双向进入、交叉任职的领导体制，贯彻"三重一大"决策制度，董事会决定公司重大问题时，由公司党委会先行研究讨论或作出决策。董事会中的党员成员按照党委会的决定或意见发表意见，行使表决权，落实党委的决定。加强党建工作有利于加强对公司董事会的监督，有利于完善国有资产管理体制，有利于实现国有企业可持续发展的目标。

资料来源：陆家嘴."三一制考核"兼顾党建与企业发展[J].董事会，2019(12)：43.

思考题：

（1）试述陆家嘴的公司治理目标。

（2）陆家嘴如何发挥党组织在公司治理中的作用？

主要参考文献

薄仙慧，吴联生.国有控股与机构投资者的治理效应：盈余管理视角[J].经济研究，2009，44(2)：81-91.

蔡贵龙,柳建华,马新啸.非国有股东治理与国企高管薪酬激励[J].管理世界,2018,34(5):137-149.

陈仕华,卢昌崇.国有企业党组织的治理参与能够有效抑制并购中的"国有资产流失"吗[J].管理世界,2014(5):106-120.

陈信元,叶鹏飞,陈冬华.机会主义资产重组与刚性管制[J].经济研究,2003(5):13-22.

陈运森,邓祎璐,李哲.非处罚性监管具有信息含量吗:基于问询函的证据[J].金融研究,2018(4):155-171.

陈运森,邓祎璐,李哲.证券交易所一线监管的有效性研究:基于财务报告问询函的证据[J].管理世界,2019,35(3):169-185.

姜付秀,黄磊,张敏.产品市场竞争、公司治理与代理成本[J].世界经济,2009,32(10):46-59.

姜付秀,金,王运通.公司治理:西方理论与中国实践[M].北京:北京大学出版社,2016.

李维安.公司治理学[M].北京:高等教育出版社,2005.

刘星,刘伟.监督抑或共谋:我国上市公司股权结构与公司价值的关系研究[J].会计研究,2007(6):68-75.

柳学信,孔晓旭,王凯.国有企业党组织治理与董事会异议:基于上市公司董事会决议投票的证据[J].管理世界,2020,36(5):116-133.

马连福,王丽丽,张琦.混合所有制的优序选择:市场的逻辑[J].中国工业经济,2015(7):5-20.

马新啸,汤泰劼,郑国坚.非国有股东治理与国有企业的税收规避和纳税贡献:基于混合所有制改革的视角[J].管理世界,2021,37(6):128-141.

戚聿东,肖旭,蔡呈伟.产业组织的数字化重构[J].北京师范大学学报(社会科学版),2020(2):130-147.

綦好东,郭骏超,朱炜.国有企业混合所有制改革:动力、阻力与实现路径[J].管理世界,2017(10):8-19.

王兵,吕梦,苏文兵.监事会治理有效吗:基于内部审计师兼任监事会成员的视角[J].南开管理评论,2018,21(3):76-89.

张功富.产品市场竞争、大股东持股与企业过度投资:来自沪深工业类上市公司的经验证据[J].华东经济管理,2009,23(7):68-75.

郑志刚,邹宇,崔丽.合伙人制度与创业团队控制权安排模式选择:基于阿里巴巴的案例研究[J].中国工业经济,2016(10):126-143.

周泽将,马静,刘中燕.独立董事政治关联会增加企业风险承担水平吗[J].财经研究,2018,44(8):141-153.

ALLEN F, GALE D. Financial contagion[J]. Journal of political economy, 2000, 108(1):1-33.

ALLEN F, QIAN J, QIAN M. Law, finance, and economic growth in China[J]. Journal of financial economics, 2004, 77(1):57-116.

ATTIG N, GHOUL S, GUEDHAMI O. Do multiple large shareholders play a corporate governance role? evidence from East Asia[J]. Journal of financial research, 2009, 32(4): 395-422.

BENGT H. Moral hazard in teams[J]. The bell journal of economics, 1982, 13(2): 324-340.

BERLE A, MEANS G. The modern corporation and private property[M]. New York: Macmillan, 1932.

BROCKMAN P, CHUNG D Y. Investor protection and firm liquidity [J]. The journal of finance, 2003, 58(2): 921-937.

BURKART M, GROMB D, PANUNZI F. Large shareholders, monitoring, and the value of the firm[J]. The quarterly journal of economics, 1997, 112(3): 693-728.

CLAESSENS S, DJANKOV S, LANG L H P. The separation of ownership and control in East Asian corporations[J]. Journal of financial economics, 2000, 58(1): 81-112.

EDMANS A, MANSO G. Governance through exit and voice: a theory of multiple blockholders[J]. Review of financial studies, 2011, 24(7): 2395-2428.

ERDEM E, TYBOUT J R. Trade policy and industrial sector responses in the developing world: interpreting the evidence[J]. Brookings trade forum, 2003(1): 1-27.

FACCIO M, LANG L H P, YOUNG L. Dividends and expropriation[J]. American economic review, 2001, 91(1): 54-78.

FALEYE O, KOVACS T, VENKATESWARAN A. Do better-connected CEOs innovate more [J]. Journal of financial and quantitative analysis, 2014, 49(5/6): 1201-1225.

FAMA E. Agency problems and the theory of the firm[J]. Journal of political economy, 1980, 88(2): 288-307.

FAMA E, JENSEN M C. Separation of ownership and control[J]. Journal of law and economics, 1983, 26(2): 301-325.

GOERGEN M, RENNEBOOG L. Corporate governance and shareholder value [M]. Oxford: Blackwell Publishing, 2006.

GROSSMAN S J, HART O D. Takeover bids, the free-rider problem, and the theory of the corporation [J]. The bell journal of economics, 1980, 11(1): 42-64.

HAYEK F A, BEATRICE W, BARBARA D, et al. Our partnership[J]. Economica, 1948, 15(59): 227.

JENSEN M C. The modern industrial revolution, exit, and the failure of internal control systems[J]. The journal of finance, 1993, 48(3): 831-880.

JENSEN M C, MECKLING W. The theory of the firm: Managerial behavior, agency costs, and ownership structure[J]. Journal of financial economics, 1976, 3(4): 305-360.

JENSEN M C, RUBACK R S. The market for corporate control: the scientific evidence[J]. Journal of financial economics, 1983, 11(1): 5-50.

JIANG F X, KIM K A. Corporate governance in China: a modern perspective[J]. Journal of corporate finance, 2015, 32: 190-216.

JIANG F X, KIM K A, NOFSINGER J R, et al. Product market competition and corporate investment: evidence from China[J]. Journal of corporate finance, 2015, 35: 196-210.

JIANG F X, KIM K A, NOFSINGER J R, et al. A pecking order of shareholder structure[J]. Journal of corporate finance, 2017, 44: 1-14.

KONIJN S J J, KRÄUSSL R, LUCAS A. Blockholder dispersion and firm value[J]. Journal of corporate finance, 2011, 17(5): 1330-1339.

LAEVEN L, LEVINE R. Complex ownership structures and corporate valuations[J]. The review of financial studies, 2007, 21(2): 579-604.

LA PORTA R, LOPEZ-DE-SILANES F, SHLEIFER A. Corporate ownership around the world[J]. The journal of finance, 1999, 54(2): 471-517.

LA PORTA R, LOPEZ-DE-SILANES F, SHLEIFER A, et al. Legal determinants of external finance. The journal of finance, 1997, 52(3): 1131-1150.

LA PORTA R, LOPEZ-DE-SILANES F, SHLEIFER A, et al. Law and finance[J]. Journal of political economy, 1998, 106: 1113-1155.

LEHMANN E, WEIGAND J. Does the governed corporation perform better? governance structures and corporate performance in Germany[J]. Review of finance, 2000, 4(2): 157-195.

LIPTON M, LORSCH J W. A modest proposal for improved corporate governance[J]. The business lawyer, 1992, 48(1): 59-77.

MAUG E. Boards of directors and capital structure: alternative forms of corporate restructuring[J]. Journal of corporate finance, 1997, 3(2): 113-139.

MAURY B, PAJUSTE A. Multiple large shareholders and firm value[J]. Journal of banking and finance, 2004, 29(7): 1813-1834.

MAYER C. Corporate governance, competition, and performance[J]. Journal of law and society, 1997, 24(1): 152-176.

MORRISON K M. Nontaxation and representation[M]. New York: Cambridge University Press, 2014.

SCHMIDT K M. Managerial incentives and product market competition[J]. Review of economic studies, 1997, 64(2): 191-213.

SHLEIFER A, VISHNY R. A survey of corporate governance[J]. Journal of finance, 1997, 52(2): 737-783.

第 8 章　经理人激励

[素养目标]
◆ 了解经理人激励的发展脉络与演进过程
◆ 了解经理人激励的理论形式与实践应用
◆ 了解经理人激励在中国资本市场的发展与实践

[学习目标]
◆ 掌握经理人激励的定义、特点与具体参与者
◆ 了解经理人激励发展的理论基础与实践意义
◆ 熟悉经理人激励的具体形式与相关指标选择
◆ 熟悉中国制度背景下经理人激励的发展现状

8.1　经理人激励概述

8.1.1　经理人激励的定义

1. 含义

（1）什么是经理人

在现代公司制度下，企业的所有权和经营权日渐分离，企业的所有者由于种种原因难以承担全部的管理工作，因此会选择具有卓越管理才能和丰富管理经验的专业化管理人才来负责企业的经营、运作和决策，为股东创造财富，提升企业的价值，由此产生了"职业经理人"这一群体。职业经理人是指在企业管理高度专业化的情况下，全面负责企业的经营管理，具备一定的职业素质和职业能力，在企业的经营决策和资源配置方面起着重要作用的群体。

（2）什么是激励

激励作为心理学术语，指的是基于被激励者的内心需求和欲望，通过设置科学有效的激励机制，持续激发其动机，对其行为进行引导和强化。在管理学领域，激励主要是通过调动被激励者的工作积极性，以实现被激励者的行动效果和实施激励主体期望结果的高度匹配。

（3）什么是经理人激励

经理人作为宝贵的人力资源，接受企业的聘任，致力于企业的运营管理，并获取相应报酬。但是，所有者与经理人通过契约建立的合作关系，会因为双方利益诉求的不同而不稳定。所有者寻求的是最大可能地发挥经理人的才干，以创造更多股东财富，实现最大的

经济利益;经理人则会在考虑委托人期望的条件下积极关注自身利益的实现,在信息不对称和委托代理契约不完全的情况下,经理人很可能因监督和约束不足而使委托代理的目标难以充分实现。经理人激励是在充分考虑经理人自身需求和利益的情况下,通过建立科学合理的激励机制,实现经理人和委托人目标的适配,最大程度地激发经理人的积极性,实现企业价值最大化。

2. 特点

(1) 实施经理人激励对企业发展影响重大

经理人激励的特殊性在于,经理人作为企业经营管理和资源配置的重要决策者,将在极大程度上影响企业的经营发展。经理人管理水平的高低和努力程度的大小会对企业的短期绩效和长期战略发展产生巨大影响,因此实现经理人和所有者目标的趋同以激励经理人努力经营具有极为重要的意义。

(2) 对经理人激励不足将会产生较大风险

经理人有较强的能力来进行盈余管理、选择性披露和在职消费等机会主义活动。在监督和约束不足的情况下,经理人的道德风险和逆向选择将会导致非效率的管理活动,损害公司利益,对公司的长短期发展产生不利影响,严重情况下甚至可能引发系统性风险。

(3) 经理人的激励需求具有多样性

由于经理人从事的活动和所处的地位具有一定的特殊性,经理人不仅重视短期的物质薪酬激励,还看重长期的业绩激励、情感激励以及社会舆论和荣誉激励等,因此在设置针对经理人的激励机制时,要充分考虑经理人的动机和需求,以更好地调动经理人的积极性。

3. 主要参与者

经理人激励的主要参与者包括被激励的经理人和实施激励的企业所有者。企业所有者雇用经理人来参与企业经营管理,由此产生了委托代理关系。作为委托人的所有者出让企业的经营权,但仍享有对企业剩余利益的索取权,作为代理人的经理人在努力满足委托人的利益诉求以保持自身职业稳定性和市场竞争力的同时,也会考虑自身利益的实现。在信息不对称的情况下,由于委托人信息获取的完整性和准确性会受到一定限制,且其监督成本较高,因此代理人具有较大的可操作空间。同时,在通过契约建立合作关系时,委托人和代理人所拟定的契约难以避免地会存在未尽事宜,导致委托代理契约不完全,使代理人能够通过一定途径合法地追求自身利益。正是由于代理人具有极强的追求自身效用最大化的动机,因此,为了解决委托人和代理人利益诉求的不一致问题,需要建立有效的激励机制,通过适当的激励策略,使代理人和委托人的利益诉求趋于一致,以实现企业价值最大化。

8.1.2 经理人激励的由来:理论基础

经理人激励制度缘何而来?为了探究这一问题,现主要从三大理论视角——契约理论、信息经济学理论和激励理论,对该问题进行多学科、多角度的研究与讨论。

1. 契约理论

(1) 契约理论概述

契约理论起源于经济学领域,1991年诺贝尔经济学奖得主科斯在1937年发表的经典论文《企业的性质》中提出这一概念。科斯指出:"由于预测具有困难性,关于商品或劳务供给的契约期限越长,对买方而言明确规定对方该干什么就越不可能,也越不合适。"契约理论的核心思想是基于"契约"视角理解一切经济活动,即将买卖交易、市场活动及制度规章等都视作参与该经济活动的双方或多方当事人之间的一种事前拟定的协议。

随着经济学中交易成本概念的提出与信息经济学的发展,契约理论在理论深度与应用广度两方面均取得了重大突破。在理论深度方面,由于经济学家对"契约不完全性"的深入认识,契约理论发展为两类流派——完全契约理论与不完全契约理论。两类理论的根本性差异源于让·梯若尔(Jean Tirole)在1999年发表的论文《不完全契约理论:我们究竟该站在什么立场上》中所提出的三类成本:一是不可预见的突发事件所导致的成本,即由于当事双方或多方无法在签订契约之前预见之后可能发生的突发事件,故仅能签订未明确提及这些突发事件的合同或不签订合同;二是签订合同的成本,即在可以预见所有意外的情况下签订合同,但在合同中对变化多端的情况进行约定所耗费的成本是极高的;三是合同执行成本,即法院必须了解合同条款并在发生意外情况和采取行动后验证并执行合同所耗费的成本。由于上述三类成本的存在,两类理论的区别主要是其理论重心在事前规则的制定上还是在事后权力的监督上。完全契约理论认为上述三类成本是不存在的,故在事前制定契约条款时是完美的、不存在阻力的,所以核心关键点在于签订契约后条款的执行与监督管理。不完美契约理论则将上述三类成本纳入事前条款制定的考虑中,认为由于三项成本的存在无法制定出完美的契约,应当通过谈判来解决这一问题,应该将重点聚焦于事前规定当事双方或多方相应的责任与权利上。在应用广度方面,契约理论被广泛运用于现代企业管理、劳动力市场、金融、经济组织等诸多领域,由此产生了相应的分支领域理论。激励契约理论便是契约理论被应用于劳动力市场而产生的一个新分支领域理论,该理论是现代契约理论研究的重要领域。

(2) 激励契约理论

激励契约理论中当事方一般包括雇主与雇员,而激励契约则是雇主与雇员之间签订的一项契约。该契约约定雇员应当按照雇主的意愿行事并为其创造价值,而雇主应当向雇员支付与其所付出的劳动相对等的薪酬。在市场竞争条件下,雇主为了最大限度调动雇员的主观能动性为其创造最大化价值,就必须签订一项合理的激励契约,即雇员的工作薪资应当与其工作产出成正比。激励契约理论的内容主要包括两个方面:经理人激励问题和激励契约的具体形式。

首先关注激励契约理论中的经理人激励问题。在现代企业制度中,由于企业的所有权与经营权分离,企业所有者(即委托人)与经营者(即经理人)之间可能会出现利益不一致的情况。为了解决委托人与经理人之间的利益冲突问题,二者通常会在确定委托代理关系时签订一份约定利益分配的均衡合同(假定该均衡合同不含激励条款)。但由于委托人与经理人之间存在信息不对称性,因此设计均衡合同时存在代理问题。代理问题主要表现为两方面:一是逆向选择;二是道德风险。

逆向选择源于事前非对称信息,指市场的某一方如果能够利用多于另一方的信息使自己受益而使另一方受损,则掌握信息较多的一方将倾向于与对方签订协议进行交易。逆向选择在委托代理问题中主要表现为签订契约前对经理人的选择。如果根据均衡合同中不含激励的利益分成,企业将更有可能雇用不具备专业素质、经营风格过于保守的经理人。这类经理人并不倾向于通过企业价值最大化来实现个人价值,无法替委托人实现股东价值最大化的目标。

道德风险源于事后不对称信息,指参与合同的一方所面临的对方可能改变行为损害本方利益的风险。道德风险在委托代理问题中主要表现为签订契约后的不道德行为。经理人在企业经营中取得了重大成功与进步却并没有得到相匹配的利益分配,很可能会导致经营者工作积极性降低、以不正当手段弥补应得利益甚至借故离开企业等后果。

为了解决委托人和经营者之间可能存在的利益冲突,避免道德风险与逆向选择问题,需要设计激励契约以在各方利益博弈中确定利益均衡点。在签订均衡合同的同时附加激励条款,能够在确立委托代理关系前吸引具有专业经营能力、期望通过应用专业能力实现公司价值最大化来获得回报的经理人,在事前避免逆向选择问题。激励契约也能在确立委托代理关系后有效避免经理人的经营风格过于保守,通过提供正当回报的获取渠道来避免经理人用不正当手段弥补应得利益,在事后规避道德风险问题。

其次关注激励契约的具体形式。西方学者哈维·罗森(Harvey Rosen)将激励契约中的激励分为两类:作为惩罚方案的激励(即惩罚激励)与作为奖励方案的激励(即奖励激励)。惩罚激励包括违约所付出的代价、声誉的损失及市场力量的压力三个方面。而奖励激励则通常与经理人可控制的生产结果挂钩,以使管理的激励更有效。两类激励方案均需通过委托人与代理人之间订立契约来实现。激励契约理论通过在契约中设计一种激励兼容约束,在确立契约关系时明确双方能够获得的激励与应当服从的约束,使契约双方均按照能够产生使双方满意的结果的方式行事。激励契约理论在经理人市场中的应用重新定义了经理人的雇佣契约,该契约不再是简单的"委托人付出固定薪资获取经理人等额工作量"的模式,而是一种特殊支付表现和隐性提升规则之间的混合体(陈银娥,2003)。该契约通过明确规定高级管理职位的晋升方式与实质性激励回报的获取途径,来达到选择胜任经理人并激励其实现公司价值与个人价值同步最大化的最终目标。

2. 信息经济学理论

信息经济学起源于20世纪40年代,到70年代基本发展成熟。其主要流派分为两支,即宏观信息经济学与微观信息经济学。前者以信息产业为研究对象,从国民经济的顶层视角出发探讨关于信息经济发展的测度、道路、方向及策略等问题;后者以个别市场主体为研究对象,分析"信息"这一要素对市场均衡、劳动市场供给、消费者行为以及市场机制等一系列微观经济问题的影响,分析信息资源配置和微观信息市场的效率问题。

本书主要聚焦于信息理论在微观信息经济学中的应用,更具体地聚焦于信息理论在经理人激励问题中的应用。微观信息经济学理论研究表明,在市场活动中存在两种信息:私人信息与公共信息。前者是指在订立契约时或契约执行过程中仅被一方所掌握的信息,后者则是人人都能观察到的、掌握的公开信息。由于私人信息的存在,市场活动的双方或多方当事人所掌握的信息在数量与质量上存在差异,这种私人信息导致的信息差异性被称为信息不对称性。拥有私人信息的一方在经济活动中往往处于有利地位,仅拥有公共信息的一方则处于不利地位。在信息经济学中,信息优势方隐藏的私人信息主要分为三类:隐藏知识、隐藏行动与不可验证性。隐藏知识指信息优势方所知道的某种知识;隐藏行为指信息优势方所掌握的某种行为的具体情况;不可验证性指的是契约双方均没有拥有私人信息,但他们所掌握的信息无法被第三方加以验证。其中,逆向选择是信息优势方隐藏知识导致的;道德风险是信息优势方隐藏行为导致的。

将信息经济学原理应用于经理人激励问题中,需要结合委托代理关系进行研究。一般情况下,经理人是拥有私人信息的一方,故委托人可被视作信息劣势方,经理人可被视作信息优势方。信息优势方(经理人)与信息劣势方(委托人)之间的利益并非总完全一致。具体而言,当前企业制度决定了委托代理关系中的信息优劣方:信息优势方(经理人)负责企业日常经营事宜,接触第一手数据,并将信息整理汇报给信息劣势方(委托人)。这种企业经营模式导致委托人与经理人在信息形成中的作用、拥有的信息量、行为目标、信息需求、获取信息的时间先后、获取信息的保密性约束等方面均存在差异。经理人可以利用自身掌握的信息优势,在追求自身效用最大化时做出不利于委托人的机会主义行为,或者在不违背规章制度、市场法则的情况下合理回避企业经营风险。委托人站在企业所有者角度,企业价值最大化是其考虑的首要目标。委托人虽然在权力结构上处于优势地位,但在信息不对称中却处于劣势地位。经理人站在经营者角度,个人价值最大化与企业价值最大化并不总是一致的,故在权力结构和信息不对称中所处的优劣方位置正好与委托人相反。当经理人的经营成果背离委托人预期时,由于委托人掌握的信息较少,因此在判断该经营成果是否受经理人努力程度与主观意志影响时将存在障碍。

信息不对称是影响委托代理关系绩效与企业价值最大化目标实现的关键因素之一,委托人需要采取必要的措施以协调委托人与经理人之间存在的目标差异,提高信息披露质量,避免扭曲、虚假的信息损害企业价值。而在信息传递环节与信息披露机制中融入激励制度,则是解决信息不对称、激励经理人工作产出的一大思路。此处,以信息不对称中的两类经典问题——逆向选择与道德风险如何得到解决为例说明信息经济学在经理人激励中的实际应用成果。

根据信息经济学原理,解决逆向选择问题可以在事前从信号传递和信息甄别两方面入手,而解决道德风险问题则可以在事后从参与约束与激励相容约束两方面入手。首先,在招聘经理人时,委托人需要建立畅通的信息传递渠道,保证信号传递的有效性。而在获得经理人应聘的反馈信息后,委托人需要对经理人候选人信息的真实性进行判断,即由不掌握私人信息的委托人主动来设计特定的契约对经理人候选人进行筛选。在上述过程中,委托人需要对经理人实施必要的引导和激励,使得经理人积极主动地传递有效真实的私人信息,使个人效用与企业效用达到最大程度的契合,建立防止经理人隐藏真实信息、传递虚假信息的监督约束机制。其次,委托人需要构建信息控制软约束(参与约束)和硬约束(激励相容约束)。软约束主要是建立经理人的价值认同,使其在行为上自觉与公司价值趋同。而硬约束则在于通过建立合理的治理结构和激励制度,充分发挥内部控制的作用,来减轻信息不对称程度。

就经理人激励的具体形式而言,委托人需要通过设计有效的监督和激励机制、丰富的激励形式,使委托代理关系在一个较长时期的信息不对称博弈中实现博弈均衡。具体的激励形式可分为企业内部激励机制与市场外部激励机制。企业内部激励机制包括物质激励与精神激励相结合、短期激励与长期激励相结合、将绩效考核与经理人经营业绩挂钩、"锦标赛"或"标尺竞争"等。市场外部激励机制包括经理人市场声誉对经理人的隐性激励及企业潜在的市场接管威胁等。

3. 激励理论

一般而言,激励理论涵盖广义与狭义两方面的内容。广义激励理论指由经济学角度、行为主义与理论综合三大类理论组成的理论体系。该理论体系是企业理论的重要组成部分,也是经济理论的前沿,距今已有一百余年的历史,近年来发展迅速,相继出现了以严格数学模型为基础的信息经济学理论、激励理论、契约理论、委托代理理论等。虽然各种理论名称不同、侧重不同,但本质均可以归纳为非对称信息博弈论在经济学上的应用,故统称为激励理论。由于前述契约理论、信息经济学理论均为经济学视角理论,故下述激励理论聚焦于行为主义和理论综合两大视角(即狭义激励理论)。

(1) 行为主义视角

20世纪初,管理学之父弗雷德里克·泰勒(Frederick Taylor)提出"经济人假设",科学管理理论由此开始蓬勃发展。20世纪30年代,哈佛大学心理学教授埃尔顿·梅奥(Elton Mayo)在美国芝加哥西部电器公司所属的霍桑工厂进行了一项心理学研究,该研究否定了"经济人假设",由此行为主义学者摒弃了"经济人假设",开始对人的本性进行深入探讨,经过多年发展,形成了两大主要流派:内容型激励理论与过程型激励理论。经济学视角下的理论研究大多基于三个基本假设:①所有雇员的需求是无差别的;②所有经济活动环境是无差别的;③存在一种对所有雇员都适用的最佳激励方式。但对于具有较高专业素质与个人能力的经理人而言,其与普通雇员的需求、所处的经济活动环境并不是全然无区别的,故仅采用经济学视角下的一般方式激励经理人无法实现最佳激励效果。相较于经济学视角,行为主义视角为经理人激励问题提供了物质报酬以外的研究视角。

内容型激励理论是指针对激励的原因与起激励作用的因素的具体内容进行研究的理论,该理论体系及其分支理论普遍认为不同人在不同时期、不同环境中的行为动机是不同的、需要甄别的。如果不针对甄别后的不同状态进行激励,就将割裂人的目标需求与现实情况,进而使人无法从主观意愿上求取自身进步与环境进步,也无法最大限度地调动人的主观能动性。将其应用于经理人激励问题中,由于经理人自身状态处于不断发展中,如果不对其行为动机进行挖掘并予以针对性激励,将使得经理人的目标需求无法得到满足,经理人将倾向于选择保持现状而不求取自身的进步与为公司创造价值。内容型激励理论流派众多,其中美国哈佛大学教授戴维·麦克莱兰(David McClelland)的成就动机理论对企业家或经理人的激励具有重要指导意义。20世纪50年代,麦克莱兰在一系列文章中提出:人的高层次需求可以分为三类,分别是成就需求、权力需求和亲和需求。对于具有高目标值的企业家或经理人而言,仅仅从物质需求方面进行激励是无法完全满足其高层次需求的,需要从成就需求与权力需求两方面对经理人的行为动机进行深度剖析,以满足其价值需求。当现有需求被满足后,经理人又将产生新的价值需求与行为动机,实现具有正向反馈的激励循环。在这一循环中,经理人不断实现在个人价值与公司价值两个层面的持续进步,维持发展的动力源。

过程型激励理论是指针对人从动机产生到采取行动的心理过程进行研究的理论,该理论主张确定对行为起决定作用的关键因素并建立该关键因素的影响机制,以预测并控制人的行为。相较于经济学视角下的理论与行为主义视角下的内容型激励理论,过程型激励理论的主要贡献在于将研究视角从结果导向(薪酬、成就、权力等)转向过程导向。在经理人激励领域中,过程型激励理论并不着重强调满足经理人物质需求和精神需求的必要性,而是更强调对影响经理人行为的关键因素与其作用机制进行分析研究。下面以过程型激励理论中的目标设置为例,对经理人激励进行过程导向型研究分析。1967年,美国马里兰大学管理学兼心理学教授埃德温·洛克(Edwin Locke)在一系列科学研究的基础上提出了目标设定理论(Goal Setting Theory)。研究发现,外来的刺激(如奖励、工作反馈、监督的压力等)都是通过目标来影响动机的,目标能引导活动指向与目标有关的行为,使人们根据难度的大小来调整努力的程度,并影响行为的持久性。将该理论运用于经理人激励领域可得到:委托人所设定的业绩目标作为影响经理人行为模式的关键因素,具有引导与激励作用。明确、合理的业绩目标能够引导经理人的行为模式,提高其个人发展路径与公司发展路径的契合程度,从而激励经理人充分发挥主观能动性,不断为公司创造价值。

(2)理论综合视角

随着激励理论的深入发展,部分行为主义学者认为内容型激励理论和过程型激励理论都有其固有局限性,它们均基于人类行为动机模式中的某几项环节,并没有从人类行为动机模式整体出发进行理论研究。将两类侧重点不同的激励理论结合起来研究并寻求人类行为动机的一般模式和测量激励效果的一般公式,就是综合激励理论。简而言之,在经理人激励领域中运用综合激励理论,能够从经理人的行为动机模式出发,最大限度地调动经理人的主观能动性。在此以锦标赛理论(Tournament Theory)和公平理论(Equity Theory)在薪酬差距研究中提供的不同证据为例,对综合激励理论的诞生与必要性作出阐述。锦标赛理论从经济学角度出发,侧重研究经济因素;而公平理论属于行为主义理论,也是过程型激励理论中的一类典型理论。锦标赛理论与公平理论为薪酬差距的研究提供了截然相反的证据,现以此为例说明行为主义视角与经济学视角下经理人激励研究出发角度与侧重因素的不同。

20世纪80年代初期,爱德华·拉齐尔(Edward Lazear)与罗森共同提出锦标赛理论。该理论提出不同经理人的晋升与薪酬情况应该取决于业绩的相对比较而非绝对比较。该理论将经理人激励与需要连续淘汰对手的锦标赛进行类比,只有最后赢家才能获得职务晋升与薪酬奖励。值得注意的是,锦标赛理论的核心观点是"薪酬拐点"。随着职务级别的提高而出现的薪酬增长是不连续、不平滑的,即薪酬的增长幅度存在"拐点",团队内部不同经理人间的薪酬差距随着职务级别的升高而不断增大,甚至将超过经理人的预期水平。在超预期的薪酬差距下,经理人将付出超预期的努力以获得该回报,从而最大限度地调动的经理人的主观能动性。概括而言,锦标赛理论认为:职务级别是决定薪酬水平及其薪酬差距的主要因素,悬殊的薪酬差距能提供较强的经理人激励。通过制定晋升规则与相对应的薪酬体系,能够调节薪酬差距从而影响经理人受激励的程度与所投入的努力,并有效防止经理人偷懒与搭便车等行为。

随着激励理论的深入发展,"经济人假设"逐渐被摒弃,行为主义学者开始关注人的行为动机模式。其中,公平理论为行为主义视角下的薪酬差距研究提供了理论分析框架,并对该流派的发展产生了深刻影响。公平理论由美国心理学家约翰·亚当斯(John Adams)提出,又称社会比较理论,属于过程型激励理论。根据公平理论,"公平的收入分配结果"是影响经理人行为机制的关键因素。其核心内容为:当雇员付出劳动并取得薪酬回报后,他不仅关心该劳动与报酬的绝对量,而且会与他人付出的劳动与取得的薪酬进行比较。一旦由于付出劳动不同所产生的薪酬差距超出其预期的合理范畴,雇员就会认为该收入分配结果是不公平的,从而消极怠工,表现出负激励作用。这一过程中,关键因素"公平的收入分配结果"直接影响了雇员的行为动机模式,若没能在该关键因素上取得实绩,激励效果将表现为负向。与锦标赛理论相比,经理人内部"薪酬拐点"在公平理论中是无法起到激励作用的,甚至会抑制除最后赢家经理人外的其他经理人的主观能动性与努力投入水平。概括而言,公平理论认为经理人将根据自身对收入分配结果公平与否的评估结果改变其行为动机模式,故在经理人激励制度中应当对公平因素予以关注。

虽然锦标赛理论与公平理论在薪酬差距研究中提供了截然相反的经验证据,但并不意味着这两个理论是绝对对立的。在经理人激励中,锦标赛理论的核心内容"竞争"与公平理论的核心内容"公平"是可以达到统一的。在实际经理人激励中,公平理论所强调的公平具有底线意义,锦标赛理论所强调的竞争应该在保障公平的基础上开展,二者具有内在互补性。20世纪90年代以来,学者们开始从整体的人类行为动机模式研究经理人激励问题,对不同的激励因素进行整合,以更具普适性的一般化综合激励模型为研究目标。例如,莱曼·波特(Lyman Porter)和爱德华·劳勒(Edward Lawler)提出的期望激励理论(见图8-1)就是典型的综合激励理论,其激励体系主要包括数个激励因子:报酬、期望值、能力和对工作的认识。该模型的核心内容在于从多个激励因子角度切入,采用多种激励手段,针对不同类型的经理人激励实现"激励—努力—绩效—奖励—满足"的良性循环。

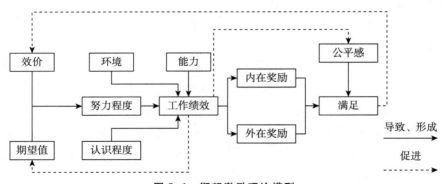

图8-1 期望激励理论模型

虽然经理人激励相关理论涉及流派繁多,内容结构繁杂,但万变不离其宗,其本质仍然是通过引导经理人的行为为公司创造最大化价值。故本书从契约理论、信息经济学理论与激励理论三大角度剖析经理人激励制度诞生的缘由。契约理论与信息经济学理论从经济学视角出发,狭义激励理论则从行为主义视角出发,对经理人激励问题进行了不同视角的探讨。其中,契约理论与信息经济学理论在解释"经理人激励制度起源"这一问题上并不是完全割裂的两种理论,只是侧重点各不相同。契约理论从经理人角度出发,认为在契约中引入经理人激励条款后,该契约对经理人具有更强的约束性与引导性,使得经理人行为实施与委托人想法目标更加契合。而信息经济学理论从委托人角度出发,侧重激励制度对信息传递环节、信息披露机制的改进,信息的真实度与准确度得到有效提升后能够进一步实现企业价值最大化目标。而激励理论中的内容型激励理论和过程型激励理论则从结果导向和过程导向两种思维模式出发,对经理人的行为模式进行了不同方面的解读。

股权激励是激励制度中一类重要的存在,它是以公司股票为标的,对员工进行长期薪酬激励的制度,其核心要义在于激励对象目标与公司利益需要保持一致,减少代理成本。20世纪50年代,美国部分公司基于合理避税的目的率先实施股权激励制度,随后在相关法规下得到很大的发展。我国上市公司股权激励制度正式执行始于2006年,在股权分置改革后得到快速发展。我国上市公司设计的股权激励方案既存在激励效应,又存在福利效应(吕长江等,2009),应该结合公司所处的制度环境及内部治理结构来具体分析。就激励效应而言,首先,经理人股权激励有助于降低信息不对称程度,协调经理人和股东的利益,如成长性公司实施股权激励计划,让市场评价决策方案,在一定程度上可以解决董事会的监督问题。其次,经理人股权激励将经理人能力与薪酬相关联,有助于筛选有才华的经理人,同时避免给予其过高的薪酬。最后,经理人股权激励有助于抑制经理人短视行为,经理人临近退休时若享有股权激励计划,则不会因为当期利润减少而放弃良好的投资机会。股权激励并非能产生激励效果,而仅仅是一种福利效果。第一,经理人股权激励并不一定能将经理人和股东利益协调一致,经理人会在激励有效期和非激励有效期之间调节利润,进而达到投机谋利的目的。第二,由于股权激励不需要现金支出,现金短缺公司更倾向于实施经理人股权激励方案,从而无法实现激励目标。第三,公司节约的税收支出高于经理人股权激励的税收负担,这可能是公司实施经理人股权激励方案的原因之一,但经理人并未得到有效激励。第四,股权激励对会计盈余和债务契约的影响程度低于现金薪酬,公司可能基于降低财务报告成本的目的实施经理人股权激励。

8.1.3 经理人激励的由来:实践意义

1. 代理问题在现实生活中的存在

山西票号是20世纪我国最负盛名的银行。在票号产生之前,贸易往来需用现银支付,在外地采购的商人依赖镖局运送现银,极易发生损耗且效率低下。因此,外出经商的山西商人于1823年成立了我国第一家日升昌票号,此后山西各票号遍布国内外,"汇通天下"的昌盛局面成为我国金融界的传奇历史。山西票号的核心激励制度是身股制,其本质是利用经理人人力资本建立利益共享机制,激励经理人尽心尽力地为企业工作。

山西票号由财东(即所有者)出资,掌柜(即经理人)经营,类似现代企业的两权分离制度,为身股制提供了良好的制度基础。身股制的特点是身股和银股并重,即劳资处于相同地位。身股根据掌柜和伙计的工作业绩和工作年限确定,以人力入股,与银股享有同等分红权利。此外,类似年薪的辛金制、全面的员工福利制度、严格的约束机制及抵御金融风险的花红制,同样是激励经理人的有效制度安排。身股制作为我国最早的股权激励形式,不仅为企业创造了卓越效益,也为我们提供了研究经理人激励的优秀案例。

(1) 经理人需要与激励

人的行为由需要支配,激励是满足需要的过程。现实经济活动中,经理人不仅有对经济和安全的基本需要,还有对尊重、权力和成就的需要。经理人对生存的需要和对生活水平的追求激发其经济需要,市场风险、企业内部决策不当导致的经营风险以及未来离职和退休后的收入波动引发了经理人的安全需要,而股东和员工的信任、各种荣誉与社会地位则体现了经理人对尊重的需要。经理人作为委托人的代理人享有公司经营管理权,不仅可以领导他人,还能够获得社会威望,天然存在对权力的需要。经理人追求企业业绩,促进企业进步,寻求职业发展,证实自我才能,获得良好声誉和社会地位是成就需要的重要表现。

经理人的强烈成就感和相应的经济收入和社会声誉构成了经理人需要,激励经理人努力工作。激励契约理论认为股东可以通过设置有效契约条款引导经理人的行为,不同的需要有不同的激励方法。物质激励不仅包括工资、奖金、津贴等短期激励,还包括股权等长期激励,精神激励包括赞扬、权力、地位等。经理人激励契约必须满足经理人需要,以鼓励经理人为提高企业业绩而行动。

(2) 委托代理关系与激励

现代企业所有权和经营权分离引发股东和经理人利益不一致,信息不对称导致的逆向选择和道德风险成为委托代理关系中的关键问题。经理人在和股东签订契约前未如实告知股东其个人信息,隐藏相关信息,使股东无法正确预测其行为,进而签订有利于其自身的委托代理契约,损害股东利益,导致逆向选择。道德风险源于契约签订后经理人行为的不可观察性(如经理人工作态度是否认真)和股东与经理人之间的利益冲突。如果股东和代理人追求的目标一致,即使股东难以观察到经理人的行为,股东也不必担心经理人的行为是否会损害其利益。但股东和经理人之间可能存在目标冲突,股东为寻求自身利益最大化可能会竭力降低企业成本,但经理人对权力的需要可能使其增加豪华办公室、奢侈车辆等不必要支出,增加企业成本,损害股东利益。股东从长期运营角度对企业进行规划,但经理人有可能更在意任期内的短期业绩,作出不利于企业长远发展的经营决策。股东聘用总经理后,当存在上述利益冲突时,如果股东无法观察到经理人行为,就会产生道德风险问题。

经理人激励的核心在于建立一套完备的经理人激励制度,解决股东因无法详细了解经理人信息和观察经理人行为而面临的代理问题,使经理人与股东的利益一致,最终不仅要实现使经理人努力工作的目标,而且要降低股东和经理人之间的代理成本。一方面,股东要设计严格的激励契约限制经理人的行为,防止经理人侵害其利益;另一方面,激励契约条款越多,股东对经理人的监督成本越高,越不利于股东利益的累积。

(3) 经理人人力资本与激励

经理人要接受所有者的委托执行资本职能以实现最大收益,必须具备经营管理企业的才能和知识,经理人的能力高低进一步决定了企业的未来发展水平。古典企业由于专业化程度不高,在各环节比较容易沟通的情况下,由所有者直接负责资本职能。但在竞争激烈的现代企业中,社会分工程度更细,各环节沟通成本更高,经理人执行资本职能的重要性日益明显,所有者对经理人的要求越来越高。在企业持续发展的过程中,经理人既要利用自身才能积极进行各种有利的风险投资活动,又要避免风险过高的投资活动导致的财务困境(何威风等,2016)。

经理人能力包括风险承担能力、资源整合能力、学习能力等。当企业面临投资机会时,经理人要能够保持头脑冷静,以沉着的心理素质作出决策,在经济活动中表现出创新积极性,有效整合各种社会资源,协调资源的分配使用,增加经营活动的稳定性,最重要的是能够吸取其他经理人的经验教训,突破现有制度限制,增加企业竞争优势,促进企业成长。为了调动经理人积极性,所有者必然会对有才能的经理人进行激励。经理人人力资本与企业紧密关联,若企业对经理人实施积极的激励方案,则会促使经理人与所有者利益一致,最大程度地发挥经理人能力,在可承担风险范围之内提高企业业绩。

(4) 企业经营权垄断与激励

股东和经理人之间由于信息不对称而产生的委托代理问题需要通过设计经理人激励契约来解决,信息不对称的产生原因是经理人激励的根源。古典企业的所有权和经营权统一,所有者同时负责经营管理企业的日常决策,具有高度的独立性。随着经营规模的扩大,现代公司制企业应运而生,企业由股东所有,设立董事会,聘请经理人经营控制企业,由经理人代理股东履行资本职能。股东不直接参与企业生产经营,经理人接受股东委托对企业经营负责,因此,股东必须授予经理人包括生产、销售、人事在内的经营控制权以保证企业正常运行。

经理人经营控制权的获得客观上会导致企业经营权垄断,进而使经理人享受权力优势带来的信息优势,在日常生产经营活动中能够做到隐藏信息和行动。股东委托经理人经营管理企业本身即意味着企业所有者主动将部分权力出让给经理人,股东主观上权力的丧失导致了其信息劣势地位。股东仅有的所有权不能使其了解企业内部完备的生产经营情况,经理人反而由于享有的经营管理权对企业外部市场环境变化和企业内部决策情况有更全面的了解。因此,股东对经营管理权的转让和经理人对经营管理权的获得,会造成股东和经理人之间的信息不对称,进而引发代理问题。

股东和经理人权力的不对等让二者在信息获取方面产生差距,股东掌握的信息滞后于经理人,且经理人能利用企业经营控制权挑战股东的所有权。股东和经理人任何一方为追求自身利益和在权力博弈过程中占据有利地位而过度使用自身享有的权力,都会损害对方的利益,契约关系就会难以存续。因此,为保证委托代理关系的顺利存续,实现资本的利润最大化,股东要通过合理的激励制度安排,激励经理人在日常经营活动中实现企业利润最大化的同时实现自身利益最大化。

(5) 企业风险机制与激励

市场的不确定性决定了企业风险必定存在,不同形式企业的特点决定了企业所面对风险的异质性。古典企业以自然人为主,所有者统一拥有所有权和经营权,对风险承担无限责任,在防范风险和挑战风险的过程中寻求最高企业业绩。现代企业以企业法人为主,所有者仅有所有权,对风险承担由无限责任转向以出资额为限的有限责任。这是所有者的第一次风险转移,使现代公司制企业在能够增加股东人数、筹集大量资金、扩大经营规模、降低所有者风险的同时实现了股权结构的多元化。所有者的第二次风险转移在于股票的自由转让,所有者不仅可以通过投资组合降低风险,还可以通过转让股票实现风险转移质的飞跃。

当然,所有者风险的两次转移并不意味着所有者不需要承担风险,企业的经营风险仍然存在。首先,市场具有高度的不确定性,企业经营风险始终不可避免,企业收益是一个随机变量。其次,所有者降低风险损失需要经理人的决策,不可避免地要考虑到经理人可能因在经营决策过程中发生重大失误而导致较大的风险损失。所有者的风险损失在一定程度上取决于经理人对风险的承担能力及态度。经理人作为经济人,更倾向于规避风险,不愿意主动承担风险去创造收益,从而失去获得更大利润的机会,增加代理成本。当经理人喜好风险时,可能做出不利于所有者的决策行为,将自己制造的风险转移给所有者。进一步来说,所有者和经理人承担的经营风险程度不对称,所有者依赖经理人的经营决策来降低甚至避免风险损失。所有者拥有的货币资本与持有者具有分隔性,并具有抵押功能,而经理人才能与本人具有强烈的不可分隔性,且人力资本不可抵押。因此,当企业面临财务困境进而破产时,所有者承担的风险水平与出资额正相关,而经理人只需承担企业退出风险,这一风险水平小于所有者承担的风险水平。

从合理防范企业经营风险的角度出发,经理人激励必不可少。经理人经营企业的知识和能力促使所有者选择经理人代理行使经营控制权,经理人进而挑战并降低风险,实现最大收益。从这一角度来说,仅仅给予经理人固定薪酬不利于企业发展,经理人可能由于薪酬固定而规避风险,不愿意承担风险。因此,经理人激励制度不仅需要制定败德行为的惩罚措施,还需要制定激励措施鼓励经理人在生产经营过程中不断挑战风险,取得创新收入。从承担企业经营风险责任的角度出发,经理人激励也是必不可少的。风险责任一直存在于经理人的职业生涯中,经理人承担名誉受损、退出企业的风险,出于对自身负责的考虑需要努力工作。此时如果对经理人进行激励,会提高经理人的工作积极性,实现企业业绩提升。

2. 国外的经验证据:经理人激励如何发展至今

经理人的历史记录最早可追溯到 1941 年的美国,经过多年的蓬勃发展,现已形成专业的经理人市场。了解国外发达市场的经理人激励制度,有助于完善我国经理人激励制度,强化经理人市场。

(1) 美国的经理人激励制度

美国的经理人激励制度普遍采用年薪制,是以年度为单位确定和支付经理人薪酬的一种人力资本参与分配的薪酬制度。美国 90% 以上的企业早在 20 世纪 70 年代就完成了从古典企业到现代公司制企业的转变,股东设立董事会,由董事会聘请优秀经理人经营管理企业,董事会下设的薪酬委员会负责经理人激励和年薪的确定。美国企业特别重视经理人的人选,并给予其极大的经营控制权和较高的薪酬。例如,苹果 CEO 蒂姆·库克(Tim Cook)2019 年度总薪酬为 1.25 亿美元。其中,基本工资 300 万美元,奖金 767 万美元,津贴 88 万美元,个人安全服务 45.7 万美元,航空差旅费 31.5 万美元,归属个人的股票价值 1.135 亿美元。

美国年薪主要包括基本工资、福利性薪酬和激励性薪酬。美国企业的薪酬制度实行岗位等级工资制度,由市场决定各级工资,且不存在全国统一的等级工资,不同企业的经理人职位决定其基本工资级别,基本工资是对经理人基本生活需要的必要保障,在一定时间内保持不变,所占比重不到一半,对经理人的激励作用很有限。福利性薪酬包括交通费、招待费、通信费等各种福利和津贴,激励性薪酬包括短期激励薪酬(年度奖金)和长期激励薪酬(股票期权)。年度奖金将经理人薪酬与企业业绩相挂钩,激励经理人在提高自身薪酬的同时为股东创造收益,但其年度一次性支付的特征有可能导致经理人采取短期行为提高短期收益。美国企业股权结构高度分散且流动性较强,股东更关注企业市场价值而非经营业绩。因此,经理人与股东的价值目标是否一致对企业发展尤其重要,股权激励制度在经理人激励制度中的地位愈发关键。

股权激励制度起源于美国,也是美国年薪制度的重要组成部分。1880—1920 年,美国经济的急速膨胀以及现代股份制企业的推广,使得美国企业股东积累了大量财富。普通员工的薪酬并未增加,他们通过不断的罢工来抗议贫富差距的扩大,对经济发展产生不良影响。美国总统 1950 年签署的《收入法案》奠定了股票期权的合法地位,允许企业向员工发放股票期权。1952 年,美国辉瑞公司为避免经理人现金薪酬面临最高达 92% 的边际税率,首先推出股票期权计划,从合理避税角度拉开了股权激励的序幕,同时绑定了股东和经理人的利益。

美国证券市场在第二次世界大战后步入快速发展阶段,为缓解股东和员工的利益矛盾,路易斯·凯尔索(Louis Kelso)在 1956 年第一次提出员工持股计划,认为企业需要获得员工对企业的认同才能获得成功,现有的员工监督考核方式已经阻碍了企业发展,需要建立新的员工激励计划。凯尔索提出的资本和劳动力双因素理论为员工持股的广泛传播提供了理论基础。

20 世纪 60 年代,硅谷高科技企业实施大量的股权激励计划,使代理成本降低,资金约束得到有效缓解,既为企业保留了人才,还促进了企业发展。1974 年,美国国会通过了《雇员退休收入保障法案》,首次形成了员工持股计划的法律框架,为企业实施员工持股计划提供了法律基础。1986 年,美国国会通过了《税收改革法案》,给予参与持股计划的员工、股东、企业、金融机构一定的税收优惠。同时,股权成本不计入会计成本,企业账面利润不会因实施股权激励计划而减少,现金激励反而会减少企业利润。因此,美国的经理人股权激励在 20 世纪 90 年代迅速发展。1999 年,94% 的标准普尔公司实施了经理人股权激励计划(Hall and Murphy,2002)。但 2001 年的安然事件却暴露了股权激励制度的问题,引发了如何进一步完善股权激励制度的思考,美国股权激励市场步入冷静发展期。

为激励经理人提高工作积极性,美国实施了大量的股权激励,经理人股权激励薪酬已成为经理人年薪的重要组成部分,尤其是高科技公司经理人的股权激励占比更大。经理人股权激励能够降低委托代理成本,在使股东和经理人的目标趋于一致、促进企业发展的同时也使经理人获得高额薪酬。但股权激励也易引发财务造假,有其固有局限。当经理人拥有大量股权时,他们可能在企业业绩下滑时进行财务造假以提高股价,最终获取收益。

（2）日本的经理人激励制度

日本的经理人激励制度的核心在于终身雇佣制和年功序列制。终身雇佣制是指员工与企业签订长期契约劳动关系，只要员工没有严重违纪且企业不存在经营困难，员工就可以一直工作到退休。年功序列制是与终身雇佣制配套的薪酬制度，根据员工年龄、学历、工作年限确定工资级别，进而决定是否晋升和加薪。终身雇佣制是日本经济的产物，又反过来影响日本经济。日本在20世纪50年代实现大规模经济增长，为满足大量的雇佣需求，企业与员工签订终身雇佣合同以保证员工的稳定性。战争期间遭受失业痛苦的劳动者同样渴望稳定的就业，经济高速增长的环境使企业能够满足劳动者的需要。

终身雇佣制能够保证雇佣稳定，降低失业率，有助于企业投入人力资本提高员工能力，并在产品市场投入更多的资源，员工也可以安心工作。终身雇佣制提高了企业的创新水平，稳定的劳资关系使员工专注于提高技术熟练程度，企业竞争水平提高也可以增加员工薪酬。终身雇佣制节省了解聘、解雇后再招聘、重复培训以及适应管理等环节，年功序列制也降低了年轻员工的薪酬待遇，二者均节约了企业的经营成本。终身雇佣制有效缓解了劳资矛盾，加强了员工对企业的认同感，将自身利益与企业发展联系起来，促进社会安定。

20世纪90年代以来，巨变的企业经营环境和滞后的雇佣制度使日本经济泡沫破灭，陷入长期停滞阶段。经济全球化降低了资本、人力、产品资源的流动壁垒，促进了经济资源在全球市场的有效分配。新兴国家的廉价劳动力吸引日本资本的投资，造成日本内部的产业空洞化，廉价产品流入日本市场增加了劳动力市场的压力。信息技术革命凸显了外部技术创新对企业发展的重要性，而依靠企业内部创新的终身雇佣制成为引进先进技术和优秀人才的障碍。与此同时，日本劳动力结构发生重大变化，迅速进入老龄化社会，瓦解终身雇佣制存在的基础。薪酬随着年龄增长而增加的年功序列制大大增加企业经营成本，造成日本企业进一步布局海外市场。终身雇佣制已无法保证雇佣稳定，经济萧条时期无法满足员工对劳动关系的需求，企业有可能改变原先的雇佣条件以维持企业经营成本。

不同于美国企业，日本企业以日本社会原则为基础，日本经理人激励制度蕴涵浓厚的日本文化，从集体主义角度比较容易理解日本的经理人激励制度。但日本企业毕竟是营利组织，不可能不考虑利润目标。终身雇佣制和年功序列制在20世纪90年代后均发生不同程度的改变。终身雇佣制依附法律法规的存续，决定了日本企业不可能废除终身雇佣制，但核心员工采取终身雇佣制的比例却在降低，出现外包、季节性雇佣等其他雇佣方式，这意味着日本采取了一种混合雇佣制度（陶向南等，2016）。年功序列制却发生大幅变化，日本企业引入与经营业绩挂钩的绩效工资制度，经理人更多的是采取年薪制，而不是等级工资制度。经理人的年薪激励降低了企业成本，促进了人才流动，影响了日本社会对义务和薪酬之间对等关系的理解。

美国的股权激励制度经历了萌芽时期、快速发展时期和冷静发展时期，已经趋于成熟，美国股权激励制度的优点可以成为我国经理人长期激励制度的改革方向。我国追求现代化的经济发展模式与日本有一定的相似性，随着进入经济新常态以及老龄人口比重的增加，我国可以借鉴日本经理人激励制度的先进经验。

8.2 经理人激励的形式

8.2.1 薪酬激励

1. 定义

薪酬激励指的是公司的所有者根据公司的整体业绩情况给予员工的高薪酬奖励形式。相比于其他激励形式,薪酬激励是绝大多数企业最常用也是最为传统的激励方式。一般来说,采用该激励方式的企业用基本工资和奖金来组成双重薪酬结构,基本工资即经理人的固定工资,而奖金的多少则根据每年公司业绩和个人表现而定。对于现代企业而言,最常用的就是年薪制,即将经理人的工资与公司一年内的业绩和发展现实相结合,从而促进和鼓励经理人更加关注企业的利润和发展。这种薪酬结构不仅完成了对经理人基础的固定工资发放任务,还通过增加年终奖金的形式对企业业绩或者经理人工作成效进行了肯定和奖励。

基于工作业绩的薪酬激励形式的出现降低了传统薪酬中固定薪酬的比重,公司采用奖金的形式可以更好地调动经理人的积极性,薪酬与业绩的高度相关也使得公司整体竞争能力得到提高。

2. 优点

第一,从长远角度来看提高公司的竞争能力。公司合理使用薪酬激励可以通过调动经理人的积极性来提高公司整体业务水平,由此公司和股东也获得更多的利益,公司的整体竞争力得以提高。

第二,帮助企业合理管理劳动成本。公司所有者可以根据公司的发展阶段制定各种薪酬激励制度进而实现对劳动成本的控制,尤其对于新成立的公司而言,这种制度带来的好处更为明显。

第三,有助于公司形成良好的竞争合作环境。薪酬激励制度将个人的工资与公司整体业绩相关联,便于同事之间的合作和竞争,由此也可以实现公司和个人的双赢局面。

3. 缺点

第一,薪酬激励实质上是一种短期行为。这种激励制度的激励作用时间比较短暂,属于短期行为,长期也会产生不利导向,不利于企业与经理人互利共赢的关系发展。

第二,高薪酬的设定会给企业带来营运负担。奖金的设定会给那些高度依赖现金的企业和行业带来一定的压力,尤其是对于规模达到一定程度的企业来说,薪酬激励制度会给企业发展带来一定的压力和负担。

8.2.2 股票激励

1. 定义

股票激励指的是公司将自己发行的股票部分赠予或者卖给经理人,而经理人购买股票的价格往往低于市场价格,由此达到对业绩较好的经理人奖励和激励的效果。

随着现代企业制度的不断发展和完善,为了弥补薪酬激励所产生的不良导向影响,更好地发挥经理人的能动性,股票激励作为一种影响期较长的激励形式应运而生。股票激励形式的出现降低了公司对现金奖励的依赖,不仅可以实现公司所有者对公司的管理,还在一定程度上实现了公司融资的目的。近年来随着上市公司数目的增加和规模的扩大,股票激励逐渐发展成为较为常用的激励形式。

2. 优点

第一,帮助企业减少现金流出,便于控制激励成本。相比于薪酬激励,股票激励将职业经理人变为公司的股东,对于公司发展来说可以减少现金流出,帮助公司很好地控制激励成本,更有利于公司的管理。

第二,加强经理人与公司所有者之间的联系,更大程度地实现共赢。公司所有者与经理人通过股票购买或者赠予行为加强了两者之间的利益联系,而经理人从原本单纯的管理层变为公司的股东之一,拥有了一定程度的决策权,因此更容易形成两者的共赢局面。

第三,激励力度较大。对于发展效益和前景良好的公司或者行业来说,股票激励比薪酬激励的激励力度更大,因此激励效果能得到一定的保证。对于经理人来说,这种长期的激励模式可以增加自身的长期利益,提高自身在公司中的地位,有利于自身价值的最大限度发挥。

第四,激励作用期较长。股票激励相较于薪酬激励而言是一种作用时间较长的激励方式。经理人持有公司股票是一种长期状态,这种状态会一直对经理人的行为产生一定的激励作用,因此股票激励对于经理人的激励作用延续时间较长,对公司整体的发展也有着较长时间的积极影响。

第五,有利于帮助公司控制管理费用。经理人拥有股票就从原来公司的经营者变成公司的股东,因此在一定程度上可以帮助公司所有者降低管理费用,提高公司整体的管理水平。

第六,提高经理人的工作积极性。经理人从原来公司的经营者变成公司的股东,公司的业绩直接影响经理人的利益,这种模式可以最大限度地提高经理人的工作积极性,从而最有效地避免经理人的各种短期行为。

3. 缺点

第一,形式比较单一,长期效果不能得到保证。股票的赠予或者公司给予经理人低价购买股票的权利虽然让经理人得到了中长期的利益好处,但是相较于"高提成+年末奖金+分红"的形式,这种形式还是比较单一,长期来看激励效果可能会受到影响。

第二,适用性一般。股票发行本身对于公司来说有一定的门槛要求,而且有可能会给公司管理带来一定的风险,因此这种激励模式适用性一般。另外,不同公司对于股票激励的数目和力度也有不同的需求。

第三,股票激励不适用于全部公司。对于管理能力较差的公司来说,股票激励使用不当会导致经理人之间或者公司所有者之间利益分配不均,从而影响激励效果和公司利润。

8.2.3 期权激励

1. 定义

和股票激励作用相似,期权激励也是一种较为长期的激励形式。期权激励包括股票期权激励、限制性股票激励、股权增值权激励等。其中,股票期权激励是指公司给予经理人用较低价格购买本公司部分股票的权利,经理人可以在一定的时间范围内履行这个权利,从而获得公司给予自身的利益奖励;限制性股票激励是指上市公司按照预先确定的条件授予激励对象一定数量的本公司股票,激励对象只有在工作年限或业绩符合股权激励计划规定条件时,才可出售限制性股票并从中获益;股票增值权激励是指经理人无须实际购买股票,就可直接就期末公司股票增值部分得到一笔报酬,经理人可以选择增值的现金或购买公司股票,这也是市场中常用的激励方式。

2. 优点

第一,给予经理人更多的选择。期权激励的出现和股票激励一样可以弥补薪酬激励的不足,不同的是期权激励给予了经理人更多的选择,在股票购买的时间方面降低了限制,尤其是限制性股票激励以及股权增值权激励。

第二,可以帮助经理人规避风险。期权的履行都会有一定的时间设置,当经理人未履行权利时,公司股票风险和股价波动与经理人没有关系,经理人可以通过观望本公司的股票形势,更好地帮助自身回避风险。获得限制性股票的经理人在股票未出售之前面临的风险也较小。获得股票增值权的经理人由于并未实际购买该公司股票,只是享有获得增值部分利益的权利,因此可以很大程度上减少甚至避免风险。

第三,容易形成企业和经理人的双赢局面。与股票激励一样,期权激励的三种形式可以更好地加强经理人与公司之间的利益联系,不仅可以更好地实现公司根据业绩激励经理人的效果,还可以帮助公司完成融资。对于经理人来说,期权激励有时间上的选择,减少了风险的影响,更容易形成双赢局面。

3. 缺点

第一,期权激励有一定的适用范围。三种期权激励都有一定的适用范围,都更加适用于资本增值较快的行业和公司。对于发展势头有限甚至亏损的公司来说,经理人在期限内购买股票、兑换限制性股票、履行自身权利的可能性较小,且可能获得的股票增值部分有限,因此期权激励并不能达到预期效果。只有资本增值较快的行业和公司对于拥有期权的经理人来说才有一定的吸引力,期权奖励才能达到激励经理人的效果。

第二,有一定的风险性。虽然相较于股票激励来说期权激励在权利履行的时间方面给予经理人一定的选择,但是在权利履行之后经理人利益会受到股票市场波动的影响。当经理人拥有的公司股票发生价格波动时,期权激励效果会随之受到影响;当经理人手里的公司股票或者限制性股票带来的实际收益较低,或股票来源得不到很好的保障时,期权激励效果也会大打折扣。期权激励对二级市场的规范性要求较高,而我国股票发行市场和整体监管力度有限,用来激励经理人的股票来源得不到很好的保障,这大大影响了三种期权激励的力度和实际效果。

8.2.4 其他形式

1. 定义

随着现代企业的发展,除上述三种主流的激励方式外,企业中还存在以旅游、产品折扣、在职消费、晋升激励等其他形式的激励制度。旅游激励指的是在经理人工作业绩达到一定目标时提供给经理人一定的公费旅游机会;产品折扣激励指的是公司提供给优秀的、业绩良好的经理人或者员工打折购买本公司产品的权利;晋升激励指的是公司提供给优秀的经理人或者员工晋升机会,经理人或者员工可以在完成指定目标后实现职位的晋升,其工资和待遇也会得到一定程度的提升。

2. 优点

与前三种主流的激励形式相比,旅游、产品折扣等激励方式的适用范围有限,公司可以自行选择一种或两种作为补充的激励方式。这些激励一般来说不会给公司带来一定的现金压力(与薪酬激励相比),波动风险也较小(与股权激励相比),公司和经理人双方都有较大的选择空间,其激励作用和对公司治理的促进作用也比较多样。例如,产品折扣激励不仅可以帮助公司减轻商品库存的压力,还从物质上让经理人获得好处,达到激励的目的。晋升激励可以刺激经理人为了更高的职位而不断提高业务水平和管理能力,而且良好的晋升渠道还可以帮助公司留住优秀的经理人。随着现代人们终身学习意识的提高,完整的晋升渠道对于人才的吸引力正在不断提高。

3. 缺点

第一,一定程度上会增加公司的管理费用。旅游激励、产品折扣激励等会在一定程度上对公司的管理能力提出新的要求,也会在一定程度上增加公司的管理费用。

第二,适用范围有限。旅游、在职消费等激励形式相比于薪酬激励来说并不普遍适用于所有公司,盲目地采用这些激励形式不仅达不到激励效果,还可能对公司的管理造成一定的阻碍和不利影响。

第三,激励效果有限。旅游等激励形式所能起到的激励效果有限,远比不上薪酬激励、股票激励,而且激励时间也比较有限,低吸引力的奖励对于公司和员工来说都达不到激励效果。

第四,在职消费有一定的消极影响。在职消费激励确实会在一定程度上给予经理人一定的权力行使自由和利益奖励,但是不加审核和监管的在职消费可能会滋生腐败和贪污,给整个公司的经营管理环境造成严重的不良影响。

8.3 可行的激励指标选择

8.3.1 基于会计绩效的激励指标

1. 指标

基于会计绩效的激励指标主要有净利润、资产回报率和股东权益报酬率等,这些会计指标为量化企业的经营业绩和经营状况提供了评价依据。净利润基于收入配比原则,在不考虑权益资本成本的情况下反映企业所创造的价值。资产回报率衡量企业单位资产的价值创造能力,该指标越高,说明企业每单位资产创造利润的能力越强。股东权益报酬率反映企业股东权益的收益水平,体现自有资本获取收益的能力,该指标越高,说明企业运用自有资本的效率越高。

2. 优点

(1) 计量过程和结果具有一定的科学性

基于会计绩效的激励指标根据企业已发生的经济活动,在公认会计准则的指导和约束下,将一定期间的收入和费用进行配比,量化过去期间的企业业绩成果,其计量过程具有一定科学性,且易于理解。同时,企业会计业绩的计量结果经独立第三方鉴证后,其权威性大大提升。

(2) 会计数据具有较强的可比性

会计业绩基于历史成本原则,沿用一致的会计政策,对过去的经济活动进行总结。因此,会计数据具有较强的可比性,能够更加清晰、直观地反映经理人本期的行为结果,及时、客观地评价企业本期的业绩创造。

(3) 业绩评价具有较强的可操作性

由于会计数据易于获取,在传统的业绩评价方法中,基于会计绩效的激励指标使用得最为广泛,以会计指标进行业绩评价具有较强的可操作性。同时,会计绩效主要体现企业在某一期间内的发展水平,较少受到企业不能控制的"噪声"的影响,因此,基于会计绩效的激励指标与经理人努力程度的依存度更高,经理人对会计绩效变化的敏感度也更强,从而对经理人能产生较明显的激励效果。

3. 缺点

(1) 会计利润指标易于被操纵

经理人对企业的经营活动有较大的决策权,能根据自身利益需求自主安排交易事项,对会计政策和会计方法的选择施加影响,操纵甚至更改会计信息。尤其在经理人与企业所有者之间存在信息不对称的情况下,经理人有较强的动机和能力对企业进行盈余管理,通过操纵会计利润粉饰企业业绩,导致评价指标难以真实反映经理人的业绩成果。

(2) 会计利润指标未考虑权益资本成本

现行财务会计仅对企业的债务资本成本进行确认和计量,由于没有考虑企业权益资本的机会成本,因此以会计利润指标作为业绩评价的标准存在一定的误差,难以正确反映企业在该会计期间真实的经营业绩。更重要的是,在该业绩指标评价体系下,企业经理人可能形成"免费资本"的错误观念,造成对权益资本的低效和无效使用,作出不符合企业利益的经营决策,从而不利于企业长期健康发展。

(3) 会计利润指标不能满足业绩评价要求

财务会计体系的建立源于债权人要求对企业的经营管理进行监督,而非出于衡量企业价值或业绩的目的,因此财务会计在反映企业利润时十分重视谨慎性原则,而较少关注企业的发展潜力,如进行无形资产投资时要求将当期费用化的研发支出在当期一次性摊销。这样保守的会计处理会导致对经理人的业绩评价不客观,存在短期导向,影响企业的长期发展。

8.3.2 基于市场绩效的激励指标

1. 指标

基于市场绩效的激励指标主要有股价和股票回报率等,这些指标借助公开证券市场的信息和价格形成机制,反映企业市场价值的变动,以衡量和评价经理人在某一时期的业绩表现。企业在有效的资本市场实施证券化之后,其股价与其经营业绩将具有一定的相关性,企业的经营业绩越好,其股价通常越高。

2. 优点

(1) 有利于克服经理人的短期行为

与会计绩效指标相比,股价等市场绩效指标是企业短期绩效与长期价值在资本市场的综合体现,不仅与企业已实现的会计利润相关,还受企业盈利潜力和发展前景的影响。因此,经理人不仅需要考虑经营当期的绩效,还需要考虑当期经营活动对未来期间的影响。这有利于经理人在经营决策时克服短期行为,综合考虑企业长期的风险与收益,引导经理人作出符合企业持续发展的长期决策。

(2) 有利于加强对经理人的监督

采取股价等市场绩效指标的企业大多是已公开上市的企业,上市企业需遵守较高的信息披露要求,需要接受独立第三方机构的审计和监督,经外部中介机构审计后的数据具有较强的权威性。同时,公开透明的信息披露还能对经理人的在职行为进行监督约束,减少经理人的过度在职消费和操纵会计绩效等行为,在一定程度上保护企业的经营成果。

(3) 有利于经理人风险共担

以股价作为经理人业绩评价的指标通常还伴随着对经理人进行股权激励。在有效的资本市场上,当经理人的报酬与股价产生联系时,经理人将面对股东所面对的市场风险。这将诱导经理人努力经营,提升企业的业绩表现,将利好消息传至资本市场,改善投资者预期,提升公司股价,与股东形成风险共担、利益共享的机制。

3. 缺点

(1) 受制于市场有效性

在有效的资本市场上,股价和股价增长率等市场绩效指标通常能较公允地反映企业的市场价值及其变动方向,以评价经理人在某一期间的经营管理活动对企业的影响。但是通过股价等市场绩效指标对经理人的经营管理水平进行评价时,其准确性受制于市场的有效性。资本市场越有效,企业价值与股票价格的相关性越强。若资本市场的成熟度较低,则企业价值与股票价格之间的相关性也会相应减弱,导致股价等指标难以真实地反映企业的经营绩效及成长性,从而不能合理评价经理人的经营能力和努力程度,难以达到激励的效果。

（2）关联度较低

股价等市场绩效指标受企业内外部多种因素的影响，许多企业无法控制的因素也会影响股价的涨跌，导致股价与经理人的经营管理能力之间的关联度降低，不能完全反映经理人的业绩水平。股价虽然能在一定程度上体现企业当期的业绩，但也会受到来自金融市场的各种"噪声"的影响。此外，股价的变化还是市场上不同类型投资者各种非理性因素作用的结果，如果仅仅将股价等指标作为经理人业绩评价的基础，将大大影响经理人的积极性，甚至导致经理人过度关注股价等市场绩效指标的表现，对股价投入大量精力进行操作，反而忽视对企业的经营管理。

（3）存在效用递减效应

由于股价等市场绩效指标受多种因素的影响，因此将股价作为业绩评价的基础将会使经理人承担较大风险，导致经理人要求获得更高的回报，如提高股权激励的持股比例。但是，持股比例的提高对经理人的激励存在效用递减效应，而股东又不可能无限制地提升经理人的持股比例，这将导致对经理人的激励成本不断增加，而激励效果不断降低。同时，随着经理人在公司的持股比例越来越高，经理人享受在职消费和强化信息不对称的能力越来越强，企业所有者对经理人进行监督的成本和难度也会越来越高。

8.3.3 基于经济绩效的激励指标

1. 指标

经济增加值指标（Economic Value Added，EVA）于20世纪80年代兴起于美国，后逐渐成为评估公司业绩的重要指标。EVA的最大特点是从股东价值角度衡量企业的所有成本，包括股权资本成本和债务资本成本，在考虑所有成本的情况下重新定义企业利润。EVA的计算公式为：EVA＝息前税后营业净利润－总资本×加权平均资本成本，其中，加权平均资本成本是指债务资本成本与股权资本成本的加权平均。企业的最终目标在于提升企业绩效，为股东创造更多的价值，同时关注企业各利益相关者的权益。因此，考虑股权资本成本的EVA业绩评价指标使企业更关注资本运行的有效性和收益性。当EVA为正数时，表示企业创造了价值；当EVA为负数时，表示企业损失了价值；如果EVA正好为零，则表示企业所产生的利润仅能覆盖债务资本和股权资本。

2. 优点

（1）有利于正确评价企业业绩水平

以EVA作为业绩评价指标，能够反映企业真实的价值创造能力，改变长期以来认为企业只要产生会计利润就是赚钱的错误看法。EVA从股东价值角度衡量企业的所有资本成本，只有产生的净利润超过资本成本才是真正实现盈利，即才是经理人真实的价值创造。与传统的会计利润相比，作为经济利润的EVA指标因考虑到对权益资本成本的补偿，比会计利润更具说服力，能够消除传统会计利润对于债务资本和权益资本使用成本的差别对待，更为客观地反映企业资本的使用效率；同时，EVA能够减少会计稳健性要求对企业经营业绩造成的失真，更真实地反映企业的业绩水平。

（2）有利于实现经理人与所有者利益诉求的趋同

基于EVA的激励机制以合理的方式对企业的控制权和剩余索取权进行了再分配，其评价标准为企业价值是否得到提升。这有利于实现经理人与企业所有者利益诉求的趋同，从而促进经理人将追求自身利益最大化的目标和提升股东价值的行为进行有效的统一。在EVA激励下，经理人要想增进自身收益就必须提升投资回报，创造更多的企业价值，这促使他们在作经营管理决策时更谨慎也更高效，自觉从股东角度改善管理行为。

（3）有利于提升激励效果

EVA激励从企业自身已实现的价值增值出发，更多关注企业真实的经营业绩，较少受竞争对手、金融市场行情等经理人难以掌控的因素的影响，能够更直观地评价经理人工作的努力程度和产生的业绩成果，更好地将经理人创造的价值与所获得的回报挂钩。此外，以EVA作为业绩评价基础更具针对性，容易被经理人接受，使经理人努力的方向更清晰，更容易实现预期的激励效果。

3. 缺点

（1）受限于财务导向的会计处理方式

EVA基于收入实现与费用确认的会计处理方式，在公认会计准则的基础上对会计利润进行调整。虽然一定程度上改进了以会计利润衡量企业业绩的不足，但会计数据及会计处理方法的选择依然存在被经理人更改和操纵的可能，EVA这一业绩评价指标仍受限于财务导向的会计处理方式。

（2）难以准确计量权益资本成本

利用EVA对企业的经营业绩进行衡量和评价的重点在于考虑权益资本成本，但权益资本成本的准确计量是现代财务学理论与实践中尚未解决的难题。尤其在我国资本市场还不够成熟和完善的情况下，由于难以利用资本资产定价模型（即通过无风险利率加上资本市场的贝塔系数乘以股票市场风险溢价来准确计量权益资本成本），因此EVA指标的可靠性会大打折扣。同时，EVA指标需要对会计利润进行大量调整，这将大大增加工作量，降低核算效率。

（3）存在短期导向

EVA作为衡量业绩的指标，关注的仍是当期的业绩，会使经理人出现短期行为倾向，不愿投入过多资本和时间进行产品创新和技术改造。这是因为当期产生的成本和费用确认之后将降低当期业绩，而产生的利润和收入却在未来的某一期间才能被确认。因此，为了避免降低当期EVA业绩，经理人可能会尽量减少创新性的管理活动，从而对企业的长期发展产生不利影响。

8.4 经理人激励：中国的实践

8.4.1 经理人激励在中国的演进过程

1. 建立经理人激励制度的现实必要性

早在20世纪40年代，美国经理人激励的萌芽就已出现。不同于美国，我国经理人激励制度起步较晚、发展缓慢,经理人激励的发展得益于现代企业公司制的实现,而国有企业公司制则始于国有企业股份制改革。20世纪90年代初,我国国有企业逐步经历了放权让利、利改税、经营承包责任制以及股份制企业试点等一系列改革措施,促进了现代企业制度在我国的建立,促使国民经济摆脱高度计划经济体制的束缚,逐步呈现市场化经济应有的活力。然而,要想从高度集中的计划经济体制下的国有企业管理体制框架中跳出来,不仅需要有力的改革措施,还需要从根本上实现企业的制度变革与创新,即需要建立有效的公司治理机制加以辅佐。现代企业的重要特征之一是所有权与经营权的分离(Jensen and Meckling,1976),表现在企业层面就是委托人与经理人的代理冲突。换言之,经理人作为公司决策的重要制定者和执行者,其行为对公司价值以及未来发展都具有举足轻重的影响。对经理人的绩效考核和激励机制的设计是公司治理的进步基石,也是健全资本市场的关键推动力。那么如何对经理人进行激励以实现经理人利益与公司利益的一致性,就是现代企业制度在我国建立和发展过程中亟待解决的问题之一。

2. 我国经理人激励制度的原则与条件

(1) 我国经理人激励制度的设计原则

第一,激励与绩效相关原则。2004年,国资委提出经理人薪酬要与公司业绩表现挂钩,这促使经理人与其他利益相关者的利益保持一致。公司业绩越好,公司价值越高,股价也随之越高,对经理人激励的强度也就越大,经理人为公司努力的决心和动力也就越大。激励与绩效挂钩,就是将公司的未来与过往在制度上相联结,包括对已实现的业绩的短期报酬与对未来价值创造的长期激励,有助于完善经理人激励结构,实现利益一致性。

第二,物质激励与精神激励结合原则。双因素理论曾指出,激励和保健是影响员工绩效的主要因素。单纯的物质激励对于经理人这种"经济人"而言是必需的但也是不足的。物质激励达到一定程度后,激励的增加会伴随着边际效用的递减,只有给予精神激励,如声誉提升或职位晋升,才能实现激励效用最大化。

第三,短期激励与长期激励结合原则。经理人决策对公司的影响往往是经过长时间才能得以体现的。如果只注重短期激励,那么经理人可能会为了一时的利益作出有损公司长远利益的决策。因此,短期激励与长期激励相结合,一方面短期激励及时兑现能够促使经理人保持积极性,另一方面长期激励能够鼓励经理人目光长远。

第四,激励效率与公平兼顾原则。经理人激励制度的初衷是缓解代理冲突,实现经理人与公司利益目标一致。2002年,我国开始推行国有企业高管年薪制,并且规定年薪上限不得高于职工平均工资的12倍,以避免经理人与职工的薪酬差距悬殊而影响公司经营效率,维持二者的相对一致性,从而保证公司员工的公平感。

第五,激励收益与责任风险适配原则。代理问题指出经理人的收益和成本是不对等的,经理人决策带来的经济后果主要由公司股东承担,经理人面临的风险则主要体现为决策失败后退出经营的风险。我国在激励制度设计上实行激励与业绩挂钩,也体现了匹配收益与责任风险的原则。

(2) 我国经理人激励制度的设计条件

第一,经理人市场的行业因素。在西方发达国家,职业经理人是通过经理人市场优胜劣汰后与公司控制人双向选择的竞争结果。随着现代市场经济的快速发展和现代公司制的发展与推广，经理人市场对经理人激励制度起到了不可忽视的作用。我国职业经理人制度发展较晚，尚不成熟，经理人定位较为模糊，市场对经理人需求较小，且其行为有待进一步规范。加强经理人市场建设，能够为经理人激励制度的设计提供必要的土壤和环境，进而加速经理人激励制度的设计。

第二，公司基本面的中观因素。公司规模、所属行业、所处生命周期阶段以及经营业绩都会不同程度地影响公司经理人激励制度。不同的基本面特征决定了公司经理人支配和监督的资源体量，影响着经理人薪酬水平与公司对其激励程度。一般而言，公司规模越大，所属行业越偏向实体，所处生命周期阶段越靠后，公司经营业绩越好，经理人薪酬水平越高，公司对其激励程度也越高。然而市场上出现的异象也表明，经理人激励制度结构应在考虑公司基本面信息后进一步重塑。

第三，经理人特征的微观因素。经理人的个人特征、能力水平、需求因素都会影响经理人激励的效果。经理人自身因素会对其思维方式、行动方式以及对需要的满足程度产生影响，进而影响公司经营与决策。在设计经理人激励制度过程中，考虑经理人自身因素应因人制宜，在短期激励与长期激励、物质激励与精神激励中有所偏重，实现激励效应最大化。

第四，其他影响因素。资本市场发展状况、国家税收政策等宏观因素都会对经理人激励制度的设计和效果产生一定程度的影响，应因时制宜、因政制宜，选择适合公司和经理人的激励手段，机动地调整激励方式，设置激励结构。

3. 我国国有企业经理人激励的制度演进

国有企业作为我国国民经济的重要支柱，一直以来备受关注。本节从制度发展的角度，介绍国有企业经理人的管理制度由最初的薪酬管理到考核再到激励的演进过程，企图呈现出国有企业薪酬管理制度的发展路径。

（1）国有企业经理人薪酬管理的制度演进

1993 年 11 月，十四届三中全会提出国有企业改革的工作重心应转移到企业制度创新上，并指出国有企业改革的方向是建立现代企业制度。1997 年，党的十五大要求国有企业改革应明晰产权、明确权责、坚持政企分开、实现科学管理，国有大中型企业实行规范的公司制改革，使之成为适应市场化发展与竞争的法人实体。1997 年，原劳动部明确提出要在具备条件的国有企业中积极稳妥地推行年薪制。1999 年，十五届四中全会提出经营管理者收入要与企业经营业绩挂钩，建议少数企业试行厂长年薪制、持股分红等方式。2004 年，国资委出台《中央企业负责人薪酬管理暂行办法》，规定负责人薪酬需与业绩考核结果挂钩。2009 年，多部委联合发布《关于进一步规范中央企业负责人薪酬管理的指导意见》，从适用范围、薪酬结构、薪酬水平、支付方式、监督管理等方面，健全中央企业负责人收入分配的激励和约束机制。2013 年，十八届三中全会通过了《中共中央关于全面深化改革若干重大问题的决定》，将国有企业管理人员薪酬待遇问题纳入"推动国有企业完善现代企业制度"的部分，强调经理人激励的必要性和重要意义。中共中央政治局会议于 2014 年 8 月通过并于 2015 年开始施行的《中央管理企业负责人薪酬制度改革方案》提出，将股权激励等任期激励收入作为除基本年薪和绩效年薪外的第三部分纳入中央负责人薪酬组成。自 2005 年起,多地证监局监管部门发布加快推进当地资本市场发展的意见,提出完善并推进当地上市公司年薪制度的新方向——与业绩挂钩,提高公司经营效率。

(2) 国有企业经理人考核的制度演进

2004 年 1 月 1 日开始施行的《中央企业负责人经营业绩考核暂行办法》提出,以年度利润总额和净资产收益率作为基本考核指标对经理人进行业绩评价。2007 年,国资委首次在部分中央企业推出试行经济增加值(EVA)考核计划,并鼓励企业使用 EVA 指标进行年度经营业绩考核。自 2010 年起,国资委在全部中央企业及其下属企业全面推行 EVA 考核,将 EVA 指标纳入基本指标考核范围,年度经营业绩考核以公历年为考核期,任期经营业绩考核以三年为考核期。关于非国有上市公司的经理人考核因人而异,证监会并未对此进行明确规范,公司一般针对自身情况和经理人情况制定相应的制度,总体而言是会计绩效与经济绩效相结合的考核方式。

(3) 国有企业经理人激励的制度演进

2005 年公司法的修订和《上市公司回购社会公众股份管理办法(试行)》的颁布,进一步完善了实施经理人激励制度所需的法律环境。随着沪深股市股权分置改革的逐步推进,实施股权激励计划的上市公司数量与日俱增。2006 年 1 月 1 日,证监会开始施行《上市公司股权激励管理办法(试行)》,对经理人股权激励的适用范围、对象、条件、股票来源、信息披露等进行明确规定与说明,促进上市公司经理人股权激励行为规范运作与持续发展。2007 年,国资委和证监会出台配套政策规范股权激励行为,加强上市公司治理专项活动。2008 年,证监会相继发布多个《股权激励有关事项备忘录》,以规范经理人激励行为;同年,国资委、财政部颁布《关于规范国有控股上市公司实施股权激励制度有关问题的通知》,对国有上市公司的股权激励行为从严治理。2009 年,财政部、国家税务总局相继发布《关于股票增值权所得和限制性股票所得征收个人所得税有关问题的通知》《关于上市公司高管人员股票期权所得缴纳个人所得税有关问题的通知》,以完善经理人股权激励制度,规范限制性股票激励、股票期权激励所得收益的税务问题。后来,证监会对《上市公司股权激励管理办法(试行)》进行修订,原试行办法废止。

4. 我国国有企业经理人激励的实践演进

本部分从实践角度,介绍我国国有企业经理人激励的演进过程,以呈现我国国有企业经理人激励的实践发展脉络。

(1) 年薪激励

1992 年和 1994 年,我国政府分别在上海选定上海市英雄金笔厂等三家企业、在深圳选定六家国有控股上市公司作为我国第一批和第二批国有企业经理人年薪制的试点单位,开启了年薪制的探索。截至 1997 年,试点单位范围就已扩大到万家国有企业。1998 年 1 月,原劳动部宣布在全国暂停实施年薪制。2002 年,中国开始全面推行国有企业高管年薪制,企图将经理人利益与公司所有者利益相统一,实现对经理人的有效激励和约束,与此同时规定其年薪不得超过职工平均工资的 12 倍。2004 年年初,《中央企业负责人经营业绩考核暂行办法》开始施行,对 189 家中央企业经理人实行年薪激励考核。时代的发展浪潮与经济的快速崛起给国有企业带来巨大红利,截至 2009 年中央企业负责人的平均年薪就已高达 68 万元。为兼顾经理人积极性和缩短经理人与职工的收入差距,2009

年多部委联合发布《关于进一步规范中央企业负责人薪酬管理的指导意见》，将中央企业经理人的年薪限制在60万元左右，其中基本工资部分按月支付，绩效工资部分考核后分期兑现。然而适用范围依旧仅限于国有独资或控股公司，国有参股的混合所有制企业和民营企业并不受限于这些规定。

（2）股权激励

一直以来，西方国家致力于把股权激励作为经理人激励的主要方式（吕长江和张海平，2011），中国则是采用货币薪酬、在职消费占主导方式的经理人薪酬契约（陈冬华等，2005；梁上坤和陈冬华，2014）。20世纪90年代初，我国上市公司借鉴国外经理人激励的经验证据，出现了某些公司采纳股权激励计划的现象。万科于1993年首次实施股权激励计划，成为中国历史上第一家实施股权激励计划的上市公司，但由于当时的政策导向，股权激励计划有始无终。联想集团、方正集团、中石化集团分别于1994年、1996年、2001年授予公司部分董事认股期权。1998年，中国上市公司开始股权激励计划兑现的尝试与探索，然而，在相当长一段时间内并没有正式的制度规范作为依据指导股权激励行为。其实在2006年前大部分国有企业采用的股权激励并非是严格意义上的股权激励，其方式更像是股票奖励或期股制度。前者即公司无偿赠予经理人一定数量的股票，自赠予日起，经理人享受分红权等部分权益，待实现契约业绩目标后，可获得该股份的所有权；后者即经理人在任期内按照既定价格以分期的方式购买公司一定数量的股票，从获得之日起拥有所购股份的分红权等部分权益。直到《上市公司股权激励管理办法（试行）》的颁布与实施，股权激励才得以规范发展，并被越来越多的公司采纳。2006年7月1日至2020年12月31日，超过1 691家国内上市公司已经或计划实施股权激励共计2 879起。然而在此过程中，我国股权激励计划也暴露出一些问题。最著名的则是2011年万科的"人事大地震"事件，其股权激励方案公布不久，公司就有多位高管陆续离职，揭露当时股权激励方案设计上的不可行性，即激励与约束的不对等。这些失败案例为国家政策制定部门和上市公司决策制定部门指明了改革方向。伴随着股权激励制度的不断完善，我国上市公司的股权激励行为日趋规范。

（3）精神激励

对经理人而言，精神激励是指通过一系列非物质形式满足马斯洛需求理论所陈述的尊重、成就、自我实现需求，使经理人获得成就感、满足感，进而发挥主观能动性实现经营努力的过程。一般而言，我国的精神激励体现在表扬、褒奖、授予经理人荣誉称号等声誉激励和实现经理人晋升等事业激励上。2004年以来，国资委发布了多项法律法规、通知意见规范中央企业负责人的考核方式，为国有企业经理人的晋升提供了有利参考标准。例如，在2016年的中央企业负责人任期经营业绩考核中，中冶集团获得2013—2015年任期"科技创新优秀企业"荣誉称号，实现考核与激励的有机结合。

8.4.2　薪酬、股票、期权激励的应用

薪酬、股票和期权作为三种高效的激励形式在我国企业的发展历程中得到不断应用和实践。

1. 薪酬激励的应用

辽宁营口市于2001年对市内的多家国有企业采取了以年薪制为主要改革对象的创新和尝试,尤其是对于亏损的企业更是加大了年薪制的改革力度。在年薪制实行一年后,5家国有企业的各项经济指标均得到了较大的提升,薪酬激励制度的实行取得了较为不错的成绩。

黑龙江佳星玻璃股份有限公司的公司高层为了激发经理人的工作积极性,对经理人的工作设置了一定的考核目标,并对完成目标的经理人采用"年薪+股票期权"的激励制度。新的激励制度实行一年后,公司实现了利润752万元的突破。

航天恒星空间技术应用有限公司是一家利用空间技术优势结合卫星应用产业发展前景而全力打造的天地一体化领军企业。为了更好地激励公司员工,公司对其科研管理、专业科研两个岗位的员工实行了现金分红奖励。

2. 股票激励的应用

最先采用股票期权制度的国有企业是上海仪电控股集团公司。在上海政府的鼓励和指导下,上海仪电控投集团公司通过向经理人及业绩较为优秀的员工发行股票,给予员工和经理人低价购买股票的权利,从而不仅达到了激励员工的目的,还帮助企业完成了融资,减轻了营运压力。

长春欧亚集团股份有限公司采用"激励基金+个人购股"的方式对公司高级管理人员、二级单位班子成员以及业务骨干实行激励政策,政策规定公司高级管理人员所获得的激励基金在年度内用于购买本公司股票,而其他激励对象的激励基金以现金形式发放。

3. 期权激励的应用

在北京市政府的监督和要求下,1999年同仁堂、大明眼镜、菜市口百货等十多家国有企业采取了期股激励的方式,经理人可以在自身任职结束之后的两年时间内完成期权的兑现。该方式很好地改变了同仁堂等国有企业以往对经营者单一的激励模式。

为了更好地激励经理人,江西省国资委将其持有的江中集团股份(占总股本的30%)通过奖励与现金配售相结合的方式授予江中集团管理层(由24名自然人组成),双方签署股权激励合同。

杭州海康威视数字技术股份有限公司股东龚虹嘉为了激励管理层,将其所持有的15%股份以75万元的"白菜价"进行转让,股票的购买者为公司优秀的经营团队,该做法不仅没有给公司的运营增加新的成本,而且对经理人的激励作用十分明显。

近些年,越来越多的教育行业企业推行长期激励制度,其中大多数以股权激励为主。例如,新东方、高途课堂等上市教育企业实行股票期权、分红奖励、绩效股票、合伙人等激励手段,这些激励手段很好地把经理人个人发展与企业发展联系在一起,从而最大程度上增加企业利益。

4. 现状

随着混合所有制改革进程的开展,国有企业更加重视经理人对于其发展的促进作用。国有企业一般采用经济激励和行政激励两方面的激励形式,经济激励包含薪酬激励、股权激励,能够很好地将短期激励方式和长期激励方式融合在一起。在实践过程中,国有企业经理人激励形式中薪酬激励所占的比重较大,中长期激励(如股票激励、期权激励)等机制还存在较大的发展空间。与国有企业相比,非国有企业对于经理人的激励程度有所强化。由于非国有企业对资产的限制比国有企业要低,因此非国有企业对于经理人在薪酬等方面的激励力度要更大。例如,山东票号等企业对经理人采取"高薪资+年度奖金+股权奖励"等形式,取得了显著效果。

研究数据显示,2017年全行业总人工成本占营业收入的8.8%,同比减少0.6%,但是这种下降趋势没有对经理人薪酬造成影响,2017年A股上市公司经理人薪酬的均值在不断上涨,达到111万元,与2016年的102万元相比增长了8.8%。从不同行业来看,金融行业的高管以279万元居全行业薪酬第一位,而房地产行业的高管薪酬居第二位,除了技术服务业等个别行业,经理人薪酬不断呈现增长态势,这体现出我国企业对于薪酬激励制度的认可以及该制度的成效。从薪酬差距来看,2017年A股上市公司中最高薪高管的薪酬稳定在企业员工薪酬的7倍,卫生与社会工作高管与企业员工之间的薪酬差距拉大,但是电力、热力等国有企业较多的行业中高管与员工的薪酬差距最小。在高管团队中,薪酬最高与最低经理人之间的薪酬差距约为5倍,其中金融行业的高管薪酬差距最大。

8.4.3 其他激励方式的应用

为了更好地实现对经理人的激励,除了上述激励方式,在职消费、晋升制度等激励方式应用也比较多。

1. 在职消费的应用

为了留住更多的人才,海底捞对其店长等经理人在高薪聘用的基础上采用了高福利的激励政策,海底捞规定任期满一定期限的店长可以享有购买补贴,其子女和父母享有一定的经济补助,而优秀的员工和店长可以在达到考核要求后得到良好的晋升保障。为了实现对员工和店长"从服务员做起,双手改变命运"的承诺,海底捞还向员工及店长提供良好的培训和考核机制,员工可以根据自身业务水平享有均等的晋升空间和机会。

TCL集团控股有限公司为了更好地发挥经理人在其岗位的管理职能,曾经向其经理人提供了较大的在职消费权利空间。这种方式虽然在一定程度上提高了经理人的工作效率,但是在职消费模式也使得公司的经费得不到合理的运用。因此,近年来TCL公司开始加强在职消费的审核流程和审批程序。

吉林华康药业股份有限公司作为一家上市公司的子公司,向高层管理人员提供了良好的福利政策,包括年末旅游、休假、培训等激励政策,这些政策很好地帮助公司留住了优秀的经理人,还吸引了很多有着丰富管理经验的经理人,为公司的发展提供了良好的人才支持。

2. 晋升激励的应用

海尔公司为其经理人制定了合理的晋升制度,保障优秀经理人的自身价值得到充分发挥,而且对于不同岗位的高层人员会提供不同的培训内容,实现了员工和公司共同进步的良好氛围和环境。

为了更好地消除和淡化家族式管理的不足,碧桂园自2012年先后推出不同程度的创新激励制度,希望可以最大程度地激发经理人的潜能和价值。碧桂园为了更好地执行创新激励制度,于2016年划分区域,实行区域管理制度,逐渐把权力下放给各个区域经理,实现了公司利益与经理人利益的高度绑定,区域形式的权力下放对于经理人来说是一个很不错的激励制度。

随着市场竞争激烈程度的不断加剧,零售行业也在不断创新激励方式,希望可以吸引和留住更多优秀的经理人。永辉超市于2015年5月成立,2016年其创始人张轩宁便提出了"合伙人与赛马"机制,两种制度很好地形成了激励与约束,逐渐形成了"合作+竞争"的企业文化,很好地达到了留住人才的目的。

3. 现状

受到企业性质的影响,国有企业除经济激励外最重要的激励方式就是行政激励和权力激励。一般来说,国有企业经理人在业绩达到要求时会得到职位上的晋升,随之而来的是工资、企业地位的提升和权力的增加,尤其是在混合所有制改革中国有企业经理人工资受到限制的情况下,国有企业的行政奖励、声誉奖励等的激励效果更加明显。而且随着现代人终身学习和进步观念的养成,很多人对职位晋升渠道更加重视,尤其是对于经理人来说,良好的晋升渠道不仅可以给自己带来利益方面的好处,还可以使自己的价值得到最大程度的发挥。

出于多种目的,企业的在职消费激励在中国的实践效果很显著,大部分中国企业会给经理人一部分经费,这种在职消费激励不仅从物质方面给经理人一定的奖励,也可以帮助经理人更好地完成自身工作,还有助于企业利润的增长。然而,在职消费的存在一定程度上滋养了腐败和贪污等不良风气,尤其是对于部分监管制度存在不足的国有企业来说,在职消费在很长一段时间内引起了经理人滥用经费的问题。随着现代企业管理和制度的质量提升,大多数企业对在职消费的审核、监管力度不断加大,有些企业甚至取消了该福利,改成事后审核报销的方式。

8.4.4 经理人激励的中国数据统计

本部分列示了我国上市公司股权激励、薪酬激励的实践数据,所用数据均来自国泰安数据库。表8-1列示了我国上市公司股权激励的年度分布情况。

表8-1 2006—2020年我国上市公司股权激励年度分布 单位:起

年度	股票增值权	股票期权	限制性股票	合计
2006	1	19	7	27
2007	2	5	0	7
2008	2	16	3	21
2009	0	13	7	20
2010	2	52	15	69
2011	5	72	28	105
2012	4	61	67	132

单位:起　（续表)

年度	股票增值权	股票期权	限制性股票	合计
2013	0	81	94	175
2014	2	56	119	177
2015	3	47	149	199
2016	3	60	192	255
2017	2	90	330	422
2018	2	138	298	438
2019	3	135	245	383
2020	1	111	337	449
合计	32	956	1 891	2 879

自2006年以来,我国上市公司实施股权激励的数量整体上呈现上涨的趋势。截至2020年,我国上市公司共实施2 879起股权激励计划,其中激励标的物为股票增值权的有32起,标的物为股票期权的有956起,标的物为限制性股票的有1 891起。总体而言,股票期权和限制性股票的股权激励事件占主导位置,整体上呈现上涨的趋势。

表8-2列示了2006—2020年分行业的我国上市公司股权激励事件分布。从表中可见,制造业上市公司实施股权激励的事件最多,共计1 947起;其次是信息传输、软件和信息技术服务业,共计424起;其他行业实施数量差异不大。

表8-2　2006—2020年我国上市公司股权激励行业分布　　　　　　　　　　单位:起

行业	股票增值权	股票期权	限制性股票	合计
农、林、牧、渔业	0	9	12	21
采掘业	0	9	10	19
制造业	20	590	1 337	1 947
电力、煤气及水的生产和供应业	0	8	7	15
建筑业	0	28	32	60
批发和零售业	1	38	59	98
交通运输、仓储和邮政业	4	15	17	36
住宿和餐饮业	0	2	2	4
信息传输、软件和信息技术服务业	3	144	277	424
金融业	1	0	4	5
房地产业	0	39	27	66
租赁和商务服务业	0	14	28	42
科学研究和技术服务业	2	24	34	60
水利、环境和公共设施管理业	0	14	22	36
居民服务、修理和其他服务业	0	1	2	3

单位:起 (续表)

行业	股票增值权	股票期权	限制性股票	合计
卫生	1	5	5	11
文化体育和娱乐业	0	13	13	26
综合	0	3	3	6
合计	32	956	1 891	2 879

表8-3列示了各年度实施过股权激励的公司占当年上市公司总数的比重。从表中可见,自2009年起实施股权激励的上市公司占比逐年增加,2018年起比重有所降低,但幅度不大,仍高于2017年以前的水平。

表8-3 2006—2019年我国上市公司股权激励分布   单位:%

年度	股票增值权	股票期权	限制性股票	合计
2006	0.06	1.10	0.45	1.61
2007	0.12	0.30	0.00	0.42
2008	0.00	0.93	0.17	1.10
2009	0.00	0.70	0.38	1.08
2010	0.09	2.25	0.68	3.02
2011	0.12	2.73	1.06	3.91
2012	0.12	2.05	2.33	4.50
2013	0.00	2.44	3.09	5.53
2014	0.07	1.61	3.98	5.66
2015	0.07	1.40	4.61	6.08
2016	0.09	1.52	5.65	7.26
2017	0.03	1.86	8.53	10.42
2018	0.03	2.76	7.37	10.16
2019	0.03	2.59	5.55	8.17

表8-4列示了区分产权性质的股权激励事件的频数分布情况。从表中可见,与国有企业相比,非国有企业的股权激励事件更多。截至2019年,非国有企业实施的股权激励事件数量达到2 192起,国有企业达到227起,其中以限制性股票为激励标的物的事件占据主导位置。

表8-4 2006—2019年区分产权性质的股权激励事件频数分布   单位:起

年度	股票增值权		股票期权		限制性股票		合计		
	非国有	国有	非国有	国有	非国有	国有	非国有	国有	总体
2006	1	0	12	7	2	5	15	12	27
2007	0	2	4	1	0	0	4	3	7

单位:起　（续表）

年度	股票增值权		股票期权		限制性股票		合计		
	非国有	国有	非国有	国有	非国有	国有	非国有	国有	总体
2008	1	1	11	5	1	2	13	8	21
2009	0	0	12	1	6	1	18	2	20
2010	2	0	47	5	13	2	62	7	69
2011	4	1	66	5	27	1	97	7	104
2012	2	2	53	9	65	2	120	13	133
2013	0	0	76	5	91	3	167	8	175
2014	2	0	50	6	107	12	159	18	177
2015	3	0	43	4	143	6	189	10	199
2016	3	0	52	8	180	12	235	20	255
2017	2	0	81	9	313	17	396	26	422
2018	2	0	123	15	274	24	399	39	438
2019	3	0	115	19	200	35	318	54	372
合计	25	6	745	99	1 422	122	2 192	227	2 419

表8-5列示了各年度不同产权性质企业前三名高管薪酬之和的均值。从表中可见,无论是国有企业还是非国有企业,自2004年以来,前三名高管的薪酬水平均呈现逐年上涨的趋势,且总体而言,国有企业的平均薪酬水平高于非国有企业。

表8-5　2004—2019年区分产权性质的企业前三名高管的薪酬水平　　单位:万元

年度	非国有企业	国有企业
2004	15.70	25.35
2005	17.90	31.94
2006	62.44	64.10
2007	67.13	77.87
2008	117.42	114.63
2009	109.38	123.48
2010	122.65	132.82
2011	134.74	159.71
2012	144.98	185.56
2013	158.10	188.26
2014	175.06	199.28
2015	186.01	212.77

单位：万元　（续表）

年度	非国有企业	国有企业
2016	209.89	223.23
2017	228.07	234.03
2018	246.33	265.91
2019	280.52	300.53

 讨论题

1. 为什么需要激励经理人？
2. 经理人激励理论是如何产生的？
3. 美国与日本的经理人激励制度有什么不同之处？我国可以分别向美、日两国借鉴哪些优点？
4. 经理人激励主要可以分为哪几种类型？各自的优缺点有哪些？
5. 进行经理人激励时可以基于哪些指标进行激励？各自的优缺点有哪些？
6. 我国国有企业经理人激励的制度和实践是如何演进发展的？
7. 薪酬、股票和期权作为三种高效的激励形式在我国企业的发展历程中不断地得到应用和实践，请分别举例说明。

 案例分析

宝钢股份激励计划的推行

得益于国有企业改革的环境与资本市场的高度认可，股权激励逐渐在上市公司得到广泛应用，以期促进公司董监高、核心技术人员等关键员工利益与公司价值的一致性。

宝钢股份作为中央企业宝钢集团的全资控股上市公司，是中国最具竞争力的钢铁企业之一，经营业绩居世界领先地位，产品畅销国内外市场。乘着混合所有制改革之风，宝钢股份于2014年3月推出首期限制性股票激励计划，以激励公司董事和高管、对公司经营发展举足轻重的骨干和核心技术人员，以及应当给予激励的其他关键人员等为方向，企图优化公司治理结构，通过经理人等员工持股激励激发公司活力，实现创造力和竞争力升级。2016年，经理人激励以及员工持股激励计划凸显成效，行业结构性改革时机来临，宝钢股份为紧抓市场时机，于2017年推出第二期限制性股票激励计划，以全面助推宝钢与武钢联合重组的健康发展。

宝钢股份激励计划的推行，在优化业绩考核的同时，完善了公司治理结构，形成了利益共享、风险共担的激励约束机制，提升了公司经营绩效，有力促进了公司长远稳定发展以及股东价值增值。

思考题：

（1）宝钢股份采用限制性股票激励计划对企业的经营和发展有什么好处？

（2）宝钢股份可以基于什么指标实施限制性股票激励计划？请举例说明。

主要参考文献

陈冬华,陈信元,万华林.国有企业中的薪酬管制与在职消费[J].经济研究,2005(2)：92-101.

陈绍刚,段聪菲.基于不同信息状态的经理人年薪制确定方法研究[J].管理科学,2009,22(5)：34-39.

陈晔.基于股票期权的企业经理人激励研究[J].武汉电力职业技术学院学报,2012,10(2)：59-62.

陈毅.企业业绩评价系统综述（下）[J].外国经济与管理,2000(5)：39-42.

陈银娥.激励契约理论评述[J].经济学动态,2003(9)：64-68.

陈震,张鸣.业绩指标、业绩风险与高管人员报酬的敏感性[J].会计研究,2008(2)：47-54.

池国华,迟旭升.我国上市公司经营业绩评价系统研究[J].会计研究,2003(8)：45-47.

党兴华,权小锋,杨敏利.风险投资委托代理关系中的监控与激励博弈分析[J].科研管理,2007(1)：155-160.

邓明时.基于EVA的非上市企业经理人股权激励应用研究[D].北京：首都经济贸易大学,2007.

窦炜,邱玉莲.企业经理人激励问题研究[J].财会通讯（学术版）,2007(3)：95-97.

何金.国有大型企业职业经理人薪酬激励机制研究[J].中国管理信息化,2019,22(6)：80-81.

何威风,刘巍.EVA业绩评价与企业风险承担[J].中国软科学,2017(6)：99-116.

何威风,刘巍,黄凯莉.管理者能力与企业风险承担[J].中国软科学,2016(5)：107-118.

黄群慧.企业经营者年薪制比较[J].经济管理,2001(5)：46-49.

黄钰昌.高管薪酬激励：从理论到实际[M].上海：东方出版中心,2019.

贾贵娟.基于EVA的企业经理人薪酬激励模式研究[J].经济论坛,2007(24)：94-96.

李爱梅,凌文辁.职业经理人的激励与约束[J].现代管理科学,2003(8)：12-13.

李建平.中国企业经理人需要恰当的激励制度安排：《中国公司制企业经理人激励制度研究》评介[J].福建论坛（人文社会科学版）,2007(2)：136-137.

李宁琪,李树.论现代职业经理人激励机制的构建[J].科学与管理,2010,30(4)：14-18.

李群.完善国有企业经理人激励约束机制[J].合作经济与科技,2008(3)：46-47.

梁洪学.现代公司制企业经理人激励根源探析[J].经济理论与经济管理,2006(8)：60-64.

梁洪学.中国公司制企业经理人激励制度研究[M].北京：经济科学出版社,2006.

梁上坤,陈冬华.业绩波动性与高管薪酬契约选择：来自中国上市公司的经验证据[J].金融研究,2014(1)：167-179.

廖红伟,杨良平.国有企业经理人薪酬激励机制深化改革研究[J].财经问题研究,2017(1):108-114.

廖永红.我国企业年薪制的实施情况及若干亟待解决的问题[J].特区经济,1998(7):29-30.

刘兵,张世英.企业激励理论综述与展望[J].中国软科学,1999(5):22-24.

刘海英.经理人报酬与激励:理论与实务及我国当前实践的探讨[J].山东大学学报(哲学社会科学版),2005(5):84-90.

卢馨,陈睿.经理人股权激励文献综述[J].财会通讯,2010(33):144-147.

鲁海帆.高管团队内部薪酬差距:锦标赛理论与行为理论之争[J].财务与会计,2007(19):23-24.

吕长江,张海平.股权激励计划对公司投资行为的影响[J].管理世界,2011(11):118-126.

吕长江,郑慧莲,严明珠,等.上市公司股权激励制度设计:是激励还是福利[J].管理世界,2009(9):133-147.

马玥.企业激励理论研究综述与展望[J].云南财贸学院学报(社会科学版),2005(3):90-92.

聂辉华.契约理论的起源、发展和分歧[J].经济社会体制比较,2017(1):1-13.

裴卫平.经理人薪酬与企业价值研究[J].现代营销(下旬刊),2019(9):190-191.

齐红倩,钟贤巍.企业本质属性的激励理论及管理实践[J].经济纵横,2004(12):53-56.

曲涛.国有企业职业经理人创新发展的中长期激励初探[J].中国培训,2019(5):36-37.

宋传文.薪酬差距对公司绩效的影响效应:来自沪深A股非金融上市公司的经验证据[J].赤峰学院学报(自然科学版),2013,29(13):72-75.

宋文洋.高管员工薪酬差距与创造性产出:基于董事长特征的视角[M].北京:中国财政经济出版社,2018.

苏明城,张向前.激励理论发展及趋势分析[J].科技管理研究,2009,29(5):343-345.

陶向南,赵曙明,邹亚军.传统与现代的融合:日本企业人力资源管理制度的演变[J].经济与管理研究,2016,37(3):94-101.

田国强.经济机制理论:信息效率与激励机制设计[J].经济学(季刊),2003(2):271-308.

王锴,纪根培.论年薪制试点进程中的三个问题[J].中国软科学,2001(9):127-128.

王庆芳,周子剑.EVA:价值评估与业绩评价的理论探讨[J].当代财经,2001(10):75-78.

武伟.股权激励在现实中的效果[J].现代商业,2012(18):119.

夏新平,李永强,张威.企业业绩评价指标体系的演进[J].商业研究,2003(24):7-10.

"效绩评价与年薪制研究"课题组.企业效绩评价与经营者年薪挂钩研究[J].中国工业经济,2003(2):57-63.

谢德仁.经理人激励与股票期权[M].北京:中国人民大学出版社,2004.

许春燕,王继承.国有企业职业经理人的激励与约束机制[J].经营与管理,2017(5):41-43.

薛明皋,毛卫华.股票期权薪酬激励机制对投资决策的影响分析[J].统计与决策,2016(23):65-69.

闫述丽.我国上市公司股权激励机制探析[J].中国中小企业,2020(4):190-191.

杨狄.国有公司经理人激励制度的改革和完善[J].汕头大学学报(人文社会科学版),2019,35(1):73-79.

杨瑞龙,聂辉华.不完全契约理论:一个综述[J].经济研究,2006(2):104-115.

杨珏.企业经理人激励与约束机制研究[D].西安:西北农林科技大学,2007.

袁江天,张维.多任务委托代理模型下国企经理激励问题研究[J].管理科学学报,2006(3):45-53.

张蕊.论企业经营业绩评价的理论依据[J].当代财经,2002(4):68-73.

赵岩,苑卉.中国上市公司企业家激励约束机制与企业业绩关系再研究:国有控股与非国有控股公司的比较视角[J].经济管理,2014,36(12):95-105.

郑志刚,梁昕雯,吴新春.经理人产生来源与企业未来绩效改善[J].经济研究,2014,49(4):157-171.

周其仁.市场里的企业:一个人力资本与非人力资本的特别合约[J].经济研究,1996(6):71-80.

周仁俊,喻天舒,杨战兵.公司治理激励机制与业绩评价[J].会计研究,2005(11):26-31.

周雪平,周金美.股权激励在我国的发展现状[J].中小企业管理与科技(上旬刊),2011(11):61-62.

HALL B J, MURPHY K J. Stock options for undiversified executives[J]. Journal of accounting and economics, 2002, 33(1): 3-42.

JENSEN M, MECKLING W. Theory of the firm: managerial behaviour, agency costs, and ownership structure[J]. Journal of financial economics, 1976, 3(4): 305-360.

TIROLE J. Incomplete contracts: where do we stand[J]. Econometrica, 1999, 67(4): 741-781.

第 9 章　创始人与企业控制权

[素养目标]
- 了解企业控制权在中国的发展演变
- 了解创始人控制权的理论形式与实践应用
- 了解创始人控制权在中国企业发展中的作用与风险

[学习目标]
- 掌握股权层面控制权的概念与内涵
- 掌握董事会层面控制权的概念与内涵
- 掌握日常经营层面控制权的概念与内涵
- 熟悉中国制度背景下企业控制权的发展与现状

9.1　创始人控制权概述

9.1.1　股东中心主义 VS 经理人中心主义

党的二十大强调，完善中国特色现代企业制度，弘扬企业家精神，加快建设世界一流企业。这就需要强化公司治理在企业发展中的重要作用。公司治理具有两种典型的范式，一种是以股东为中心的治理范式，另一种是以经理人为中心的治理范式。

其中，以股东为中心的治理范式主要关注以下内容：一方面，以股东为中心的治理范式关注股东与经理人的代理冲突。在所有权与经营权分离的情况下，经理人可能为了追求私人利益而使股东蒙受损失，公司治理主要从经理人与股东之间的代理冲突出发，探讨如何约束经理人利用信息优势谋取私人利益，从而缓解代理冲突，降低代理成本，保护股东利益。另一方面，以股东为中心的治理范式关注大股东与中小股东之间的代理冲突。随着金字塔和交叉持股等股权结构的普及，理论界与实务界更加重视大股东与中小股东之间的利益冲突，尤其是大股东利用实际控制权剥削中小股东的问题。

随着新经济时代的到来，企业业务模式的创新不断加剧公司尤其是创业团队与外部投资者之间的信息不对称，创业团队不得不向外部投资者让渡与出资比例一致的控制权来获取外部融资，而失去控制权进而失去独特业务模式的开发主导权并非创业团队愿意看到的结果。此外，随着资本市场进入分散股权时代，并购行为尤其是"外部野蛮人入侵"和控制权纷争更加频繁，创业团队的创新资本和人力资本投资面临被外部人接管的巨大威胁，传统的经理人机会主义行为被"外部野蛮人入侵"等股东机会主义行为替代。因此,公司治理范式开始从股东中心主义转向经理人中心主义,公司治理的关键内容从防止经理人代理问题发生转化为保护创始人团队的控制权。

9.1.2 控制权的定义

虽然公司控制权的概念被广泛使用,但是目前尚未对公司控制权形成统一的概念界定。以下从理论研究、法律规定层面对公司控制权进行界定。

1. 理论研究层面

伯利和米恩斯在《现代公司与私有财产》一书中首次提出"现代公司所有权与控制权分离"的观点,认为控制权是随着公司的发展,公司所有权逐渐分散后的产物,是挑选董事会成员或大部分董事的权力,即认为公司治理是通过人事任命权来间接实现的。奥利弗·哈特(Oliver Hart)和戈登·摩尔(Gorden Moore)基于不完全契约理论,将公司控制权分为契约控制权和剩余控制权两种,其中契约控制权是指依照契约明确规定的权力,剩余控制权是指因契约不完全性所产生的未被明确规定的权力。此外,也有学者将公司控制权划分为名义控制权和实际控制权,其中名义控制权是指法律法规或者契约中明确约定的权力,而实际控制权则指获取信息的优势或者占有关键资源所拥有的权力。

2. 法律规定层面

在我国,公司法界定了控股股东和实际控制人的概念。其中控股股东是指"其出资额占有限责任公司资本总额百分之五十以上或者其持有的股份占股份有限公司股本总额百分之五十以上的股东;出资额或者持有股份的比例虽然不足百分之五十,但依其出资额或者持有的股份所享有的表决权已足以对股东会、股东大会的决议产生重大影响的股东"。实际控制人是指"虽不是公司的股东,但通过投资关系、协议或者其他安排,能够实际支配公司行为的人"。而《企业会计准则》将控制定义为"一个企业能够决定另一个企业的财务和经营政策,并能据以从另一个企业的经营活动中获取利益的权力"。《上市公司收购管理办法》则规定"有下列情形之一的,为拥有上市公司控制权:①投资者为上市公司持股 50%以上的控股股东;②投资者可以实际支配上市公司股份表决权超过 30%;③投资者通过实际支配上市公司股份表决权能够决定公司董事会半数以上成员选任;④投资者依其可实际支配的上市公司股份表决权足以对公司股东大会的决议产生重大影响;⑤中国证监会认定的其他情形"。

总体来看,我国目前的法律规定对控制权的定义侧重于在企业经营管理中重大事项上的实际影响力,体现了对公司的支配性控制。

9.1.3 创始人控制权的权力来源与实现方式

1. 创始人控制权的权力基础

公司控制权作为一种特殊的权力形式,其最终配置结构在一定程度上是企业各个行为主体之间进行动态博弈,进而达成自愿协议的结果。创始人作为企业的创立者,在公司发展的早期阶段通常既是控股股东、董事、经理又是实际控制人,兼具所有者、管理者和控制者的身份。因此,不同于其他控制者,创始人控制权的来源通常具有多样性,不能仅仅从股权结构或其他某个单一方面进行考虑。创始人不仅拥有创办企业的财力和物力、经营管理企业的能力,还具有运用自身关系网络为企业获取其他外部资源的能力。因此,可以从物质资本、人力资本和社会资本等几个方面探讨创始人控制权的来源。

(1) 物质资本

创始人在创业初期向公司投入大量的物质资本,如资金、房产、机器等,而这些物质资本也构成公司成立和早期发展的关键性资源。创始人作为出资人将这些物质资本的所有权转移给公司,是公司资产的绝对贡献者。而作为对价,创始人成为公司的绝对控股股东,享有大部分表决权,从而拥有公司的控制权。但随着公司的不断发展,外部资本逐渐加入,创始人在物质资本上的优势逐渐丧失,拥有的表决权比例也逐渐下降。因此,在公司发展壮大后,创始人一般无法再单纯通过物质资本来实现对公司的控制。

(2) 人力资本

除物质资本外,人力资本也是创始人的重要权力来源。在公司创业之初,创始人既是公司的拥有者,同时也对公司的经营管理负责。创始人是一种具有高度专用性的资源要素,在公司的领导、管理、决策、创新等方面具有不可取代性、关键性和决定性。创始人凭借其优越的个人综合能力,成为公司的建设者,是公司快速发展的力量根源。此外,创始人通过成功创立公司、带领公司成长壮大所展现的人格魅力等也能进一步帮助创始人在公司全体员工中树立个人权威,从而进一步增强其控制权。

相比于物质资本来源,创始人控制权的人力资本来源更加稳定,不会随着外部资本的进入以及股权的稀释而被削弱,是创始人控制权的一项重要来源。

(3) 社会资本

社会资本通常是指个人通过社会网络关系运用稀缺资源的能力。一般而言,创始人可能会掌握以下两个方面的社会资本:组织内部关系网和组织外部关系网。在公司内部,创始人能够以情感联结的方式将公司的管理者、雇员和股东紧密联系在一起,从而有助于公司内部的团结稳定。在公司外部,创始人与供应商、客户及投资者等联系在一起,帮助公司获得信息、物质和技术资源。因此,不论是在创业初期还是在公司发展过程中,创始人社会资本带来的稀缺资源对于公司而言都尤为重要。而创始人作为内外部关系网的核心,能够从中获得稳定持久的权力来源。

总体而言,创始人的控制权拥有多重资本作为支撑,随着知识经济时代的到来以及公司发展过程中外部资本的引入,物质资本在创始人控制权中的地位逐渐下降,而人力资本和社会资本所扮演的角色将愈发重要。

2. 创始人控制权的实现方式

现代企业制度下,股东大多通过选举董事,董事聘请高级管理人员的授权方式,由经理人在章程授权及法律规定范围内作出企业日常经营决策。因此,公司的控制权主要分为股权层面、董事会层面和日常经营层面的控制权。而创始人要实现自己的控制权也需要从这三个方面入手。

(1) 股权层面控制权

股东大会是公司最高权力机构,决定公司一切重大问题,因此,在股东大会中拥有多数的表决权便自然从法律上控制了公司。根据创始人获取表决权的方式,股权层面控制权实现方式可以分为以产权为基础的控制权实现方式和以非产权为基础的控制权实现方式。

以产权为基础的控制权实现方式是指创始人在公司占有较大比例的股权份额，进而在股东大会上拥有多数表决权的方式，主要包括直接控股、金字塔型控股和交叉持股，此外在我国比较常见的还有国有资产授权经营和国有资产划拨等。但随着外部资本的不断进入，创始人的股权不断被稀释，此时很难再基于产权来获取股权层面的控制权，因此创始人需要通过其他方式来实现其股权层面的控制权。

以非产权为基础的控制权实现方式是指创始人虽然在公司中未占有较大比例的股权份额，但是通过其他形式能够在股东大会上拥有多数表决权的方式，包括有限合伙安排、投票权/表决权委托协议、一致行动人协议、双层股权制度和多倍表决权/否决权等。

（2）董事会层面控制权

在现代企业制度中，公司的董事会享有该公司的聘任权、提案权等，并能够决定公司的生产经营计划和重大投资决策等，因此，掌握董事会层面的控制权也就从实际意义上掌握了公司重要决策层面的控制权。

当股权层面的设计和安排可能很难实现对公司的绝对控制时，控制董事会就是继续掌握公司控制权的一个重要方式。

董事会层面控制权的实现主要体现为占有公司董事会多数席位，进而拥有公司重大事项的决定权。因此，创始人可以通过在公司章程中设置提名董事人选的特殊条款或设立合伙人制度以实现控制权，其中特殊条款包括董事长轮值制度、分级分期董事会条款、首席独立董事制度、CEO 常任制以及反收购条款等。

（3）日常经营层面控制权

日常经营层面控制权主要体现为法定代表人、公章、营业执照等证照和印鉴以及核心资产和人员。在中国法律框架下，法定代表人和公章等对外能够代表公司主体，而核心资产和人员往往能够决定公司的前途和命运。因此，创始人也可以通过掌控这些要件来实现自己的控制权。

9.1.4　创始人控制权的重要性

1. 保护创始人的正当权益，激发创始人的热情

创立公司具有较大的风险，创始人为公司的创立和发展历尽艰辛，作出不可或缺的贡献。然而，创始人与资金实力雄厚的投资者相比，各方面均处于弱势地位。随着外部资本的进入，创始人很难继续通过股权维持自己的控制权。而投资者以利润最大化为目标，在其控制下，一旦公司业绩出现问题，创始人的价值就可能被全盘否定，创造人可能被要求交出权力。因此，为了维护创始人的权益，使之能与其他外部投资者抗衡，避免在未来被逐出企业，创始人需要牢牢把握住企业的控制权。

控制权的获取意味着企业的发展能够朝着创始人理想或者追求的方向发展。因此，控制权也可以作为一种激励机制，激发创始人更好地发挥自身的积极性与主动性，促使其更加积极地经营和管理公司，努力推动公司创造价值。

然而，随着我国私募股权投资和职业经理人市场的兴盛发展，创始人控制权丧失事件

频频出现,创始人在公司中失去话语权和主导力,不再能把握公司的发展方向,从而大大削弱了他们的创业积极性。此外,许多创始人出于对自身利益的考虑,为避免失去控制权而放弃外部融资机会,阻碍了公司的长期发展。因此,如果创始人没有一套良好的制度维护自身的控制权以保护他们的利益,那么他们的积极性将被大大削弱。

2. 确保公司发展战略得到贯彻执行,实现公司长远发展

公司创始人及其团队作为公司发展蓝图的规划者和执行者,对一家公司的发展与转型起着重要的引领作用,是公司发展的生命力和精神核心,对其控制权进行保护有利于公司的长期发展。

与外部投资者相比,创始人设立公司的目的就是使公司获得长远发展,以实现自身的理想和价值追求,其利益与公司利益通常密不可分。因此,创始人带领的公司治理团队对公司价值的提升具有更强的责任感。而资本总是短视的,外部投资者的目标通常是获取短期的投资利益,他们缺乏对公司长远发展的重视,可能会放弃公司的长期发展计划。因此,创始人与外部投资者在公司发展战略上可能存在较大差异,在外部资本进入公司并逐步控制公司之后,创始人失去控制权从而使得公司失去其运行的核心人物,长期形成的公司文化及经营理念无法继续保持,公司原来的发展战略可能被迫中断。创始人掌握控制权能够有效预防资本稀释后新的管理层改变公司的发展战略,从而继续引领公司坚持其既定目标,确保公司的长远发展和持续经营。同时,维持创始人的控制权也有利于防止公司被恶意并购,避免外来投资者持有大量股份以夺取公司的控制权,导致公司战略执行受阻。

此外,公司创始人及其团队在公司内部人力资源系统中处于中心地位,他们长期在公司管理事务中互相合作,和公司的情感联系更强,其行为在公司内部也更具权威性,提出的相关公司事务方案更容易得到其他股东和员工的支持,从而有助于推动公司决策和战略计划在公司内部得到及时、有效的执行。

3. 保证创始人人力资本和社会资本发挥价值

(1) 人力资本方面

现代公司的发展面临更复杂、更多元化的挑战,资本已不能简单地决定公司的成功与否。在推动公司经营发展所需的条件中,高效的管理理念、先进的技术支持、优秀的公司文化、具有前瞻性的经营方向以及平衡的内部治理机制等都对公司的发展至关重要。创始人作为公司创立的核心人物,能够给公司带来先进的管理理念、经营战略和核心技术等重要的无形资产,维持创始人的控制权,有助于将创始人的人力资本投入公司的经营中,推动公司实现价值最大化。

首先,维持创始人控制权可以使创始人先进的经营理念和经营战略在公司得到贯彻执行,有助于创始人管理能力和领导能力的发挥;其次,创始人及其带领的创始团队经过长期的相互配合,已形成默契,并且对于公司发展的经营思想、价值标准、奋斗目标等已达成共识,从而有利于管理团队的团结协作,促使团队工作效率最大化;最后,维持创始人控制权有助于创始人专业性知识和技术的运用,从而不断提高公司的创新能力。

（2）社会资本方面

中国是一个典型的关系型社会，创始人的社会资本是创业公司获取资源的重要渠道，能够给公司在建立政治关系、获得银行贷款、拓展客户关系等方面带来诸多好处。

一方面，创始人在公司内部通过与员工的长期交流与协作，与员工形成亲密信任的关系，并通过公司文化的塑造使员工在认同其价值标准的条件下从内心愿意为公司服务，从而调动员工的积极性。另一方面，在公司外部，创始人与公司客户、供应商、政府部门、中介机构等之间形成的关系网络，可以为公司的生存发展创造许多有利条件，充分调动广泛的资源为公司发展保驾护航。如果创始人失去公司的控制权，公司的这些资源就很可能流失，从而对公司的发展造成巨大的损害。

9.1.5 创始人控制权可能面临的威胁

1. 股权稀释威胁

随着公司的日益发展，公司面临的市场竞争越来越激烈，公司需要更多的资金来增强其经济实力，维持其在市场中的地位。然而，仅仅依靠创始人团队的自有资金是远远不够的，还需要从外部资本市场上融资。大部分初创企业通常无法满足银行贷款和上市的条件，只能选择私募融资，引进大的外部机构投资者。随着不断融资，创始人的股权逐渐被外来资本稀释和分散。企业的控制权基本是建立在股权基础之上的，一旦创始人失去控股地位，其能否继续拥有公司的控制权很大程度上就取决于外部投资者。尤其是当创始人与投资者之间出现利益冲突，如双方的经营理念出现分歧或者公司业绩出现较大波动时，投资者往往就会质疑创始人的经营管理能力，迫使创始人交出公司的控制权。例如，俏江南从鼎晖融资之后，由于后续发展陷入不利局面，投资协议条款被连续地恶性触发，创始人张兰最终被迫"净身出户"。

对于股权稀释威胁，创始人可以通过股权制度设计来保护其控制权，常见的制度有有限合伙架构、投票权/表决权委托协议、一致行动人协议和双层股权制度等。

2. 并购威胁

如今我国资本市场进入后股权分置时代，随着全流通带来的股权变更，我国资本市场从股权集中进入股权分散的发展阶段。上市公司股权日趋分散化，无实际控制人的上市公司逐渐增多，导致并购难度下降。此外，随着近年来保险资产规模快速增长，多数保险公司将资金瞄准国内证券市场，为证券市场中的并购活动提供大量的资金支持。因此，资本市场内并购活动变得日益常态化，通过恶意并购来实现控制权转移的行为发生得更为频繁。机构投资者通过在二级市场上公开举牌成为控股股东的现象屡见不鲜。随着恶意并购发生频率的增加，上市公司创始人面临越来越大的控制权转移风险。例如，2015年7月，宝能系通过连续举牌成为万科第一大股东，从而爆发了王石创始人团队与宝能之间的控制权之争。

针对并购威胁带来的控制权转移风险，可以通过事前防御和事后补救的措施应对。其中，事前防御通常包括股权制度设计、董事会制度设计以及在公司章程中增加其他反收购条款等，事后补救措施包括焦土战术、毒丸计划、金色降落伞、白衣骑士、帕克门战略和交叉持股等。

3. 创始人冲突与分裂

创始人团队是公司发展计划执行和未来蓝图规划的关键人物,公司的创立和发展也离不开创始人团队的合作。在公司发展的早期阶段,创始人团队成员通常能够在核心创始人的带领下紧密合作、相互支持,实现团队工作效率的最大化,并形成公司整体的精神纽带,推动公司快速成长。然而,随着公司的不断发展壮大,创始人之间很可能因利益冲突而发生分歧,此时核心创始人的公司控制权很可能被其他创始人夺取。例如,雷士照明的三位创始人吴长江、胡永宏和杜刚因利益分配问题而发生意见分歧,胡永宏和杜刚两位创始人联合起来要求核心创始人吴长江交出公司控制权,最终经过两百多名经销商的表决,吴长江才免于退出公司。此外,由于很多创业企业是由夫妻双方共同创立,这些企业的一大弊端是家庭与企业的界限不清晰,一旦夫妻双方出现感情问题、关系破裂,其结果往往是殃及企业,有时还会导致企业垮掉。例如,土豆网在申请纳斯达克上市的前一天,其旗下重要子公司95%的股权被创始人王微的前妻冻结,同时王微前妻要求分割王微名下三家公司的股权,导致土豆网错失上市的良好时机。

因此,公司创始人团队成员必须在公司发展的过程中重视团队合作、交流和沟通,要以公司的利益和发展为首要目标,而不能被一时的个人利益所蛊惑。掌握控制权的核心创始人也应当慎重考量利益分配,不能独断专行,否则会导致股东矛盾激化。此外,创始人也需要重视婚姻对公司、投资可能产生的影响,对各自的婚前财产进行明确约定,明确婚前财产的范围。

9.2 股权层面的控制权

9.2.1 股权结构概述

1. 股权结构的含义

股权结构是指不同性质的股份在公司总股本中的占比及其相互关系。股权结构是公司治理结构的基础,不同的股权结构对公司的类型、发展以及组织机构的形成有着重大影响,并最终决定公司的行为和绩效。

一般来讲,股权结构有以下两层含义:

一是股权集中度,即前五大股东持股比例。从该层面来看,股权结构有以下三种不同类型:①股权高度集中,控股股东掌握公司50%以上的股份,对公司具有绝对控制权;②股权高度分散,公司不存在大股东,单个股东的持股比例均在10%以下;③控股股东与其他大股东并立,公司不存在"一股独大"的局面。

二是股权构成,即各不同类型、不同背景股东持有的股份比例,在我国主要指国家股、法人股和流通股的占比。规范、合理的股权结构应适当提高机构投资者、战略投资者在流通股中的持股比例,发挥其在公司治理中的积极作用。

2. 股权结构设计的目标

股权结构设计是公司控制权安排与争夺的重要手段,也是公司顶层设计中的核心内容。

在进行股权结构设计时应综合考虑创始人、员工、投资人等相关方的利益,实现下列目标:

(1) 维护创始人的控制权

出于扩大公司规模的考虑,创始人往往会选择股权融资的方式进行融资,由此也会引发股权稀释和创始人控制权丧失风险。在股权设计之初,应充分考虑到创始人在公司中的影响力和话语权,保证其对公司的控制权,借助股权杠杆实现以小博大的效果。

(2) 凝聚合伙人团队

创业竞争激烈程度的加剧使得联合创业的成功率远高于个人创业,但合伙创业也不免会面临股权分配上的困难。合理的股权结构设计应明晰各合伙人对公司的贡献、利益和权利,充分调动合伙人的积极性,发挥各自优势,实现团队凝聚和公司稳定。

(3) 与核心员工实现利益共享

创始人和合伙人是公司前进的指南针,而核心员工的拼搏努力则是公司发展的加速器,二者相互结合才能成就创业使命,实现公司价值最大化。股权结构设计应以"留住核心人才"为目标,让员工共享公司发展红利,使其对公司产生归属感。

(4) 吸引投资者进入

借力市场资源可以放大财富杠杆、加速公司壮大发展,在进行股权结构设计时应充分考虑到其对投资者的吸引力。当公司融资时,投资者对于股权结构的考察是必不可少的,无论是主板、科创板、创业板还是新三板,均要求上市标的股权结构清晰、稳定,规范、合理的股权架构有利于公司在后续发展时顺利走向资本市场。

3. 股权结构设计的意义

成功的股权结构设计不仅能有效解决股权比例的分割问题,更能实现公司和各利益相关者之间的共赢。具体来说,股权结构设计的意义包括以下三方面:

(1) 规范股东之间的权利义务关系

股东的出资形式包括资金、资源、技术、管理、人才等,这些要素对公司的发展缺一不可,但在价值和功能上无法以统一的标准加以衡量,故在股权结构设计时需要逐一进行价值评估。如果不能对各要素进行科学的价值评估,股东就可能因投票权和话语权而产生利益冲突和矛盾,从而导致股东大会无法作出有效决议,使公司运营陷入僵局。

(2) 协调股东和员工之间的利益分配关系

股权激励机制是当代公司吸引和激励员工的重要手段,股东和员工之间的利益分配主要通过股权结构设计来实现。在股东、高管、核心员工之间进行科学合理的股权分配能够吸引和留住核心人才,激发员工潜力和创造力,在公司的经营发展中发挥重要作用。

(3) 调解创始股东和投资者之间的控制权争夺

在现代化的公司治理模式下,公司扩张难免需要引进外部资本,创始股东也因此面临投资人增多、控制权被稀释的风险,合理的股权结构设计能有效解决股权定价、股权受让比例、创始股东对企业控制权的掌握等一系列问题,调解创始股东和投资者之间的控制权争夺。

4. 股权结构与关键持股比例

我国法律规定,股东大会是公司的最高权力机构,决定公司的一切重大问题,因此在股东大会中拥有多数的表决权便自然从法律上控制了公司,关键持股比例也自然而然成为创始人控制权的首要关注点,具体内容如表9-1所示。

表9-1 关键持股比例及其意义

关键持股比例	持股意义
67%	绝对控制线
51%	相对控制线
34%	安全控制线
30%	上市公司要约收购线
20%	同业竞争警示线
10%	临时会议线
5%	重大股权变动警示线
3%	临时提案线
1%	代位诉讼权

（1）67%——绝对控制线

公司法规定,公司的各项重大事项如修改公司章程,增加或减少注册资本,公司合并、分立、解散或者变更公司形式等,必须经代表三分之二以上表决权的股东通过方为有效。67%的持股比例意味着创始人基本上拥有对公司的绝对控制权,有权决定公司的重大事项。

（2）51%——相对控制线

公司法规定,除公司重大事项外,应由股东大会决定的其他事项如经营方针和投资计划,任命董事、监事,分红,制定薪酬,批准董事会、监事会的报告,以及公司的预算方案,一般应经由股东大会半数以上通过。51的持股比例意味着创始人拥有对公司的相对控制权,能控制一些简单事项的决策。

（3）34%——安全控制线

与上述提到的67%持股比例代表的绝对控制线相对应,34%的持股比例可以被视为创始人的否决性控股,对重大事项具有一票否决权。创始人即使没有绝对控股或者没有持有一半以上的股份,但只要持有三分之一以上的股份,就可以干扰或者阻止某些重大事项的通过。

（4）30%——上市公司要约收购线

证券法规定,通过证券交易所的证券交易,收购人持有上市公司股份达到该公司已发行股份的30%时,继续增持股份的,应向上市公司所有股东发出收购上市股份的要约。如果创始人掌握上市公司30%以上的股权,公司就基本不会成为恶意并购的标的,因为此时收购公司要成为第一大股东必然会触发要约收购。

（5）20%——同业竞争警示线

一家拟上市公司的大股东同时在另一家同行公司中拥有超过20%的股份,这种投资行为常常被视为构成同业竞争,有利益输送的可能性,但本条线目前尚没有任何法律依据。

(6) 10%——临时会议线

持股比例超过10%的股东可以请求召开临时会议,具有提出质询、调查、起诉、清算或解散公司的权利。

(7) 5%——重大股权变动警示线

证券法规定,持股比例超过5%的股东需要披露权益变动报告书,其减持需要披露而且受到一定的限制。

(8) 3%——临时提案线

单独或者合计持有公司3%以上股份的股东,可以在股东大会召开10日前提出临时提案并书面提交召集人。

(9) 1%——代位诉讼权

单独或者合计持有公司1%以上股份的股东,在公司的合法权益受到侵害却怠于起诉时,为了保护公司整体利益,可以以自己的名义代表公司提起诉讼。

9.2.2 企业不同阶段的创始人控制权保护

企业在不断壮大的过程中,不可避免地要引入外部资本,这同时意味着原有股权的转让和稀释,甚至最终威胁到创始人的控制权。资本市场上创始人痛失控制权、公司被吞并的事件屡见不鲜,要想真正做到驾驭资本,让资本成为企业腾飞的登云梯,而不是受资本所制,就需要创始人在企业发展的全生命周期里时刻保持控制权意识,为企业搭建起稳固的股权架构。下面我们将从企业所处的不同阶段分别探讨如何牢牢把握企业发展命脉,实现创始人控制权保护。

1. 创立阶段

(1) 保障创始人的绝对控股

从法律角度和以后融资角度考虑,公司创始人在创业及天使轮以前持股比例最好达到70%~80%,如果创始人初始持股比例只有51%,经过连续几轮融资和稀释,最后只持有10%~20%的股份,就会对公司后续的控制造成一定影响。投资者在投资早期项目时,通常认为比较好的股权结构是:创始人50%~60%、联合创始人20%~30%、期权池10%~20%。

(2) 避免股权均分

由于初创企业合伙人之间的关系由股东之间的信任关系维系,因此创始人很容易陷入平分股权比例的困境,从而埋下未来公司矛盾冲突的种子。如果是两个及以上股东一起成立有限责任公司,两人持股比例应尽量避免50%、50%,三人尽量避免33%、33%、34%。股权平分将导致投票结果无法达到半数或者三分之二以上的通过率,股东大会无法作出有效决议,公司经营很可能陷入僵局。此外,股东对企业贡献不同导致的心理不平衡容易引发股东之间的矛盾和纠纷,甚至可能出现合伙股东中途退出的情况。

(3) 股权要素与股权比例相匹配

在创立阶段,企业对资金的大量需求很可能导致创始人走入股权结构设计的一大误区:谁出的资金越多,谁在股权和股份中掌握的比例越大。创始人忽略了资源、技术、管理等要素在股权结构设计中的地位,投资者凭借资本投入反而掌握了企业的绝大部分控制权。事实上,股权应首先和贡献对应,其次才和投资对应,创始人需充分考虑到资源、技术、管理等股权要素在企业成长过程中的贡献度,基于这些要素在企业成长中的权重合理设计股权,保障自身对企业的控制权。

(4)避免(过早的)对赌协议

对赌协议即估值调整协议,是企业创始人与投资者在达成融资协议时,对于未来不确定性情况的一种约定。创始人在签订对赌协议时,可能会抱着侥幸心理接受有关条款,一旦根据协议要求转让股权,创始人便可能失去对公司的控制权。如果对赌协议在所难免,则双方需要事先对股权调整设置上限(如50%)。这样即使输掉了对赌,创始人在股权调整后也不至于丧失过多股权和对公司的控制权。

2. 发展阶段

(1)保障创始人的相对控股

通过股权比例直接形成对企业的控制并不是一劳永逸的,在企业发展过程中持股比例的稀释在所难免,创始人在该阶段应尽量保证相对控股,这样对企业的日常经营事项仍具有绝对控制权。

(2)给股权合理定价

企业在早期融资时估值较低,而随着企业的发展壮大,相应的估值和溢价也有所提高,融资对于创始人股权的稀释效应存在递减效果,因此创始人在面对投资者时一定要认清企业价值,对自己的股权或股份进行合理的定价,尤其是对最初几轮融资出让的股权比例,一定要考虑清楚其是否匹配对应的价值。

(3)稳定股权释放节奏

创始人或创始人团队在引进投资者的过程中,应谨慎决定股权的稀释速度及引进投资方的类型,把握融资节奏,重视融资的长期规划,在保证企业现金流稳健的同时尽可能给后续融资留下空间。此外,对每轮投资者的权利也需要妥善设计,既要保障投资者的合法权利和合理诉求,也要确保创始人的企业控制权不受到损害。

3. 成熟阶段

(1)保障创始人的安全控股

当企业进入成熟期时,绝对控股与相对控股已经不太可能实现,持有三分之一以上股权的安全控股能够干扰或者阻止某些重要事项的通过,即创始人能够保证所有重大事项的执行是经过他的允许的。此外,借助各类创新制度设计,创始人可以充分掌握投票权而非股权,从而稳固其在企业内部的话语权和决策权。

(2)融合运用各种股权结构设计机制

对于创始人来说,在企业成熟期通过增加持股比例实现控制的方式资金成本太高,企业融资的广度和效率也会降低。此时创始人可以选择利用自身优势设计和融合各类投票权集中机制,如一致行动人协议、有限合伙架构、表决权委托协议等,用法律形式稳定投票权比例,以契约精神实施对控制权的保护。

（3）合理制定股东的退出机制

在企业成熟阶段，难免会有核心合伙人或技术团队成员想退出变现，需要合理约定这一部分人的股权退出机制，以最大限度地减少成员退出给企业带来的"内耗"。合伙人退出的成本越大，创始团队黏性越大，企业日常经营的稳定性越强。常见的实现机制为设置限制性股权，即约定拟退出股东的股权与服务年限和业绩挂钩，如若提前退出将由企业以低成本回购其所持有的股份。

9.2.3 股权层面控制权的实现机制

在股东大会上，控制权表现为股份表决权比重，因此集中股份表决权而非股权成为创始人保护控制权更行之有效的途径。创始人可通过创新制度设计将股权与股份表决权分离，并将股份表决权集中，实现股份表决权控制。目前创始人有效集中股份表决权的方式有有限合伙架构、投票权/表决权委托协议、一致行动人协议、双层股权制度、金字塔式控股、多倍表决权/一票否决权等。

1. 有限合伙架构

在有限合伙架构中，创始人或其名下公司担任普通合伙人（General Partner，GP），除创始人外的其他股东担任有限合伙人（Limited Partner，LP），二者共同设立有限合伙企业，由该有限合伙企业持有和控制核心公司的部分股权。普通合伙人对有限合伙企业实现控制，有限合伙人只享有经济收益而不参与有限合伙企业的日常管理决策。

如果存在高管股权激励或员工期权激励，也可以通过该方式用高管股权或员工期权所对应的股权设立一个有限合伙企业，同样由创始人担任普通合伙人，激励对象担任有限合伙人，如图9-1所示。

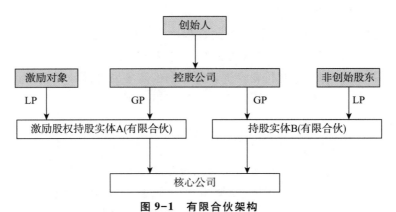

图 9-1 有限合伙架构

有限合伙架构的主要特点包括：

第一，发挥控制权的放大效应。考虑到普通合伙人对有限合伙企业拥有控制权，由有限合伙人出资形成的份额可以被视为控制权的放大部分，即创始人除能行使自有股权所对应的表决权外，还可以行使持股实体持有的公司股权所代表的表决权。

第二，实现风险隔离。创始人通过名下控股公司担任普通合伙人，可以实现创始人和合伙企业的风险隔离，使创始人以有限责任公司的出资额为限承担连带责任，规避了有限合伙企业中普通合伙人的无限连带责任问题,保障了创始人的个人财产安全。

第三,保证核心公司股权的稳定性。如果股东或合伙人不想继续持有核心公司股权,他们可以在合伙企业层面完成股权转让,主体公司的稳定性不受影响。

有限合伙架构的经典案例当属马云以不超过 8.8% 的股权比例实现对上市前蚂蚁金服半数以上股权的控制;此外,联想控股利用双层有限合伙架构完成员工持股平台的设计,使得以柳传志为首的管理层对公司占有 44% 的控股权;绿地采用层叠的有限合伙安排,以注册资本为 10 万元的公司控制了约 190 亿元的集团资产等。

2. 投票权/表决权委托协议

投票权/表决权委托协议即公司部分股东通过协议约定,将其投票权/表决权委托给其他特定股东行使。为了保证创始人对公司的有效管理,一些股东会把其投票权/表决权委托给创始人。因其无须即时转让标的股份即可实现控制权的转移,故常常在股份交易存在限制时被使用。

投票权/表决权委托协议的主要特点包括:

第一,需要与其他控制机制配合。与其他公司控制模式相比,投票权/表决权委托协议的控制力度相对较弱,一般是将它作为其他模式的补充与配合,很少独立发挥作用。

第二,受托对象可以是非股东。一致行动人协议的签署双方必须是公司股东,而委托投票权的受托对象可以是任意自然人,即非股东也可以成为受托人。

在京东发行上市前,持股比例只有 18.8%(不含代持的 4.3% 激励股权)的刘强东通过 11 家投资人(红杉资本、中东投资人、高瓴资本、腾讯等)委托投票权的方式,掌控了京东半数以上(51.2%)的投票权。马云通过投票权委托协议与软银、雅虎达成约定,在阿里巴巴上市前软银和雅虎总计投票权不超过 49.9%。

3. 一致行动人协议

一致行动人协议即通过协议约定,某些股东就特定事项采取一致行动,体现为一致行动人同意在行使提案权、表决权等股东权力时作出相同的意思表示,以其中某方意见作为一致行动的意见。其实质就是把表决权委托给公司控制人行使,在公司控制人股权被稀释时,加大创始人的投票权权重。

一致行动人协议的主要特点包括:

第一,有利于长期发展战略的制定。一致行动人协议又有"小股东会"之称,协议使得部分股东内部形成攻守同盟,可有效阻止其他股东或外来投资者对公司长期发展规划的干扰,有利于公司长远的业务布局和战略制定。

第二,协议双方均为公司股东。与委托投票权不同,一致行动人的协议双方均为公司股东,协议主要用于提高对目标公司的控制比例,巩固对目标公司的控制地位。

一致行动人协议在境内外上市公司中都很常见,包括脸书、腾讯、阿里巴巴在内的公司的创始人均通过一致行动人协议加强对公司的控制。腾讯各创始人与米拉德国际控股集团公司在腾讯上市前分别持有公司 50% 的股份,双方在一致行动人协议中约定:向腾讯集团各公司任命等额董事,而且在上市公司主体中任命的董事人数总和构成董事会的多数,从而实现二者对上市公司的共同控制。

4. 双层股权制度

双层股权制度是指不同类型股票具有不同表决权的公司股权结构，即"同股不同权"制度，其重点在于将公司股票区分为 A 类普通股与 B 类普通股，二者的基本权利一致，但在持有主体、投票权、转换权三方面有所区别：一是在持有主体方面，A 类普通股主要由投资人与公众股东持有，B 类普通股主要由创业团队持有；二是在投票权方面，B 类普通股每股具有 2～10 票的投票权，A 类普通股的投票权只占高投票权 B 类股票的 10% 或 1%，有的甚至没有投票权；三是在转换权方面，A 类普通股无法转换为 B 类普通股，而 B 类普通股一经转让即自动转换成 A 类普通股。

双层股权制度的主要特点包括：

第一，防止因股权稀释丧失控制权。双层股权制度给予了包括创始人在内的部分股东比普通股东多的表决权，这种设计很好地解决了企业发展过程中股权融资与控制权保护之间的矛盾，既能保证企业有充足的资本投入，也能防止创始人因股权稀释而丧失控制权。

第二，有效反击恶意收购。在双层股权结构下，享有多倍表决权的 B 类股票无法像 A 类股票一样自由流通，恶意收购者即使持有高比例的 A 类股票，也无法拥有足够数量的表决权，无法达成控制目标公司的目的，企业的控制权仍牢牢掌握在创始人与管理层手中。

第三，不利于外部股东利益保障。双层股权结构中 B 类股票的存在导致创始人的收益权与经营权不成比例、承担的风险与收益不对等，在某种程度上背离了现代公司的股东治理结构。同时，因为缺乏来自兼并收购市场与其他经营团队的鞭策，创始人很可能在管理过程中做出损害其他股东利益的行为，不利于外部股东利益保障。

采用双层股权制度的公司大多数集中在科技创新型企业，在国外较为普遍，脸书、谷歌、京东、百度、聚美优品、陌陌等公司的创始人均通过该制度实现对公司的绝对控制权的掌控。2018 年 4 月 24 日，港交所发布新规允许双层股权结构公司上市，之后小米开创了港交所"同股不同权"的先河。2019 年，上交所正式推出科创板，允许"同股不同权"架构企业上市，优刻得成为 A 股首家以该架构成功上市的公司。

5. 金字塔式控股

金字塔式控股是指创始人通过间接持股形成一个金字塔式的控制链，从而实现对公司的控制，具体表现为：公司创始人控制第一层公司，第一层公司再控制第二层公司，以此类推，通过多个层次的公司控制链条，构建多公司、多层级、多链条的控制结构。

金字塔式控股的主要特点包括：

第一，放大融资杠杆。金字塔式控股实现了现金流量权和控制权的分离，即实际控制人可以用少量的自有资金撬动大量的外部资金，取得对目标公司的最终控制权。

第二，产生代理冲突。金字塔式控股结构导致作为控股股东的实际控制人有动机掏空和转移子公司、孙公司的资源，由此损害外部分散股东的利益，成为"股东之间代理冲突"的典型形式。

金字塔式控股链条下的母公司、子公司和孙公司等组成庞大的企业集团，习惯上我们把借助复杂的控股链条所建立的庞大金字塔式股权结构称为"xx 系"，如郭广昌旗下的复星系、肖建华旗下的明天系、魏东旗下的涌金系等。

6. 多倍表决权/一票否决权

多倍表决权是指在公司章程里约定，创始人的每一股股权拥有多个表决权（比如10个），从而大大增加创始人在股东大会的表决权，这是一种积极的控制权保护策略。

一票否决权是指在公司章程里约定，创始人对于公司股东会层面作出的决定具有一票否决权，这是一种消极的控制权保护策略，仅仅起到防御作用。

多倍表决权/一票否决权的主要特点包括：

第一，加强创始人的话语权。与创始人相比，投资人对于公司及其行业的了解处于劣势地位，创始人的多倍表决权/一票否决权可以在一定程度上矫正投资人的短视行为，作出真正有利于公司发展的战略预判。

第二，影响公司正常决策机制。随着公司的逐步发展壮大，原本不存在利益冲突的股东之间可能会产生矛盾，进而导致对于公司的重大事项决策难以达成一致意见，多倍表决权/一票否决权的存在会使公司决策机制不能正常运行，存在意见被推翻的可能性。

多倍表决权/一票否决权在公司中的实践颇多，对公司产生的影响也千差万别：一旦利用得当，可以有效保护创始人控制权，但如果出现决策失误，则很可能给公司带来不可挽回的灾难。前者如国美电器的控制人黄光裕利用公司章程中授予的一票否决权，阻止了陈晓欲引入贝恩资本稀释黄光裕家族持股比例的行为，后者如ofo创始人戴威行使一票否决权导致ofo与摩拜的合并谈判失败，公司状况急转直下，陷入困境。

9.3 董事会层面的控制权

9.3.1 董事会层面控制权的概念

1. 董事会层面控制权的定义

公司的日常经营事项通常主要由公司董事会来决定。董事会层面控制权是指核心创始人及可信赖的高管通过共同占有公司董事会的大部分席位，以保障决策效果和决策效率，从而对公司进行整体的控制。

2. 董事会层面控制权的表现形式

对于上市公司创始人而言，通过董事会层面保护其控制权的核心在于确保其在董事会中的话语权。上市公司创始人可以通过控制公司董事会决策的方式来实现其对公司的控制权。一方面，上市公司创始人可以通过签订协议的方式与大股东协商，赋予上市公司创始人较大的董事会成员提名权。例如，在阿里巴巴创始人马云创设的合伙人制度中，合伙人享有特殊的董事会成员提名权，阿里巴巴集团的合伙人所提名的董事会成员必须要由股东大会决议通过才能当选。由此可见，与传统做法不同的是，合伙人制度中的合伙人享有较大的董事会成员提名权，而企业的股东大会只享有否决权。同时，上市公司京东也采取这一做法。据京东官方消息，京东创始人刘强东及其管理团队有权任命9名董事中的5名并有权任命董事会主席，在董事会重大问题上以投票权过半数的优势获得主导权。另一方面，上市公司创始人可以通过使创始人在董事会中享有多倍表决权的形式来实现其对公司的控制。例如,在董事会决议中,其他董事享有一人一票的权利,而创始人享有一人多票的权利,由此实现创始人控制董事会重大事项的目的。

使董事会发挥效果最重要的是保证董事会的独立性。一方面,公司决策的制定要注意明确独立董事的功能及其发挥,同时赋予独立董事权利和责任,使独立董事能真正参与到企业各方面决策之中。除了制度保障,为了确保独立董事的独立性,应增大独立董事所占比重,从而提高董事会的决策质量,保证公司良好发展;还应完善独立董事激励制度及约束制度,使独立董事发挥最大的工作效用并严格遵守相关法律制度和公司章程。同时,应建立完善的独立董事劳动力市场,引入市场竞争,提高独立董事职业素质。另一方面,公司应保证分设董事长和总经理,以此来建立实际有效的制衡机制,便于董事会成员对经理层和股东双方进行有效的监控,增强董事会作为一个整体的监督职能。对于需要董事长兼任总经理的特殊情况,考虑设立首席独立董事,由其协调外部独立董事并发挥独立董事对总经理的制衡监督作用。

3. 董事会层面控制权的必要性

Fama 和 Jensen(1983)认为通过董事会治理机制可以保障股东的权益,监督管理层,给予适当的建议和提供解决方案,对投资者和全体股东负责。董事会是管理层的主要监督机关,其作用的发挥是保证企业资源优化配置、企业效益最大化的核心。尽管股东大会是公司法规定的公司治理最高权力机构,但在执行中,公司日常决策对董事会的依赖程度较高,董事会实际上充当着公司核心权力机构的角色,在很多控制权争夺案例中,控制董事会席位就是创始人控制公司实际经营管理的权力来源。因此,健全董事会管理制度、控制董事比例以实现董事会作用的发挥效果对于防止控股股东侵占公司控制权具有基础意义。

9.3.2 董事会层面控制权的实现方式

1. 控制董事的提名和罢免

把控董事会是把握公司控制权的一个重要方式,而控制董事会最重要的法律手段是控制董事的提名和罢免。公司控制权之争往往体现在董事的提名和罢免上,如果创始人之外的公司股东没有提名或罢免公司董事的权利,这些股东也很难插手争夺公司的控制权。

在董事会层面,决策是由席位数决定的,在董事会里的席位越多,话语权就越大。上市公司创始人主要是通过控制董事的提名和罢免来达到控制上市公司的目的。若上市公司的其他股东无法提名、罢免董事会成员,则上市公司创始人的控制权就不会落到大股东手里。然而,上市公司的资本方往往会要求掌控公司董事会成员的提名权和罢免权,同时,上市公司的发展也需要吸纳优秀的董事进来。因此,上市公司创始人在进行制度选择时,应格外注意上市公司董事会成员总数和创始人有权任免的董事会成员人数,并且创始人应当仔细考察外部董事人员,尽量把认同公司理念与文化或是具有独特市场敏锐性的人才招纳进来。

现实中,公司的重要投资机构/投资者往往要求拥有董事任免权,而公司往往也需要创始人之外的董事助力公司的发展,所以创始人需要注意控制董事会的人数以及创始人任命的董事人数。一般说来,在 A 轮融资时可以设置七名董事,A 轮投资人可以委派一名董事,创始人团队委派六名董事,这样在第三轮融资的情形下,创始团队还可以占据四个董事席位。创始团队在公司发展初期控制三分之二的董事人数,而在后期最好能控制一半以上的董事席位,公司尽量将外部董事席位留给对公司发展具有战略意义的投资者,随着外部董事的增加使董事总人数增加,尽可能保持创始人对董事人数的上述控制比例。

2. 在公司章程中设置提名董事人选的特殊条款

（1）董事长轮值制度

董事会是受股东委托,代股东履行经营管理股东资产的职责,以确保股东投资安全和按时收回的常设机构。通常董事会是按照多数表决规则,以集体表决的方式对股东通过公司章程或股东大会相关决议授权的相关事项作出决议,集体履行其作为股东代理人的相关权利和义务。理论上,董事长和其他董事在法律上对股东的代理地位是平等的,都是"一席一票"。在一些国家的公司治理实践中,董事长仅仅是董事会的召集人,甚至没有普通董事所拥有的投票表决权。

谁可以出任董事长？鉴于董事长在法理上的上述功能角色,理论上,具有董事资格的任何人都能成为董事长。但在各国公司治理实践中,董事长通常出任法人代表,特别是出于管理实践和企业文化中对权威的尊重,普通董事在相关议案的提出和表决的影响力上不能与董事长相提并论。董事长在公司治理实践中处于十分重要的地位,发挥举足轻重的作用。

在我国国有企业的公司治理实践中,董事长是由公司上级组织部门任命的,并在管理中对应着一定行政级别。因此,尽管董事长在名义上只是董事会的召集人,但除了履行董事长在法理上的职责,他往往对国有企业的日常经营管理决策拥有最终的裁决权。应该说,国有企业的上述实践很大程度上影响了我国非国有企业的董事长行为。在中国,董事长更像是在扮演成熟市场经济下公司 CEO 的角色,而使公司真正的 CEO 在一定程度上退化为董事长的"行政助理"。

在企业发展的早期,将更多经营管理决策权集中到董事长手中也许会有利于提高企业的整体营运效率。然而,在企业进入成熟期后,由于董事长在治理实践和企业文化中逐渐形成的权威地位和广泛影响,以及其他董事的提名、面试和薪酬制定受董事长权力的影响,董事长的权力至少在董事会内部无法受到有效制约。无法受到有效制约的董事长"一言堂"局面往往是引发各种内部人控制问题的导火索。

董事长轮值制度的推出至少在以下几个方面有助于解决董事长职位固定所引发的潜在内部人控制问题:

第一,董事长轮值制度使董事长从带有浓郁的个人色彩的角色还原到其原本的治理功能角色,有利于治理走向规范化和标准化。在任董事长将意识到他仅仅是董事会集体成员中的一员,只是受股东和其他董事委托,在一段时期内履行董事会召集人的角色。董事长仅仅是标准工作流程中的一个具体工作岗位,不应为这一角色赋予太多的在任董事长的个人色彩。

第二，董事长轮值制度有利于营造全体董事民主协商的氛围和治理文化，防范董事长职位固定通常导致的"一言堂"局面和进而出现的内部人控制问题。在董事长轮值制度下，每个董事都清楚地意识到，今天他是董事长，但一段时期后，另一位与他看法和意见不同的董事就可能轮值为董事长，因而短期内轮值到的董事长应平等地接纳和包容其他董事的不同意见。借助商议性民主、综合全体董事智慧下的董事会决议将突破特定董事长个人能力和眼界的局限，形成对未来经营风险相对准确的预判，防患于未然。

第三，对于那些早年率领团队打拼、劳苦功高的成功企业家，董事长轮值制度也是在公司形成基本的治理运作制度和框架后，使他们从琐碎的行政性事务中解脱出来，集中精力思考关于企业发展的更加长远和根本的重大公司战略问题的一种可供选择的制度安排。这与成功企业家不再担任法定代表人有异曲同工之妙，可以使这些成功企业家们摆脱行政性事务。

既然董事长轮值制度有如此多的好处，那么，董事长轮值制度是否适合所有企业呢？如果仔细观察推出董事长轮值制度的华为和永辉超市，你会发现这两家公司在公司治理制度上具有以下典型特征：其一，股权结构相对稳定，在较长时期内并不存在突然的控制权丧失风险。永辉超市是民营相对控股企业，近年来通过合伙人制度，永辉超市进一步将一线员工的利益、主要股东和管理团队的利益紧紧地捆绑在一起。而华为的员工持股计划一直是业界的典范。由于有雇员和股东结成的利益同盟，两家公司的公司治理架构相对稳定，并不存在外部"野蛮人入侵"和外部接管的威胁，未上市的华为尤其如此。其二，经过长期的打拼和磨合，上述两家公司的董事会已形成相对成熟的经营管理决策机制和讨论流程，以及成熟的企业文化下的共同价值追求。一定程度上，成功企业家是否担任董事长对企业董事会的经营管理决策流程影响不大。其三，相关企业家到了功成身退、淡出企业的年龄，董事长轮值制度既可以使其从烦琐的行政性事务中解脱出来，又锻炼了队伍，培养了接班人。

上述讨论意味着，并不是所有企业都像华为和永辉超市一样适合推出董事长轮值制度。同时，董事长轮值制度是否像上述那样发挥积极正面的公司治理作用，仍然需要进一步观察。

（2）分期分级董事会条款

分期分级董事会条款作为"驱鲨剂"的一种，通过对公司董事改选进行限制，从而在面对恶意收购时避免公司即刻改组公司董事会和收购方控制公司的经营管理的情形。分期分级董事会条款的典型做法是在公司章程中规定，将董事会分成若干组，每一组董事有不同的任期，以使每年都有一组董事任期届满，每年只有任期届满的董事被改选。这样，收购方即使获得目标公司多数股份，也只能在等待较长时间后才能完全控制董事会。在恶意收购方获得董事会控制权之前，董事会可提议采取增资扩股或其他办法来稀释收购方的股票份额，也可决定采取其他办法达到反收购目的，使收购方的初衷不能实现。因此，分期分级董事会条款能明显减缓收购方控制目标公司董事会的进程，使得收购方不得不三思而后行，从而有利于抵御恶意收购。该制度的目的并不是阻止董事的正常更换，而是防止收购方通过董事的异常变动迅速取得董事会的控制权。

（3）首席独立董事制度

一个成熟的董事会组织制度设计需要独立的第三方来制衡管理层，履行监督管理层和协调股东与管理层利益的职能，以此减少因同一人担任董事长兼 CEO 职位而可能产生的任何潜在利益冲突。特斯拉从 2010 年上市之初即开始设立首席独立董事。

（4）CEO 常任制

为了防止创始团队套现跑路，有的投资协议会规定创始人必须长期担任 CEO，非不可抗力不得辞职等。但如果投资人和创始人的关系恶化，这也将成为创始人的一道护身符。

（5）反收购条款

反收购条款是指目标公司管理层为了防止公司控制权转移而在公司章程中设立的旨在预防或挫败收购方收购本公司的条款。例如，通过对董事、高管任职资格的限制或者规定在发生恶意收购的情况下改选董事会成员的比例上限的方式，增加收购方改组公司董事会的难度。

3. 合伙人制度

（1）合伙人制度的概念

合伙人制度是指由两个或两个以上合伙人拥有公司并分享公司利润的制度形式，合伙人即公司主人或股东的组织形式。其主要特点是：合伙人共享企业经营所得，并对经营亏损共同承担无限责任；企业可以由所有合伙人共同参与经营，也可以由部分合伙人经营，其他合伙人仅出资并自负盈亏；合伙人的组成规模可大可小。

在合伙制企业中，合伙人既是企业的所有者，也是企业的运营者。只有基于合伙人理念设计的制度才是真正的合伙人制度。合伙人更容易形成相互信任、目标一致的企业团队，在使企业的管理方针、文化更为有效地贯彻下去的同时，提升企业的稳定性。

（2）合伙人制度的优点

合伙人制度最核心的价值是有利于凝聚事业团队，通过权责的匹配和利益的捆绑将人员凝聚在一起，为企业的共同目标而努力。合伙人制度相比其他制度设计更有利于团队建设，是因为其更加强调人员能力，而非出资额度。合伙人股权占比的衡量标准是人员能力，以能力为标准向合伙人提供相匹配的股权、决策权以及分红权。无论是企业管理还是激励导向都直接指向人员能力，因而能够吸引优秀人员，再通过股权将这些优秀人员绑定在一起共同经营。因此当企业对人力资本的要求较高，甚至高于资本时，可以考虑应用合伙人制度。

合伙人制度的优点主要表现在以下几个方面：

第一，所有者和经营者的物质利益得到合理配置，有了制度保障。在有限合伙制投资银行中，有限合伙人提供大约 99% 的资金，分享约 80% 的收益，而普通合伙人则享有管理费、利润分配等经济利益。管理费一般以普通合伙人所管理资产总额的一定比例收取，大约 3% 左右；而利润分配中，普通合伙人以 1% 的资本最多可获得 20% 的投资收益分配。

第二，除经济利益提供的物质激励外，有限合伙制对普通合伙人还有很强的精神激励，即权力与地位激励。

第三，在有限合伙制下，由于经营者同时也是企业所有者，并且承担无限责任，因此经营者在经营活动中能够自我约束、控制风险,并容易获得客户的信任。同时,由于出色的业务骨干有被吸收为新合伙人的机会,因此合伙制可以激励员工进取和对企业保持忠诚,并推动企业进入良性发展的轨道。

第四,有限合伙的制度安排也充分体现了激励与约束对等的原则。

(3) 阿里巴巴:湖畔合伙人制度

阿里巴巴的湖畔合伙人制度包括以下内容:

第一,合伙人的提名权和任命权。合伙人拥有提名董事的权利;合伙人提名的董事占董事会人数一半以上,因任何原因董事会成员中由合伙人提名或任命的董事不足半数时,合伙人有权任命额外的董事以确保其半数以上的董事控制权;如果股东不同意选举合伙人提名的董事,合伙人可以任命新的临时董事,直至下一年度股东大会;如果董事因任何原因离职,合伙人有权任命临时董事以填补空缺,直至下一年度股东大会。

第二,合伙人的奖金分配权。阿里巴巴每年会向包括公司合伙人在内的公司管理层发放奖金,该奖金属于税前列支事项,这意味着合伙人的奖金分配权将区别于股东分红权,股东分红是从税后利润中予以分配的,而合伙人的奖金分配将作为管理费用处理。

第三,合伙人的资格要求。合伙人必须在阿里巴巴服务满五年;合伙人必须持有公司股份,且有限售要求;由在任合伙人向合伙人委员会提名推荐,并由合伙人委员会审核同意候选人参加选举;在一人一票的基础上,超过75%的合伙人投票同意候选人加入;成为合伙人还要符合两个弹性标准:对公司发展有积极贡献及高度认同公司文化,愿意为公司使命、愿景和价值观的达成竭尽全力。

第四,合伙人委员会的责任。合伙人委员会共五名委员,其责任包括审核新合伙人的提名并安排其选举事宜;推荐并提名董事人选;将薪酬委员会分配给合伙人的年度现金红利分配给非执行职务的合伙人。合伙人委员会委员实行差额选举,任期三年。合伙人委员会是阿里巴巴合伙人架构中最核心的部门,把握着合伙人的审核及选举事宜。

9.3.3 董事会组织的超额委派董事问题

1. 超额委派董事的含义

超额委派董事不仅涉及董事会的组织方式,而且是大股东加强公司控制的潜在途径。这里的超额委派董事是指实际控制人委派非独立董事的比例超过其所持有的股份比例。超额委派董事的根源是作为实际控制人的大股东利用其对董事会的影响力提名更多董事,而超额委派董事反过来又有助于实际控制人在董事会决策中有更大的影响力。

2. 超额委派董事问题产生的原因

超额委派董事与金字塔式控股结构以及由家族成员出任家族企业董事长一样,是第一大股东实现控制的重要途径。只不过金字塔式控股结构是通过控制权与现金流权的分离实现控制,而超额委派董事是第一大股东通过在董事会中提名更多董事从而形成对董事会重大决策的实际影响力,但无论是金字塔式控股结构还是超额委派董事都意味着承担责任与享有权利的不对称,形成一种经济学意义上的"负外部性"。在存在超额委派董事的公司中,第一大股东对外部分散股东进行资金占用、关联交易等隧道挖掘行为的可能性并不能被排除。

从万科新一届董事会组织中存在的超额委派董事现象中可以看出,虽然我国资本市场已经进入分散股权时代,但很多上市公司的董事会组织理念仍然停留在资本市场发展早期"一股独大"的公司治理模式。在上述方面,我国上市公司董事会组织理念仍然需要经历漫长的转型。

3. 超额委派董事问题的危害及解决途径

超额委派董事往往对董事以投非赞成票方式履行监督职责的情形造成严重干扰。实际控制人超额委派董事比例越高,董事投非赞成票的可能性越低。以往文献证明的董事投非赞成票所带来的提升经济绩效、减少控股股东以资金占用形式实现的隧道挖掘行为等效应,在超额委派董事情形下将大打折扣,失去应有的监督效果。

实际控制人超额委派董事越多,以关联交易方式进行的隧道挖掘行为越严重,企业未来经济绩效表现越差。当企业为非国有性质、两权分离程度较高和实际控制人持股比例较低时,在实际控制人超额委派董事的企业中,隧道挖掘行为会更严重,相应的经济绩效表现更差。超额委派董事的实质是隐身在金字塔式股权结构下的实际控制人隧道挖掘行为提供的加强公司控制的潜在工具。因此,超额委派董事问题的潜在解决途径有两种:一是就事论事,对超额委派董事本身进行限制;二是改变制度温床,使金字塔式股权结构扁平化。

9.4 日常经营层面的控制权

9.4.1 日常经营层面控制权的概述

1. 日常经营层面控制权的定义

日常经营层面控制权是指企业为完成经营目标,在进行日常经常性活动时对企业经营、投资和筹资等事项所享有的支配权、管理权。

2. 日常经营层面控制权的表现形式

公司作为法人组织的灵活性和及时性较差,缺乏对外进行意思表示的途径,需要通过其他形式要件来辅助完成对外意思表示。因此,公司在进行经营管理时,需要先在内部按照公司章程或法律规定的特定程序产生统一的意思表示,再通过法定代表人以加盖公司印章的形式对外完成公司的意思表示。

在该种形式下,我国公司在日常经营层面的控制权常表现为对公司印章、营业执照等公司印鉴及法定代表人身份的控制。

3. 日常经营层面控制权的重要性

创始人在掌握股权层面和董事会层面的控制权后,在法律意义上已经获得公司的最终控制权。然而近年来前有当当网公章控制权之争,后有比特大陆营业执照归属权之争,可见在我国的特殊背景下,仅完成对控制权的顶层设计并不意味着已掌握企业的日常经营控制权,公章、营业执照、法定代表人成为中国特色制度下经营权的代表。

9.4.2 公司印章和营业执照

公司印章和营业执照不仅是公司最重要的资产,也是对外代表公司意志的具体载体。二者不仅以其本身的物体形态体现一定的有形财产价值,更体现作为公司权利能力和行为能力标志的无形财产的价值。

1. 在企业日常经营活动中的作用

(1) 公司印章

公司印章是指刻有公司名称的印章,是公司在处理内外部事务时使用的印鉴,可用于以公司名义发出的各种信函、公文、合同、介绍信、证明或其他公司材料等。

我国有考证的最早普遍使用印章的时代约为东周战国时代。从古至今,在我国的文化传统中,公章都起着"示信""昭信"的作用,既是权力转移和交接的凭证,也是行政权力的一种象征。

在我国这种文化背景下,公章、财务章、部门章等各类公司印章在公司进行商业活动时占有重要地位,被广泛应用于商业活动中的书面合同、单据、信函等文件上,是商业活动中重要的证明手段和意义载体。

我国的相关法条也对公司印章的效力进行了侧面认可。《中华人民共和国民法典》第四百九十条规定:当事人采用合同书形式订立合同的,自当事人均签名、盖章或者按指印时合同成立。

(2) 营业执照

营业执照是工商行政管理机关发给工商企业、个体经营者的准许其从事某项生产经营活动的凭证。

营业执照既是法人的"出生证",也是法人的"身份证"。公司依法领取营业执照之日即为公司的成立之日,代表着公司正式获得企业法人资格,成为法律意义上的独立主体,能够以公司的名义从事生产经营活动。

营业执照通过载明法人名称、住所、法定代表人、注册资本、公司类型、经营范围等信息,明确企业经营活动的范围及期限,对企业法人的行为进行限制。此外,营业执照还具有对外公示作用,一般情况下营业执照记载事项不得对抗善意第三人。

2. 对企业控制权的影响

在企业的各项经营活动中,公司印章和营业执照是代表企业控制权最基本的工具与凭证,象征着企业的意志。

虽然在股权层面和董事会层面对股权结构以及董事会人员构成的安排保障了创始人对企业的控制权,但是如果缺失公司印章和营业执照,创始人在企业开展日常经营活动时也难免显得无力。

公司印章和营业执照被抢事件频频发生,"抢章人"和"抢证人"意图通过表见代理的方式代表公司签署合同,进行日常经营活动。公司在印章和营业执照失去控制后,只能通过尽快挂失或补办的方式止损。

然而,在实践中,公司印章和营业执照常常互为挂失和补办时所需的材料。例如,公司宣布印鉴作废而重新变更补领,需要去报社刊登作废声明,但报社却要求出具营业执照和公章,去银行变更财务预留印鉴需出具公章和原财务章、人名章,去公安局变更印章需出具营业执照,去工商局变更营业执照需出具公章,这些公司印章和营业执照互为条件的尴尬境地很难沟通解决。因此,许多情况下,企业只能通过诉讼的途径解决问题,然而诉讼程序时间较长,可能需要两年左右,这会使企业的正常运营受到重大影响。

3. 案例

2020年4月26日,当当网创始人李国庆带领董事、董秘、行政、摄像进入当当网办公区,拿走公司的几十枚公章和财务章,这一举动再次引起公众对于当当网控制权纠纷的关注。

当当网由李国庆和俞渝在1999年共同创立,二人同为公司联合创始人。李国庆担任当当网的CEO,负责公司的日常运营和人事任免;俞渝担任公司的董事长,负责公司的投融资安排和战略规划。公司的决策权由夫妻二人共同控制,且二人在企业中有着同等地位的管理权威,在公司内部形成双重领导的局面。

2016年当当网退市,公司的股权结构也发生变更,由李国庆持股82.13%、俞渝持股11.04%转变为俞渝持股64.20%、李国庆持股27.51%,其间由于发生二人将股权各平分给儿子一半以及俞渝进行股份代持等事件,当当网的控制权已转移至俞渝手中。2018年1月,俞渝以阻碍海航收购为由收回李国庆负责的新业务,至此李国庆在当当网内部已无实权。

2020年4月李国庆拿走公司印章后,当当网发表声明称公司业务将照常进行,公司不承认相关公章、财务专用章失控期间签订的任何书面文件的效力,相关印章即日作废,并立即报警。

通常在公司印章丢失后,首先,要携带法人身份证明、企业营业执照、经办人身份证明等材料及时在公安部门报案,登记废止;其次,需在省市级报纸刊登遗失声明;最后,携带营业执照副本、法人身份证等到公安机关申请重新刻制公章。而对当当网来说,李国庆保留了公章收据,并告知全体员工如有需要可尽管使用,该种情况是否属于公章遗失有待定夺,而拥有公章的李国庆和俞渝则形成两套权力体系,这无疑给当当网的日常经营活动制造许多困难。同年7月,李国庆再次进入当当网办公室,拿走营业执照和财务U盾,这次李国庆被朝阳警方行政拘留。

在当当网的控制权争夺中,公司印章和营业执照仿佛被赋予了"玉玺"的功能。这也再次提醒创始人们,如要控制公司的日常经营活动,定要加强对公司印章和营业执照的保管以及采取相应的风险管理措施,以免出现如当当网一般的印章争夺闹剧。

9.4.3 法定代表人

1. 法定代表人的权利和义务

法定代表人制度起源于我国国有企业的领导制度,是具有我国时代特色的法律制度。这一概念是在我国经济体制改革之后,受当时的国家经济体制、政治制度、经济发展环境等因素共同影响而被提出的,在其他国家及地区中并不存在。

《中华人民共和国民法通则》第三十八条正式确定了法定代表人的概念,即依照法律或者法人组织章程规定,代表法人行使职权的负责人是法人的法定代表人。法定代表人应当按照法律或公司章程的规定,在其职权范围内以公司名义完成企业日常经营活动。同时,民法通则第四十三条规定,企业法人对它的法定代表人和其他工作人员的经营活动,承担民事责任。

法定代表人对内执行公司业务,对外代表公司完成日常经营活动,其语言行为、签字和承诺均视为法人的行为,法律后果由法人承担。

2. 法定代表人的特征

（1）法定性

法定代表人通过法律或公司章程确定。公司法规定,公司法定代表人依照公司章程的规定,由董事长、执行董事或者经理担任,并依法登记。民法典规定,我国的营利法人和非营利法人的法定代表人的确定,基本由章程自治,体现了私法自治原则。而机关法人等特别法人,因涉及公法、特别政策或公共利益,其法定代表人一般由法律规定。

（2）唯一性

法定代表人只能由通过法律或公司章程确定的某一个自然人担任。

（3）总代表性

法定代表人能够以法人的名义从事包括但不限于经营活动、代理关系的授权委托、财务管理、人事任免等几乎一切活动或行为,直接为法人行使权利或承担义务。

（4）双重人格特性

法定代表人同时具有作为自然人本身的人格和作为法人代表的法人人格。当自然人人格和法人人格冲突时,法定代表人会歪曲、虚假表示法人的意思,进而引发民事纠纷甚至刑事犯罪。

3. 对企业控制权的影响

法定代表人一职在公司日常经营控制权争夺中具有重要地位。法定代表人作为法人的代表,其语言行为、签字和承诺与公司印章、营业执照同为法人意思的象征。在企业日常经营权的争夺中,矛盾解决的最后手段通常为司法诉讼。《中华人民共和国民事诉讼法》第五十一条规定,法人由其法定代表人进行诉讼。法定代表人有权直接代表本单位向人民法院起诉和应诉,其所进行的诉讼行为,就是本单位或法人的诉讼行为,直接对本单位或法人发生法律效力。因此,掌握法定代表人职位即在公司的日常经营控制权争夺中占据了有利地位。

9.4.4 关键资源

创始人拥有的企业关键性资源越多,越能掌控企业经营层面的控制权。

1. 核心资产

2019年上交所科创板注册制的施行,使科创板成为我国新经济产业发展的重要载体,我国高新技术类企业进入蓬勃发展阶段。

在传统企业中,资金、固定资产等是公司最主要的资产;而对于高新技术类企业,商标、软件著作权、专利等才是公司最核心的资产。这些资产并不能完全通过掌握公司印章、营业执照等方式控制。创始人一旦失去对核心资产的控制，相当于将公司的根本交给他人，为公司的经营管理埋下巨大隐患。

2. 核心员工

在创业企业中，核心员工一般指与创始人共同创立企业的元老，或是在企业发展初期阶段加入企业与企业一同成长的经营员工，还有企业因发展壮大以高昂成本挖掘到公司的优秀人才。

员工是企业发展的基石，是企业竞争优势的根本所在。核心员工的离职不仅会导致关键岗位的空缺，增加企业运营成本，更会导致企业核心技术或商业机密的泄露，给企业带来难以估计的损失。

企业应时刻关注核心员工的薪酬、激励方式是否合理，注重企业价值观的输出，培养员工对企业文化的认同感，以此方式来提高核心员工对企业的忠诚度。

3. 案例

2012年，俞昊然自主创业创立了在线计算教育平台泡面吧，随后在2013年先后邀请严霁玥和王冲加入泡面吧项目团队，分别负责财务、法律、人力资源方面的工作以及内容开发者关系维护和项目融资中的投资者关系维护。

同年6月，俞昊然结识英诺天使基金负责人王昇，并于年底为泡面吧引入投资100万元，成立众学致一网络科技（北京）有限责任公司。此时由于创始人俞昊然远在美国求学，对接事宜均由王冲负责完成，在公司成立后王冲在公司中股份占比高达65%，严霁玥拥有10%的股份并成为公司的执行董事。

2014年5月，俞昊然返回国内，发现他不仅失去了公司大股东的位置，还被冒名签署了与天使基金的投资协议。同年6月，泡面吧团队再度发生严重失误，严霁玥的失职使得泡面吧的商标在关键适用类别上被另外一家公司抢注，而早在2013年10月，团队多个成员就曾要求严霁玥注册商标，这次重大失职加剧了团队间的信任危机。

2014年6月17日晚，泡面吧签署风险投资协议的前夜，创始人俞昊然向另外两名合伙人王冲和严霁玥宣布，他删掉了存放在Github上的泡面吧网站代码并封锁了全体员工的邮件。至此，一个极具前景的科技创业项目沦为焦土。

商标、代码是技术类创业企业最关键的资源之一，商标被抢注，代码被删除，核心技术人员俞昊然离开，让这家估值近一亿元人民币的创业企业根基不复存在。最终严霁玥主动提出离职，王冲也选择退出，泡面吧创始团队沦为现实版的"中国合伙人"，一个前景光明的创业项目就此成为教科书上用来警示创始人时刻掌握企业关键资源的失败案例。

9.4.5 风险防控措施

1. 在公司章程中建立明确的公司印章和营业执照保管、授权、领用制度

我国公司法并未就公司印章和营业执照等资料由哪个具体人员或部门管理作出规定，因此为避免管理混乱，公司应当在其章程中明确规定保管公司印章及营业执照的权限人员及部门，并建立完善的公司印章及营业执照使用流程，严格审核公司印章和营业执照

的用途，以防被挪作他用。

2. 加强对公司印章和营业执照的物理保护措施

在我国，为争夺公司的控制权而抢夺公司印章和营业执照的事件屡见不鲜。虽然公安部在 2018 年 2 月 14 日发布了《印章业治安管理条例（公开征求意见稿）》，但是目前该条例尚未生效，即国家尚未颁布相关法律法规对该类行为进行遏制。

因此，企业需要在物理上加强对公司印章和营业执照的保护，如设置严密安保、放入保险柜中保管等。

3. 对公司印章进行备案

公司应当在公安机关对各类印章进行备案，一旦出现备案印章以外的使用情况，公司可以进行有效抗辩。

4. 确保法定代表人权责统一

公司应当在其章程中明确更换法定代表人的程序，在法定代表人离职后，公司应当及时进行变更，避免出现法定代表人挂名的情形，从而给公司带来较大的风险负担。

9.5　创始人与企业控制权：中国的实践

9.5.1　企业控制权在我国的发展演变

1. 从股权集中到股权分散

在我国资本市场发展早期，股权集中度高是我国企业股权结构最显著的特征。从上市公司角度来看，股权集中的原因主要是大股东拥有监督经营者的动力和激励因素。而非国有上市公司的这一股权结构是股东追求自身利益最大化与外部市场环境自然结合的结果。对于非上市民营企业来说，家族企业的广泛存在使得股权集中的模式成为主流，尤其是在民营企业创业初期阶段，由于民营企业的创业资金绝大多数来自创业者自身及其家庭，加上创业者思想固化、融资意识薄弱及外部资本市场机制不配套，高度的股权集中似乎成了创始股东的最佳选择——不仅形成了所有权与经营权统一的局面，提高了企业的运作效率，还有效地降低了委托代理成本。

2015 年，以万科股权之争为标志事件，我国资本市场从第一大股东绝对控股形成"一股独大"的股权结构时代进入股权分散时代。

2007 年股权分置改革的完成消除了非流通股和流通股的流通制度差异，实现了股票全流通。在此阶段，在上市公司层面，国资背景的大股东和民资背景的大股东都开始减持其持有的控制性股份——比如国有控股的华润减持万科，民资控股的梅雁发展减持梅雁吉祥，并首次出现第一大股东平均持股比例低于标志着有相对控股地位的一票否决权的 34% 比例的局面。尚未上市的国资公司也面临股权分散的趋势——国有企业改革引入盈利动机明确的民资背景的战略投资者，以改善其缺乏权力制衡和有效监督的现状，实现所有制的混合。而对于非上市民营企业来说，随着企业的快速成长，创业初期阶段形成的一元化股权结构的缺陷开始显现，内在增长压力所带来的大量资金需求迫使创始股东通过吸收外部资本的方式进行融资,由一元化向多元化发展。

2. 从同股同权到同股不同权架构

在实践发展过程中,公司治理逐渐形成了两种鲜明的模式——一种是强调"股权至上"、股东为公司治理权威的股东中心治理范式,另一种是以企业家为公司治理权威的企业家中心治理范式。在公司治理理论更加成熟和防范并购浪潮中"野蛮人入侵"的大背景下,公司治理范式逐渐从股东中心向企业家中心转变,并以不平等投票权为标志。在股权结构设计上,该转变体现为从同股同权到同股不同权,如中国基于互联网发展的知名企业京东、小米、百度、优酷等相继在美国发行 AB 双层股权结构股票。

同股同权和一股一票所反映的股东集体享有所有者权益的事实在资本市场发展前期被认为能更好地确立公司治理的权威,保护股东的投资权益。不平等投票权股票的发行看似侵害了投资者的利益,但实际上能通过创始团队的业务模式创新和价值创造给投资者带来更多的长期回报,以实现股东收益最大化,最终使合作双方在结果上是平等的。所以,外部投资者愿意为创始团队这一人力资本支付较高的溢价,购买看似不平等的"同股不同权"的股票而放弃坚持资本市场通行的"同股同权"的原则。

在同股不同权模式下,B 类股票持有人或合伙人尽管持有较少比例的股权但仍掌握着控制权,能着眼于业务模式的创新;A 类股票持有人则退化为类似债权人的普通投资者,把自己并不熟悉的业务模式创新决策让渡给 B 类股票持有人,更加专注于风险分担。在股东负责分担风险和经理人负责业务模式创新之间进一步进行专业化分工,更有利于应对基于互联网技术的新兴产业快速发展这一情况和日益加剧的信息不对称问题,同时也标志着我国公司治理理论界和实务界从以往强调控制权占有转向追求专业化分工带来效率改善的合作共赢。

9.5.2 控制权制度在我国的实践

1. 有限合伙架构在我国的实践

(1) 发展历程

2006 年,我国发布了修订后的《中华人民共和国合伙企业法》,自 2007 年 6 月 1 日起施行。与 1997 年版本相比,2006 年版本的合伙企业法主要有三个变化:第一,增加了"有限合伙"制度;第二,增加了"特殊普通合伙"(即有限责任合伙)制度;第三,明确规定法人可以参与合伙。在我国现有的法律规则下,有限合伙架构所需资金少、控制力度强、法律依据充足,现已成为最常用的公司控制模式之一。

(2) 案例

绿地集团采用层叠的有限合伙安排,以一个注册资本为 10 万元的公司控制拥有约 190 亿元资产的企业,主要通过三步实现。在整个重组架构的安排中,层叠复制的有限合伙安排极为重要,充分体现了管理层和员工的利益诉求。

第一步:2014 年 1 月 27 日,由 43 位自然人股东(绿地集团管理层成员)投资的上海格林兰投资管理有限公司(下称"格林兰投资")成立,注册资本为 10 万元,法定代表人是张玉良,为绿地集团董事长兼总经理。

第二步：2014年2月，"上海格林兰壹投资管理中心（有限合伙）"至"上海格林兰叁拾贰投资管理中心（有限合伙）"等共32家有限合伙企业成立，每家企业均由不超过49名自然人作为有限合伙人、格林兰投资作为唯一的普通合伙人设立。其中，格林兰投资只在每个企业象征性出资1 000元，在32家企业共出资3.2万元。32家企业的有限合伙人是1997年成立的上海绿地（集团）有限公司职工持股会（下称"职工持股会"）全体会员，出资为职工持股会会员的股权。

第三步：2014年2月19日，上海格林兰投资企业（有限合伙）（下称"上海格林兰"）在上海成立，其合伙人总数为33，其中只有格林兰投资是企业法人且为上海格林兰唯一的普通合伙人，另外32名合伙人为"上海格林兰壹投资管理中心（有限合伙）"至"上海格林兰叁拾贰投资管理中心（有限合伙）"这32家有限合伙企业，如图9-2所示。出资额总共为3 766.55万元，其中格林兰投资出资6.8万元，另外32家有限合伙企业合计出资3 759.75万元。2014年3月17日，上海格林兰与职工持股会签署吸收合并协议。吸并完成后，职工持股会解散，由上海格林兰作为绿地集团股东，继受职工持股会的全部资产、债权债务及其他一切权利、义务，参与重大资产重组。

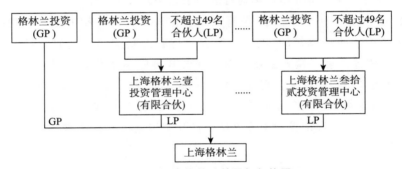

图9-2　上海格林兰的股权架构图

进行重大资产重组之后，新上市绿地集团的股权架构如图9-3所示。

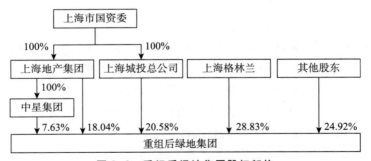

图9-3　重组后绿地集团股权架构

2. 双层股权制度在我国的实践

（1）发展历程

2018年4月30日之前，港交所、上交所、深交所都不支持AB股公司上市。直至2018年4月30日，港交所新上市规则生效，正式接受"同股不同权"的新经济公司、未有营收的生物科技公司上市，被称为"香港市场二十多年以来最重大的一次上市改革"。2018年7

月9日,小米上市,成为港交所首家采用AB股结构的上市公司。

2018年9月,《国务院关于推动创新创业高质量发展打造"双创"升级版的意见》(国发〔2018〕32号)发布,明确提出"推动完善公司法等法律法规和资本市场相关规则,允许科技企业实行'同股不同权'治理结构"。2019年3月1日,证监会公布《科创板首次公开发行股票注册管理办法(试行)》,也开始有条件地放开AB股制度。但与不采用AB股的公司相比,采用AB股的公司的上市门槛更高。不采用AB股的公司,预计市值要求从10亿元到40亿元不等;而采用AB股的公司,预计市值要求不低于100亿元,或者预计市值不低于50亿元且近1年营收不低于5亿元,同时还要遵守如设置AB股应经出席股东大会的股东所持三分之二以上表决权通过等规定。

(2)案例

2020年1月20日,公有云服务商优刻得科技股份有限公司(下称"优刻得")在上交所科创板正式挂牌上市。优刻得是科创板受理的首家同股不同权企业,也是科创板首家过会的同股不同权企业。截至招股说明书签署日,优刻得的股权结构如图9-4所示。

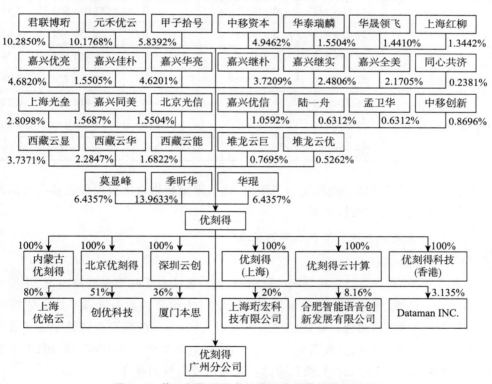

图9-4 截至招股说明书签署日优刻得的股权结构

由图9-4我们可以看到,优刻得的股权较为分散,持股比例最高仅为13.9633%。对公司的控制是三个自然人股东通过一致行动人协议实现的。季昕华、莫显峰及华琨先后于2018年、2019年签署了一致行动人协议和两份补充协议。在优刻得股票上市交易后的36个月间,共同控股股东及实际控制人均不得退出一致行动关系或解除一致行动人协议。

优刻得在2019年3月17日召开临时股东大会,制订了特别表决权方案,即AB股制度——每股A类股份拥有的表决权数量为每股B类股份拥有的表决权数量的5倍,也就是公司共同实际控制人季昕华、莫显峰及华琨持有的 A 类股份每股拥有的表决权数量为其他股东(包括本次公开发行对象)所持有的 B 类股份每股拥有的表决权数量的 5 倍。发行前,季昕华三人合计直接持有优刻得 26.83% 的股份,特别表决权的设置使得三人共持有优刻得 64.71% 的表决权。截至 2019 年期末,优刻得表决权数量前十名的股东情况如表 9-2 所示。

表 9-2 优刻得截至 2019 年期末表决权数量前十名股东情况表

序号	股东名称	持股数量(股)	持股比例	特别表决权股份数量(股)	表决权数量(股)	表决权比例
1	季昕华	50 831 173	13.9633%	254 155 865	254 155 865	33.67%
2	莫显峰	23 428 536	6.4357%	117 142 680	117 142 680	15.52%
3	华琨	23 428 536	6.4357%	117 142 680	117 142 680	15.52%
4	君联博珩	37 440 660	10.2850%	0	37 440 660	4.96%
5	元禾优云	37 046 834	10.1768%	0	37 046 834	4.91%
6	甲子拾号	21 256 422	5.8392%	0	21 256 422	2.82%
7	中移资本(SS)	18 005 895	4.9462%	0	18 005 895	2.39%
8	嘉兴优亮	17 043 874	4.6820%	0	17 043 874	2.26%
9	嘉兴华亮	16 818 672	4.6201%	0	16 818 672	2.23%
10	西藏云显	13 604 179	3.7371%	0	13 604 179	1.80%
合计	—	258 904 781	71.1211%	488 441 225	649 657 761	86.08%

同时优刻得对其特别表决权进行了限制,比如限定特别表决权股份能够参与的股东大会事项范围、锁定安排及转让等。

3. 投票权/表决权委托协议在我国的实践

(1) 发展历程

自 2016 年开始,表决权委托案例数量激增,此后表决权委托数量居高不下,主要原因是《上市公司大股东、董监高减持股份的若干规定》(中国证券监督管理委员会公告 2016 年第 1 号,现已失效)的出台。该规定对上市公司大股东、董监高股份转让作出了各种限制性规定,如收购人在收购完成后的 12 个月内不得转让股票。面对该等限制,上市公司大股东和董监高往往通过表决权委托方式间接实现控制权的转让。

2018 年银行收紧银根,上市公司股权质押爆仓,上市公司大股东和董监高因质押、冻结暂时不能办理过户登记,是表决权委托数量增加的另一原因。

根据我国《企业会计准则第 33 号——合并财务报表》的规定,母公司直接或通过子公司间接拥有被投资单位半数以上的表决权,可以合并财务报表。实践中一些上市公司实际控制人既直接持有上市公司股份,也间接通过集团公司持有上市公司股份,但由于集团公司持有的股份无法达到 50% 以上的控制标准,因此无法与上市公司进行报表合并。此时实际控制人往往将自己直接持股的表决权委托给集团公司,使集团公司满足合并报表的要求。

同时,在我国现有证券监管体制下,上市公司实际控制人的变动是监管的重中之重,监管层将控制权的变动作为是否构成重组上市的重要标准,所以这一事项在重组上市过程中尤其被关注。重组方往往放弃表决权甚至将表决权委托给原实际控制人,以实现"控制权不变"的要求,达到重组上市的目的。

在实践中,一些上市公司的股权较为分散,加上缺少合法有效的反收购措施,易面临被恶意收购的风险。表决权委托协议可以有效巩固控股股东与实际控制人对上市公司的控制权。

(2) 案例

2014年牧原股份上市时,创始人秦英林控股,发行前持有股份13 793.55万股,直接持有股份占比高达65.0639%。截至招股说明书签署日,牧原股份的股权结构如图9-5所示。

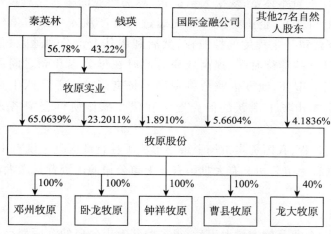

图9-5 截至招股说明书签署日牧原股份的股权结构

2017年12月13日,秦英林和牧原集团签署表决权委托协议,将所持公司44 866.75万股(除权后为192 209.16万股,占公司股份总数的36.52%)股份对应的全部股东权利(不包括分红权等股东财产性权利)委托给牧原集团。协议生效后,牧原股份控股股东由秦英林变更为牧原集团,牧原集团合计持有公司49.53%的股权对应的表决权,但实际控制人仍为秦英林、钱瑛夫妇。

从自然人控股型治理结构转向集团控股型治理结构,牧原股份称这是为了确认牧原集团对牧原股份的合并控制关系,实现集团公司与上市公司合并财务报表,优化牧原集团治理结构。

4. 金字塔式控股结构在我国的实践

(1) 发展历程

国有企业层面

20世纪90年代初,我国资本市场刚刚建立,尚不成熟,融资效率低,资金主要来源于银行借贷,但受限于银行的层层审批无法及时获得贷款,这一方式难以满足企业的融资需求。国有资产管理体系改革促进了内部资本市场的形成并奠定了制度基础，集团内部不同企业之间交叉持股（主要目的是资金融通而非股权控制），导致这些企业不仅存在行政隶属和业务指导关系，还多了一层资本上的联系。

国有企业上市股份制改制的现实需要加速了我国资本市场金字塔式控股结构在国有控股上市公司中出现的进程。部分国有企业亏损严重、资金缺乏，通过股份制改制将优质资产剥离出来完成上市融资。亏损企业凭借其上市公司控股股东身份，可以利用上市公司的融资能力和经营能力为其解决未来可能面临的财务困境。在之后的国有企业管理体制改革和完善过程中，为了实现上市公司控股和集中履行控股股东的职责和义务，我国在上市公司和国资委之间设立了控股集团，这样做延长了控股结构，同时形成了大量的中央级和地方级企业集团，金字塔式控股结构进一步巩固。

随着并购重组和产业结构调整的发生，一些效益不好、职工基本薪酬无法得到保障的企业被政府植入相对有实力的企业集团中。这一调整进一步增加了金字塔式控股结构的层级，使得企业集团的资本体量、规模大幅扩张，相关产业的多元化程度快速提高。同时在现行的主流上市制度下，企业集团可以先通过把资产注入一家市值较低的已上市公司（即壳），得到该公司一定程度的控股权，然后利用其上市公司地位，使母公司的资产完成上市以减少IPO的等待时间，提高效率。此时在母公司和壳之间便形成了新的控制权链条。除借壳上市外，地方企业会将资产质量良好的企业注入上市公司以达到保壳的目的。我国资本市场上活跃的借壳上市和保壳操作使得金字塔式控股结构更加复杂。

综合上述发展过程，我国资本市场上最终形成了在行政区划上既有中央又有地方、在成员中既有部分国有上市公司又有大批国有非上市公司的国资背景庞大的金字塔式控股结构的企业集团。

民营企业层面

在1999年民营企业开始大量上市后，很多民营上市公司的背后都存在基于家族血缘或姻亲关系、以资本控制链条为纽带的庞大的金字塔式控股结构，形成的原因主要有我国的证券市场不健全、外部融资困难和资金短缺以及控制权私利谋取。

与欧美国家相比，我国证券市场仍然不规范、不发达。由于历史上存在的股权分置、"一股独大"的影响，我国资本市场形成了金字塔式控股结构的基因。与国有企业的处境相似，甚至比国有企业更艰难的是，民营企业要想取得上市资格必须在规模、股本、财务、股东人数等方面达到相关要求，而这些要求对于我国大多数民营企业来说较高，并且上市过程中的律师费、广告费等数额庞大，所以民营企业的借壳上市活动同样活跃。

与国有企业相比，民营企业面临更大的来自银行层面的融资压力，存在信贷不审批、贷款额度低等问题。在这种情况下，金字塔式股权结构成为解决外部融资困难和资金短缺的有效途径——实际控制人借助金字塔式控股结构，以相对较少的现金流投入获得较大的控制权。

在金字塔式控股结构设计下，民营上市公司的实际控制人通过一级级的控制层次使得其手中上市公司的控制权显著高于现金流权，可以凭借关联交易、直接占用上市公司资金等方式，对上市公司进行隧道挖掘，谋取控制权私利，侵占中小股东的利益，使自身利益达到最大化。

（2）案例

新希望系实际控制人为著名民营企业家刘永好先生。新希望集团以现代农业与食品产业为主导，布局农牧食品、乳品快消、地产文旅、化工资源、金融投资等多个产业板块，为我国最大的综合性民营企业集团之一。

1982年，刘永好四兄弟作为专业户从养殖业起步，开始创业。1988年，饲料主业形成，产生了中国第一批民营企业。1992年，"希望集团"注册成立，成为中国第一家民营企业集团。1996年刘永好投资金融行业，发起组建中国第一家民营企业投资的全国性商业银行中国民生银行，刘永好是中国民生银行第一大股东。刘永好1997年组建新希望集团，并正式进军化工企业，1998年涉足房地产行业，成立新希望房地产开发有限公司，2001年进入乳制品行业。2011年成立的新希望财务有限公司，是经中国银监会批准设立的全国第五家民营企业集团财务公司。2016年，新希望六和投资近3亿元人民币对北京嘉和一品企业管理有限公司的中央厨房进行全资收购，完成在食品端的又一重大布局，加强其在食品加工环节的竞争力。目前新希望系实际控制上千家企业，控制层级超十级，其中包括新希望（000876.SZ）、新乳业（002946.SZ）、兴源环境（300266.SZ）等上市公司。

5. 合伙人制度在我国的实践

（1）发展历程

在互联网时代，新兴企业的现金流不同于传统产业项目，被投资者广泛接受的估值技术（如净现值法）已不再适用。加之投资者缺乏专业的知识和分析能力，对于技术研发和业务模式创新方面观点差异较大，导致创业团队和外部投资者之间信息不对称的程度加剧。同时，现在正处于股权分散时代，融资渠道多样化，资金已不再是阻碍企业发展的主要因素，人力资本竞争成为主流。合伙人制度这一新模式，是企业在新兴产业快速发展过程中面对信息不对称加剧和股东机会主义行为频繁发生所作出的自发选择，以及形成的内生决定的市场化解决方案。

在互联网时代和股权分散时代下，最优的控制权安排是具有可承兑收入的创业团队与主要股东的状态依存，即剩余索取权与剩余控制权之间的相互制约。这一控制权安排的实质是摒弃了雇佣关系的思维，完成了创业团队与外部投资者之间从短期雇佣合约到长期合伙合约的转化，把股东无法把握的业务模式相关决策交给具有信息优势的创业团队，节省了交易成本。

市场总会内生地创造出一些新的控制权安排模式，以更加有效地适应外部环境变化，这是我国从改革开放以来持续进行市场导向的经济转型的背后原因。

（2）案例

2014年，阿里巴巴在向美国证监会提交招股说明书时，首次披露了其于2010年7月创立的合伙人制度，又称湖畔合伙人制度。

合伙人拥有提名董事的权利。合伙人提名的董事占董事会人数一半以上，因任何原因董事会成员中由合伙人提名或任命的董事不足半数时，合伙人有权任命额外的董事以确保其半数以上的董事控制权。如果股东不同意选举合伙人提名的董事，合伙人可以任命新的临时董事，直至下一年度股东大会（这条规定意味着股东大会不同意的后果是合伙人跳过投票表决环节直接安排人成为董事，下次开年度股东大会时合伙人可以再提名）。如果董事因任何原因离职，合伙人有权任命临时董事以填补空缺，直至下一年度股东大会。若股东大会提议修改合伙人的董事提名权，则需经95%以上的股东同意。不论公司是否发生控制权变更（如被恶意收购），湖畔合伙人对公司董事会的控制是永久存续的，且股东大会需通过95%的股东投票支持才能修改章程，如图9-6所示。这基本意味着湖畔合伙人在总计持有5%股权的情况下，就能轻松阻止他人对公司的恶意收购和控制。合伙人的选举和罢免按合伙人协议执行，无须经股东大会审议或通过。

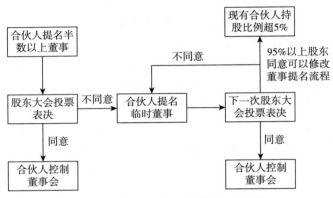

图9-6　湖畔合伙人控制董事会流程

合伙人委员会是阿里巴巴合伙人架构中最核心的部门，负责合伙人的审核及选举事宜，实施差额选举，任期三年。合伙人委员会共5名委员，负责审核新合伙人的提名并安排其选举事宜、推荐并提名董事人选、将薪酬委员会分配给合伙人的年度现金红利分配给非执行职务的合伙人。

阿里巴巴的创始人自1999年起便以合伙人原则管理运营阿里巴巴，并于2010年试运行合伙人制度。人员主要来自阿里巴巴管理层、蚂蚁金服管理层、菜鸟网络管理层等。2013年阿里巴巴合伙人制度正式设立，合伙人共28人，构成呈现多元化，除了和马云一起创业的"十八罗汉"中的蔡崇信、彭蕾等，还有前期公司一路培养的陆兆禧、姜鹏、彭翼捷等，更有后期通过社会引进的阿里人，涉及财务、法务、技术等多个领域的管理人才，包括樊路远、胡晓明、井贤栋等。

阿里巴巴对合伙人有一定的资格要求：必须在阿里巴巴服务满五年；必须持有公司股份，且有限售要求；具备优秀的领导能力；由在任合伙人向合伙人委员会提名推荐，并由合伙人委员会审核同意候选人参加选举，在一人一票的基础上，超过75%的合伙人投票同意候选人加入。成为合伙人还要符合两个弹性标准：对公司发展有积极贡献及高度认同公司文化，愿意为公司使命、愿景和价值观的达成竭尽全力。

2014年，阿里巴巴合伙人数增至30人。2015年12月，阿里巴巴新增了阿里移动事业群总裁及阿里妈妈总裁俞永福、阿里巴巴集团副CFO郑俊芳、蚂蚁金服集团财务与客户资金部总经理赵颖，以及阿里巴巴农村淘宝总经理孙利军为合伙人，合伙人总数升至34位。2017年，阿里巴巴首现"80后"合伙人，人数增至36位。2019财年年报显示，阿里巴巴的合伙人由前一年的36位增加至38位，永久合伙人仅有马云和蔡崇信二人。

合伙人制度进一步降低了双层股权制度对创始人持股比例的要求。阿里巴巴若采用双层股权制度,以马云在阿里巴巴上市后的持股比例 7.84% 为例,假设 1 个 B 股对应 10 个投票权,马云仍不能确保绝对控股,且合伙人制度突破了双层股权制度对董事选举流程的制衡,半数以上的董事会成员由合伙人指定,合伙人内部如何推举董事并不为外界所知,董事会选举的透明度更低。

9.5.3 我国资本市场的控制权之争

1. 我国资本市场控制权争夺激烈的原因

在股权分散的大背景下,所有权与经营权不断分离,公司控制权配置的状态改变,治理模式从"股东中心主义"转向"经理人中心主义",由于控制权不稳定,公司很容易成为外部收购者的目标。

(1) 获得公司的经营管理权

经营管理权是控制权的实现方式,由董事会和管理层来行使,而控股股东拥有的是资产的控制权。由于部分企业的管理者经营管理水平低,资源利用效率有限,没有达到预期的业绩目标,因此企业价值和收益率仍有很大的提升空间。企业的经营效率直接体现在股价上,二者呈现正向变动的关系。中小股东出于自身利益最大化的考虑,希望由能为企业带来更多价值的管理者来经营公司,这为外部投资者收购公司股份创造了条件。新控股股东通过改选董事会、监事会等高层管理机构和监督机构,委派更有能力、声誉和经验的管理者,改善公司管理低效的现状,实现控制公司资源的意志,使中小股东受益,并实现经营协同效应。

(2) 获得公司的决策权

决策权是公司控制权的重要体现,由股东大会享有,在对公司的重大事项进行决策后交由董事会执行。收购者对目标公司进行收购最直接的目的就是争夺决策权,使目标公司按照有利于自身的方式运作,从而兑现控制权的价值。股东行使权力的载体主要是董事会,控股股东在取得控股地位后,通过争取更多的董事会席位来增强对董事会的控制权,达到巩固对决策权的控制和维护自身利益的目的。

(3) 实现各利益主体战略目标

收购是企业利用外部资源实现扩张、进入新业务领域的常用手段。当战略投资者认为收购目标公司有利于实现其战略目标时,战略投资者会不惜投入大量资金购入目标公司的股份寻求发展自身业务的良好平台和控制地位,控制目标公司的核心经济资源,并利用董事会的决策权为自身战略目标服务。

在引入战略投资者的过程中,目标公司的原实际控制人在获得企业发展所需资金的同时股权被稀释,面临控制权不稳定的风险。因原实际控制人不愿放弃控制权而新控股股东又希望全面接管上市公司,双方会展开激烈、持久的控制权争夺。

2. 我国资本市场控制权争夺的表现形式及案例

(1) 上市公司"野蛮人"控制权争夺方式

第一种,二级市场增持+一致行动。"野蛮人"从二级市场买入目标上市公司股票,再通过资管通道签署一致行动人协议；通过连续举牌的方式增持目标企业股票（有的"野蛮人"采取年度2%爬行增持的形式），成为第一大股东。

2015年1月起，宝能系开始买入万科股票，连续六个月进行交易，并在2015年7月第一次构成举牌，开启了"宝万之争"。

第二种，间接投资人一致行动。"野蛮人"一致行动人不直接收购上市公司股份，而是通过购买上市公司大股东的股份控制上市公司大股东，从而间接实现控制上市公司。

2011年10月，博云新材大股东粉冶中心增资扩股，温州环亚、宁波金仑等八位财务投资人认购，增资后财务投资人合计持有粉冶中心60%的股份。2017年2月，八位财务投资人签署一致行动人协议，以60%的股份控股粉冶中心，实现间接收购上市公司博云新材。

第三种，定增突袭+二级市场增持。"野蛮人"利用上市公司发布定增融资方案，通过价格优先、规模优先的定增竞价方式，一次性大规模认购上市公司股份，后在二级市场增持进一步增加股权，谋取对上市公司的控制。

2015年金科股份发布定增预案，拟融资45亿元，原定增价格不低于5.82元/股，受股价下行影响，至2016年2月调整方案，价格降至3.68元/股，而45亿元规模不变，这相当于释放更多股权给定增对象。由于金科股份进行不限额竞价增发，融创系聚金物业最终以每股4.41元近40亿元规模竞价成功，一举认购上市公司近17%的股份。2016年11月至2017年4月，融创系在二级市场继续增持金科股份至25%，与第一大股东的股权比例之差仅为1.24%，距离第一大股东的地位仅有一步之遥。

第四种，要约收购。要约收购是各国证券市场最主要的收购形式，是指收购人向被收购上市公司发出收购公告，待被收购公司确认后实行收购行为。其最大的特点是在所有股东平等获取信息的基础上由股东自主作出选择，因此要约收购被视为完全市场化的规范的收购模式。

2017年6月，广州产业投资基金管理有限公司（下称"广州基金"）正式向上市公司爱建集团发出要约收购报告书，拟向除一致行动人广州基金国际和华豚企业外的股东发出部分收购要约，拟要约收购4.31亿股，占公司总股本的30%。基于重大资产重组优于要约收购的原则，因均瑶集团在广州基金发出收购要约之前已获批定增方案，广州基金的要约收购未能成功实施。

（2）上市公司原控股股东控制权争夺方式

第一种，定向增发。定向增发是一种常见的融资方式，在控制权争夺中，定向增发通常能起到释放股权给特定友好对象、抵御外来入侵者、避免恶意收购的作用。

茂业国际历史上多次购入大商股份股票，截至2013年2月持股比例总计达5%，并表示在未来12个月内不排除继续增持。为了防止茂业国际继续增持威胁原股东的控股权，大商股份原股东在仍掌握公司控制权时由董事会决议通过向第一、第二大股东发行股份购买资产等相关议案，通过增加特定对象持股数量的方式防止被恶意收购。

第二种，二级市场增持+一致行动。在控制权争夺中，原股东也可以通过"二级市场增持+一致行动"这种方式进行反收购。原股东不断增持提高持股比例，阻止"野蛮人"争夺控制权。

为了防止外部投资者云投集团通过受让划转股份取得*ST景谷控股股东资格,中泰担保*ST景谷与先前未持有*ST景谷股份突击入股的股东签订一致行动人协议,从而在股权划转审批完成前成为第一大股东,获得控制权和日后重组谈判中更大的话语权。

第三种,要约收购。与"野蛮人"通过要约收购的方式来争夺控制权的方式一致,原股东也可以通过这种方式进行反收购——向除自身外的全体流通股股东发出部分收购要约,稳固其控股股东地位。

2019年,深圳市领泰基石投资合伙企业(有限合伙)(下称"领泰基石")向聚隆科技全体股东发出部分收购要约,收购股份数量为2 600万股。本次要约收购前,领泰基石及其一致行动人合计持有聚隆科技26.43%的股份,刘军、刘翔合计持有聚隆科技35.48%的股份,其他股东持有38.09%的社会公众股。收购完成后,领泰基石及其一致行动人最多将新增13%的聚隆科技股份,合计持股比例将达到39.43%。

第四种,关联方、友好公司一致行动。当"野蛮人"采取明显的增资方式意在夺取上市公司控制权,原控股股东持股比例不存在绝对优势时,原控股股东可以与第二大股东等关联方、友好公司签署一致行动协议,共同反击收购方的连续增资收购。

2011年3月28日至4月13日,浙江银泰投资有限公司(下称"银泰投资")及关联方浙江银泰百货有限公司分三次向鄂武商A增资,旨在夺取第一大股东的地位。原控股股东武商联分别于收到上述三次增资通知后两日内,与经发投、开发投等公司原有股东签署了三份战略合作协议成为一致行动人,三次均保住了控股股东的地位。

第五种,发布重大重组计划,停牌停止流通,向法院提请诉讼。上市公司因实施合法的资产重组行为而停牌期间,若同时存在要约收购行为,则应以重大资产重组为先,待重组预案拟定并对外披露后复牌,并在二级市场上形成合理价格后,方可实施要约收购行为。同时,原控股股东可以向人民法院提出诉讼,以获得充足时间来作出反应或击退外部投资者。

接前述案例,为了避免银泰系继续增持股份,武商联发出重大资产重组计划,鄂武商A随之停牌。在停牌期间,股东开发投以银泰投资涉嫌违反我国外资收购上市公司的法律法规在二级市场增持公司股份为由,向武汉市江汉区人民法院提起诉讼复牌。之后为了巩固武商联的控制权,武商联向除自身外的全体流通股股东发出并完成部分要约收购,稳固了其控股股东地位。

第六种,白衣骑士和白衣护卫。当外部投资者恶意收购公司时,公司管理层会寻找"白衣骑士",即与一家友好公司进行合并,或通过管理层收购来阻止该事件的发生。但"白衣骑士"并非天使,往往是在接受被收购公司提出的比恶意收购者更优厚的条件后,与恶意收购者竞价并保证被收购公司的控制权不被转移。

2004年9月,广发证券面临中信证券的恶意收购。在收购战中,广发证券的交叉持股方吉富创投、吉林敖东和辽宁成大三家公司迅速增持并控制了广发证券66.7%的股份,牢牢占据绝对控股的地位,成功地阻止了中信证券的恶意收购。

"白衣护卫"是"白衣骑士"的修正形式,其与"白衣骑士"的区别在于"白衣护卫"不被允许掌握控股权,目标公司常采取向"白衣护卫"发行新股的方式但会限制其持股比例。

第七种,金色降落伞。金色降落伞是一种补偿协议,规定在目标公司被收购的情况下,高层管理人员无论是主动还是被迫离开公司,都可以领到一笔巨额的安置费。但这种策略的弊病也显而易见——支付给管理层的巨额补偿有可能诱导管理层将公司低价出售。

以盛大网络为例,陈天桥授予唐骏的期权属于吸引人才的"金手铐",而授予谭群钊、瞿海滨、李曙君的期权则是针对元老的"金色降落伞"计划。

第八种,修改公司章程。上市公司管理层可在章程中设置多种条款应对恶意收购。例如,设置特别回购条款,在遭受恶意收购时可立即回购公司在市场上的流通股份并转让给特定对象;明确提高表决比例的依据及必要性,如同股不同权;明确董事提名及资历要求,削弱入侵者的控制能力和话语权;授权董事会采取反收购措施。

例如,大众公用在公司章程中设置特别回购条款——若发生"单独或合并持有公司10%以上股份的股东继续收购公司股份"的情况,公司可以立即收购本公司股份并将收购的股份无条件转让给特定对象。

3. 如何缓解我国资本市场控制权争夺激烈的局面

加强对股东利益的保护是公司控制权稳定的前提和基础。在现行"经理人中心主义"的治理模式下,既要对管理层进行有效的股权激励,充分调动管理层的积极性和主动性,平衡股东之间的股权分配,又要充分发挥内外部监督制约作用,减少管理层的机会主义利己行为,保护股东利益。

(1) 维护并提升关键性资源的质量

关键性资源包括管理层团队拥有的强大的个人能力、治理权威、经营管理知识,管理层与公司利益相关方形成的长期稳定的社会资本以及管理层自身具有的创业激情和企业家精神等。在股权分散的情况下,管理层的关键性资源不但能够有效维持企业的控制权,提高公司控制权争夺的壁垒,而且能够巩固与股东和谐共生的利益格局的基础。

(2) 建立合理的股权制衡机制

不仅要关注大股东之间的股权平衡程度,还要构建大股东与中小股东之间的良性关系。企业管理者应制定合适的股权制衡机制,并及时根据外部市场环境、企业组建形式和发展阶段进行动态调整。第一,要匹配势均力敌且合拍的制衡股东,如果各制衡股东在公司的战略目标、经营理念以及运营模式上有着一致的观点和看法,就可以加快决策过程,减少控制权争夺的发生。第二,要明确各制衡股东的责任,股东之间既要相互配合又要彼此约束,起到激励和监督的双重作用。第三,要考虑到对管理层的股权激励,分配适当比例的股权可以在有效提高管理层的能动性的同时维护公司控制权。

(3) 完善监事会职能

监事会的监督职能可以及时发现公司为争夺控制权而作出的不合理决策,但在实践中监事会通常为董事会部分成员的利益相关方,其独立性和监督力度在一定程度上受到了影响。监事会应由中小股东建立,对大股东的行为和企业经营是否合规进行监督。当大股东违反公司章程时,中小股东形成的利益共同体应采取正当方式投票,对管理者形成限制,阻止不正当行为,及时止损。此外,还应建立有效的评估机制,使监事会工作过程公开化、透明化,提高监督效率。

(4)构建利益相关者监督体系

公司管理者可以联合优质资本来抵抗外部投资者的恶意收购行为,通过提高外部资本收购的难度来降低控制权争夺的可能性。优质资本投资越多,持股比例越高,则外部监督力度越强,持续改进企业内部治理的动力越充足,控制权被争夺的可能性越小。同时,政府及相关部门、员工、供应商、消费者、媒体公众利益群体等利益相关者也要积极行使自己享有的监督权,参与到公司治理中,实现多元主体相互监督制衡。

讨论题

1. 请指出股权层面、董事会层面、日常经营层面控制权的含义及其区别与联系。
2. 请举例说明有哪些股权层面控制权的实现机制。
3. 请举例说明有哪些董事会层面控制权的实现机制。
4. 请举例说明有哪些日常经营层面控制权的实现机制。
5. 请从实践角度讨论中国资本市场控制权争夺激烈的原因。
6. 请分析如何缓解中国资本市场控制权争夺激烈的局面。

案例分析

伊利股份修改公司章程

伊利股份全称为内蒙古伊利实业集团股份有限公司,成立于1993年,1996年3月15日在上交所上市,成为我国乳制品行业第一家在A股上市的企业,之后逐渐发展成为国内最大的乳制品企业。然而,作为行业龙头,伊利股份的股权结构非常分散,缺少控股股东和实际控制人。前十大股东中每位股东的持股比例都很低,没有一位达到总股本的10%。其中,第一大股东呼和浩特投资有限公司持股8.79%,第二大股东香港中央结算有限公司持股6.22%,第三大股东董事长潘刚的持股比例为3.89%。极度分散的股权结构使得投资者只要拥有充足的资金就可以通过在二级市场上购买伊利股份的股票来争夺公司的控制权,同时降低了公司抵御恶意收购的能力。

阳光保险全称为阳光保险集团股份有限公司,成立于2005年,经营范围主要包括投资设立保险企业、监督管理控股投资企业的各种国内国际业务以及其他投资业务和保险业务。2015年10月至12月,阳光保险通过分红保险产品大量买入伊利股份股票,占伊利股份总股本的1.80%,迅速成为其第五大股东。2016年7月,阳光保险继续通过其子公司——阳光人寿和阳光产险增持伊利股份,所持股份比例直逼举牌线。伊利股份开始对阳光保险的持续增持行为产生警惕,并试图通过修改公司章程来阻止阳光保险的并购。2016年8月9日,伊利股份召开董事会临时会议,全票通过了关于修改公司章程的议案,拟对公司章程围绕"反收购"进行一系列的修改,以维护公司控制权。然而,由于公司章程的修订缺少法律法规依据,甚至某些修订条款与法律相冲突,2016年8月11日,伊利股份收到了上交所关于伊利股份公司章程的修订内容是否违反公司法等有关规定的问询函——《关于对内蒙古伊利实业集团股份有限公司修改公司章程事项的问询函》。最终，伊利股份修订公司章程的应对方案未能实施。公司章程修订与问询的具体内容如下：

章程修订的内容(1)：拟修订的公司章程第三十七条第(五)款规定，投资者"持有公司已发行的股份达到3%时，应当在该事实发生之日起三日内，向公司董事会发出书面通报。在通报期限内和发出通报后二个交易日内，不得再行买卖公司的股票"。投资者持有股份达到3%后，其持股比例"每增加或者减少3%，应当依照前款规定进行通报"。"违反上述规定购买、持有公司股份的，不得行使其所持有或所控制的该等股票的表决权，公司董事会有权拒绝其行使除领取该等股票股利以外的其他权利。"

问询函的相关内容：请公司补充披露上述修改是否符合公司法、证券法以及《上市公司收购管理办法》等相关规定，是否存在限制投资者依法收购及转让股份的情形，相关"制裁措施"的法律依据及合理性，是否不当限制公司股东表决权，并解释"行为改正"的具体标准、董事会拒绝股东行使除领取该等股票股利以外的其他权利的法律依据。

章程修订的内容(2)：拟修订的公司章程第五十三条规定，"关于更换及提名董事会、监事会成员以及修改公司章程的提案，须连续两年以上单独或合计持有公司15%以上股份的股东才有权提出提案"。

问询函的相关内容：请公司补充披露该条款修改是否符合公司法的规定，是否不当提高了股东行使提案权的法定资格标准，是否构成对股东提名权的限制，并结合你公司目前的前十大股东持股比例情况，说明上述修改是否不利于股东督促公司董事、监事勤勉尽职。

章程修订的内容(3)：拟修订的公司章程第七十七条规定了须由出席股东大会的股东(包括股东代理人)所持表决权的四分之三以上通过的事项，包括章程修改、选举和更换非由职工代表担任的董事及监事、公司被恶意收购时对收购方(包括其关联方或一致行动人)与公司进行的任何交易事项以及收购方为实施恶意收购而提交的交易议案等。

问询函的相关内容：请补充披露将上述事项表决通过条件设置为四分之三以上的依据及必要性，该条款是否会导致赋予部分股东一票否决权，并说明公司保障中小股东救济权拟采取的措施。

章程修订的内容(4)：拟修订的公司章程第九十六条规定，董事会换届选举时，"执行董事的更换不得超出全体执行董事的三分之一"，连续两年以上单独或合计持有公司15%以上股份的股东提名董事时，每一提案"所提候选人不得超过全体董事的五分之一"，"并且在连续12个月内，选举或更换董事只能进行一次"。并在拟修订的其他条款中规定，董事会成员中"职工代表担任董事的名额为5人"，执行董事的任职条件包括"在公司任职十年以上"，总裁聘任的条件包括"在公司任高级管理职务十年以上"。

问询函的相关内容：请公司补充披露上述条款修改是否符合公司法的相关规定，是否不合理地维护现任董事、监事及高管地位，是否不当限制了股东选举董事、监事的权利，是否损害上市公司以及中小投资者利益；请结合上述对执行董事、总裁的任职条件，职工董事的数量设置等，核实符合执行董事、总裁任职条件的候选人数，说明上述修改是否会导致公司执行董事、总裁限定于特定对象、限制于特定人选或存在无法更换的风险，是否会导致公司形成内部人控制，是否不利于董事及高级管理人员勤勉尽责。

章程修订的内容(5):拟修订的公司章程第九十六条规定,"在发生公司被恶意收购时,公司须一次性向董事、监事、高级管理人员按其在公司的上一年度应得税前全部薪酬和福利待遇总额的十倍支付现金经济补偿金。在发生公司被恶意收购时,与公司签订有劳动合同的经理级以上管理人员、核心技术及业务人员可以主动提出辞职。针对上述辞职人员,董事会有权根据其在公司发展中作出的贡献研究确定是否给予经济补偿,对于确定给予经济补偿的人员,公司应一次性支付相当于其上一年度应得税前全部薪酬和福利待遇总额的十倍的现金经济补偿金"。

问询函中请公司补充披露的相关内容:①上述赔偿金支付标准的法律依据及合理性;②因被补偿人员多为公司董事、监事、高级管理人员,上述赔偿金的支付是否构成关联交易,应履行哪些决策程序;③公司以所称的"被恶意收购"为由支付十倍赔偿金的法律依据及合理性,是否侵害公司及全体股东利益,是否涉嫌利益输送;④测算支付赔偿金对公司经营业绩的影响并充分提示相关风险。

章程修订的内容(6):拟修订的公司章程第一百零七条第(十六)项规定,"当公司面临恶意收购情况时,董事会可以采取本章程规定的以及虽未规定于本章程但法律、行政法规未予禁止的且不损害公司和股东合法权益的反收购措施,而无须另行单独获得股东大会的决议授权。董事会在采取和实施反收购措施后,应及时以公告方式向全体股东作出公开说明"。

问询函中请公司补充披露的相关内容:①上述关于董事会代为履行股东大会职权的条款,是否符合公司法的相关规定;②董事会自主采取"为公司选择其他收购者""对公司的股权结构进行适当调整""对抗性反向收购、法律诉讼策略等反收购行动"的具体标准和程序,并详细说明在采取上述反收购措施时,确保公司及股东整体利益不受损害的应对措施。

章程修订的内容(7):拟修订的公司章程第一百九十二条规定,"恶意收购是指在未经公司董事会同意的情况下通过收购或一致行动等方式取得公司3%及以上股份或控制权的行为,或公司董事会决议认定的属于恶意收购的其他行为"。

问询函中请公司补充披露的相关内容:①上述条款对"恶意收购"界定的法律或规则依据,对"收购"的认定标准是否符合收购管理办法的相关规定;②在公司章程中将该等行为定义为"恶意收购",是否违反公平原则,是否存在不当限制投资者依法买卖公司股票及行使股东权利的情形;③以"董事会是否同意"作为认定"恶意收购"标准的法律依据及合理性。

由于伊利股份通过修改公司章程阻止阳光保险收购的方案失败,阳光保险继续增持伊利股份,至2016年9月14日,阳光保险持股比例达到5%,触发举牌线,阳光保险超过董事长潘刚跃居伊利股份的第三大股东,从而对伊利股份现有管理层的控制权造成巨大压力。尽管阳光保险多次声明自己举牌伊利只是对优质上市公司进行适度资产配置的财务投资行为,并非想要成为第一大股东,但是伊利股份仍然高度警惕,继续采取包括紧急停牌、定向增发、股权激励以及收购等一系列反击措施以维护自身的控制权。2016年10月21日,伊利股份宣布拟向内蒙交投、呼市城投、平安资产、金石灏汭和金梅花投资五位新进入投资者定向增发5.87亿股票,募集资金90亿元,定向增发后,呼和浩特投资和潘刚、赵成霞、刘春海等管理层以及呼市城投等新进入投资者股权份额合计超过20%。此外，伊利股份将所募集资金中的46亿元用于收购中国圣牧37%的股权，并对核心技术人员或核心业务人员以及其他需要进行激励的员工授予4 500万份股票期权以及1 500万股限制性股票。伊利股份通过定向增发股票和股权激励摊薄了阳光保险的持股比例，提高了公司核心人员的持股比例，从而在一定时间内降低了公司被恶意收购的风险，保护了公司的控制权。虽然伊利股份收购中国圣牧的计划未能实现，但收购公告向市场释放了积极信号，使股价得到提升，从而增加了阳光保险恶意收购的成本和难度。总体来看，伊利股份通过这一系列措施有效抵御了阳光保险的恶意收购，降低了公司面临的控制权威胁。

思考题：
（1）在企业发展过程中，创始人发挥了什么作用？
（2）创始人在什么情况下更容易失去控制权？
（3）伊利股份对公司章程的修改条款中，哪些内容与公司法直接冲突？存在怎样的冲突？
（4）伊利股份还可以通过哪些措施有效抵御阳光保险的恶意收购？

主要参考文献

伯利,米恩斯.现代公司与私有财产[M].甘华鸣,罗锐韧,蔡如海,译.北京：商务印书馆,2005.
董北宁.企业控制权争夺分析[J].合作经济与科技,2020(19):112-113.
甘培忠.公司控制权的正当行使[M].北京：法律出版社,2006.
龚俊琼.我国上市公司控制权争夺的原因与负面效应[J].经营与管理,2015(7):103-105.
李桂平.初创企业股权结构设计研究[J].潍坊学院学报,2019,19(4):32-34.
李四海,周泳彤.中国创始人与控制权：王朝思维还是契约精神[J].清华管理评论,2016(10):22-28.
李晓慧,王培.上市公司出现内部人控制原因及其后果研究：基于南纺股份的案例[J].财会学习,2015(11):76-79.
刘红娟.共同所有权与控制权配置、制度环境和治理效率[J].南开管理评论,2006(2):90-95.
刘娟.我国民营上市公司选择金字塔股权结构的原因分析[J].商业会计,2015(22):63-64.
卢庆华.公司控制权：用小股权控制公司的九种模式[M].北京：机械工业出版社,2019.
马立行.中国公司股权集中度变化趋势及环境条件分析[J].社会科学,2011(10):39-44.
马连福.股权结构设计与公司治理创新研究[J].会计之友,2020(17):2-7.
马永斌.公司控制权安排与争夺[M].北京：清华大学出版社,2019.
蒲自立,刘芍佳.论公司控制权及对公司绩效的影响分析[J].财经研究,2004(10):5-14.

饶云凤.公司治理视角下内部人控制问题研究[D].南昌:江西师范大学,2018.

石晓飞.民营上市公司创始人与董事会治理有效性研究[D].天津:南开大学,2014.

石晓飞.企业创始人治理效应的理论分析[J].现代国企研究,2016(4):42-43.

孙天法.内部人控制的形式、危害与解决措施[J].中国工业经济,2003(7):53-60.

王春艳,林润辉,袁庆宏,等.企业控制权的获取和维持:基于创始人视角的多案例研究[J].中国工业经济,2016(7):144-160.

辛金国,张梅.创始人社会资本、家族超额控制与企业过度负债[J].浙江社会科学,2019(2):61-73.

徐炜,王超.民营高科技公司创始人控制权与公司业绩[J].经济管理,2016,38(9):61-75.

徐细雄,刘星.创始人权威、控制权配置与家族企业治理转型:基于国美电器"控制权之争"的案例研究[J].中国工业经济,2012(2):139-148.

徐细雄,刘星.基于控制权私有收益视角的可转债融资的治理效应研究[J].管理学报,2012,9(3):459-465.

杨国超.外部治理机制缺失下制度创新的代价:基于阿里巴巴"合伙人制度"的案例研究[J].会计研究,2020(1):126-134.

姚铮,顾慧莹.创始人社会资本结构特征对科技型创业企业风险投资可得性的影响[J].浙江大学学报(人文社会科学版),2019,49(1):195-213.

殷召良.公司控制权法律问题研究[M].北京:法律出版社,2001.

张华,胡海川,卢颖.公司治理模式重构与控制权争夺:基于万科"控制权之争"的案例研究[J].管理评论,2018,30(8):276-290.

赵晶,郭海.公司实际控制权、社会资本控制链与制度环境[J].管理世界,2014(9):160-171.

郑志刚.当野蛮人遭遇内部人:中国公司治理现实困境[M].北京:北京大学出版社,2018.

郑志刚.成为董事长:郑志刚公司治理通识课[M].北京:中国人民大学出版社,2020.

郑志刚.掌控与激励:公司治理的中国故事[M].北京:中国人民大学出版社,2021.

周晓林,董冬冬.股权控制战略:如何实现公司控制和有效激励[M].北京:人民邮电出版社,2019.

周瑶.公司创始人控制权维持的法律路径:以抵御融资与控制权稀释中的困境为视角[D].厦门:厦门大学,2019.

周志轶.创始股东保护问题研究:国美股权与控制权之争对中国公司治理的启示[J].战略决策研究,2014,5(5):81-92.

FAMA E, JENSEN M C. Separation of ownership and control[J]. Journal of law and economics, 1983, 26(2): 301-325.

HART O D, MOORE J. Property rights and the nature of the firm[J]. Journal of political economy, 1990, 98(6): 1119-1158.

21世纪经济与管理规划教材

财务管理系列

第五篇

估 值 篇

第 10 章　会计信息与证券市场估值

第 10 章　会计信息与证券市场估值

[素养目标]
- ◆ 了解会计信息在公司估值中的作用
- ◆ 了解公司估值在中国资本市场证券投资、公司并购等方面的实践运用
- ◆ 了解中国资本市场发展过程中会计信息与权益价值的关系

[学习目标]
- ◆ 掌握公司价值的定义与内涵
- ◆ 了解信息约束对公司估值的影响
- ◆ 掌握公司估值的基本方法以及基于现金流估值的一般流程
- ◆ 熟悉中国资本市场发展中公司估值的实践运用

10.1　会计信息的功能——信息观和合约观

10.1.1　会计信息

会计信息是指基于会计主体的会计系统,通过会计核算等过程所产生的信息的总称。会计信息不仅包括会计系统产出的信息,也包括会计系统中用于会计核算过程的信息。会计过程是指通过实际记录或合理预测会计主体的日常经营活动,产生能够反映会计主体在过去、现在以及将来资金运动相关情况的消息、数据、资料等的过程。

通常所说的企业会计信息是指反映企业财务状况、经营成果以及资金变动的财务信息。会计信息通常表现为财务报表、财务报告或附注等形式,向投资者、债权人、企业管理者或其他会计信息使用者反映会计主体的财务和经营状况。

在资本市场中,上市公司以定期报告、自愿披露等形式向投资者披露公司的会计信息。我国上市公司在一个经营年度中的定期报告包括公司第一季度报告、半年度报告、第三季度报告与年度报告。其中,第一季度与第三季度报告反映公司在第一季度和第三季度的季度财务数据;半年度报告反映公司在上半年(第一季度和第二季度)的财务数据;年度报告反映公司在整个年度的财务数据。公司的定期报告一般包含公司简介和主要财务指标、公司业务概要、经营情况讨论与分析、财务报表、审计报告、会计科目明细附注、会计政策等部分。定期报告中披露的会计信息主要呈现在公司的财务报表部分,以资产负债表、利润表、现金流量表等财务报表为主要载体。

10.1.2　会计信息的功能

一般认为,会计信息的功能具有多样性。例如,权益投资者可以通过企业会计信息估

计企业价值;债权人可以将会计信息写进债务合约;企业可以用会计信息(业绩)与高管制定薪酬合约;董事会可以通过会计信息了解企业经营状况,进行公司治理;会计信息也经常被用于企业与供应商和客户之间商业合同的制定和执行。

现有的会计准则同样阐述了会计信息的功能具有多样性。例如,美国财务会计准则委员会(FASB)认为,财务报表可以具有一系列的用途,包括用于权益估值、债务合约、管理层激励、公司治理等。国际会计准则理事会(IASB)也持有同样的观点,认为会计信息可以帮助现有及潜在的投资者、债权人以及其他利益相关者进行决策。

虽然会计信息功能的多样性在理论和实践中得到了共识,但哪方面是会计信息最首要或者最重要的功能,会计信息各项功能之间是不是相互促进的,还是有些功能的加强会削弱另一些功能,至今还存在争议。其中,以会计信息的信息观与合约观的争论最具有代表性。

10.1.3 会计信息的信息观与合约观

1. 信息观

会计信息的信息观也被称为会计信息的估值观。信息观认为会计信息的首要功能是为企业利益相关者提供决策有用的信息。美国财务会计准则委员会(FASB)认为,财务报告需要帮助投资者和债权人评估企业未来现金流的大小、发生时间以及不确定性。

基于会计信息的信息观,学者们建立了理论模型分析会计信息如何帮助投资者估计企业价值,促进投资决策。会计信息的估值研究关注哪些会计信息是投资者所需要的,以及为什么这些信息能够反映企业价值(Ohlson, 1995; Feltham and Ohlson, 1995; Zhang, 2000)。相比于现金流折现模型等财务估值模型,基于会计信息的估值更加强调估值主体的信息约束以及信息的获取和解读过程。这些研究帮助我们更加深入地理解企业价值的创造过程,以及投资者是如何通过会计信息的获取和解读了解公司运行状况的。

基于信息观的大多数理论都假设交易成本或者信息成本为零。在信息观下,会计选择或者会计方法本身不会影响企业价值,或者说,不会对企业价值产生重要影响。企业价值的来源是投资等价值创造活动,会计信息的作用是反映企业的财务和经营状况。

信息观对于会计方法的演进过程具有自己的观点。信息观认为,会计方法和过程演变的目标是减少信息使用者对于信息的获取和解读成本,从而能够更加准确地反映企业的财务和经营状况。

2. 合约观

会计信息的合约观认为,会计信息的首要功能是用于企业与利益相关者的合约的制定和执行,包括会计信息在企业薪酬合约、债务合约、商业合同等各种合约中的运用。合约观中具有代表性的是罗斯·瓦茨(Ross Watts)等学者提出的实证会计理论(Positive Accounting Theory)。理解会计信息如何减少合约制定和执行过程中的交易成本,是实证会计理论的核心。

合约成本是合约制定和执行时所产生的成本,主要包括:
(1) 合约的交易成本,如合约制定和执行中可能涉及的经纪费、咨询费等。

（2）合约的代理成本,如合约执行过程中的监督成本、代理损失等。

（3）合约的信息成本,指获取信息和解读信息的成本等。

（4）合约的再组织成本,指发生预期之外的事件时,重新制定合约的成本。

（5）合约的破产成本,如企业发生破产等无法履行合约时的清算费用、法律费用等。

在不同的会计系统下,企业的合约成本是不一样的。实证会计理论基于交易成本经济学的理论框架,认为会计是企业合约成本最优化方法的一部分。因此,会计信息的合约观认为合约成本最优化是会计选择的首要决定因素。会计选择最终是所有利益相关者合约成本最优化的均衡结果。

合约观对于会计方法的演进过程具有一定的见解。合约观认为,今天存在的会计方法(如固定资产的折旧方法)都是能够实现企业合约成本最优化的会计方法,那些不能有效减少合约制定和执行成本的会计方法都会被市场淘汰。

在合约观下,会计方法的选择是具有经济后果的,不同会计选择下合约的制定和执行具有不同的成本。因此,合约观认为会计方法的选择最终对公司价值具有重要影响。

会计信息的信息观与合约观的主要区别如表10-1所示。

表10-1 信息观与合约观的主要区别

观点	信息观	合约观
含义	会计信息的首要功能是为企业利益相关者提供决策有用的信息	会计信息的首要功能是用于企业与利益相关者的合约的制定和执行
会计选择与公司价值的关系	会计信息反映企业经营状态; 会计选择本身不会影响企业价值	会计选择能够显著影响公司价值; 不同会计选择下合约成本不同
会计方法演进	能否准确、全面地反映企业经营状态,是评价会计方法的重要标准	今天存在的会计方法都是能够实现企业合约成本最优化的会计方法; 那些不能有效减少合约成本的会计方法,最终都会被市场淘汰
实践运用	会计信息有助于使用者了解公司经营相关的信息。例如,帮助投资者进行投资决策;帮助管理层评价投资绩效;帮助银行评价企业债务风险等	会计信息被用于薪酬合约、债务合约、商业合同等企业与利益相关者的合约中

3. 小结

会计信息的估值功能和合约功能都是会计信息在经济实践中的重要功能,两者在经济实践中密不可分。信息观和合约观本身并不完全矛盾对立,很多会计方法的改进能够同时提高会计信息的估值功能和合约功能,提高会计信息质量同时有利于两种功能的实现。最终形成的会计选择,更可能是会计信息多种功能共同作用的均衡结果。

如前所述,会计信息的信息观和合约观对于会计选择是否是影响企业价值的重要因素具有不同观点。因此不少学者认为这两种功能的实现可能依赖不一样的会计过程。会计信息是否具有首要功能?信息观和合约观具有怎样的联系?这些问题仍然需要更加系统的探索。

在本书的各个章节中,会计信息的估值功能和合约功能都有不同程度的体现。企业IPO定价、企业并购估值等更多地体现了会计信息的估值功能,而经理层激励、公司治理等更多地体现了会计信息的合约功能。本章节涉及的会计信息估值更多的是基于会计信息的信息观,阐述会计信息在证券市场估值中的作用。

10.2 企业价值概述

10.2.1 企业价值的概念

企业价值一般指企业整体的经济价值。企业通过生产经营等活动为所有者带来回报,如增加所有者的财富,与任何经济商品类似,我们可以用经济价值表示企业能够给所有者带来回报的大小。企业价值也就是企业作为一个整体的公平市场价值。

1. 企业价值是企业作为一个整体的价值

企业价值是企业作为整体给所有者带来的回报。虽然企业由不同的资产、不同的功能部分组成,但是企业并不是各个部分的简单堆砌,企业价值也不是各个部分价值的简单相加。企业整体是企业各个部分的有机结合。企业整体价值和各部分价值的关系主要体现在以下方面:

(1) 整体价值不等于各部分价值的简单相加

企业各个部分的有机结合,使得企业作为一个整体在运用资源给所有者带来回报时,能够实现部分所没有的整体性功能。企业的整体性功能表现为它可以通过组织生产经营活动为所有者增加财富,这个功能在企业给所有者带来回报的过程中具有重要作用。企业的价值很大一部分是由企业的整体性功能创造的价值,因此企业整体价值并不是各个部分价值的简单相加。

举个例子,当你拿到一辆汽车各个部分的零件时,所有零件加在一起也不能进行代步运输,不能让你日行千里。而汽车给所有者带来的价值是能够为所有者提供代步运输等功能。也就是说,汽车最重要的代步运输等功能是任何一个零件都不具备的。因此,一辆汽车的价值并不是汽车各个部分价值的简单相加。

同样,企业单项资产价值相加并不等同于企业作为一个整体的价值。以会计报表中的资产负债表为例,资产负债表反映的资产价值都是单项资产的价值,资产负债表左侧的"资产总计"是各单项资产价值的合计,并不等同于企业作为一个整体的价值。企业的整体价值也不能通过部分资产价值加总获得,而需要通过企业为所有者带来的财富(现金流)多少来评估。

(2) 整体价值功能在于资源的组织和结合

企业整体具有价值,在于它可以为所有者带来现金流量、增加财富。这些现金流量是所有资产联合起来运用的结果。企业整体是各个部分资源的有机结合,企业可以被看作是有组织的资源。资源的结合方式不同,使得企业生产经营的效率具有差异,从而为所有者带来财富的能力也会不同,最终被市场评估出的企业价值也不同。各部分资源之间的联系和结合方式是企业实现整体性功能的关键,也就是企业在多大程度上能够通过组织生产经营活动为所有者增加财富的关键。因此,对于运行效率低下的企业来说,可以通过改变各要素资源之间的结合方式,即企业资源的重组,来提升企业整体的功能和效率。

(3) 整体价值需要在运行中体现

企业的整体性功能需要在企业运行中得到实现,企业资源只有在企业运行中才能进行有机结合。企业价值也是企业运行的价值。当行业不景气或企业经营出现状况时,部分企业会选择停产,此时企业的整体性功能并没有得到发挥,整体价值也就没有得到体现。如果此时进行清算,这部分企业的价值就相当于各个资产价值的简单相加,也就是机器、存货和厂房等财产的变现价值,即清算价值。

2. 企业价值是公平市场价值

(1) 区分经济价值和会计价值

资产的经济价值是指一项资产的公平市场价值,是买卖双方按自愿原则,在双方的有关知识和信息基本对称的条件下,根据其自身利益在公开交易中所决定的价格。企业价值评估的目的是确定一个企业的公平市场价值。而企业的公平市场价值就是企业未来现金流量的现值。

在经济实践中,企业(尤其是上市公司)往往会向投资者披露财务报表等信息。财务报表中的总资产等金额一般是企业资产的会计价值,或者说账面价值。会计价值是企业资产、负债和所有者权益的账面价值。会计价值是基于会计计量方法确认的。基于客观性、可靠性、决策相关性等会计要求,会计价值的计量大多会基于资产的历史成本。企业资产往往具有一定的使用年限,尤其对以历史成本计量的长期资产而言,其会计价值往往与现时的市场价格相去甚远。在评估企业价值时,需要注意区分经济价值与会计价值。

(2) 区分现时市场价格和公平市场价值

股票市场每天都会发生大量上市公司股票的交易。股票市场上的股票交易价格能否代表企业股权的公平市场价值?如果在完全且完美的资本市场,即不存在信息不对称等导致的交易成本,且市场参与者都能够进行理性的预期和决策的市场,那么股票的交易价格能够代表公司股票的公平市场价值。

但现实资本市场往往具有摩擦和不完善性,现实资本市场往往存在普遍的信息不对称,投资者在信息收集、分析等能力上也具有差异,资本市场很多时候也会受到市场情绪等非理性因素的影响。因此,现时市场价格可能是公平的,也可能是不公平的。

资产的公平市场价值是未来现金流入的现值。要注意区分现时市场价格与公平市场价值。一般认为,证券的交易价格不会长期脱离证券价值,而是会经过一段时间的调整向价值回归。因此,企业估值的目的之一是寻找被低估的企业,也就是现时价格低于价值的企业。

10.2.2　企业价值的分类

从企业所有者类别来看,企业价值可以分为企业的实体价值、股权价值和净债务价值。从企业为所有者带来回报的方式来看,企业价值可以分为持续经营价值和清算价值。从对企业经营方式的影响来看,企业价值可以分为少数股权价值和控股权价值。

1. 实体价值、股权价值和净债务价值

企业作为一个整体的公平市场价值是指企业全部资产的总体价值,也被称为企业的实体价值。企业的实体价值是企业所有经营资产的总体价值。需要注意的是,所有资产的总体价值并不是单个资产价值的简单相加,而是所有资产作为一个整体在运作时可以给所有者带来回报的大小。

从企业所有权的类型来看,企业所有者可以分为股权投资者和债权投资者。企业价值可以分为股权价值和净债务价值,分别对应企业整体价值中企业股权投资者和债权投资者能够获取的部分。因此,企业实体价值是股权价值与净债务价值之和。

股权价值是指企业股权的公平市场价值,即企业通过经营等活动为股权投资者带来的回报大小。净债务价值是指企业净债务的公平市场价值,即企业为债权投资者带来的回报大小。

在评估企业价值时,我们需要明确评估的对象是企业实体价值还是股权价值。以企业并购为例,如果企业并购是以购买被并购方企业股份的形式进行交易,则并购双方关注的是并购中购买企业股份所需要支付的价格,因而并购双方所需要谈判和评估的是企业的股权价值。如果并购方收购被并购方整个企业实体,那么所需要评估的则是被并购方企业的整体价值,实际收购的成本应该等于被并购方企业的股权成本加上所承接的债务成本。

2. 持续经营价值和清算价值

企业通过变现出售所有资产获取现金流的价值被称为清算价值。企业持续经营的基本条件是其持续经营价值超过清算价值。在某些特殊情况下,如经济不景气、企业产品市场行情较差或企业自身状况出现问题时,企业继续经营的价值甚至小于将企业资产清算变现的价值。此时,企业所有者会选择停止经营,变现企业资产,企业价值就等于企业的清算价值。因此,一般而言,企业价值应当是其持续经营价值与清算价值两者的较高值。

如图10-1与图10-2所示,横坐标为企业的盈利能力,表示企业创造未来现金流的能力;纵坐标为未来现金流的大小,可以表示企业价值的大小。图10-1中两条虚线分别代表企业的持续经营价值和清算价值。其中,企业持续经营价值与企业创造现金流能力相关,随着企业盈利能力的上升而增长。图10-2中的实线部分表示企业的公平市场价值。当企业盈利能力较强时,企业持续经营获取的现金流价值大于清算价值;而当企业盈利能力较弱时,持续经营价值小于清算价值。企业整体的公平市场价值是持续经营价值和清算价值中较高者的折现。

3. 少数股权价值和控股权价值

少数股权和控股权的区别在于能否显著影响公司的经营决策。基于公司法和公司章程,一般而言,少数股权对于公司事务发表意见的影响较小,而控股权能决定公司的重大事务,对于公司经营决策的影响本身是具有价值的,因此,少数股权价值和控股权价值往往具有差异。

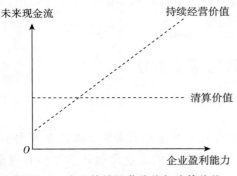
图 10-1　企业持续经营价值与清算价值

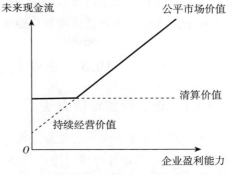
图 10-2　持续经营价值、清算价值与公平市场价值

对于上市企业来说，每天在股票市场交易的只是少数股权，不会影响到企业的控股权，也不会影响企业的经营决策。因此，企业在资本市场达成交易的股价往往反映的是少数股权价值。一旦市场交易能够影响到控股权，股价就会显著上升，甚至达到少数股权价格的数倍，这体现了控股权影响企业经营决策能力的价值。少数股权与控股权的价值差异在股权投资和并购等实践中更为显著。

企业估值根据不同实践需要，应明确估计的是少数股权价值还是控股权价值。企业并购等公司金融实践往往涉及企业控制权的转移，更加需要考虑企业的控股权价值。

10.2.3　企业估值的目标

企业估值的目的是基于所能获得的信息，客观科学地评估企业的公平市场价值，帮助评估主体进行投资决策、业绩评估、企业管理和治理等。

1. 用于投资决策

投资决策既包括证券市场参与者进行的少数证券买卖交易，也包括企业进行的并购等战略投资决策。企业估值能够帮助投资者判断投资收益，确定可接受的成本。例如，资本市场投资者希望通过企业估值寻找并且买入被市场低估的证券，以获得高于市场的报酬；企业通过对并购目标企业的价值评估决定并购的合理价格等。

2. 用于业绩评估、企业管理和治理等

企业价值最大化也即股东财富最大化，是企业经营的最终目标。对企业价值以及价值的变动进行评估有助于评价管理层经营业绩，加强企业管理和治理。经济实践中，企业也往往将价值相关的激励写入管理层的薪酬合约，如基于 EVA 的薪酬条款、股权激励等。同时，判断企业决策能否增加企业价值有助于评价企业决策的正确性。以创造企业价值为导向，企业估值有助于加强企业管理和治理。

3. 促进优化资本市场资源配置

资本通过资本市场流向能够创造更多价值的公司，是资本市场重要的资源配置功能。然而现实资本市场存在的信息不对称等摩擦降低了资本配置的效率。上市公司的有效估值是资本市场引导资源配置、实体经济引导价值创造的重要环节。因此，市场如何基于上市公司经营信息对公司进行有效估值,是金融学、经济学以及管理学的重要研究话题,也是各个经济体在资本市场建设过程中面临的实际问题。

10.3 企业价值评估的基本方法

10.3.1 企业价值评估方法

企业价值源自企业未来的现金流入,企业估值往往是对企业未来现金流的金额大小、流入时间、流入不确定性等情况进行评估。财务管理中常见的企业价值评估方法有现金流量折现模型和相对估值法。

10.3.2 现金流量折现模型

1. 基于现金流量折现模型的企业价值评估

现金流量折现模型是目前最具理论基础、实践应用最为广泛的企业价值评估模型。现金流量折现模型基于增量现金流原则和时间价值原则,将未来现金流期望值通过包含风险的折现率进行折现,从而计算资产或投资项目的现值或净现值作为价值评估指标。现金流量折现模型适用于资产价值的评估,包括对金融证券、投资项目和企业价值的评估。

基于现金流量折现模型的企业价值评估将企业看作一个整体性资产,企业能够为所有者创造价值,也即创造未来现金流。通过对企业未来现金流大小、流入时间以及风险的估计,现金流量折现模型可以评估企业未来现金流的现值,作为企业价值的度量。

如图10-3所示,投资项目或者创立企业都会为投资者带来回报,表现为未来各期的现金流入,如图中现金流1、现金流2至现金流n。现金流量折现模型的思想就是将未来各期的现金流按照对应的风险折现率进行折现并相加后,得到现金流的现值作为资产价值的度量指标。

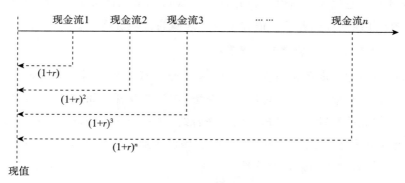

图10-3 现金流量折现模型

现金流量折现模型的一般化公式可以表示为:

$$资产价值 = \sum_{t=1}^{n} \frac{现金流量_t}{(1+折现率)^t}$$

其中，t 代表期数。

现金流量折现模型的思想被广泛运用于金融学与财务管理等实践。企业年金现值的计算、债券价值的评估以及投资项目价值的评估等，其实都是将对应的年金、债券或者项目的现金流进行折现以确定它们的价值，都运用到了现金流量折现的概念。

然而，基于现金流量折现模型的企业价值评估与年金、债券或者投资项目的现值计算有一些重要的区别：

第一，未来现金流估计的时间长短不同。投资项目的价值评估，往往是在有限的项目期内对项目增量现金流的估计和折现。而持续经营是企业的重要特征，也是企业整体价值得以实现的重要条件。因此，对于企业未来现金流的估计往往是对未来无限期内现金流的估计和折现，即无限期现金流折现问题，需要基于一定的假设来刻画后续现金流持续或增长的模式。

第二，现金流持续或增长的模式不同。对于典型的投资项目而言，经过初期投入后，其后续会带来稳定的或下降的现金流。而企业的重要特征之一是不断地将一部分盈余用于再投资生产。因此，企业整体作为一个投资项目，在获取回报的同时也在不断进行再投资，现金流持续或增长的模式相对于单一的投资项目具有更加复杂的分布。

第三，企业估值涉及现金流的分配问题。如上所述，对盈余进行分配是企业的重要特征之一。企业的一部分盈余通过股利等方式分配给股东，另外一部分留存于企业进行再生产。企业评估时，需要注意区分是基于企业层面的股权现金流入（股权现金流）进行估值，还是基于股东层面的现金分配（股利现金流）进行估值。理论上，管理层在投资所有能够增加公司价值的项目后，应当将剩余现金流分配给股东，股东也可以通过买卖股票自制股利，因此基于股权现金流的企业估值和基于股利现金流的企业估值应有相同的估值结果。但后者涉及对于企业分配方式的预期，如对企业股利政策的预期，并且实践中管理层往往会出于私利影响股利分配，这些都是现金流量折现模型用于企业价值评估时需要注意的问题。

2. 现金流量折现的基本模型

通过现金流量折现模型对企业未来现金流量的现值进行估计，可以表示为以下基本公式：

$$企业价值 = \sum_{t=1}^{n} \frac{现金流量_t}{(1 + 资本成本)^t}$$

企业估值的现金流量折现模型具有三个重要的参数：现金流量$_t$、资本成本和时间序列 n。

其中，现金流量$_t$指各期的预期现金流量，下标 t 代表未来现金流量流入的时点，在企业估值中通常表示未来的"第几年"。

资本成本是反映企业现金流风险的折现率。折现率的选取和现金流量要相互匹配。折现率刻画的是现金流量的风险，风险越大则折现率越大。例如，股权现金流量折现模型应该用股权资本成本来折现，实体现金流量折现模型应该用实体现金流对应的企业加权平均资本成本来折现。现金流量折现模型的参数是相互对应和影响的,需要基于所选的估值模型整体考虑。

时间序列 n 指产生现金流量的时间,通常用年数来表示,代表未来现金流入的时间区间。企业的寿命通常采用持续经营假设,即假设企业将无限期地持续下去。由于企业持续经营的特征,n 被设定为无穷大,但我们无法对无穷期间的现金流量,进行逐一估计。为了避免预测无限期的现金流量,通常将预测时间分为详细预测期和后续期。在公司估值实践中,也往往将现金流估计期间分为预测期和永续期。在预测期,对每年的现金流量进行详细预测,并运用折现率逐一折现到当前时点。在永续期,假设企业经营进入稳定状态,具有持续或稳定增长的现金流,可以运用等比数列求和等公式估计永续期现金流量现值。最终将预测期和永续期现金流量现值相加后估计企业当前价值。上述过程可以表示为:

$$企业价值 = 预测期价值 + 永续期价值$$

3. 现金流量折现模型的种类及经济含义

根据现金流量的不同种类,企业估值的现金流量折现模型可分为股利现金流量折现模型、股权现金流量折现模型和实体现金流量折现模型。

(1) 股利现金流量折现模型

股利现金流量折现模型是投资者基于股利分配的视角,通过真正到手的股利现金流量来评估所持公司股权的价值。股利现金流量折现模型的公式如下:

$$企业股权价值 = \sum_{t=1}^{\infty} \frac{股利现金流量_t}{(1 + 股权资本成本)^t}$$

由于需要对企业股利分配政策和持续性进行预测,而很多公司股利政策可能不具有稳定性,因此股利现金流量在经济实践中应用较少。但股利现金流量本身具有重要的经济含义:通过股利现金流量折现模型可知,一个永远不向股东分配股利的企业,它的股利现金流量都为0,那么它的价值也为0。这可能跟经济直觉不符。经济直觉上,只要企业业绩足够好,即使不分配股利,股东也可以从股票价格上涨中获利。但是,如果一个企业永远不分配股利,那么最后没有一位投资者愿意最终接手这个企业的股份。倒数第二位买入股票的投资者也将预期没办法获得转让收益从而不会接手。以此反推,这家永不分红企业的股东也就没办法通过股票交易获得收益,并且也没有办法获得股利收益,因此企业股票的价值为0。

(2) 股权现金流量折现模型

股权现金流量折现模型是投资者基于公司现金流量归属的视角,通过对企业现金流入中归属于股东那部分的现金流量来评估所持公司股权的价值。股权现金流量折现模型的公式如下:

$$企业股权价值 = \sum_{t=1}^{\infty} \frac{股权现金流量_t}{(1 + 股权资本成本)^t}$$

股权现金流量等同于企业在某一时点现金流量总量扣除对债权人支付的利息等现金后剩余的归属于企业股东的部分，也被称为股权自由现金流量。

根据股利现金流量与股权现金流量的定义，股权现金流量是企业决定现金分配的总量。其中，一部分股权现金流量通过股利发放、股票回购等政策分配给股东，成为股利现金流量，即分配量，另一部分留存于企业再生产。有多少股权现金流量会作为股利分配给股东，取决于企业的筹资和股利分配政策。

对比股权现金流量折现模型和股利现金流量折现模型，我们不难发现在每一个时点 t 两个模型的现金流量可能都会有差异，那是否所估计的企业股权价值也会有差异呢？回答这个问题，需要对两个模型的经济含义有进一步的理解：

首先，股权现金流量折现模型和股利现金流量折现模型估计的都是企业的股权价值，因此理论上估计结果应是一致的。特别地，如果全部把当期股权现金流量作为股利分配，则上述两个模型结果相同。

其次，普遍情况下，每一期的股权现金流量与股利现金流量往往并不相等，但这并不意味着两个模型最终的估计结果会不同。理论上，企业决定分配股利的原则是：已经投资了所有能够为企业创造价值（净现值大于0）的投资项目。投资了所有净现值大于0的项目后，当期剩余的现金流量都应该作为股利进行分配。在企业价值最大化原则下，当期减少股利分配，意味着更高的股票价格和将来更多的现金流量，将来在股利发放和股票回购中获得的股利现金流量也将更多。最终，股权现金流量折现模型与股利现金流量折现模型估计的企业股权价值相等。

最后，了解股权现金流量折现模型和股利现金流量折现模型的区别和联系后，我们可以得到重要的经济含义：①分配政策本身不创造价值。在理想的环境下，由于分配政策本身不影响股权价值，因此分配政策不创造价值。并且，企业的分配政策是在企业价值最大化原则下确定的。②现实经济中，管理层私利等因素可能导致企业的投资和分配决策没有按照股东价值最大化原则行事，如将资金用于较差的投资项目而不愿意进行股利分配。这将减少未来的股利和股权现金流量，从而损害股东利益。

（3）实体现金流量折现模型

实体现金流量折现模型基于企业现金流入总量的视角评估企业整体的价值。实体现金流量折现模型的公式如下：

$$企业实体价值 = \sum_{t=1}^{\infty} \frac{实体现金流量_t}{(1 + 加权平均资本成本)^t}$$

实体现金流量是企业的全部现金净流入，是归属于企业所有投资人（包括股权投资人和债权投资人）的税后现金流量。实体现金流量折现模型的折现率是反映实体现金流量风险的加权平均资本成本。实体现金流量估计的价值是企业整体的价值，被称为企业的实体价值。企业实体价值等于股权价值和债权价值之和。

上述三个现金流量折现模型的比较如表10-2所示。

表 10-2　三种现金流量折现模型比较

模型	股利现金流量折现模型	股权现金流量折现模型	实体现金流量折现模型
现金流量	股利现金流量：企业通过股利或股票回购等分配政策，分配给股权投资人的现金流量	股权现金流量：一定期间内企业可以提供给股权投资人的现金流量	实体现金流量：企业全部现金流入扣除成本费用和必要的投资后的剩余部分，它是企业一定期间内可以提供给所有投资人的税后现金流量
折现率	股权资本成本	股权资本成本	加权平均资本成本
估计的企业价值	企业股权价值	企业股权价值	企业实体价值

实体现金流量与股权现金流量、实体价值与股权价值以及股权资本成本与加权平均资本成本有以下关系：

实体现金流量 = 股权现金流量 + 债务现金流量

加权平均资本成本 = 股权资本成本 ×（权益账面价值／总资产账面价值）+ 债务资本成本 ×（负债账面价值／总资产账面价值）

实体价值 = 股权价值 + 净债务价值

图 10-4 描述了资产、权益与债务所对应的现金流量和企业价值之间的关系。由此可见，基于实体现金流量折现模型，也可以通过实体价值与净债务价值的差额来估计企业股权价值。由于在经济实践中，企业股利分配政策稳定性较差，对股利现金流量预测较为困难，因此股利现金流量折现模型在实务中很少被使用，大多数企业使用股权现金流量折现模型或实体现金流量折现模型进行估值。

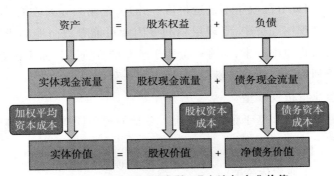

图 10-4　资产、权益、负债、现金流与企业价值

10.3.3　相对估值法

现金流量折现模型具有健全的理论基础和模型形式。在经济实践中，现金流量折现模型往往涉及大量的公司内部信息，对将来现金流量进行预测的过程也往往较为复杂，涉及较多主观判断，不同预测下估值效果差异较大，应用时会遇到较多阻碍。在实践中，公司估值往往需要考虑信息获取以及估值效果的成本效益，因此程序较为简单的相对估值法被广泛运用。

1. 相对估值法概念与一般性程序

相对估值法也被称为价格乘数法,是运用可比公司的市场价值来估计目标公司价值的方法。相对估值法的一般步骤为:

第一,寻找可比公司。相对估值法首先会根据一些标准确定与需要估值的目标公司类似的一个或一组公司。例如,寻找同一行业、类似规模或市场份额、生产相同产品的公司作为可比公司。

第二,确定价值创造相关的关键指标。相对估值法需要确定一个与公司价值最相关的指标(如净利润)。哪个指标与公司价值最具相关性取决于公司价值创造的驱动因素。因此,这个可比性指标在不同类型的公司中会有所不同。

第三,通过可比公司的关键指标和市场价值估计目标公司的价值。例如,如果可比公司的关键指标是目标公司的两倍,那么目标公司的价值就是可比公司的二分之一。

由此可见,相对估值法是将目标公司与可比公司比较,用可比公司的市场价值估计目标公司的价值。因此,相对估值法的有效性取决于可比公司市场价值的准确性,以及可比公司和关键指标选择的有效性。另外,公司市场价值与关键指标是否具有稳定的比例关系是相对估值法的关键之处。

2. 常用的相对估值模型

在实践中,每股净利润、每股净资产以及每股营业收入是常见的与价值创造相关的关键指标,可以分别应用于市盈率模型、市净率模型和市销率模型,三种模型的比较如表10-3所示。

表10-3 市盈率模型、市净率模型和市销率模型比较

相对估值模型	市盈率模型	市净率模型	市销率模型
公式	目标企业股权价值=可比企业平均市盈率×目标企业每股收益	目标企业股权价值=可比企业平均市净率×目标企业净资产	目标企业股权价值=可比企业平均市销率×目标企业营业收入
优点	①计算市盈率的数据容易取得,并且计算简单; ②市盈率把价格和收益联系起来,直观地反映投入和产出的关系; ③市盈率涵盖了风险补偿率、增长率、股利支付率的影响,具有很高的综合性	①市净率极少为负值,可用于大多数企业; ②净资产账面价值的数据容易取得,并且容易理解; ③净资产账面价值比净利润稳定,也不像利润那样经常被人为操纵; ④如果会计标准合理并且各企业会计政策一致,市净率的变化可以反映企业价值的变化	①不会出现负值,亏损企业和资不抵债的企业也可以计算出一个有意义的市销率; ②比较稳定、可靠,不容易被操纵; ③市销率对价格政策和企业战略变化敏感,可以反映这种变化的后果

（续表）

相对估值模型	市盈率模型	市净率模型	市销率模型
局限性	当每股收益为负值时市盈率不具有经济意义	①账面价值受会计政策选择的影响；②固定资产很少的服务性企业和高科技企业中，净资产与企业价值的关系不大；③少数企业的净资产账面价值是负值	不能反映成本的变化，而成本是影响企业现金流量和价值的重要因素之一
适用范围	最适合连续盈利的企业	适用于拥有大量资产、净资产账面价值为正值的企业	主要适用于销售成本率较低的服务类企业或者销售成本率趋同的传统行业企业

3. 相对估值法的理论基础和实践运用

相对估值法的原理较为直观：类似公司应该具有相近的市场价值。相似原理本身是成立的。而在理论推导中，什么样的公司可以看作类似公司？公司价值创造往往源自一系列要素，如公司的市场特征、经营方式、运作效率、管理和治理体制、管理层的特征和能力等。而且在有着不同特征的公司中，各个维度要素对公司价值创造的重要性也具有差异。基于多个维度的信息寻找类似或可比公司，往往需要基于价值创造驱动因素的理论和模型。相对估值法基于单一维度信息（关键性指标）定位可比公司的做法较为粗糙。

另外，即使不考虑其他因素，目标公司与可比公司单一维度信息（关键性指标）的比值能否被视为其公司价值的比值，或者说多大程度上能反映公司价值的比值可能受到要素边际收益递减等经济规律的影响，在不同特征公司中反映程度也会具有差异，因此需要更加严格的理论和模型。

一般认为，目前相对估值法的理论基础较为薄弱，且相对估值法依赖可比公司或公司组市场价值的公允性，当市场对可比公司本身存在定价偏差时，这种偏差会通过相对估值法影响目标公司的估值。

然而，相对估值法信息收集成本低，运用较为简单。成本效益是相对估值法在经济实践中运用较为广泛的重要原因。同时，相对估值法对于股份未在公开市场交易的公司具有一定的定价能力。这类公司财务信息披露的法律要求较低，财务信息质量也相对较低，往往不能有效估计企业现金流量，通过资本市场上进行股票交易的可比公司的市场价格，可以大致确定其公司价值。

10.4 企业估值实践

10.4.1 信息约束与公司估值

目前，公司估值的学术研究与实践运用存在一定脱节。传统公司财务的现金流量折现模型基于较为理想化的信息环境,更适用于内部估值,而在资本市场的实践运用中受到限制——投资者往往不掌握预测公司现金流量的详细信息;金融学中基于投资组合风险的资产定价模型也在个体公司估值时具有局限性。经济实践中,分析师、机构投资者等市场中介往往运用相对估值法等简化模型,其估值的有效性存在争议,尤其是在中国等新兴经济体的资本市场。

无论是传统公司财务理论的现金流量折现模型,还是金融学中基于投资组合风险的资产定价模型,都简化了现实中投资者获取公司经营活动信息、解读信息并用于投资决策的过程。公司管理层一般具有关于公司经营和财务情况的更加丰富和详细的信息。银行等债权人也往往可以通过一定的信息渠道来获得相关公司的私有信息,如公司申请贷款时向银行披露的信息,以及涉及的抵押质押标的物的价值相关信息等。而对于现实资本市场中的广大投资者来说,上市公司公开披露的财务报告往往是资本市场投资者重要的信息来源。

公司估值是金融学、财务学中传统且重要的研究领域,也是资本市场投资者、公司管理层、资本市场金融中介以及监管者共同关心的现实问题。早期金融学与财务学基于现金流量折现模型界定公司估值的基础性概念。然而传统现金流量折现模型基于理性化的信息环境,在现实运用中作用较为局限——未来现金流量不可观测,投资者也往往不具备足够的信息和技术来有效估计公司未来现金流量。以资本资产定价模型为代表的投资组合理论则基于证券的风险因子,探索证券预期回报率的决定因素,是现在金融学发展的重要理论基础。但是投资组合的资产定价模型在估计单个公司价值时具有局限性,也未能深入刻画公司的价值创造过程和投资者基于公司经营信息的估值过程。

10.4.2 基于会计信息的公司估值研究

会计信息是对公司经营活动的总结,而公司经营是公司价值的最终来源。会计信息是公司的商业语言,如何通过会计信息估计公司价值是会计学研究的核心领域之一。基于会计信息的公司估值理论将公司的实体经济活动(经营活动)与资本市场价值相联系。从早期较具影响力的剩余收益模型(Ohlson,1995),到进一步融入管理层决策灵活性的基于实物期权的公司估值理论(Burgstahler and Dichev,1997;Zhang,2000),这些理论的提出将会计研究的方向从"会计信息是否与公司价值相关"拓展到"为什么会计信息能够传递公司价值"以及"会计信息如何传递公司价值"。因此,基于会计信息的公司估值理论为会计信息的估值功能和合约功能建立了理论基础,也为基于会计信息判断公司价值及引导资本市场资源配置提供了理论指导,是学术界、投资者、公司经营人员以及政策制定者共同关心的领域。

1. 线性会计信息估值模型

詹姆斯·奥尔森(James Ohlson)是最早提出关于会计信息与公司价值关系的理论模型的学者之一。Ohlson(1995)的剩余收益模型开创了基于会计信息的公司估值模型。相比于早期基于股利或现金流量等的折现模型,基于会计信息的线性估值模型的优势在于将不可观测的未来现金流量等因素转化为可以观测的当期会计信息,增加了公司估值的数据可得性与可操作性。其中,剩余收益是公司通过经营活动所创造的增量价值的会计度量。剩余收益的产生较为复杂,取决于生产资源、生产技术和生产效率、市场环境、管理层能力以及创新等一系列因素。尽管公司的经营状况会随着竞争环境和经济状态的变化而变化,但是变化需要一定的时间,也就是说公司的经营优势或劣势不会突然消失,这为基于当期会计信息估计公司价值提供了基础。

随后学者在 Ohlson(1995)的基础上发展了其他定价模型。比如 Feltham 和 Ohlson(1995)将会计稳健性与公司成长性融入估值模型;Feltham 和 Ohlson(1996)引入现金流量的时间动态过程。大量研究对这些模型的估值能力进行了实证检验,部分研究发现会计信息估值模型相比于早期的股利折现模型以及现金流量折现模型对公司股价更具解释力,且提供了更为完整的估值体系。

此类会计信息估值模型大多基于线性的信息动态关系,因此在这些估值模型中,公司价值被表示为盈余和净资产的线性函数。在线性信息动态关系假定下,未来的剩余收益是当期剩余收益的线性函数。在 Ohlson(1995)的模型中,剩余收益具有一阶自相关性。线性的信息动态关系意味着完全忽视了公司价值创造的决策过程或者假定公司的决策具有机械的路径而与外部环境变化无关。因此,此类会计信息定价模型也被称为线性定价模型。

线性估值模型的重要缺陷在于线性信息动态关系的假设。越来越多的学者意识到线性信息动态对于公司的价值创造过程缺乏描述性,因为它忽略了具有正向经济利润的经营活动以及公司的增长期权(Lo and Lys,2000;Holthausen and Watts,2001)。同时,大量的实证证据发现,公司的权益价值与盈余、净资产都存在非线性关系(Burgstahler and Dichev,1997;Collins et al.,1999;Dechow et al.,1999;Callen and Segal,2005),这也是线性估值模型所不能解释的。因此,会计信息的线性估值模型在现实资本市场中的运用受到限制。

2. 基于实物期权的会计信息估值模型

基于实物期权的会计信息估值模型在线性模型基础上,基于"资本追逐利润"的经济事实来对信息动态作出假设。此类模型允许公司理性地将资本运用于投资回报较高的项目,这也更加符合公司的经营实践,例如,公司会根据净现值原则选择投资项目或者根据盈利信息决定各部门的资源配置等。公司根据项目投资回报调整(增加或缩减)资本投资的选择权被称为实物期权,包括追加投资的增长期权以及缩减投资的清算期权。实物期权是公司价值的重要组成部分(Brennan and Schwartz,1985)。同时,在考虑公司的投资决策过程后,公司价值与会计变量可能呈现非线性关系。

Zhang(2000)为基于实物期权的会计信息估值模型作出了开创性贡献。在 Zhang(2000)的实物期权估值模型中,公司将资本投资到高利润项目,并将资本从亏损项目中撤回,从而创造更高的价值。而会计信息对投资决策具有重要的引导作用。因此,公司价值表现为三个部分:按照现有规模持续经营的公司价值、投资潜在新项目的增长期权价值以及终止原有项目的清算期权价值。会计信息对这三部分价值都具有估值能力。

在 Zhang(2000)的理论模型基础上,学者们进一步将实物期权的公司估值模型拓展到多部门企业的估值、企业的分立决策以及会计信息与股价回报的关系(Chen and Zhang,2007)等。

在基于实物期权的公司估值模型中,公司的权益价值与盈余、净资产都具有非线性关系,这与现有的实证证据更为符合(Burgstahler and Dichev,1997;Collins et al.,1999;Dechow et al.,1999;Callen and Segal,2005)。Hao 等(2011)的研究对 Zhang(2000)的实物期权估值模型的预期进行了系统性的实证检验,模型的理论预期均得到了实证证据支持。同时,实物期权估值模型也为基于公司实物期权价值的实证检验提供了理论依据。例如,一些跨国研究发现,在经济自由度较高的经济体,公司能够更加有效地把握投资机会,从而增加公司的实物期权价值。

3. 公司价值、股票回报率与会计基础变量

从公司估值的研究视角看,股票回报是考虑公司股利在内的公司价值的变动。因而不同于金融学基于风险的资产定价模型,基于会计信息的公司估值将股票收益与公司的价值创造过程建立起联系。

Chen 和 Zhang(2007)在 Zhang(2000)的实物期权估值模型的基础上,推导出公司股票回报(权益价值的变动)的决定模型。在 Chen 和 Zhang(2007)的模型中,总共有五个影响股票回报的基础会计变量:四个有关公司现金流量信息的变量(即盈余、资本投资、盈利能力的变动、成长机会的变动)以及一个折现率(资本成本)的变动。

在 Chen 和 Zhang(2007)的模型中,投资者通过两个维度的信息来了解公司的经营信息:投资规模与投资效率。在股票收益模型中,会计信息与其他信息共同被用来刻画公司这两个维度的特征。对影响股票回报的基础会计变量的解读如下:①当期盈余,表示会计期间公司实际创造的价值;②资本投资,反映公司运营的资本规模大小;③盈利能力的变动,刻画公司从投资中获得回报的能力变动模式,即投资效率的变动模式;④成长机会的变动,表示将来资本投资量的变动模式,即投资规模的变动模式;⑤折现率的变动,反映公司资本成本的变动。

如果公司的投资规模和投资效率保持不变(或恒定增长),那么根据当期盈余和资本投资便能完全刻画投资规模和投资效率,从而预测公司每期的价值增量,这正是早期的线性估值模型所描述的。引入盈利能力和成长机会变动因子后,公司未来投资效率和投资规模可能的变动得到刻画,从而放松了对投资规模和投资效率保持不变(或恒定增长)的约束,使得影响股价回报的会计因子更加完备。

值得注意的是,这些基础性的会计变量有各自的经济含义,传递公司价值不同维度的信息。关于公司价值的信息并不是简单的相加所得,单纯通过单个变量的信息来判断公司价值存在片面性,也就是说在估值理论中,这些基础性的会计变量共同决定了公司价值。

10.5　会计信息与证券市场估值:中国的实践

10.5.1　会计信息公司估值在中国资本市场的运用

中国资本市场对会计估值的运用大多在于探索个别中国制度变量与会计估值体系的关系,如货币政策(靳庆鲁等,2012)、放松卖空机制、中国市场行业竞争(伊志宏等,2010;

肖土盛等，2016）等。这些研究基于个别中国制度因素，考察其对公司投资效率和公司价值的影响，而未基于中国制度环境特征形成适用于中国资本市场的较为完备的会计信息估值体系。

此外，中国的本土会计财务研究大部分以公司业绩、投资效率等作为结果检验指标，其本质是公司价值的变化。因此，中国的本土会计财务研究需要较为完备的中国公司价值评估体系。

会计信息是公司的商业语言，投资者的投资决策和公司的经营运作都会基于会计信息。在此基础上发展形成的基于会计信息的公司估值模型（如剩余收益模型、实物期权模型等），更加注重刻画投资者对公司经营信息的获取、解读以及价值发现过程。

然而，会计信息估值理论发展仍不成熟，尤其是未形成在不同约束条件下（不同制度环境约束以及不同交易特征）公司估值的完整理论体系，因此在实践中运用较为有限。尤其是在中国等转型经济体中，制度环境对公司行为和价值创造具有重要影响。如何有效评估转型经济环境下的公司价值是中国市场投资者、管理层、市场监管者以及整个经济社会都切实关心的问题。

10.5.2 中国与美国上市公司数量与市值对比

1. 美国股票市场

美国全国性股票交易市场以纽约证券交易所、美国证券交易所和纳斯达克证券交易所为代表。图 10-5 显示了美国三大证券交易所 1975—2020 年的上市公司数量。从图中可见，美国上市公司数量在 1975 年左右就具有相当的规模，三大证券交易所上市公司数量总和在 5 000 家左右。公司数量在 1980—2000 年经历了上涨与下跌的过程，于 2008 年金融危机前后又回到 5 000—6 000 家的数量。2010—2020 年，三大证券交易所上市公司数量维持在近 6 000 家的稳定状态。

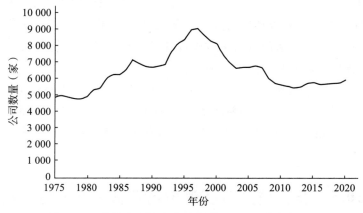

图 10-5　美国市场上市公司数量（三大证券交易所）

虽然美国上市公司数量在 2010—2020 年维持在 5 000—6 000 家，与 1975 年相差不大，但是公司权益市值在 1975—2020 年有显著的上升。如图 10-6 所示，美国市场上市公司权益市值中位数从 1975 年的 0.15 亿美元上升至 2020 年的 6.2 亿美元。公司市值的急速增长开始于 1990 年前后。即便 2008 年金融危机前后公司市值有一定下跌,2009—2020 年仍保持了高速上涨趋势。

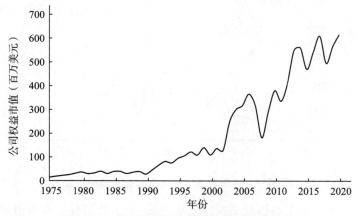

图 10-6　美国市场上市公司权益市值中位数

2. 中国股票市场

中国全国性股票交易市场以上交所和深交所为代表。图 10-7 显示了上交所和深交所 1990—2020 年的 A 股上市公司数量。

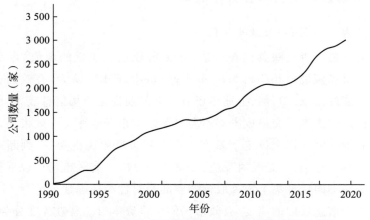

图 10-7　中国市场上市公司数量(上证 A 股和深证 A 股)

自 1990 年沪深两市成立以来,我国 A 股上市公司数量保持平稳上涨趋势。截至 2020 年年底,A 股上市公司数量已经超过 3 000 家,超过美国三大证券交易所上市公司总数量的一半。

虽然我国上市公司数量稳步增长,但上市公司市值增长的趋势有较大波动性。如图 10-8 所示,我国市场上市公司权益市值中位数在 2000—2005 年、2008 年前后、2010—2012 年以及 2015—2018 年都有较大幅的下跌。2020 年年底 A 股上市公司权益市值中位数为 577.9 万元(约 90 万—91 万美元),仍远远低于美国三大证券交易所市场上市公司权益市值中位数(6.2 亿美元)。

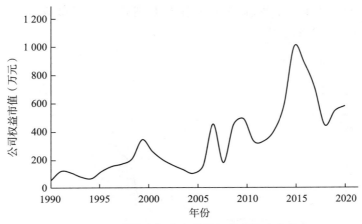

图 10-8 中国市场上市公司权益市值中位数

总体而言，我国股票市场仍处于快速发展阶段，上市公司数量和市值仍处于高速增长时期。我国上市公司权益市值增长更具有波动性，容易受到国内外经济事件的影响，这与日趋全球化的世界经济以及日趋复杂的国际经济金融形势具有相关性。我国资本市场的这些特征使得完善我国的公司估值体系更具有重要性和紧迫性。

10.5.3 市场公司价值与会计信息实践

1. 权益市值与公司价值：有效市场假说

公司的权益市值能否反映其内在价值（未来股权现金流量的现值）取决于资本市场的有效性。有效市场假说（Efficient Markets Hypothesis，EMH）认为，有效的资本市场能够充分反映所有可能的信息。当然，上述市场有效性的前提是市场信息成本、股票买卖成本以及股价反映信息的成本等交易成本都不会显著影响市场效率。有效市场理论的重要意义在于为市场有效程度的评定设定了基准。在有效市场假说框架下，判断市场对信息的反应效率主要有两个标准：一是及时反应，二是充分反应。有效市场假说框架下不同有效程度的市场只是在不同信息集上定义股价调整的及时性与精确性。

根据市场对于信息反应的速度，有效市场假说将资本市场有效程度分为：①弱式有效资本市场，指股价只反映历史信息的市场；②半强式有效资本市场，指股价不仅反映历史信息，还能反映所有的公开信息的市场；③强式有效资本市场，指股指、股价不仅能反映历史信息和公开信息，还能反映内部信息的市场。

一般认为，中国市场处于弱式有效资本市场和半强式有效资本市场之间。然而，即使市场不能及时反映所有信息，也并不意味着公司的权益市值与内在价值相脱离。虽然短期内资本市场对公司价值有高估或低估的情况（因此需要公司估值），但是长期来看，资本市场权益价值总会回归到上市公司股权的内在价值。因此我们将公司的权益价值作为股权内在价值的度量，在长期窗口研究公司价值与会计信息的关系。

2. 公司权益价值与会计业绩

会计信息能够在多大程度上反映公司价值，这不仅取决于会计信息本身的质量，也与公司价值创造的市场环境和驱动因素相关。公司经营在公司价值创造中的影响越低,会计信息与公司价值之间的关联程度越弱,此时公司价值可能更多地受到垄断地位、宏观政策以及运气等因素的影响。然而,长期来看,经济发展的红利终会消失,公司的持续经营最终需要回归到经营效率的竞争。

本节基于大样本的统计回归分析公司价值与会计业绩的关系。以公司价值为被解释变量,以盈余、净利润或营业利润等常用的企业会计业绩指标为解释变量,可以在长期窗口的大样本中观察公司价值与会计业绩的关系。基于固定效应的面板回归分析结果如表10-4所示。表10-4第(1)列为美国市场回归结果,基于美国市场1975—2020年的上市公司数据;第(2)列为中国市场回归结果,基于中国市场1991—2020年的A股上市公司数据。

表 10-4 权益价值变动与当期盈余

变量	权益价值变动	
	美国市场 (1975—2020年)	中国市场 (1991—2020年)
	(1)	(2)
当期盈余	0.9827***	0.0008***
	(<0.001)	(<0.001)
观测数量	231 379	39 229
公司数量	23 356	3 010
校正决定系数(Adj. R^2)	3.77%	1.71%

注:***表示在0.001的统计水平上显著;括号内数值为 p 值。

回归分析结果显示,无论是中国市场还是美国市场,会计盈余与权益价值变动都具有显著的相关性。对比美国市场与中国市场的回归系数发现,美国市场会计盈余对权益市值变动的影响远大于中国市场,即平均来说,公司当期会计盈余每增加1元,美国市场公司权益价值增加0.9827元,而中国市场公司权益价值增加0.0008元。另外,从校正决定系数也可以看出,相比于中国市场,美国市场的会计业绩对公司价值更具解释力。

背后的原因值得进一步探究,可能是我国市场公司权益市值仍然偏低,与会计业绩在经济上不相匹配,也可能是我国市场会计业绩不能有效反映公司未来的现金流量,会计业绩的可持续性较低。

基于美国市场和中国市场不同时期的回归分析分别在表10-5与表10-6中列示。可以看出,即便是在美国市场,2010—2020年会计盈余对公司权益价值的影响和解释力也有显著的下降。这在很大程度上反映了单一维度的会计信息(利润表信息)已经越来越不能全面地反映公司当期的价值创造活动,从而要求我们探索更加全面、科学的会计信息估值体系。

表 10-5　权益价值变动与当期盈余——基于美国市场不同时期的回归

变量	权益价值变动			
	美国市场 （1975—1990 年）	美国市场 （1990—2000 年）	美国市场 （2000—2010 年）	美国市场 （2010—2020 年）
当期盈余	0.8923 *** (<0.001)	1.4822 *** (<0.001)	1.1066 *** (<0.001)	0.3916 *** (<0.001)
观测数量	60 269	63 300	59 366	45 483
公司数量	8 850	11 939	9 524	7 231
校正决定系数（Adj.R^2）	3.24%	4.00%	2.75%	0.33%

注：*** 表示在 0.001 的统计水平上显著；括号内数值为 p 值。

表 10-6　权益价值变动与当期盈余——基于中国市场不同时期的回归

变量	权益价值变动		
	中国市场 （1991—2000 年）	中国市场 （2000—2010 年）	中国市场 （2010—2020 年）
当期盈余	0.0001 (0.909)	0.0018 *** (<0.001)	0.0010 *** (<0.001)
观测数量	3 821	13 970	23 953
公司数量	925	1 724	2 936
校正决定系数（Adj.R^2）	0.02%	3.38%	1.90%

注：*** 表示在 0.001 的统计水平上显著；括号内数值为 p 值。

讨论题

自 2018 年 11 月设立科创板并试点注册制以来，中国股票发行制度向注册制稳步发展。2022 年 3 月 5 日，十三届全国人大五次会议上李克强总理在《政府工作报告》中提出，"完善民营企业债券融资支持机制，全面实行股票发行注册制，促进资本市场平稳健康发展"。

请思考：

1. 注册制改革将对企业会计信息披露造成什么影响？
2. 根据有效市场理论，注册制改革前后，中国资本市场分别处于何种有效程度？
3. 注册制改革后企业估值将会提高还是降低？

 案例分析

京东如何以亏损净利润取得百亿市值？

2014 年 5 月 22 日，京东以约 286 亿美元的估值在美国纳斯达克证券交易所成功上市。京东在美国市场的股票代码为"JD"。上市首日，京东开盘价为 21.75 美元，较 19 美

元的发行价上涨 14.5%,收盘价报 20.90 美元,较发行价上涨 10%,市值达到约 286 亿美元,在已上市的中国互联网公司中排名第三,仅次于腾讯和百度。此次京东在美国 IPO 募资 17.8 亿美元。

然而,京东 2014 年上市的招股说明书显示,京东 2009—2013 年度企业净利润都为负值,即使在上市后的 2014 年和 2015 年,仍未能盈利。如表 10-7 所示,京东 2009—2015 年净利润均为负数,且在 2014 年有 50 亿元的亏损。

表 10-7 京东 2009—2015 年净利润   单位:亿元

年度	2009	2010	2011	2012	2013	2014	2015
净利润	−1.03	−4.12	−12.84	−17.29	−5.79	−50.00	−7.102

思考题:

(1) 连年亏损的京东为何可以以 286 亿美元的估值在美国成功上市?

(2) 需要注意的是,上市时投资者只能看到招股说明书中 2014 年以前京东的利润情况,亏损的京东为何能够吸引美国投资者?

(3) 结合"公司估值-现金流量折现模型"分析,京东为什么能够获得高价估值?

主要参考文献

陈信元,靳庆鲁,肖土盛,等.行业竞争、管理层投资决策与公司增长/清算期权价值[J].经济学(季刊),2014,13(1):305-332.

达摩达兰.投资估价:确定任何资产价值的工具和技术[M].林谦,译.2 版.北京:清华大学出版社,2004.

靳庆鲁,孔祥,侯青川.货币政策、民营企业投资效率与公司期权价值[J].经济研究,2012,47(5):96-106.

科普兰,科勒,默林.价值评估:公司价值的衡量与管理[M].郝绍伦,谢关平,译.3 版.北京:电子工业出版社,2002.

佩因曼,林小驰,王立彦.财务报表分析与证券定价:第 3 版[M].北京:北京大学出版社,2013.

肖土盛,靳庆鲁,陈信元.行业竞争与公司成本黏性:基于实物期权视角[J].管理科学学报,2016,19(3):48-63.

伊志宏,姜付秀,秦义虎.产品市场竞争、公司治理与信息披露质量[J].管理世界,2010(1):133-141.

张新民,粟立钟.财务报表分析:理论内涵与学科定位[J].财务研究,2015(1):25-33.

BRENNAN M J, SCHWARTZ E S. Determinants of GNMA mortgage prices[J]. Real estate economics, 1985, 13(3): 209-228.

BURGSTAHLER D C, DICHEV I D. Earnings, adaptation and equity value[J]. The accounting review, 1997, 72(2): 187-215.

CALLEN J L, SEGAL D. Empirical tests of the Feltham-Ohlson (1995) Model[J]. Review of accounting studies, 2005, 10(4): 409-429.

CHEN P, ZHANG G. How do accounting variables explain stock price movements? theory and evidence[J]. Journal of accounting and economics, 2007, 43(2/3): 219-244.

COLLINS D W, PINCUS M, XIE H. Equity valuation and negative earnings: the role of book value of equity[J]. The accounting review, 1999, 74(1): 29-61.

DECHOW P M, HUTTON A P, SLOAN R G. An empirical assessment of the residual income valuation model[J]. Journal of accounting and economics, 1999, 26(1/2/3): 1-34.

FELTHAM G A, OHLSON J A. Valuation and clean surplus accounting for operating and financial activities[J]. Contemporary accounting research, 1995, 11(2): 689-731.

FELTHAM G A, OHLSON J A. Uncertainty resolution and the theory of depreciation measurement[J]. Journal of accounting research, 1996, 34(2): 209-234.

HAO S, JIN Q, ZHANG G. Investment growth and the relation between equity value, earnings, and equity book value[J]. The accounting review, 2011, 86(2): 605-635.

HOLTHAUSEN R W, WATTS R L. The relevance of the value-relevance literature for financial accounting standard setting[J]. Journal of accounting and economics, 2001, 31(1): 3-75.

KOLLER T, GOEDHART M, WESSELS D. Valuation: measuring and managing the value of companies[M]. New Jersey: John Wiley and Sons, 2010.

LO K, LYS T. The Ohlson model: contribution to valuation theory, limitations, and empirical applications[J]. Journal of accounting, auditing and finance, 2000, 15(3): 337-367.

OHLSON J A. Earnings, book values, and dividends in equity valuation[J]. Contemporary accounting research, 1995, 11(2): 661-687.

PENMAN S H. Financial statement analysis and security valuation[M].4th ed. New York: McGraw-Hill, 2010.

PENMAN S H, SOUGIANNIS T. A comparison of dividend, cash flow, and earnings approaches to equity valuation[J]. Contemporary accounting research, 1998, 15(3): 343-383.

ZHANG G. Accounting information, capital investment decisions, and equity valuation: theory and empirical implications[J]. Journal of accounting research, 2000, 38(2): 271-295.

教辅申请说明

  北京大学出版社本着"教材优先、学术为本"的出版宗旨,竭诚为广大高等院校师生服务。为更有针对性地提供服务,请您按照以下步骤通过**微信**提交教辅申请,我们会在 1～2 个工作日内将配套教辅资料发送到您的邮箱。

◎ 扫描下方二维码,或直接微信搜索公众号"北京大学经管书苑",进行关注;

◎ 点击菜单栏"在线申请"—"教辅申请",出现如右下界面:

◎ 将表格上的信息填写准确、完整后,点击提交;

◎ 信息核对无误后,教辅资源会及时发送给您;如果填写有问题,工作人员会同您联系。

温馨提示:如果您不使用微信,则可以通过以下联系方式(任选其一),将您的姓名、院校、邮箱及教材使用信息反馈给我们,工作人员会同您进一步联系。

联系方式:

北京大学出版社经济与管理图书事业部

通信地址:北京市海淀区成府路 205 号,100871

电子邮箱:em@pup.cn

电 话:010-62767312

微 信:北京大学经管书苑(pupembook)

网 址:www.pup.cn